dtv

20 Tage im 20. Jahrhundert

Herausgegeben von
Norbert Frei
Klaus-Dietmar Henke
Hans Woller

Franz Knipping

Rom, 25. März 1957

Die Einigung Europas

Deutscher Taschenbuch Verlag

Ein Überblick über die gesamte Reihe findet sich auf S. 367/368

Originalausgabe
Februar 2004

www.dtv.de

Umschlaggestaltung: christof berndt & simone fischer
Umschlagfoto: © Ullstein Bilderdienst, Berlin
Satz: Oreos GmbH, Waakirchen
Druck und Bindung: Druckerei C. H. Beck, Nördlingen
Gedruckt auf säurefreiem, chlorfrei gebleichtem Papier
Printed in Germany · ISBN 3-423-30609-2

Inhalt

Rom, 25. März 1957

Der Glanz, mit dem die italienische Regierung die Unterzeichnung der »Verträge zur Gründung der Europäischen Wirtschaftsgemeinschaft und zur Gründung der Europäischen Atomgemeinschaft« zu umgeben suchte, wurde nur wenig getrübt durch den Dauerregen, der am 25. März 1957 auf Rom niederging. Es war ein wenig frühlingshafter Montag. Um 16 Uhr trafen einige Regierungsvertreter der beteiligten sechs Staaten – darunter der italienische Ministerpräsident Segni, Bundeskanzler Adenauer, die Außenminister Frankreichs, Italiens und der Benelux-Staaten – in der Basilica San Lorenzo fuori le Mura zusammen, um an einer Gedenkmesse für den drei Jahre zuvor verstorbenen Alcide De Gasperi teilzunehmen, an dessen dabei enthülltem Grabmal sie gemeinsam einen großen, mit den jeweiligen Nationalfarben geschmückten Kranz niederlegten. Im Anschluß daran fuhren sie durch abgesperrte Straßen an zahllosen schaulustigen Römern und farbenfrohen Europaplakaten vorbei zum Kapitol, unter dem Geläut aller Glocken Roms, das freilich dem Festtag Mariä Verkündigung galt. Der monumentale Aufgang zum Kapitol war mit Frühlingsblumen und Azaleen umsäumt, überall waren die Nationalflaggen der sechs Staaten aufgezogen. Die Palazzi auf beiden Seiten des Reiterstandbilds Marc Aurels waren, der naßkalten Witterung ungeachtet, mit 27 kostbaren mittelalterlichen Gobelins prächtig ausgeschmückt. Die ankommenden Delegationen betraten in gebührenden Abständen durch ein gedrängtes Menschenspalier den Konservatorenpalast, wo um 18 Uhr die Unterzeichnungszeremonie beginnen sollte.[1]

Im repräsentativen Saal der Horatier und Curiatier war ein zwölf Meter langer, mit purpurnem Damast ausgeschlagener Tisch aufgebaut, an dem auf vergoldeten Empire-Sesseln nebeneinander Platz nahmen: Außenminister Spaak und der Generalsekretär des Brüsseler Wirtschaftsministeriums Baron Snoy et d'Oppuers für Belgien,

Außenminister Pineau und sein Staatssekretär Maurice Faure für Frankreich, Bundeskanzler Adenauer und Staatssekretär Hallstein für die Bundesrepublik, Ministerpräsident Segni und Außenminister Martino für Italien, Staats- und Außenminister Bech und der Botschafter in Brüssel Lambert Schaus für Luxemburg, Außenminister Luns und der Direktor für die Montanintegration im Haager Wirtschaftsministerium Johannes Linthorst Homan für die Niederlande. Hinter ihnen saßen dichtgedrängt, unter dem gewaltigen Fresko des Kampfes der Horatier gegen die Curiatier und anderer Darstellungen zur römischen Frühgeschichte, zahlreiche Berater, die Mitglieder der italienischen Regierung, diplomatische Vertreter, Repräsentanten europäischer Institutionen und namentlich der Montanunion; an den beiden Seitenenden des Tisches, unter den barocken Papststatuen von Urban VIII. und Innozenz X., standen weitere Geladene Schulter an Schulter mit den zahlreichen Journalisten. Diese drängten sich vor allem im Blickfeld der Hauptakteure an der Fensterfront, insgesamt mehr als 200, die nicht nur über Presse und Rundfunk, sondern auch über Live-Fernsehsendungen, darunter die Eurovision, den Akt zum Medienereignis für einige Millionen machten. Rund 50 Kilometer Kabel waren hierfür verlegt worden.

Pünktlich um 18 Uhr begann die Zeremonie. Der Bürgermeister von Rom, Tupini, begrüßte die Delegierten und Gäste im Namen des Ewigen Rom und überreichte goldene Erinnerungsmedaillen. Als erster Redner feierte der italienische Außenminister Martino die Bedeutung des Augenblicks, der »eine neue Ära in der Geschichte der europäischen Völker« einleite. Er erinnerte daran, daß die beiden zur Unterschrift anstehenden Verträge die Folge der Beschlüsse der Konferenz von Messina im Jahre 1955 seien, und daß die zutiefst europäische Bestimmung Italiens mit den Namen seiner verstorbenen Vorgänger De Gasperi und Carlo Sforza verknüpft bleibe. Dann nahm Bundeskanzler Adenauer als nomineller Vorsitzender der Versammlung das Wort, um als erstes mit einem Dank an den belgischen Außenminister Spaak dessen entscheidende Rolle bei der Vorbereitung der Verträge zu würdigen: Spaak habe sich um Europa verdient gemacht. Der Kanzler erinnerte an die wegweisende Rolle De Gasperis und Robert Schumans und beschwor den *genius loci*: »Europa hätte keinen würdigeren Rahmen für diese Konferenz finden können als diese seine ehrwürdigste Stadt.« Die Unterzeichnung bedeute einen »geschichtlichen Augenblick. Wir wollen uns sicherlich nicht Vorschußlorbeeren winden. Allzuviel an Aufgaben liegt vor uns. Aber der Freude darüber, daß es uns vergönnt ist, den großen Schritt zur Einigung Europas zu tun, der in der Unterzeichnung der Verträge liegt – dieser Freude möchte ich doch Ausdruck geben. Die Optimisten, nicht die Pessimisten haben recht behalten.« Allerdings, so fügte Adenauer hinzu, empfänden die Deutschen an einem Tag wie diesem besonders schmerzlich, daß es ihnen noch versagt sei, an der Einigung Europas als vereinigtes Deutschland teilzunehmen.[2] Nach dem Bundeskanzler hielt Spaak seinerseits eine kurze Ansprache voll des Dankes und der Freude, in der er den Mut der Europäer pries, aus freien Stücken die größte Umwälzung ihrer Geschichte in Angriff zu nehmen. »Wenn wir das begonnene Werk fortsetzen, wird der Tag des 25. März 1957 einer der bedeutendsten in der Geschichte Europas sein.«

Als nächster würdigte der französische Außenminister Pineau die Bedeutung der Stunde und wurde dabei etwas konkreter. Mit den Verträgen sollten die Produktionskapazitäten in den sechs Ländern ausgeweitet und die wirtschaftliche Entwicklung beschleunigt werden. Wenn man den Mut habe, die Verträge ihrem Geiste entsprechend anzuwenden, würden sich die Lebensverhältnisse der Menschen in den sechs Ländern stark verändern. Man dürfe sich aber nicht nach außen isolieren oder neue Barrieren errichten. Frankreich wünsche eine baldige Beteiligung Großbritanniens, ohne das Europa unvollständig bleibe. Der britische Vorschlag einer Einbeziehung der verschiedenen europäischen Versammlungen in die allgemeine Versammlung des Europarats eröffne eine Möglichkeit, den Weg vom kleinen zum großen Europa als dem Endziel zu beschreiten. Nach Pineau sprach der niederländische Außenminister Luns, als einziger nicht in seiner Muttersprache, sondern in Französisch: die Verträge würden Europa Frieden und wachsenden Wohlstand bescheren. Abschließend wandte er sich kurz in Holländisch an seine Landsleute am heimischen Rundfunk und Fernsehen. Als letzter Redner beschwor schließlich der luxemburgische Staats- und Außenminister Bech den Geist Europas: es werde lange dauern, bis Europa vollständig hergestellt sei, er sei jedoch überzeugt, daß eine ständige, fruchtbringende Zusammenarbeit die Solidarität der europäischen Völker festigen und erweitern werde. »Ceterum censeo Europam esse construendam.«

Unmittelbar an diese letzte Ansprache schloß sich die Unterzeichnung der beiden Verträge an, oder genauer: der Unterschriftsanlage zu jeweils einem kleinen Stapel weißen Papiers, denn die Unterhändler, bis in die letzten Stunden an Kompromissen und bis zur letzten Minute an Formulierungen feilend, hatten es nicht geschafft, die Originaldokumente rechtzeitig fertigzustellen.[3] Da beide Verträge in den vier gleichberechtigten Sprachen Deutsch, Französisch, Italienisch und Niederländisch abgefaßt waren, hatte jeder der zwölf Delegierten acht Unterschriften zu leisten, dies geschah zum Teil mit einem von der Stadt Rom gestifteten goldenen Füllfederhalter. Dem Alphabet der Staatennamen entsprechend unterzeichnete um 18 Uhr 46 als erster der belgische Außenminister Spaak, gefolgt von seinem Landsmann Baron Snoy et d'Oppuers und den Vertretern der anderen fünf Staaten. Währenddessen begannen die Glocken des Kapitols zu läuten, darunter die über 700 Jahre alte Patarina. Um 18 Uhr 53 legte als letzter der Unterzeichner der Niederländer Linthorst Homan die Feder aus der Hand. Minutenlanger Applaus brauste auf. Die gesamte Zeremonie hatte weniger als eine Stunde gedauert.

Als die Delegationen unter freundlichen Zurufen einer nun recht großen Menschenmenge den Konservatorenpalast verließen, machten sie sich auf den Weg durch die illuminierte Stadt, um der Einladung der italienischen Regierung zu folgen, zunächst zu einem Bankett in der berühmten Villa Madama, an dem auch die bei Quirinal und Vatikan akkreditierten Botschafter der sechs Staaten teilnahmen, und anschließend zum Empfang im Palazzo Venezia mit mehr als tausend geladenen Gästen, der erst nach Mitternacht ausklang.

Die Ereignisse des Tages und ihre besondere Bedeutung wurden über die Medien in alle Welt getragen. Fast alle Zeitungen des kontinentalen Westeuropa berichteten in ihrer ersten dem Ereignis folgenden Ausgabe in großer Aufmachung auf Seite eins über den historischen Akt in Rom, in zustimmender und zum Teil recht pathetischer Weise. Die Berichterstattung in den britischen und skandinavischen Zeitungen war eine Spur zurückhaltender als auf dem

Kontinent, mußte hier stärker mit den anderen Top-Meldungen des Tages konkurrieren: dem Treffen von Macmillan und Eisenhower auf den Bermudas, der Wiedereröffnung des Suezkanals nach der Schließung im vorangegangenen November, dem Streik der britischen Docker und Metallarbeiter. Nur in den kommunistischen Zeitungen zeigte sich durchweg unverhohlene Reserve gegenüber dem Thema der Europäischen Einigung. Doch überwiegend feierten die westeuropäischen Medien den »Beginn eines neuen Abschnitts der Geschichte Europas«. Der Rundfunk des Vatikan meldete, daß die Katholiken hofften und beteten, daß die am Tage Mariä Verkündigung unterzeichneten Verträge sich als die Ankündigung einer neuen Ära erweisen möchten. Mancher Kommentator rechnete nach, daß am 25. März 1957 fast exakt 2000 Jahre seit der Ermordung Cäsars vergangen waren. Von der anderen Seite des Atlantik kam ebenfalls breite Zustimmung. Das Washingtoner Außenministerium setzte den Ton mit der Verlautbarung, daß die Unterzeichnung der Römischen Verträge einer begrüßenswerten europäischen Initiative entspringe und einen Meilenstein auf dem Wege zu einer Integration Europas darstelle.[4]

Freilich darf die überwiegend positive Resonanz der veröffentlichten Meinung nicht täuschen. Die Verträge waren nicht nur in allen sechs Mitgliedstaaten mehr oder weniger umstritten und teilweise unpopulär; es gibt auch genügend zeitgenössische Zeugnisse dafür, daß die breite Bevölkerung auf die Nachrichten aus Rom allenthalben eher gleichgültig und desinteressiert reagierte. Der Glanz und die Heiterkeit des Tages strahlten nicht weit über die unmittelbar Beteiligten und das engere italienische Umfeld hinaus. Das Thema Europa überstieg offenbar vorerst die Erfahrungswelt des einfachen Bürgers, und es kam hinzu, daß das Scheitern der Europäischen Verteidigungsgemeinschaft (EVG) 1954 Skepsis und auch Resignation verbreitet hatte. Die Verhandlungsbemühungen um die Vorbereitung einer Europäischen Atomgemeinschaft (Euratom) und einer Europäischen Wirtschaftsgemeinschaft (EWG), über die man seit Mitte 1955 in den Zeitungen lesen konnte, schienen eher technokratischen Charakters zu sein, vermochten jedenfalls die öffentliche Meinung in den beteiligten Staaten kaum zu mobilisieren. Ohnehin war, nicht nur für außenstehende Beobachter, bis zuletzt ja nicht auszuschließen, daß diese Bemühungen doch wieder an den unterschiedlichen Interessen der beteiligten sechs Staaten, insbesondere Frankreichs, scheitern würden.[5] Dementsprechend erzeugten die positiven Nachrichten aus Rom bei den politisch Interessierten auch ein Moment der Überraschung. Insgesamt geht man kaum fehl mit der Feststellung, daß am 25. März 1957 in Rom ein Staatsakt stattfand, der einem politischen Willen der Regierenden entsprang, nicht aber einem leidenschaftlichen Sehnen der Völker. Schon in der glanzvollen »Geburtsstunde Europas« wurde so die Kluft zwischen politisch-gouvernementaler Zweckrationalität und demokratischer Partizipation und Legitimität sichtbar, die als Dauerproblem die Akzeptanz der europäischen Integration bis heute belastet, wenn auch inzwischen wohl mit abnehmender Stärke.

Für die sachliche Bewertung ist indessen rückschauend, nach fast 50 Jahren, der Befund eindeutig. Die Unterzeichnung der Römischen Verträge markierte eine Weichenstellung von großer geschichtlicher Tragweite, und sie ist zu Recht als »Sternstunde« Europas charakterisiert worden.[6] Es wurde hier ein Projekt endgültig auf den Weg gebracht, das die in Jahrhunderten gewachsenen nationalstaatlichen Abgrenzungen in Europa durch die Besinnung auf gemeinsame Interessen zunehmend durchlässiger macht; damit einher geht offenkundig ein fundamentaler und breiter Mentalitätswandel in den europäischen Gesellschaften, in dem der Vorstellung einzelstaatlicher Partikularitäten allmählich, sehr langsam, die einer europäischen Gemeinsamkeit zur Seite tritt. Es wurde mit den Römischen Verträgen auch, unter der Zielsetzung eines »immer engeren Zusammenschlusses der europäischen Völker«, eine Vernetzung von wirtschaftlichen und politischen Angelegenheiten der beteiligten Staaten vorgeprägt, die sich in der Ausgestaltung stetig verdichtet hat und zunehmend unzerreißbar erscheint. Es wurde vor allem der Wille zum dauerhaften Abbau kriegsträchtiger zwischenstaatlicher Antagonismen, die die europäischen Völker in zwei Weltkriegen an den Rand der Selbstzerstörung geführt hatten, politikmächtig, und damit ein säkularer Paradigmenwechsel vom Krieg zum Frieden in Europa eingeleitet. Auch schlüpfte Europa 1957, was erst allmählich ganz erkennbar wurde, in eine Vorreiterrolle und geradezu Vorbildfunktion im globalen Prozeß der Bildung wirtschaftlicher und politischer Großregionen, die offenkundig immer stärker zur Voraussetzung für erfolgreiche internationale Interessenwahrung kleinräumigerer Einheiten geworden ist.

In einer anderen Beleuchtung erscheint die Unterzeichnung der Römischen Verträge als ein entscheidender Durchgangspunkt der europäischen Geschichte auf einem Weg, dessen Ziel bis heute nur in schemenhaften Konturen erahnbar, insgesamt aber – wie alle Zukunft – unbekannt ist. War bis 1914 die europäische Einigung ausschließlich ein Thema der Ideengeschichte, so drängten die Erfahrungen des Ersten Weltkrieges erstmals auf politische Umsetzung. Notwendigkeiten und Impulse zu einem europäischen Zusammenschluß blieben jedoch in der Zwischenkriegszeit noch hinter den Bestrebungen einzelner Visionäre und Protagonisten zurück. Erst der Zweite Weltkrieg schuf die zwingenden Rahmenbedingungen und Antriebskräfte. Die politische und ökonomische Zusammenführung der vom Kriege ruinierten Länder westlich des Eisernen Vorhangs lag nun im nachhaltigen Interesse der Europäer selbst, mindestens ebenso aber in dem der Amerikaner, die in Westeuropa rasch einen wesentlichen Stabilisierungsanker im anhebenden Kalten Krieg sahen. Aus der Sicht der drei Siegermächte, insbesondere Frankreichs, konnte die Schaffung europäischer Strukturen zudem eine Lösung für das Problem einer dauerhaften Einbindung und Kontrolle des neuen westdeutschen Staates bieten, und in der Folge die günstige Rahmenbedingung für eine deutsch-französische Annäherung und Aussöhnung. Die erhofften wirtschaftlichen Effekte eines europäischen Zusammengehens blieben dagegen zunächst für die politischen Interessen instrumental; die Prosperitätszuwächse im Großwirtschaftsraum gelangten erst in einem zweiten Schritt, mit den westeuropäischen »Wirtschaftswundern« der 1950er und 60er Jahre, und dann dem unerwartet raschen Erfolg des Gemeinsamen Markts, in den argumentativen Vordergrund.

Mit den Römischen Verträgen setzten sich die Bestrebungen zur Schaffung eines supranational gefärbten Europa, das über intergouvernementale Kooperation hinausging, endgültig durch. Zwar bestand schon seit 1952 die Europäische Gemeinschaft für Kohle und Stahl (EGKS), an deren supranational ausgerichtetem Institutionengefüge sich EWG und Euratom im wesentlichen anlehnen sollten. Aber nach dem Scheitern der Projekte der Europäischen

Verteidigungsgemeinschaft und der Europäischen Politischen Gemeinschaft (EPG) 1954 waren die Zweifel groß, ob die supranationale Methode der Montanunion in die Zukunft wies oder hier nur die einmalige Ausprägung in einem – vielleicht schon wieder auslaufenden – Sondermodell gefunden hatte; und ob nicht die weniger ambitionierte Methode der intergouvernementalen Zusammenarbeit, der auch der 1949 gegründete Europarat folgte, die realitätsnähere Lösung war. Erst mit den Römischen Verträgen und der Aufnahme der Arbeit durch die beiden neuen Gemeinschaften, entgegen dem anfangs erbitterten Willen Großbritanniens zur Durchsetzung einer großen europäischen Freihandelszone, wurde die Partie entschieden, das Tor zur Entwicklung einer europäischen Integration aufgestoßen, wie sie an der Schwelle zum 21. Jahrhundert in weit vorangeschrittener Form vor uns steht.

Die Geschichte der Europäischen Integration seit 1957 ist von Höhen und Tiefen geprägt. Sie ist, in den Worten Jacques Delors', »kein langer und stiller Fluß, sondern eine chaotische Geschichte mit gelegentlichen dynamischen, sogar euphorischen Abschnitten, aber auch mit Perioden voller Zweifel und heftiger Krisen«[7]. Es kennzeichnet die Vitalität des europäischen Integrationsprozesses, daß aus seinen großen Krisen immer wieder die Kraft zum Neubeginn hervorbrach, in der großen Linie war dies dreimal der Fall: 1957, als, nach der schockierenden Erfahrung des Jahres 1954, mit der Gründung von EWG und Euratom der Durchbruch gelang und danach die Zollunion und die Gemeinsame Landwirtschaftspolitik auf den Weg gebracht und überaus zügig binnen eines guten Jahrzehnts realisiert werden konnten; 1969/70, als die von de Gaulle jahrelang provozierte politische Krise nach dessen Abtreten mit dem von den neuen westeuropäischen Staatenlenkern Pompidou und Brandt, auch Heath, moderierten Konzept der »Vervollständigung, Vertiefung und Erweiterung« überwunden wurde und in der Folge erst die Ausweitung der Mitgliedschaften von sechs auf neun, dann zwölf, erfolgreich angegangen werden konnte, schließlich auch das Europäische Währungssystem (EWS) und die Direktwahl zum Europäischen Parlament; 1984/85 endlich, als die von Eurosklerose und britischer Beitragskrise ausgelöste Starre durch den von Mitterrand, Kohl und Delors gemeinsam organisierten Neuaufbruch gelöst wurde, der zur Einheitlichen Europäischen Akte, zum Binnenmarktprojekt, zur Vorbereitung einer Wirtschafts- und Währungsunion, zu den Verträgen von Maastricht und Amsterdam führte, und der bis heute nachwirkt. Zu dem langgezogenen Aufschwung seit 1984 gehört, daß seit 1989/90 auch die östlichen Teile des »Europäischen Hauses« begehbar wurden, die europäische Integrationsperspektive sich damit aus der seit den späten 1940er Jahren auferlegten Begrenzung auf Westeuropa lösen konnte und die Möglichkeit der Erweiterung auf 27 und mehr Staaten real geworden ist. Eine formelle Verfassung der Europäischen Union kündigt sich an.

Die genaue Durchleuchtung dieser Geschichte hat ihre Wichtigkeit besonderer Art. In einer nicht abgeschlossenen, zur Zukunft offenen Entwicklung stellt sie den großen Erfahrungsschatz der Vergangenheit für die Gegenwart der Europäischen Integration bereit. Diese Geschichte ist erkenntnisorientiert, indem die Betrachtung der Entwicklungslinien es erlaubt, in die verwirrende Vielfältigkeit des gegenwärtigen Erscheinungsbildes ordnendes Verstehen zu bringen. Und sie ist handlungsorientiert, Anleitung für die weitere Entwicklung, indem die Erfahrungen und Lehren von mehr als 50 Jahren europäischer Geschichte zeigen, »was funktioniert hat und was nicht funktioniert hat, was neu und umstürzend ist und was zur Innovation auffordert«[8]. Die Akteure im Europäischen Integrationsprozeß können keine besseren Erfahrungen für ihre Entscheidungen heranziehen als die eigene Vergangenheit, denn die ganze bisherige Menschheitsgeschichte kennt kaum Vorgänge, die der Europäischen Integration vergleichbar sind. Realisierte und gescheiterte Visionen finden sich in dieser Geschichte, Alternativen, die nicht zum Zuge kamen, einzelstaatliche Handlungsmuster, Problemlösungskapazitäten, die vielleicht bisher zu wenig analysiert worden sind. Sie verweisen darauf, daß die Europäische Integration als ein Projekt eigener Dignität ihren Weg sucht und sie im Grunde ein originäres Abenteuer darstellt, auf das sich die Europäer eingelassen haben und dessen Ausgang noch im Nebel der Zukunft liegt. Nie zuvor waren souveräne Staaten bereit, auch nur annähernd so weit politisch und wirtschaftlich aufeinander einzugehen, gar miteinander zu verschmelzen, wie dies im Europäischen Integrationsprozeß der Fall ist.

Soviel ist immerhin jetzt schon sicher: Die am 25. März 1957 in

Rom endgültig auf den Weg gebrachte Europäische Integration ist zu den positivsten und konstruktivsten Entwicklungen zu rechnen, die das an Gewalttätigkeiten überreiche 20. Jahrhundert hervorgebracht hat. Das Wesen dieser Entwicklung zu fassen, die Bewegung und ihre Gesetze, die zugrundeliegenden Antriebskräfte, persönlichen und überpersönlichen Motive, Ziele und bedingenden Faktoren zu ergründen, ist Gegenstand dieses Buches. Es kann sich auf inzwischen vielfältig zugänglich gewordene Quellen und entwickelte Einzelforschungen stützen.

Kapitel 1

Das Erbe der Geschichte

Die Frage, warum überhaupt in Europa ein Prozeß in Gang gekommen ist, der zur Aufhebung gewachsener nationaler Strukturen in einer übernational geprägten Organisationsform treibt, verweist in die Tiefe der Geschichte. Diese zeigt, daß auf dem geographischen Raum Europa seit Jahrhunderten partikularistische und universalistische Kräfte miteinander gerungen haben. Auf den ersten Blick stellt sich Europa fast durchgehend als ein zerrissener Kontinent dar, voller Eifersüchteleien und Wirrungen, Kriege und Glaubenskämpfe, Krisen und Grenzverschiebungen, mit großer sprachlicher Zersplitterung zudem; als ein Erdteil, in dem ständig individualisierte Kräfte miteinander um die Oberhand zu ringen scheinen, in den jüngst vergangenen Jahrhunderten die Nationalstaaten um eine Präponderanz. Doch ein zweiter Blick läßt erkennen, daß dies nicht die ganze Geschichte ist. Etwas anderes kommt hinzu: Die Partikularismen in ihren vielfältigen Formen, die Aufspaltungen haben sich auf einer soliden Grundlage von Gemeinsamkeiten bewegt. Das je Besondere entfaltete sich inmitten eines gemeinsamen Kulturkreises, in dem nachbarschaftliches Leben und Erleben in Krieg und Frieden über viele Generationen hinweg auf verschiedenen Ebenen, in unterschiedlichen Formen, in wechselnder Intensität gemeinsame Wissens- und Erfahrungsbestände geschaffen und bewahrt haben: Grundlagen für die Bildung einer europäischen Identität.[1]

Das gelebte Europa

Europa stellt ungeachtet all seiner Verschiedenheiten eine gewachsene Lebensgemeinschaft dar, welche die Möglichkeit, wenngleich nicht die Notwendigkeit eines engeren Zusammenschlusses in sich trägt. Europa ist über mehr als ein Jahrtausend hinweg zu einer »Gesittungsgemeinschaft« zusammengewachsen, in der romanische und germanische Völkerschaften gleichermaßen eine homogenisierende Prägung durch Antike und Christentum erfahren haben. Das lateinische »Abendland« des Mittelalters grenzte sich ab vom islamischen Morgenland, das auch Nordafrika und große Teile Iberiens umfaßte, und von Byzanz, dem griechischen Morgenland. Mit dem Reich Karls des Großen wurde der politische Rohbau errichtet, in dem antike Überlieferung, Christentum und Frankentum eine erste Synthese fanden, gestützt auf geordnete Verwaltungsstrukturen, auf durch Feudalsystem und Bildungswesen induzierte gesellschaftliche und wirtschaftliche Vermittlungen, vor allem auf die Einheitlichkeit des christlichen Glaubens römisch-päpstlicher Prägung. Ungeachtet der politischen Disparatheit, die die Jahrhunderte durchzog, wurde die religiöse Durchdringung das Kennzeichen des mittelalterlichen Europa schlechthin. Sie bestimmte das Leben der Menschen allerorten und gleichermaßen in allen Einzelheiten. Die gotischen Kathedralen künden bis heute von der geistigen Einheit der »res publica christiana«. Europäisch waren die Ordensgemeinschaften, die Gründung von Klöstern kümmerte sich wenig um politische Grenzziehungen. Die Pilgerwege nach Santiago de Compostela und anderen überregionalen Wallfahrtsorten durchzogen viele europäische Landschaften. Europäischen Charakter hatte das von der Kirche unterhaltene Bildungssystem, hatten nicht zuletzt die von ihr angestoßenen und überall in gleicher Weise organisierten Universitäten, zwischen denen Scholaren und Studenten sich ohne Schwierigkeiten hin- und herbewegen konnten, gab es doch eine gemeinsame europäische Wissenschaftssprache, das Lateinische.[2]

Das Europa der Neuzeit baute weiter auf den mittelalterlichen Grundlagen auf. Zwar wurde der christliche Orbis der Tendenz schrittweiser Säkularisierung ausgesetzt, machte sich neben der religiösen Tradition zunehmend eine humanistisch-rationale Weltbetrachtung geltend. Zwar spaltete sich in der Reformation die Christenheit in rivalisierende Konfessionen auf, festigte sich der Trend zur Scheidung von nationalen Staaten und zur Pluralität autonomer politischer Entscheidungszentren. Aber das Bewußtsein, einem europäischen Gemeinwesen anzugehören, verstärkte sich eher. Im Zeichen der Aufklärung bildete sich eine Elite von Schriftstellern, Philosophen, Künstlern, die sich als europäische Kosmopoliten verstanden und sich überwiegend auf französisch verständigten. Die Entstehung einer europäischen Republik wurde jetzt Gegenstand wissenschaftlichen Forschens, Europa wurde als ein aus mehreren nationalen Persönlichkeiten zusammengesetzter Organismus betrachtet. Es wurde zum Vorort der Wissenschaft und Technik. Andererseits entwickelten sich unter den Produktionsverhältnissen des Ancien Régime zunehmende Gleichartigkeiten und Gleichförmigkeiten wirtschaftlicher und gesellschaftlicher Art.[3]

Für die Herausbildung europäischer Gemeinsamkeit waren auch die Herausforderungen von außen wesentlich. Zur Solidargemeinschaft wurde das christliche Europa in den Kreuzzügen zur Befreiung des Heiligen Landes ebenso wie drei Jahrhunderte später in der Reconquista Spaniens und Portugals und, im 16. und 17. Jahrhundert, in der Abwehr der Türkengefahr. Nichts hat wohl zur Herausbildung eines europäischen Lebensgefühls mehr beigetragen als die Erfahrung – direkt oder indirekt – der Entdeckung und Erschließung der Neuen Welt und der kolonialen Expansion. Auch wenn es sich dabei stets um Aktionen einzelner, zudem rivalisierender europäischer Mächte handelte, haben doch insgesamt die Begegnung mit der außereuropäischen Welt, der Blick der Seefahrer zurück auf die Kleinräumigkeit der Herkunft, der Eindruck europäischer Superiorität und die Aufgabe einer gemeinsamen Kulturmission ihre mentalitätsbildende Wirkung in der Alten Welt kaum verfehlt. »Nos Europaei«, schrieb Francis Bacon zu Beginn des 17. Jahrhunderts.[4]

Mit den Nationalstaaten erstand bei den Regierenden eine neue Gewohnheit des Denkens in europäischen Bezügen: Im multipolaren Staatensystem hatte jede einzelne Macht das Interesse, ihre stets gefährdete Existenz und Unabhängigkeit durch zweckmäßige Koalitionen zu sichern und sich namentlich Bestrebungen zur Ausformung einer Universalmonarchie oder der Hegemonie einer von ihnen zu widersetzen. Im 16. und 17. Jahrhundert entwickelte sich die Vorstellung von einem »Gleichgewicht« zwischen den großen Mächten, im 18. Jahrhundert wurde sie Gegenstand von Verträgen (zuerst Utrecht 1713) und der politischen Philosophie. Sie hat das Denken in übernationalen europäischen Zusammenhängen stark beeinflußt, das Bewußtsein gemeinsamer Verantwortung wachsen, den Kontinent als eine politische Schicksalsgemeinschaft erscheinen lassen. Bis zur Revolutionszeit wurde sie als gesamteuropäisches Ordnungsprinzip pragmatisch gehandhabt, mit dem Wiener Kongreß mutierte sie dann zum Programm eines »Europäischen Konzerts«.[5]

Die Entwicklung des grenzüberschreitenden Wirtschaftsverkehrs hat gewiß das europäische Bewußtsein gestützt, freilich werden die gemeinschaftsstiftenden Effekte des Hanse-Handels seit dem späten Mittelalter als nicht sehr hoch eingeschätzt. Die den Merkantilismus zurückdrängende liberale Wirtschaftstheorie und die starke Ausweitung des Handels im 18. Jahrhundert kündigten dann aber die Bildung einer wirtschaftlichen Einheit in Europa an, die sich im Zuge der industriellen Revolution des 19. Jahrhunderts immer deutlicher manifestierte: Die von England seit den 1860er Jahren angestoßenen Freihandelsverträge förderten lange vor 1914 die Tendenz zu systematischer Internationalisierung des Wirtschaftslebens in Europa mit freiem Güter- und Kapitalverkehr und der Freizügigkeit von Arbeitnehmern. Freilich führte die zunehmende Gewohnheit, wirtschaftlich in europäischen und über Europa hinausreichenden Bezügen zu denken, nicht unbedingt nur zur Solidarität der Akteure: Im europäischen Wirtschaftsraum wurden auch die Rivalitäten zwischen den Unternehmen, die überwiegend den partikularen nationalen Interessen verhaftet blieben, härter. So hat das europäische Wirtschaftsleben vor dem Ausbruch des Ersten Weltkrieges die zwischenstaatlichen Spannungen nicht vermindert, sondern eher verstärkt.[6]

Das Vierteljahrhundert der Französischen Revolution und Napoleons brachte die Erfahrung des politischen Raums Europa. Die Verbreitung der Prinzipien der Revolution, ihr Echo und ihre stilbildende Wirkung in weiten Teilen Europas haben neue politisch-ideologische Gemeinsamkeiten geschaffen. Durch Napoleon wurde die europäische Landkarte des Mittelalters und der Frühen Neuzeit radikal vereinfacht und von neuen

Verkehrstransversalen durchzogen. In tiefgreifenden Reformen von Staat und Gesellschaft wurden Verwaltungs- und Bildungsstrukturen angeglichen und modernisiert, bürgerliche Gleichheit begann überall feudale Abhängigkeiten zu verdrängen. Die Wirtschaft des Festlands wurde mit der Kontinentalsperre gegen England in Stellung gebracht. Die Wirkung der napoleonischen Kontinentalherrschaft auf das Antlitz Europas war insgesamt nichts weniger als »überwältigend«. Der napoleonische Cäsarismus reklamierte für sich die Gesinnung eines »europäischen Patriotismus«, aber die Gegner Napoleons schöpften aus derselben Legitimationsquelle: Der Selbstfindungsprozeß der sich befreienden Nationen definierte sich zunächst mit Leidenschaft als europäisch.[7]

Zur gemeineuropäischen Erfahrung des 19. Jahrhunderts gehörten die beiden großen übernationalen Kräfte: Nationalismus und Sozialismus, die Revolutionen von 1848/49 unterstrichen es. Die idealistische Vorstellung allerdings, daß die Emanzipation der Völker automatisch zu ihrer Verbrüderung in einer europäischen Solidargemeinschaft, gar in den »Vereinigten Staaten von Europa« führen werde, erwies sich alsbald als vorerst wirklichkeitsfremd; zunächst einmal schlug das sich allenthalben entwickelnde Nationalbewußtsein in eine Staaten-Rivalität um, mündete schließlich in einer kriegsträchtigen Konfrontation konkurrierender europäischer Imperialismen. Erst die bittere Erfahrung des Ersten Weltkrieges wirkte als ein Korrektiv. Andererseits wurde auch die marxistische Erwartung, daß die von der Industrialisierung ausgehende Verelendung der Massen zu einer sozialistisch geprägten Zusammenfassung Europas führen könnte, vorerst nicht erfüllt: Die Sozialisten waren dabei, als die europäischen Gesellschaften 1914 beschlossen, die Waffen gegeneinander zu richten.[8]

Im beginnenden 20. Jahrhundert schienen damit die partikularen Kräfte Europas vorerst wieder das Feld zu beherrschen. Die jahrhundertelange Erfahrung gelebter Gemeinsamkeiten war eingetrübt, doch auch die Ära des Imperialismus bildete keineswegs ein Vakuum im Erleben europäischer Zusammengehörigkeit. Als der Erste Weltkrieg vorüberging, zeigte sich rasch, wie tief Rousseau mit seiner Diagnose geschaut hatte, »daß die europäischen Völker untereinander stillschweigend eine Gesamtnation bilden«. Der Maler Franz Marc glaubte in seinen Kriegsbriefen ganz ähnlich, daß das »geheime Europa« sich in einer Nachkriegsordnung wieder verstärkt zur Geltung bringen werde.[9]

Das gedachte Europa

Neben dem »gelebten Europa« das »gedachte Europa«. Das Zusammengehörigkeitsgefühl der Europäer hat über die Jahrhunderte immer wieder Ausdruck gefunden in Vorschlägen zur politischen Zusammenfassung der Völker und Staaten, die auf dem Gebiet des christlichen West- und Mitteleuropa nebeneinander lebten. Ein Motiv war der Wunsch, innerhalb Europas Frieden zu schaffen und ihn auf Dauer zu sichern. Ein anderer Beweggrund war das Bestreben, Europa für die Erweiterung des je eigenen begrenzten Machtbereichs zu instrumentalisieren. Die verschiedenen Vorschläge entsprangen den unterschiedlichen politischen, kulturellen, wirtschaftlichen Konfigurationen, die in der europäischen Geschichte aufeinanderfolgten, aber ihr Ziel blieb stets das gleiche, und die empfohlenen Verfahrensschritte waren von beachtlicher Ähnlichkeit.[10]

Aus einer langen Ahnenreihe von Europaplänen seit dem späten Mittelalter seien hier nur einige herausgehoben. An den Anfang wird häufig der Florentiner Dichter Dante Alighieri gestellt, der zu Beginn des 14. Jahrhunderts ganz in den Bahnen mittelalterlicher Universalmonarchie ein ideales Kaisertum besang, dem die anderen abendländischen Monarchen in den wichtigsten Fragen unterstellt sein sollten, das die höchste Gerechtigkeit ausüben und den christlichen Orbis dauerhaft befrieden würde, und das in Erfüllung seiner weltlichen Aufgaben dem Papst keine Rechenschaft schuldete. Etwa zur gleichen Zeit unterbreitete der französische Jurist Pierre Dubois den Königen von Frankreich und England einen Plan zur Wiedereroberung des Heiligen Landes. Eine wesentliche Voraussetzung sei, so Dubois, die Herstellung eines dauerhaften Friedens unter den christlichen Herrschern in Europa, damit die im Morgenlande kämpfenden Kreuzfahrer nicht durch rückwärtige Vorgänge zu Hause beunruhigt werden könnten: »Deshalb wäre es gut, wenn [...] unter denen, die der römischen Kirche gehorchen, der Friede dadurch gesichert würde, daß sie sich gleichsam zu einem einzigen Staat zusammenschließen, der aber so fest geeint sein müßte, daß er durch nichts getrennt werden könnte.« Hierzu solle am besten ein allgemeines Konzil der geistlichen und weltlichen Fürsten Europas einberufen werden, die grundsätzlich unabhängig bleiben, jedoch untereinander Gewaltverzicht versprechen müßten und einstimmige Beschlüsse über alle gemeinsamen Angelegenheiten fassen würden. Streitfälle unter ihnen sollten von einem Schiedsgericht geklärt werden, Friedensbrechern sollten die übrigen Mitglieder des Fürstenkonzils gemeinsam und unter Verhängung schwerer Sanktionen entgegentreten.[11]

Die Idee der Schaffung einer europäischen Einheit als Voraussetzung für erfolgreiche Aktionen gegen die Ungläubigen oder andere äußere Gegner wurde zum Topos, der die Jahrhunderte durchzog. Als 1453 die Türken Konstantinopel erobert hatten, als – in den Worten Enea Silvio Piccolominis, des späteren Papstes Pius II. – »wir in Europa, also in unserem Vaterland, in unserem eigenen Haus, an unserem eigenen Wohnsitz aufs schwerste getroffen«[12] waren, schmiedete der böhmische König Georg von Podiebrad einen Plan für den Kreuzzug eines europäischen Fürstenbundes und entwarf 1464 den ersten Föderationsplan der europäischen Geschichte, der in 21 Artikeln die Elemente eines »Bündnisses der Liebe und Brüderlichkeit« zusammenstellte: umfassender Gewaltverzicht der Mitglieder, gute Dienste und Schiedsgerichtsbarkeit im Konfliktfall, notfalls Bundesexekution gegen abirrende Mitglieder, einheitliches Asylrecht, Errichtung eines Bundesgerichts und einer Bundesversammlung mit periodisch alternierendem Amtssitz, in der mit gewichteten Stimmen Beschlüsse gefaßt werden sollten. Vorgesehen waren weiter ein Bundesrat, ein Bundesheer, ein Bundeshaushalt, eine europäische Verwaltungsorganisation, europäisches Wappen, europäische Bibliothek. Neu hinzutretende Mitglieder sollten die schon geltenden Statuten anerkennen. In endgültiger Preisgabe des mittelalterlichen Universalismus wurde hier ein Bund von Nationen konzipiert, der von den Mitgliedern die Preisgabe gewisser Souveränitätsrechte verlangte – des Rechtes der selbständigen Kriegführung und weitgehend auch der Außenpolitik sowie der Finanzhoheit –, gleichzeitig aber ihre Existenz und Unabhängigkeit dauerhaft garantierte. Papst und Kaiser sollten in der Logik des Plans entmachtet werden – ein Hauptgrund dafür, daß er nicht in die Nähe der Realisierung gelangte.[13]

Große Beachtung hat seit dem 17. Jahrhundert ein Europaplan gefunden, den der französische König Heinrich IV. verfolgt haben soll, ehe er 1610 ermordet wurde. Heinrichs leitender Minister Sully gibt in seiner Jahre später verfaßten Darstellung an, der König habe das Ziel verfolgt, das Haus Habsburg zur Beschränkung auf Spanien und seine Kolonien zu zwingen, während in Mitteleuropa neue unabhängige Monarchien entstehen sollten: Böhmen, Ungarn und Polen. Unter Führung Frankreichs hätte Europa dann in einem Fürstenbund von etwa 15 Staaten vergleichbarer Größe organisiert werden sollen, vertreten in einer ständigen, an periodisch wechselnden Orten zusammentretenden Ratsversammlung. Diese Versammlung sollte über alle politischen Geschäfte beraten, Zwistigkeiten beilegen und die Beziehungen zwischen den Mitgliedstaaten und zu auswärtigen Mächten regeln. Zudem sollte es regionale Ratsversammlungen geben, gegen deren Beschlüsse Berufung bei der allgemeinen Ratsversammlung möglich war. Dieses »grand dessein« Heinrichs IV. sollte demnach eine europäische Föderation begründen, in der auch die Vorstellung eines europäischen Gleichgewichts ihren Platz hatte.[14]

Unter den vielen Autoren, die zwischen dem 16. und 18. Jahrhundert ähnliche Gedankengänge entwickelten, finden sich berühmte Namen wie Grotius, Campanella, Leibniz, Comenius, William Penn, Rousseau, und weniger bekannte wie Crucé, Alberoni, Toze, Goudar oder der Baron von Bielfeld.[15] Der Rationalismus der Aufklärung war dem Konstruieren europäischer Einigungsmodelle günstig. Besonderen Eindruck machte auf Zeitgenossen und spätere Epigonen der umfangreiche Entwurf des französischen Hofgeistlichen und Philosophen Abbé de Saint-Pierre zu Beginn des 18. Jahrhunderts, der »zwischen allen christlichen Herrschern ein dauerndes, ewiges Bündnis zum Zweck der Erhaltung eines ununterbrochenen Friedens in Europa« in den Blick nahm. Ein ständiger Bundesrat sollte in einer freien Stadt errichtet werden. Um den angestrebten Umfang von 24 Mitgliedstaaten zu erreichen, sollte der Bund auch beitrittsunwillige Staaten zur Union zwingen können; er sollte sich aber nicht in die inneren Verhältnisse der Mitgliedstaaten einmischen, sondern ihre unterschiedlichen Verfassungen und die Rechte ihrer Herrscher schützen, die ihrerseits auf alle konfliktträchtigen Ansprüche gegeneinander Verzicht leisten müßten. Die verschiedenen Facetten einer Bundesorganisation wurden von Saint-Pierre vollständiger als bei seinen Vorgängern entfaltet, so die Kompetenzen zur Streitschlichtung, zur Organisation eines Bundesheeres, zur Führung einer gemeinsamen Außen- und Zollpolitik, zur Festlegung von Mitgliedsbeiträgen. Eine Abänderung des Bundesvertrages sollte möglich sein, jedoch nur mit Zustimmung sämtlicher Mitglieder.[16]

Und schließlich Immanuel Kant, der mit der Gesamtheit seiner Schriften, insbesondere mit der 1795 verfaßten Abhandlung ›Zum ewigen Frieden‹ den bleibenden deutschen Beitrag zur Ideengeschichte der europäischen Einigung leistete. Zwar schrieb Kant »in weltbürgerlicher Absicht«, doch die Europa-Bezogenheit seiner Thesen über die Naturabsicht zur Vernunft, die sich nicht im Individuum, sondern in der Gattung und im Geschichtsablauf verwirkliche, war evident. Die gleiche Ungeselligkeit, die den Menschen dazu gezwungen habe, eine innerstaatliche Ordnung zu errichten, sollte schließlich auch im Verhältnis von Staat zu Staat einen gesetzmäßigen Zustand herbeiführen. Die ständige Gefahr des Krieges und des Despotismus werde die freien Staaten mit republikanischer Verfassung in einen Zustand zwingen, »der zwar kein weltbürgerliches gemeines Wesen unter einem Oberhaupt, aber doch ein rechtlicher Zustand der Föderation nach einem gemeinschaftlich verabredeten Völkerrecht ist«.[17]

Zwei grundverschiedene Vorstellungen von Europa beschrieben zu Beginn des 19. Jahrhunderts der Publizist Friedrich Gentz und der französische Graf Henri de Saint-Simon. Gentz sah als einzig praktizierbare Ordnung das politische Gleichgewicht des Staatensystems der Aufklärungszeit, das nichts Geringeres als eine »Föderativ-Verfassung Europas« darstelle. Eine Bündnisorganisation, die über eine übernationale Zwangsgewalt verfüge, sei eine Schimäre; vielmehr sichere das ewige Gleichgewichtsspiel innerhalb des europäischen »Föderativ-Systems« letztlich den Frieden wirkungsvoller als jede denkbare Zentralgewalt. Demgegenüber propagierte Saint-Simon den Gedanken einer internationalen Organisation, welche alleine in der Lage wäre, »die Völker Europas in einem einzigen politischen Körper zusammenzufassen und dabei die nationale Unabhängigkeit eines jeden zu wahren«. Eine Reorganisation der europäischen Gesellschaft sei notwendig, weil das durch den Westfälischen Frieden geschaffene Gleichgewichtssystem eine verfassungsmäßige Institutionalisierung des Krieges bedeute. Um den Krieg auszumerzen, bedürfe es der zwingenden Gewalt einer europäischen Zentralregierung. Europa sollte nach den Vorstellungen Saint-Simons eine konstitutionelle Monarchie werden, mit einem Zweikammer-Parlament, das unter anderem eine Bundessteuer festlegte.[18]

Insgesamt war das 19. Jahrhundert weniger eine Ära der Europa-Projekte als vielmehr der nationalen Bestrebungen. Revolution und Romantik gebaren die überhöhte Vorstellung von Volkstum und Nation und ihren geschichtlichen Anspruch. Aber der abendländische Einheitsgedanke lebte doch in einer Fülle von Entwürfen weiter, in den philosophischen Diskursen Schellings, Fichtes, Chateaubriands etwa, oder in den Werken politischer Denker wie Mazzini und Dichter wie Victor Hugo. Der neue Gedanke entwickelte sich, daß es auch wegen der zunehmenden Rivalität gegenüber dem aufstrebenden Amerika früher oder später unumgänglich notwendig sein würde, einen »Europäischen Bund« zu schaffen, mit Parlament, Bundesgericht, Bundesstreitkräften, eigener Münze, europäischem Bürgerrecht. Gegen Ende des Jahrhunderts nahm sich auch die neue Friedensbewegung des Europa-Themas an, das dadurch etwas Utopisches erhielt. Auch die Idee der internationalen Gerichtsbarkeit, die, seit längerem vorbereitet, auf den Haager Konferenzen von 1899 und 1907 Profil gewann, hatte eine starke europäische Färbung. Es war dann die Erfahrung des Ersten Weltkrieges und seiner Folgen, die eine neue Hochblüte von Europa-Projekten auslöste, mit einem Moment von bis dahin unbekannter Dringlichkeit, das auf Umsetzung in die Realität drängte.[19]

Das gewollte Europa

Schon vor dem Ersten Weltkrieg war die Einigung Europas aus der Ideenwelt herausgetreten und Gegenstand politischen Gestaltungswillens geworden. So hatte zu Beginn des 19. Jahrhunderts Napoleon mit erobernder Gewalt die Umrisse einer Einheit Europas aufgezeigt, die er nachträglich mit der Aura der geschichtlichen Notwendigkeit auszustatten suchte. Auch die Gegner Napoleons, Rußland und England, faßten schon vor seinem Sturz die Bildung einer »europäischen Konföderation«, gar eines »europäischen Föderativsystems« ins Auge, durch die die Interessen und Rechte der einzelnen Staaten, nicht zuletzt der kleineren zur Übereinstimmung gebracht und die Gefahr neuer Kriege vermindert werden sollte. Im Gefolge des Wiener Kongresses proklamierte die »Heilige Allianz« eine gemeinsame Verantwortung der Monarchen Europas, insbesondere Österreichs, Preußens und Rußlands, für die eine »christliche Nation, zu der sie und ihre Völker gehören«. Die »Quadrupel-Allianz« der vier Staaten England, Österreich, Rußland und Preußen, zu denen 1818 Frankreich als fünfte Macht hinzutrat, begründete mit institutionalisierten Konsultationen der Partner, aus denen der Anspruch auf gemeinsame Intervention in dritten Staaten abgeleitet wurde, das »Europäische Konzert«: eine über Jahrzehnte hinweg nach informellen Prinzipien mittels Konferenzdiplomatie ausgeübte Leitung der Geschicke Europas durch die Großmächte mit dem Ziel der Verhinderung von Krieg und Revolution.[20]

Eine starke Wirkung ging dann vom Ersten Weltkrieg und seinen Folgen aus. Die substantielle Schwächung und partielle Verarmung der europäischen Staaten, die politische und wirtschaftliche Zerstückelung weiter Teile Mittel- und Osteuropas, die Fortführung des »europäischen Bürgerkriegs« aufgrund der Friedensdiktate, nicht zuletzt der Kulturpessimismus, der von Büchern wie Oswald Spenglers ›Untergang des Abendlandes‹ (1918–22) ausging, schufen überwältigende Gründe für die Suche nach europäischen Lösungen. Sie sollten helfen, den Frieden zu sichern, wirtschaftliche Prosperität zurückzugewinnen und zu erhalten, den Rang der Europäer zwischen den neuen Kraftpolen USA, Sowjetunion und Japan zu behaupten und den ökonomischen Wettbewerb mit ihnen zu bestehen. Seit den frühen 1920er Jahren tauchten, initiiert von Intellektuellen, Wirtschaftsführern und Politikern, allenthalben Vorschläge auf, die der Stärkung und Entwicklung europäischer Solidarität und Zusammenarbeit galten. Sie standen freilich in Konkurrenz mit dem vorherrschenden Bestreben der einzelnen Staaten, ihr Heil eher in abgrenzendem Protektionismus, in Staatsinterventionismus und Autarkie zu suchen.[21]

Die bemerkenswerteste Initiative war die des kosmopolitischen Grafen Richard Coudenhove-Kalergi. In einer 1923 veröffentlichten Schrift ›Paneuropa‹ entwarf er den Plan einer Konföderation, in der sich alle europäischen Kontinentalstaaten einschließlich ihrer überseeischen Kolonialbesitzungen zu einem politischen, wirtschaftlichen und militärischen Bündnis zusammenschließen sollten, bis zu den Ostgrenzen Finnlands, des Baltikums, Polens, Rumäniens und Bulgariens. Nicht dazugehören sollte Großbritannien als Haupt des Commonwealth, und auch nicht die Türkei. Hauptziel sollte die Erhaltung einer globalen Führungsrolle Europas neben den anderen Großregionen der Welt (Amerika, Rußland, Ostasien, Commonwealth) sein, die sich unter dem Dach des Völkerbunds konstituieren könnten. Vorbild war die entstehende »Panamerikanische Union«. Die »Paneuropa-Union« mit Sitz in Wien sollte die regionale Zusammenarbeit der souverän bleibenden Mitgliedstaaten in einem Rate (Vertreter der Regierungen), einer Versammlung (Vertreter der nationalen Parlamente) und einem Gerichtshof organisieren. Das Programm Coudenhove-Kalergis fand breite Resonanz bei den Führungseliten der europäischen Staaten. Es entstanden rasch nationale Sektionen der »Paneuropa-Union«, geführt von prominenten Akteuren wie Aristide Briand, Edouard Herriot, Paul Löbe, Konrad Adenauer, Edvard Beneš und Ignaz Seipel. In der breiten Öffentlichkeit war allerdings das Interesse begrenzt, wie auch hinsichtlich anderer Europainitiativen der Zeit.[22]

Die wirtschaftliche Zersplitterung Europas löste eine Reihe weiterer Initiativen aus. Die mächtige Entwicklung der amerikanischen Industrie führte vor Augen, daß offenbar ein großer Wirtschaftsraum die Voraussetzung für anhaltendes Wachstum und Prosperität war. Mehrere übernationale Organisationen setzten sich den Abbau der zwischenstaatlichen Zollgrenzen zum Ziel, insbesondere der 1926 in Paris gegründete »Europäische Zollunions-Verband« (Union Douanière Européenne, UDE), der als Dachverband für nationale Komitees mit entsprechender Zielsetzung diente. Die Herstellung einer europäischen Zollunion sollte mit weltweiten, auch mit den USA abgestimmten allgemeinen Zollsenkungen einhergehen. Als hinderlich erwiesen sich allerdings Sorgen einzelner europäischer Industrien, vor allem der französischen, daß ihre Interessen in einer Zollunion Schaden nehmen könnten.[23]

Die Schaffung übernationaler Produktionskartelle erschien als ein anderer Weg, um die Kleinräumigkeit der europäischen Wirtschaftsverhältnisse zu überwinden. Durch Ausschaltung des Wettbewerbs, Preisabsprachen und Aufteilung von Märkten suchten verschiedene Industriebereiche Effizienz und Wirtschaftlichkeit zu steigern. Die Kartellbildung erfaßte im Verlaufe der Zwischenkriegszeit sogar fast die Hälfte des internationalen Handels, freilich zu Lasten der Verbraucher. Kartellabsprachen dienten auch der Behebung von Kriegsfolgeproblemen, zumal im deutsch-französischen Verhältnis. Durch die 1926 gegründete »Internationale Rohstahlgemeinschaft« wurde das deutsch-französische schwerindustrielle Nachkriegs-»Duell« durch eine feste Quotierung der beiderseitigen Stahlproduktion, an der sich auch Belgien, Luxemburg und das Saargebiet beteiligten, vorübergehend erheblich entschärft. Andere Pläne dieser Art blieben wegen der 1929 ausbrechenden Weltwirtschaftskrise unrealisiert: der Vorschlag zur Wiederzusammenführung der deutschen Kohle und des französischen Minette-Erzes in einem »Rheinkartell« etwa, und die Idee einer europäischen Kartellisierung der wichtigsten Roh- und Grundstoffe unter der Aufsicht des Völkerbunds.[24]

Solche Initiativen wurden begleitet von einer Publizistik, in der politische Schriftsteller und Historiker mit einer Fülle europäischer Entwürfe den Boden bereiteten, auf dem eine Konkretisierung möglich wurde.[25] Der Abbau der deutsch-französischen Spannungen im Zeichen von Locarno schuf die weitere Voraussetzung dafür, daß 1929 die französische Regierung den Moment gekommen sah, das Europa-Thema auf die Ebene der Politik zu heben: Aristide Briand, seit 1927 Ehrenpräsident der Paneuropa-Union, zwischen Juli und Oktober 1929 in Personalunion Ministerpräsident und Außenminister, rief am 5. September 1929 vor der zehnten Völkerbundsversammlung die europäischen Regierungen dazu auf, die Möglichkeit eines engeren Zusammenschlusses zu prüfen: »Ich bin der Auffassung, daß zwischen Völkern, deren geographische Lage so ist wie die der Völker Europas, eine Art föderatives Band bestehen muß; diese Völker müssen jederzeit die Möglichkeit haben, miteinander in Verbindung zu treten, über ihre Interessen zu beraten, gemeinsame Entschließungen zu fassen, untereinander ein Band der Solidarität zu schaffen, das es ihnen erlaubt, zu gegebener Zeit einer ernsten Lage, falls eine solche entsteht, entgegenzutreten.« Die Delegierten der 26 europäischen Partnerregierungen reagierten durchweg überrascht, zum Teil wohlwollend, überwiegend zurückhaltend. Vier Tage später, am 9. September 1929, beauftragten sie Briand, ein Memorandum zu erarbeiten, das offizielle Stellungnahmen erlauben würde.[26]

Der im Winter 1929/30 in Paris erarbeitete Europaplan wurde den europäischen Regierungen am 17. Mai 1930 zugeleitet. Er enthielt den kompletten Entwurf einer europäischen Bundesordnung. Anders als erwartet proklamierte er den Vorrang der politischen vor der wirtschaftlichen Einigung: Angesichts der Weltwirtschaftskrise sollten die ökonomischen Interessen der schwachen ebenso wie der starken Staaten in einen alle schützenden politischen Rahmen gesetzt werden. Vorgeschlagen wurde die Schaffung eines lockeren Staatenbundes, der den Mitgliedern die Wahrung der Souveränität und gleichzeitig übernationale Solidarität gewährleisten sollte. Als Bundesorgane wurden vorgesehen eine »Europäische Konferenz«, zu der Regierungsvertreter der europäischen Völkerbundsmitglieder regelmäßig unter jährlich wechselndem Vorsitz zusammentreten und Entscheidungen treffen sollten, ein »ständiger politischer Ausschuß« als Vollzugsorgan sowie ein »Sekretariat« als administrative Koordinierungsstelle. Die europäische Zusammenarbeit sollte die Wirtschafts-, Finanz- und Strukturpolitik erfassen, auch Transport und Verkehr, das Gesundheitswesen, den Dozenten- und Parlamentarieraustausch, die Verwaltungsrationalisierung und die

Abstimmung gegenüber außereuropäischen Mächten und insbesondere dem Völkerbund.[27]

Mit diesen Vorschlägen war Briand seiner Zeit weit voraus. Die Stellungnahmen der Adressaten, die zwischen Mitte Juni und Mitte Juli 1930 in Paris eingingen, zeigten es. Gewiß wurde dem Grundgedanken einer verstärkten Solidarität und Zusammenarbeit Reverenz erwiesen, doch erhoben so gut wie alle Regierungen Einwendungen aus der Sicht ihrer nationalen Interessen: die britische Regierung mit Blick auf ihr Commonwealth, Portugal wegen seiner überseeischen Kolonialgebiete, Berlin polemisierte gegen den Versuch, die deutsche Revisionspolitik in ein europäisches Netzwerk einzubinden und dadurch unschädlich zu machen. Durchweg wurde die Unantastbarkeit der nationalen Souveränität beschworen, auch wurde gefragt, ob man unbedingt europäische Organe errichten müsse für Aufgaben, die schon der Völkerbund wahrnehme. Außerhalb Europas reagierten die USA eher positiv, mit der Einschränkung, daß der amerikanische Export nach Europa nicht beeinträchtigt werden dürfe; die Sowjetunion andererseits witterte ein kapitalistisches Komplott. Der Bericht Briands über die Resonanz insgesamt, im September 1930 vor der elften Völkerbundsversammlung erstattet, war zugleich ein Abgesang auf seinen Plan. Die Delegierten verständigten sich auf ein »Begräbnis erster Klasse«: Ein Völkerbundsausschuß wurde eingerichtet, in dem die Angelegenheit weiter geprüft werden sollte, die »Studienkommission für eine Europäische Union«. Nach einigen Sitzungen, in denen vor allem die Auswirkungen der Weltdepression auf Europa behandelt wurden, stellte die Kommission 1933 ihre Arbeit sang- und klanglos ein. Der erste politische Anlauf zur Einigung Europas war damit gescheitert. Nationale Egoismen und internationale Fragmentierung sollten den weiteren Gang der Entwicklung in den 1930er Jahren bestimmen.[28]

Von Deutschland aus wurde in der Zwischenkriegszeit den »paneuropäischen« Vorschlägen auch ein eigenes »Mitteleuropa«-Konzept entgegengestellt, das in Anknüpfung an Friedrich Naumanns Buch ›Mitteleuropa‹ (1915) die ökonomische und kulturelle Wiederzusammenführung der zersplitterten Staaten Mittel- und Osteuropas, insbesondere der Nachfolgestaaten des Habsburgerreiches, unter deutscher Führung propagierte. Es handelte sich um ein die Revisionspolitik der Weimarer Republik erweiterndes Großraumkonzept, das insbesondere bei Frankreich und Großbritannien Gegenstrategien auslöste, die zu Beginn der 30er Jahre vorübergehend ein internationales Tauziehen um die Schaffung einer deutsch-österreichischen Zollunion und einer größeren »Donauföderation« heraufführten. Das deutsche »Mitteleuropa« war insofern Ziel deutscher Macht-, nicht europäischer Einigungspolitik; es bot auch ein Stück Nährboden für die spätere nationalsozialistische Raumpolitik. Für die mittel- und osteuropäischen Länder selbst lag die Wiederherstellung einer größeren Wirtschaftseinheit und ihre Anlehnung an eine europäische Großmacht, insbesondere an das geographisch und handelspolitisch komplementäre Deutschland, im genuinen Eigeninteresse. In einer hochnationalistischen Grundstimmung in diesen Ländern und angesichts der Großmächterivalität blieb es in der Zwischenkriegszeit bei unrealisierten Plänen, auf die indessen die mittel- und osteuropäischen Exilpolitiker des Zweiten Weltkrieges zurückgreifen konnten.[29]

Kapitel 2

Der Zweite Weltkrieg als Vater der Tat

Es war die Erfahrung des Zweiten Weltkrieges und seiner Wirkungen, die die Einsicht unumkehrbar machte, daß an einem engeren Zusammenrücken der europäischen Nationalstaaten kein Weg vorbeiführte. Das Jahrzehnt 1940 bis 1950 bildete die zukunftsträchtige Inkubationszeit der europäischen Einigung. In den Kriegsjahren war das Thema Europa vielfach präsent, wenn auch aus unterschiedlichen Gründen. Die den Widerstandsbewegungen entstammenden Europa-Konzepte mußten freilich in der unmittelbaren Nachkriegszeit vorübergehend nochmals hinter die Politik der Alliierten zurücktreten, das traditionelle System der souveränen Nationalstaaten zu restaurieren. Im Zeichen des anhebenden Kalten Krieges wurde dann in den Jahren 1947 bis 1949 die Herausbildung erster wirtschaftlicher, militärischer und politischer Kooperationsstrukturen zwischen den Westeuropäern angestoßen. Dies geschah unter maßgeblichem Einfluß der USA, die in dem Jahrzehnt zwischen 1947 und 1957 zum »Föderator« Europas wurden, zu einer von außen her durch Anreiz und Druck den europäischen Einigungsprozeß befördernden Kraft.

Hitlers Europa

Im Verlaufe des Zweiten Weltkrieges entfaltete der Gedanke einer Einigung Europas beachtlich mobilisierende Kraft. Von den nationalsozialistischen Führungseliten, und ähnlich den faschistischen in Italien, wurde er instrumentalisiert. Im europäischen Widerstand und bei den Politikern im Exil erlebte er eine ungeahnte Hochblüte. Die kriegführenden Alliierten vermochten ihm allerdings weniger abzugewinnen.[1]

Für die Führung des »Dritten Reiches« war »Europa« im wesentlichen ein Propaganda- und Kampfbegriff. Bekanntlich steuerte die nationalsozialistische »Neue Ordnung« die Schaffung eines vor allem nach Osten stark erweiterten »großgermanischen Reiches« auf rassischer Grundlage an, welches von einem Kranz abhängiger und regimeverwandter Satellitenstaaten umgeben sein würde. Nach außen hin wurde dieses Hegemonie-Programm jedoch phasenweise als »europäische Einigung« mystifiziert, vor allem, um Motivationshilfe für die Soldaten, für die Heimatfront und nicht zuletzt für die vielen Kollaborateure in den besetzten Ländern zu bieten, die nach einer ehrenhaften Zukunft in Hitlers Nachkriegseuropa Ausschau hielten. Der Krieg gegen die Sowjetunion wurde zum Kreuzzug Europas gegen den Bolschewismus hochstilisiert. Im wirtschaftlichen Bereich wurden Konzepte einer »gelenkten Wirtschaft« im Großwirtschaftsraum entwickelt, der als regionale Präferenzzone auch Schutz vor dem freihändlerischen Weltmarkt bieten sollte, und für den sogar der vertrauensbildende Begriff »Europäische Wirtschaftsgemeinschaft« verwendet wurde. Die Aussicht auf eine Partnerschaft gleichberechtigter europäischer Staaten, die nach Kriegsende von diesen hätte eingefordert werden können, wurde jedoch vermieden: Zuerst müsse der Krieg gewonnen werden. Für Hitler und die nationalsozialistische Führung war europäische Einigung so ein Akt der Gewalt, »Europa« ebenso wie die »deutsch-französische Versöhnung« waren Propagandabegriffe zur Tarnung nationalen Expansionsstrebens.[2] Etwas offener verhielt sich das Italien Mussolinis, wo über das Ziel der »Vereinigten Faschistischen Staaten von Europa« in Anlehnung an die Paneuropa-Bewegung diskutiert wurde. Mussolini strebte in dieser Frage offenbar eine geistige Führung unter den Achsenmächten an.[3]

Hochbedeutend war der Beitrag der europäischen Widerstandsbewegungen zur Perspektive einer europäischen Einigung. Die führenden Köpfe des nicht-kommunistischen Widerstands in Deutschland, Italien und den von diesen besetzten bzw. abhängigen Ländern – dies waren alle außer den Britischen Inseln, Schweden, Schweiz, Spanien und Portugal – leiteten aus den Erfahrungen der Zwischenkriegszeit durchweg vergleichbare

Erkenntnisse ab: Die erwiesene Schutzlosigkeit des einzelnen Staates, das Scheitern der kollektiven Sicherheit, die Notwendigkeit der Schaffung eines großen Wirtschaftsraums, der Bedeutungsverlust aller europäischen Mächte gegenüber den neuen Weltmächten riefen nach europäischem Zusammenschluß. In einer europäischen Föderation könnte der Nationalstaat aufgehoben werden, der das große Übel zu sein schien, das die Keime der totalitären Herrschaft, der Mißachtung der Menschenrechte und des Krieges in sich trug; nationalkonservative wie sozialistische Widerständler waren sich darin einig, daß die nationalen Souveränitäten zugunsten einer europäischen Gemeinschaft mit überstaatlichen Institutionen überwunden werden müßten.[4]

Die überlieferten programmatischen Zeugnisse sind überaus zahlreich. In Deutschland etwa prangerte das Haupt des Kreisauer Kreises, Helmuth James Graf von Moltke, den Machtmißbrauch der Nationalstaaten an, die sich in der Hybris des Faschismus selbst *ad absurdum* geführt hätten. Carl Goerdeler warb für wirtschaftliche Integration und kontrollierte Abrüstung einer »organischen Einheit föderativer Staaten«, wobei schließlich »weder Deutschland noch eine andere Macht« einen europäischen Vorrang beanspruchen dürfe. In der italienischen Resistenza hielten Altiero Spinelli und Ernesto Rossi in ihrem legendären ›Manifesto di Ventotene‹ vom Frühjahr 1941 fest, daß die Nationalstaaten nicht länger die zweckmäßigste Form der Organisierung des Gemeinschaftslebens der menschlichen Gesellschaft seien; daher müßten ihnen ihre Machtbefugnisse genommen und diese auf übergeordnete Autoritäten übertragen werden. In den Schriften des Widerstands in den von Hitlerdeutschland besetzten Ländern, der sich in erster Linie gegen die Fremdherrschaft richtete, finden sich allenthalben – in Frankreich, den Niederlanden, Polen u. a. – dieselben Leitmotive: Absage an Nationalismus, Faschismus und Machtpolitik; Notwendigkeit der Bildung einer europäischen Föderation und Einbindung des unruhigen Deutschland in diese; Dezentralisierung in den bisherigen Nationalstaaten; Ausstattung einer überstaatlichen Bundesautorität mit eigenen Institutionen, eigenen Streitkräften, europäischer Außenpolitik, internationalem Gerichtshof; europäische Staatsbürgerschaft; Organisierung eines gesamteuropäischen Wirtschaftsraums und gemeinsame Übergangsverwaltung für die überseeischen Kolonialgebiete; internationale Gleichrangigkeit Europas mit den USA und der Sowjetunion (wobei die Grenzen im Osten unterschiedlich gezogen wurden); enge Zusammenarbeit der europäischen Regionalorganisation mit der künftigen Weltorganisation. Insgesamt wirkte der europäische Widerstand wie ein großes Laboratorium, in dem angesichts der totalitären Herrschaft über den Kontinent eine Vielzahl von Konzepten und Rezepten für eine europäische Einigung in der Nachkriegszeit vorgedacht wurden. Im Frühjahr 1944, bei einer geheimen internationalen Konferenz von Widerstandskämpfern in Genf, wurden die Vorstellungen zu einer gemeinsamen »Deklaration zugunsten einer europäischen Föderation« zusammengeführt.[5]

Konkretere Pläne wurden unter den vor der Besatzungsmacht ins freie Ausland, vor allem nach London ausgewichenen Exilpolitikern und Emigranten entwickelt. Ein leitender Gedanke war, daß die Ausgangsposition der Staaten nach ihrer Befreiung durch regionale Zusammenschlüsse gestärkt werden müsse, in West- wie in Osteuropa. Der Außenminister der belgischen Exilregierung in London, Paul-Henri Spaak, setzte sich für einen wirtschaftlichen, politischen und militärischen Zusammenschluß Belgiens mit Frankreich und den Niederlanden nebst Kolonialreichen ein. Seine Landsleute Paul van Zeeland und Louis de Brouckère entwickelten Vorstellungen einer westeuropäischen Wirtschafts- und Währungsunion, die zu der schließlich am 5. September 1944 geschlossenen Zollunion der Benelux-Staaten beitrugen. Unter den italienischen Exilanten entwarf der ehemalige Außenminister Graf Carlo Sforza Pläne für zentraleuropäische und mittelmeerländische Föderationen. In Algier, wo seit dem Frühjahr 1943 das Freie Frankreich Charles de Gaulles residierte, entwarfen seine Vertrauten Jean Monnet, René Mayer und André Philip westeuropäische Integrationskonzepte, in denen unter anderem die Vergemeinschaftung der Schwerindustrie und die Einbindung eines zerstückelten Deutschlands eine zentrale Rolle spielten. De Gaulle selbst zögerte, ehe er am 18. März 1944 eine Verbindung Frankreichs mit den Benelux-Staaten und dem Rhein-Ruhr-Gebiet mit eventueller Abrundung nach Süden und

Assoziierung Großbritanniens zur Erwägung stellte: »Ohne daß natürlich die Souveränität der beteiligten Staaten angetastet werden darf [...] denken wir an eine Art westeuropäischer Gruppierung um Frankreich herum, hauptsächlich auf wirtschaftlicher Grundlage und so weit wie möglich.«[6]

Auch osteuropäische Exilpolitiker bereiteten regionale Zusammenschlüsse vor. In Ansehung der unvorteilhaften Zersplitterung der osteuropäischen Staatenwelt der Zwischenkriegszeit unterzeichneten Vertreter der polnischen, tschechoslowakischen, jugoslawischen und griechischen Exilregierungen in London im November 1941 eine gemeinsame Absichtserklärung, daß sie fortan solidarisch vorgehen wollten. Weit gediehen Vorstellungen eines Zusammenschlusses zwischen Polen und der Tschechoslowakei: Bereits am 11. November 1940 kündigten Edvard Beneš und General Sikorski an, daß ihre beiden Länder nach Kriegsende eine »engere politische und wirtschaftliche Assoziation« bilden sollten, die für andere osteuropäische Länder offenstehe; am 23. Januar 1942 wurde eine polnisch-tschechoslowakische »Konföderation« vereinbart und ein Koordinierungsausschuß eingesetzt. Eine ähnliche Vereinbarung unterzeichneten in den gleichen Tagen, am 15. Januar 1942, die griechische und die jugoslawische Exilregierung; darin wurde die Bildung gemeinsamer Institutionen für die Außen-, Verteidigungs- und Wirtschaftspolitik vorgesehen. Weitergehende Planungen osteuropäischer Exilpolitiker, deren Inspirator bis zu seinem Tode Anfang Juli 1943 General Sikorski war, zielten auf den Zusammenschluß aller ost- und südosteuropäischen Länder und eine Verzahnung der osteuropäischen mit den westeuropäischen Kooperationsprojekten ab.[7]

All dies waren letztlich abstrakte Planungen. Es war klar, daß über die Strukturen des Nachkriegseuropa nicht ohne die kriegführenden alliierten Großmächte entschieden werden konnte. In diesem Sinne suchten die Exilpolitiker in London den britischen Premierminister Winston Churchill dafür zu gewinnen, sich die Zielsetzung eines engeren Zusammenschlusses der europäischen Staaten nach dem Krieg zu eigen zu machen und eine Führungsrolle zu übernehmen. Damit hatten sie bei Churchill, der zeitlebens weniger ein »überzeugter Europäer« als vielmehr ein in weiten historischen Räumen denkender Empire-Politiker war, beachtlichen Erfolg. Schon im Juni 1940, in den Tagen des Zusammenbruchs Frankreichs, hatte er, wenngleich zögernd, den von Jean Monnet, de Gaulle und Kreisen der britischen »Federal Union«-Bewegung (Arnold Toynbee, Robert Vansittart u. a.) erarbeiteten Plan einer unauflöslichen Union der beiden Staaten Großbritannien und Frankreich gebilligt, mit gemeinsamer Verteidigung, gemeinsamer Außen-, Finanz- und Wirtschaftspolitik, gemeinsamer Staatsbürgerschaft, einem gemeinsamen Parlament. Dieses Projekt sollte die französische Kapitulation vor Hitler verhindern, was am Ende vergeblich blieb.[8] Mit dem Fortschreiten des Krieges befiel Churchill dann immer stärker die Sorge, daß nach Kriegsende in Europa ein Vakuum mit der Gefahr einer sowjetischen Machtübernahme entstehen könnte, wenn gleichzeitig die Amerikaner sich zurückziehen und die Russen vorstoßen würden. Am 21. März 1943 schlug er in einer Radioansprache vor, daß im Rahmen einer globalen Ordnung der Weltregionen ein »Europa-Rat« geschaffen werden sollte, ein »wirklicher und wirkungsvoller« Bund, »in dessen Gefüge sich alle, auch die stärksten der in Frage kommenden Mächte einordnen, dem ein Oberster Gerichtshof zur Schlichtung von Streitigkeiten sowie bewaffnete Streitkräfte [...] zwecks Durchführung seiner Entscheidungen und Verhinderung neuerlicher Angriffe und künftiger Kriegsvorbereitungen zur Verfügung stehen«.[9]

Dieser Vorstoß Churchills erfreute gewiß das Herz vieler Widerständler und Exilpolitiker, doch blieb er isoliert und politisch folgenlos: Washington und Moskau weigerten sich, das Thema einer Einigung Europas auf die Agenda der Kriegskonferenzen zu übernehmen. Präsident Roosevelt legte die Priorität auf die Fortsetzung eines fundamentalen amerikanisch-sowjetischen Einvernehmens auch im Nachkriegsfrieden im Rahmen einer Weltorganisation, dabei erschien das Projekt einer europäischen Regionalorganisation als störend. Stalin strebte nach direkter sowjetischer Kontrolle über Osteuropa und suchte die Entstehung eines Machtblocks zu verhindern, der die Zersplitterung der westeuropäischen Staatenwelt aufhob, sofern dies nicht unter kommunistischem Vorzeichen geschah. Die westeuropäischen Kommunisten im Widerstand und in den Nachkriegsparlamenten waren wie die sowjetische Führung stets Gegner der europäischen Einigung. Churchill schloß sich schließlich Roosevelt an. Als der Krieg zu Ende ging, stand so die in Widerstand und Exil mit zunehmender Leidenschaft diskutierte Frage der Einigung Europas nicht auf der Tagesordnung der Siegermächte.[10]

Die Europäische Bewegung

Die Frage stand dementsprechend auch nicht auf der Agenda der europäischen Regierungen, die sich 1944/45 unter der Kontrolle der Siegermächte neu formierten. Die Nationen Osteuropas fielen in die Abhängigkeit der Sowjetunion, die scharf darauf achtete, daß sie voneinander separiert blieben. Die restaurierten westeuropäischen Staaten waren für wirtschaftliche Existenzsicherung und Wiederaufbau auf die Hilfe der USA angewiesen, wo vorerst weiter in globalen, nicht in regionalen Bezügen gedacht wurde. Großbritannien suchte eine Rolle als dritte Weltmacht. Das gaullistische Frankreich knüpfte unverzüglich an macht- und bündnispolitische Traditionen der Vorkriegszeit an. Überall etablierten sich wieder nationalstaatliche Denkweisen und Bürokratien. Deutschland, zunächst ohne eigenen politischen Willen, zerfiel in vier Besatzungszonen. Die Zielsetzung eines europäischen Zusammenschlusses war nicht aktuell und bis 1947/48 effektiv blockiert.[11]

Aber sie war nicht tot. Sie lebte fort außerhalb und am Rande der Politik, in privaten Zirkeln und Gruppen, in denen die im Widerstand entwickelten Konzeptionen einer europäischen Einigung weiter diskutiert wurden. Gelangte der Widerstand auch 1945 nicht an die Macht, so hatten sich doch noch während des Krieges erste Föderationsverbände zur Propagierung der Europa-Idee gebildet, die weiterarbeiteten, nachdem die Waffen schwiegen: so in Italien, in Frankreich, den Niederlanden; in der Schweiz und Großbritannien gab es solche Verbände schon seit den späten 1930er Jahren.[12] Ihr Versuch, sich öffentliches Gehör zu verschaffen, war indessen angesichts der politischen Grundausrichtung der beiden Weltmächte und der neuen europäischen Regierungen zunächst chancenlos. Vom Sommer 1945 bis zum

Sommer 1946 hatten die Verfechter einer europäischen Einigung »ein Jahr bitterer Hoffnungs- und Wirkungslosigkeit zu durchstehen«.[13] Im Sommer 1946 stellten sich dann einige Lichtblicke ein. Die Föderationsgruppen vermeldeten etwas Resonanz und Zulauf, weitere Initiativen wurden gegründet, neue übernationale Kontakte angebahnt. Der Impuls kam aus der internationalen Politik: Das Konzept der globalen Kooperation zwischen den angelsächsischen Mächten und der Sowjetunion geriet immer erkennbarer in die Krise, und das Auseinanderdriften der Weltmächte schuf Raum für regionale Zusammenarbeit in Europa; und auch ein zusätzliches Motiv: Europa als »Dritte Kraft« zwischen Ost und West.[14]

In dieser sich zögernd aufhellenden Stimmungslage wirkte die Europa-Rede, die Churchill, inzwischen Oppositionsführer im Unterhaus, am 19. September 1946 in Zürich hielt, als ein entscheidender Verstärker. Churchill rief dazu auf, die Nachkriegstragödie im Herzen Europas zu beenden und »eine Art Vereinigte Staaten von Europa« zu schaffen – eine Organisation, die den Europäern »das Gefühl eines weiter gespannten Patriotismus und einer gemeinsamen Staatsangehörigkeit einflößen« und den europäischen Reichtum an Geist und Kultur erhalten könne. Eine Organisation Europas stehe nicht im Gegensatz zur Weltorganisation der UNO, sondern ergänze sie als regionale Untergliederung. Die Zeit sei knapp, da der Krieg zwar beendet sei, Gefahren aber fortbestünden. Man müsse rasch mit der Bildung eines »Europarats« beginnen. Wenn zunächst nicht alle europäischen Staaten willens und in der Lage seien, der Union beizutreten, müßten die, die es wollten und könnten, dennoch anfangen. Frankreich und Deutschland müßten gemeinsam die Führung übernehmen. Großbritannien und die USA, »und ich hoffe Sowjetrußland, denn dann wäre in der Tat alles gut«, müßten die Freunde und Förderer des neuen Europa sein. Die Bedeutung der Rede lag darin, daß sie zu diesem Zeitpunkt die Idee der europäischen Einigung mit dem weltpolitischen Prestige einer der drei großen Siegerpersönlichkeiten des Weltkrieges verknüpfte, ihr dadurch die Aura des Realisierbaren gab, sie glaubwürdiger und attraktiver machte, ihr vor allem in die Schlagzeilen der internationalen Presse verhalf.[15]

Das weltweite Echo auf die Rede war allerdings durchaus zwiespältig: In die weit überwiegend zustimmenden und hoffnungsvollen Kommentare mischte sich die Erklärung der britischen Labour-Regierung, daß sie von der Rede vorher nicht informiert worden sei und diese nur die privaten Ansichten des Redners wiedergebe; die nachdenkliche Frage wurde gestellt, ob man nur ein Jahr nach Kriegsende schon wieder in dieser Form auf Deutschland zugehen solle, und die Kommunisten lehnten die europäische Perspektive einhellig ab. Die wichtigste Wirkung der Rede war freilich, daß sie den privaten Europaverbänden mächtiger Ansporn war, ihre Tätigkeit zu intensivieren. Ab Herbst 1946 formierten sich in fast allen größeren Städten rasch wachsende Aktionsgruppen, die die Öffentlichkeit für einen gesamteuropäischen Zusammenschluß zu sensibilisieren suchten und deren interne Diskussionen sich um zwei verschiedene Europa-Konzeptionen grundsätzlicher Art drehten: »Föderation« oder »Union«? Die Föderalisten visierten, mit Blick etwa auf Proudhon und die Verfassung der USA, einen europäischen Bundesstaat an, in dem die Kompetenzen nach dem naturrechtlichen Subsidiaritätsprinzip auf die jeweils sachgemäßen Organisationsebenen verteilt werden sollten, »soweit unten wie möglich«, und »soweit oben wie nötig«; insbesondere sollte die Föderation die Befugnisse für gemeinsame Außenpolitik, Friedenswahrung und Wohlfahrtssicherung erhalten. Die Unionisten (oder Konföderalisten) hatten dagegen das Modell des Staatenbundes vor Augen, in dem souveräne Nationalstaaten geregelt zusammenarbeiten, ohne wesentliche nationale Kompetenzen an eine übergeordnete europäische Instanz abzutreten.[16]

Die föderalistisch orientierten Gruppen waren gewiß in der Überzahl. Mehr als 40 nationale Bewegungen aus 16 Ländern schlossen sich im Dezember 1946 zu dem mächtigsten der Europaverbände zusammen, der »Union Europäischer Föderalisten« (UEF), angeführt von Vordenkern des Widerstands wie Altiero Spinelli, Henri Frenay, Eugen Kogon und Henri Brugmans. Erster Generalsekretär wurde Alexandre Marc. Auf einem Kongreß in Montreux im August 1947 beschloß die UEF, die Bemühungen um eine wirtschaftliche Kooperation der europäischen Regierungen im Rahmen des Marshall-Plans zu unterstützen; dabei konnte es sich angesichts des sowjetischen Verbots an die osteuropäischen Staaten, sich am Marshall-Plan zu beteiligen, realistischerweise nur um ein »Beginnen in Westeuropa« handeln. Auch die im Juni 1947 gegründete »Sozialistische Bewegung für die Vereinigten Staaten von Europa« (MSEUE) strebte eine Föderation an, die möglichst unter sozialistischen Vorzeichen stehen sollte. Die Europa-Bewegung der vor allem in Italien, Frankreich und Deutschland Aufwind verspürenden christdemokratischen Parteien, die »Nouvelles Equipes Internationales« (NEI, gegründet im März 1947), übernahm ebenfalls schrittweise das föderalistische Gedankengut für ein Europa, das eine soziale Demokratie aus christlichem Geiste werden sollte.[17]

Auf der anderen Seite entstanden seit Januar 1947 in London, Brüssel und Paris zahlenmäßig kleinere, aber von bekannten Politikern geführte Verbände, die sich für einen sogleich auf Westeuropa begrenzten, mit wirtschaftlicher Kooperation beginnenden lockeren Zusammenschluß staatenbündischen Charakters einsetzten. Hierzu gehörte das von Churchill inspirierte und von seinem Schwiegersohn Duncan Sandys geleitete »United Europe Movement« (UEM, gegründet im Mai 1947), das zahlreiche Politiker der konservativen und liberalen mit wenigen der Labour-Partei zusammenbrachte, die das Modell des Commonwealth vor Augen hatten. Umstritten blieb, ob Großbritannien sich aktiv am Aufbau Europas beteiligen oder – gemäß der Zürcher Rede Churchills – fördernd außerhalb bleiben sollte. In Frankreich wurde im Juli 1947 eine Parallelorganisation gegründet, der »Conseil français pour l'Europe unie«, in der sich bekannte Namen wie René Courtin, Paul Reynaud, Paul Ramadier, Pierre-Henri Teitgen und André Siegfried zusammenfanden. Das Hauptanliegen der von dem ehemaligen belgischen Ministerpräsidenten van Zeeland im März 1947 gegründeten »Ligue Européenne de Coopération Economique« (LECE), der etwa auch der französische Finanzexperte Jacques Rueff angehörte, war die Einleitung europäischer Wirtschaftskooperation durch übernationale Komitee-Arbeit; sie schloß an die Zollunions-Bestrebungen der Zwischenkriegszeit an.[18]

Einen Weg eigener Art beschritt die 1947 von Coudenhove-Kalergi gegründete »Europäische Parlamentarier-Union« (EPU), die an die Paneuropa-Bewegung der Zwischenkriegszeit anknüpfte. Die EPU führte über 800 Abgeordnete der einzelstaatlichen Parlamente unter der Zielsetzung zusammen, die Europa-Idee in ihren Ländern zu propagieren und die Schaffung einer Europäischen Versammlung vorzubereiten. Föderalisten und Unionisten hielten sich in ihr die Waage. Auch auf der Ebene der Unternehmen und Gewerkschaften begannen sich im übrigen Europa-Aktionsgruppen und -Verbände zu formieren. Und nicht zuletzt bildeten sich in den drei westdeutschen Besatzungszonen seit Juni 1946 erste Gruppen zur Förderung vor allem des föderalistischen Gedankenguts, in einer Reihe von Städten wie Hamburg, Freiburg, Köln, Münster, München, Koblenz, Stuttgart und Eutin.[19]

Es drohte Zersplitterung, wenn es in einer Situation, in der noch keine der Regierungen den europäischen Gedanken aufgegriffen hatte, nicht gelang, die Vielzahl der Initiativen zu bündeln. Nach längeren Vorbereitungen, und unter beträchtlichen Spannungen zwischen konkurrierenden Föderalisten und Unionisten, wurde zunächst im Juli 1947 in Paris ein europäisches »Verbindungskomitee«, im Dezember 1947 das »Internationale Komitee zur Koordinierung der Bewegungen für die Einheit Europas« gegründet; es war aufgrund einer eigenwilligen Stimmengewichtung zwischen den Einzelverbänden, nicht der zahlenmäßigen Anhängerschaft, bis 1949 mehrheitlich unionistisch besetzt und wurde von Duncan Sandys geleitetet. Alle Verbände traten sukzessive dem Komitee bei, nur die EPU Coudenhove-Kalergis blieb bis 1952 abseits. Das Komitee lud für den 7. bis 10. Mai 1948 nach Den Haag zu einem »Europa-Kongreß« ein, der die hervorragendsten Vertreter aus Politik, Wirtschaft und Kultur aller europäischen Länder zu einer machtvollen Demonstration des Einigungswillens versammeln und konkrete Vorschläge unterbreiten sollte.[20]

Der Haager Kongreß wurde zum Meilenstein der europäischen Einigungsgeschichte. Alles begann hier: die Konstruktion der ersten europäischen Institutionen und die Schwierigkeit, ihnen politische Entscheidungsgewalt zu übertragen, die Erörterung von Prinzipien eines Gemeinsamen Markts, der Durchbruch der Europa-Idee in der breiteren öffentlichen und politischen Wahrnehmung. Unter der Ehrenpräsidentschaft Churchills versammelten sich nahezu 800 illustre Persönlichkeiten aus fast allen westeuropäischen Ländern, Politiker, Industrielle, Gewerkschafter, Wissenschaftler und Intellektuelle, darunter etwa 200 Parlamentarier, 12 ehemalige Regierungschefs, rund 60 Minister. Am größten waren die französische und die britische Delegation. Alle politischen Richtungen waren vertreten, doch hatte die regierende britische Labour-Party ihre Mitglieder aufgefordert, sich von einer Veranstaltung fernzuhalten, an deren Spitze der konservative Oppositonsführer stand. Nicht wenige Sozialisten anderer Länder, vor allem aus Skandinavien, schlossen sich dem Labour-Boykott an. Eine 51 Personen umfassende deutsche Delegation wurde von Konrad Adenauer angeführt, dem Vorsitzenden der CDU in der Bizone.[21]

Die lebhaften Diskussionen des Kongresses, die vor allem in drei Ausschüssen – für Politik, Wirtschaft und Kultur – geführt wurden, waren durchzogen von alternativen Grundanschauungen wie Föderation/Union und Zollunion/Freihandel. Die unionistische Mehrheit sorgte dafür, daß föderalistische Auffassungen nur ansatzweise zum Zuge kommen konnten. Die Abschlußresolution des von dem ehemaligen französischen Ministerpräsidenten Ramadier geleiteten Politischen Ausschusses empfahl den europäischen Regierungen, einen Teil ihrer Souveränitätsrechte zusammenzulegen, um die Entwicklung ihrer Wirtschaften koordinieren und die Einbindung Deutschlands in ein Vereintes Europa ermöglichen zu können. Konkret wurde vorgeschlagen, eine »Europäische Versammlung« einzuberufen, die sich im wesentlichen aus Vertretern der nationalen Parlamente zusammensetzen sollte. Sie sollte beratenden Charakter haben, Probleme der Einigung untersuchen, Lösungen vorschlagen, die europäische Öffentlichkeit sensibilisieren. Vorschläge der Föderalisten, die Versammlung durch Direktwahl zu bilden und ihr verfassunggebende Befugnisse zu übertragen, waren an der unionistischen Mehrheit gescheitert. Die Resolution empfahl auch, eine Charta der Menschenrechte auszuarbeiten und einen Gerichtshof zu errichten, der die Erfüllung der Charta durchsetzen könnte. Die Schlußresolution des Wirtschafts- und Sozialausschusses, den van Zeeland leitete, folgte liberalen Auffassungen.

Sie zeigte die Gefahren eines Wiederaufbaus der europäischen Wirtschaft auf rein nationalen Grundlagen auf und präzisierte, wie die notwendige wirtschaftliche Union Europas zu erreichen sei: durch den Abbau der Handelsschranken, insbesondere der Zölle, die Wiederherstellung der freien Konvertierbarkeit der Währungen, eine Angleichung der Wirtschaftspolitiken mit dem Ziel der Gewährleistung von Vollbeschäftigung, die Förderung der Mobilität der Arbeitskräfte. In der Resolution des Kulturausschusses, dessen Vorsitzender Salvador de Madariaga war, wurde die Gründung eines europäischen Kulturzentrums vorgeschlagen; seine Aufgaben sollten unter anderem die Entwicklung des Bewußtseins des europäischen Erbes mittels Medien und Schulen sowie die Förderung des freien Austausches von Ideen, Publikationen und Kunstwerken zwischen den europäischen Ländern sein.[22]

Grundlegend war der Beschluß des Kongresses, den verschiedenen Bewegungen eine effizientere gemeinsame Organisationsform zu geben, die »Europäische Bewegung«. Mit ihrer Gründung am 25. Oktober 1948 wurde eine Plattform geschaffen, auf der die verschiedenen Strömungen integriert und von der aus das europäische Anliegen wirkungsvoller gegenüber Öffentlichkeit und Politik vertreten werden konnte. Unter der gemeinsamen Ehrenpräsidentschaft Churchills, Léon Blums, Spaaks und De Gasperis übernahmen Duncan Sandys und Joseph Retinger die Führung. In jedem Land wurde eine nationale Sektion der Europäischen Bewegung eingerichtet. Das Aktionsprogramm wurde in der Folgezeit auf einer Reihe von Sachverständigen-Konferenzen konkretisiert. Ein Kongreß in Brüssel vom 25. bis 28. Februar 1949 präzisierte die Vorschläge für eine europäische Versammlung und bereitete damit die Gründung des Europarats wenige Wochen später, am 5. Mai 1949, vor; er entwarf auch die Grundzüge einer Charta der Menschenrechte und das Statut eines Europäischen Gerichtshofes für Menschenrechte, die dann der Europarat übernahm. Eine Konferenz in Westminster vom 19. bis 25. April 1949 durchleuchtete die europäischen Wirtschaftsprobleme. Sie empfahl die Herstellung einer europäischen Wirtschaftsunion mit freier Währungskonvertibilität und freiem Personen-, Kapital- und Güterverkehr; sie schlug aber auch – ein

Anliegen der Sozialisten – sektorale Zusammenschlüsse unter europäischen Organen für die Grundindustrien Kohle, Stahl, Elektrizität und Transportmittel vor, sowie – von Frankreich gewünscht – die Einrichtung eines Wirtschafts- und Sozialausschusses, der die Partizipation der berufsständischen Gruppen sicherstellen sollte. Eine Kulturkonferenz in Lausanne vom 8. bis 12. Dezember 1949 empfahl den Abschluß von Kulturabkommen und den Austausch von Dozenten und Studenten; sie gab auch den Startschuß für das Europäische Kulturzentrum, das im Oktober 1950 unter der Leitung Denis de Rougemonts in Genf errichtet wurde, und für das Europäische Kolleg in Brügge, das ebenfalls im Herbst 1950 unter seinem ersten Rektor Henri Brugmans mit der Ausbildung europäischer Führungskräfte begann. Eine Konferenz in Rom im Juli 1950 schließlich umriß die großen Linien einer europäischen Sozialpolitik.[23]

Die privaten, nicht-gouvernementalen Initiativgruppen, seit 1948 in der Europäischen Bewegung zusammengeschlossen, hatten somit eine geschichtlich bedeutsame Funktion: Im Nachkriegsjahrfünft waren sie »die wahren Pioniere und Träger des europäischen Konzepts«; sie wirkten als eine Art Medium, in dem die Europa-Idee abseits der Regierungspolitiken zunächst überleben und dann mobilisiert werden konnte. Dabei gewann, unter dem Einfluß vor allem der britischen Konservativen, die unionistische vorerst die Oberhand über die föderalistische Richtung. Die Wirkung in den europäischen Ländern war gewiß unterschiedlich, jedoch wurde insgesamt die breite Öffentlichkeit durch die werbende Tätigkeit der Europaverbände für das europäische Gedankengut aufgeschlossen, wenn auch noch nicht tiefer berührt. Das Ziel der europäischen Einigung hielt schrittweise Einzug in die Programme der nicht-kommunistischen Parteien, allerdings vorerst nicht als oberste Priorität. Die Regierungen begannen sich ihm zuzuwenden, doch bedurfte es des Engagements einzelner Persönlichkeiten oder kleiner Gruppen Gleichgesinnter in den Kabinetten, um europäische Orientierung zu aktivieren. Immerhin war am Ende der 1940er Jahre das Terrain für einen breiteren Aufstieg der Bewegung in die Politik vorbereitet.[24]

Die Anfänge westeuropäischer Zusammenarbeit

Es war der anhebende Kalte Krieg, der die Regierungen des Westens drängte, mit einer Neuorganisation Europas zu beginnen und das Gedankengut der Bewegungen fruchtbar werden zu lassen. Zwischen Mitte 1947 und Mitte 1949 setzte in drei Bereichen westeuropäische Zusammenarbeit ein: in der Wirtschaft aufgrund des Marshallplans, in diplomatisch-militärischer Hinsicht mit dem Abschluß von Brüsseler Pakt und NATO, und auf politisch-parlamentarischer Ebene mit der Gründung des Europarats.[25]

Der primäre Impuls ging von Washington aus, wo unverminderte und weiter wachsende Spannungen mit der Sowjetunion in Asien, Europa, dem Mittelmeerraum, dem Nahen und Mittleren Osten, nicht zuletzt in der UNO im Verlaufe des Winters 1946/47 endgültig zur Abkehr vom Konzept der globalen Nachkriegskooperation mit Moskau und zu seiner Ersetzung durch die Doktrin der »Eindämmung« führten. Für Europa bedeutete dies, daß die noch freien Länder westlich des »Eisernen Vorhangs« vor der kommunistischen Bedrohung zu beschützen und in ihrer ökonomischen und politischen Widerstandsfähigkeit zu stärken waren. Diesem Ziel diente direkte amerikanische Unterstützung, auch die rasche Errichtung eines westdeutschen Staatswesens; als tragende Komponente wurde ein engerer Zusammenschluß der einzelnen Länder Westeuropas betrachtet, am besten nach dem Vorbild der USA, die durch Föderation und kontinentalen Wirtschaftsraum groß und mächtig geworden waren. Ein regionaler Zusammenschluß Westeuropas würde zudem den Wiederaufbau und die Eingliederung Westdeutschlands erleichtern, die Gefahr künftiger europäischer Kriege verringern, die amerikanische Präsenz in Europa begrenzen können. Seit Januar 1947 befürworteten amerikanische Politiker zunehmend eine europäische Regionalorganisation. Im März 1947 verabschiedete der Kongreß eine u.a. von Senator William Fulbright eingebrachte Resolution, in der die »Schaffung der Vereinigten Staaten von Europa im Rahmen der UNO« gefordert wurde. Präsident Truman, Außenminister Marshall und Staatssekretär Acheson dachten ähnlich: Seit dem Frühjahr 1947 war die Einigung Europas ein Ziel der amerikanischen Außenpolitik.[26]

Die westeuropäischen Regierungen folgten nur zögerlich. Die britische Labour-Regierung war nicht nur wegen der führenden Rolle Churchills in der Europäischen Bewegung reserviert; auch eine mögliche Vermischung des britischen mit dem kontinentalen Sozialismus widerstrebte ihr. Zudem wollte Außenminister Ernest Bevin, dem wie den meisten Engländern das Verhältnis zum Commonwealth und zu den USA mehr am Herzen lag als das zu Europa, noch längere Zeit die Spaltung des Kontinents nicht wahrhaben und fürchtete bei einer Westblock-Bildung auch den Abzug der Amerikaner. Als er sich im Verlaufe des Sommers 1947 der neuen amerikanischen Europa-Sicht annäherte, stellte er zugleich klar, daß es für London weder um Föderation noch um Konföderation gehen könne, sondern nur um Konsultation und Kooperation – die Auffassung fast aller Briten, auch der Konservativen und Churchills.[27] Die französische Regierung, die ihre internationale Rolle suchte und an der bis Mai 1947 die Kommunisten beteiligt waren, war auf das Ziel festgelegt, Deutschland dauerhaft nieder und möglichst zerstückelt zu halten. Zwischen Frühjahr 1947 und Frühjahr 1948 bewirkte wirtschaftliche und militärische Abhängigkeit von den USA eine schrittweise, wenngleich mühselige Annäherung an die amerikanische Politik. In Paris wurde erkannt, nicht zuletzt von Außenminister Georges Bidault, daß ein europäischer Zusammenschluß die Chance für eine zuverlässige Kontrolle Deutschlands enthielt und außerdem die Möglichkeit, die Partner auf dem Kontinent zur Begründung eines neuen französischen Großmacht-Status ins Schlepptau zu nehmen. Alle politischen Kräfte Frankreichs außer den Kommunisten konnten sich in solcher Perspektive wiederfinden.[28] Die Benelux-Staaten waren für europäische Konzepte aufgeschlossen und bereits in Unionsbildung geübt, fürchteten freilich, in einem größeren Verbund marginalisiert zu werden; sie wollten zudem, ähnlich wie die skandinavischen Staaten, nur zusammen mit Großbritannien vorgehen.[29] Für die beiden Kriegsverlierer Italien und – sich neu formierend – Westdeutschland bot freilich ein europäischer Zusammenschluß fast nur Positives: Beendigung der internationalen Isolierung, Gleichberechtigung, Festigung einer demokratischen Ordnung.[30]

Das Signal zum Aufbruch gab der Marshallplan. Nachdem die USA sich im März 1947 für die Stabilisierung Griechenlands und der Türkei gegen kommunistische Bedrohung engagiert hatten (»Truman-Doktrin«), richtete Außenminister George Marshall am 5. Juni 1947 an das gesamte kriegsgeschwächte, »wirtschaftlich aus den Angeln gehobene« Europa das Angebot massiver amerikanischer Wirtschaftshilfe, die allerdings anders als vorangegangene Unterstützungsmaßnahmen nicht bilateral, sondern multilateral gewährt werden sollte, und nicht aufgrund eines in Washington entworfenen, sondern eines von den Europäern selbst aufgestellten Programms: »Die Länder Europas müssen untereinander zu einer Einigung darüber kommen, was die gegenwärtige Lage am dringendsten erfordert und inwieweit sie selbst dazu beitragen können, eine volle Auswertung der Maßnahmen unserer Regierung zu erzielen.« Das Angebot galt für alle Staaten West- und Osteuropas einschließlich der Sowjetunion und hatte als erstes Ergebnis die Akzentuierung der Spaltung des Kontinents: Nach kurzem Zögern lehnte die Sowjetunion die Beteiligung an einem Projekt ab, das zur koordinierten Feststellung des Bedarfs die Offenlegung sowjetischer Statistiken erfordert, also »Einmischung in die inneren Angelegenheiten« bedeutet hätte; sie untersagte auch ihren – durchaus interessierten – osteuropäischen Satelliten die Beteiligung. In den Ländern westlich des Eisernen Vorhangs wurde das amerikanische Angebot hingegen durchweg freudig begrüßt. Zur Vorbereitung einer Antwort verständigten sich Bevin und Bidault darauf, alle westeuropäischen Staaten (außer dem noch geächteten Spanien Francos) zu einer Konferenz über europäische wirtschaftliche Zusammenarbeit nach Paris einzuberufen. Die Konferenz, an der 16 Staaten teilnahmen, tagte vom 12. Juli bis zum 22. September 1947 und schloß ihre Arbeit mit einem Hilfsersuchen ab, in das auch der Bedarf der drei deutschen Westzonen integriert war; es stellte für einen Zeitraum von vier Jahren einen Fehlbedarf von 22 Milliarden Dollar fest und erklärte amerikanische Hilfe im Wert von 19 Milliarden Dollar für erforderlich.[31]

Diese erste europäische Regierungskonferenz nach dem Krieg und die folgende Organisation der Marshallplan-Hilfe legten Fundamente für die wirtschaftliche Zusammenarbeit in Europa.

Die amerikanische Forderung, daß die Europäer ihren relativen wie absoluten Unterstützungsbedarf selbst feststellten, wurde zum Ausgangspunkt für multilaterale Abstimmung, die zur Überschreitung rein nationalpolitischer Maßstäbe zwang. Die Erwartung freilich, daß ein koordiniertes Hilfsprogramm die Schaffung eines integrierten Wirtschaftsgroßraums einleiten könnte, trog: Französische und italienische Vorschläge, eine europäische Zollunion zu bilden, scheiterten am Widerspruch Großbritanniens, das dadurch die Aufrechterhaltung seiner Empire-Präferenzzölle gefährdet sah. Einvernehmen wurde jedoch über die Schaffung einer Institution erzielt, die nicht nur die Marshallplan-Hilfe abwickeln, sondern als dauerhafte Organisation bestehen sollte. Am 16. April 1948 gründeten die Konferenzteilnehmer die »Organisation für wirtschaftliche Zusammenarbeit in Europa« (OEEC) mit Sitz in Paris, der schon im Oktober 1949 die junge Bundesrepublik als 17. Staat beitrat.[32]

Ziele der OEEC sollten sein, die wirtschaftliche Zusammenarbeit zu entwickeln, wechselseitige Handelshemmnisse abzubauen, ein multilaterales Zahlungssystem vorzubereiten, die Möglichkeit der Bildung von Zollunionen oder Freihandelszonen zu prüfen, die Währungen zu stabilisieren und die Arbeitskräfte möglichst zweckmäßig einzusetzen. Nach amerikanischen, auch französischen Vorstellungen hätte sie eine mit umfassenden Befugnissen ausgestattete autonome Wiederaufbaubehörde für Europa werden sollen, doch akzeptierten die britische und einige weitere Regierungen nur eine lockere Form intergouvernementaler Zusammenarbeit, die von einem Rat der Außen- und Wirtschaftsminister der Mitgliedstaaten geleitet wurde. Der Rat trat in unregelmäßigen Abständen zusammen und konnte Beschlüsse nur einstimmig fassen, wobei allerdings die Möglichkeit bestand, daß eine Regierung sich der Stimme enthalten konnte, ohne dadurch die Entscheidung der anderen zu blockieren und ohne sich selbst an diese zu binden. Dem Rat arbeiteten ein Exekutivausschuß, zahlreiche Fachausschüsse und ein Sekretariat zu, das von einem Generalsekretär geleitet wurde, der dem Rat Vorschläge unterbreiten konnte. Erster Generalsekretär wurde der Franzose Robert Marjolin (1948–1955).[33]

Mit diesen Organisationsstrukturen war die OEEC im

Grunde eine ständige Wirtschaftskonferenz, die den Vertretern der Mitgliedstaaten ein Forum bot, sich gewohnheitsmäßig zu treffen und zu konsultieren, gegenseitig Kenntnisse und Horizonte zu erweitern, europäische Sichtweisen und Kooperationsbereitschaft zu entwickeln. Die Leistungen der OEEC in den vier Jahren 1948–1952 waren beachtlich. Nicht nur bewältigte sie die schwierige Aufgabe der Verteilung der schließlich bewilligten 13 Milliarden Dollar Marshallplan-Hilfe unter konkurrierenden Empfängerländern mit unterschiedlicher Wirtschaftspolitik und Datenerfassung; im August 1950 verabschiedete sie Richtlinien zur Abschaffung innereuropäischer Handelskontingentierungen, und am 19. September 1950 gründeten die OEEC-Länder untereinander die Europäische Zahlungsunion (EZU), ein multilaterales Verrechnungs- und Kreditsystem, durch das dem Mangel an Konvertierbarkeit der Währungen als einem Haupthindernis für die Belebung des Handels abgeholfen wurde und das bis zur Herstellung der vollen Konvertierbarkeit Ende 1958 gut funktionierte.[34] Vertrauen sowie wirtschaftliche und kommerzielle Zusammenarbeit wurden entwickelt, doch schuf die OEEC letztlich nicht den großen europäischen Markt, sondern nur günstige Rahmenbedingungen für den Wiederaufbau im je nationalen Rahmen. Quantitative und monetäre Handelshemmnisse wurden vermindert, nicht aber die Zölle. Frankreich und Italien versuchten seit 1947, separat eine bilaterale Zollunion zu bilden und sie gegebenenfalls auf die Benelux-Staaten auszuweiten (»Fritalux«, »Finebel«), doch verlief dieses Bemühen 1950/51 im Sande. Das Projekt einer Wirtschaftsunion zwischen Großbritannien und den skandinavischen Staaten (»Uniscan«) führte über Konsultationabsprachen nicht hinaus.[35]

Westeuropäische Zusammenarbeit entwickelte sich auch im Bereich der Sicherheit, auf europäische Initiative und mit amerikanischer Unterstützung. Angesichts der Verschärfung des Ost-West-Konflikts suchten im Dezember 1947 Bevin und Bidault in Washington um Militärhilfe nach. Außenminister Marshall erteilte die Antwort, daß wie bei der Wirtschaft auch im Bereich der Sicherheit Kooperation der Europäer untereinander die Voraussetzung für amerikanische Mitwirkung sei. Daraufhin regte Bevin am 22. Januar 1948 vor dem Unterhaus die Bildung einer

»Westunion« an, mit der praktisch die durch den Vertrag von Dünkirchen (4. März 1947) begründete britisch-französische Sicherheitspartnerschaft um die Benelux-Staaten und vielleicht andere zu einem »wichtigen Kern in Europa« erweitert werden sollte. Als einen Monat später die Kommunisten in der Tschechoslowakei die Macht ergriffen, einigten sich Großbritannien, Frankreich und die Benelux-Staaten binnen weniger Tage auf einen multilateralen Bündnisvertrag, der am 17. März 1948 in Brüssel unterzeichnet wurde.[36]

Der »Brüsseler Pakt«, der für 50 Jahre gelten sollte, sicherte den Partnern wechselseitig automatischen Beistand im Falle eines bewaffneten Angriffs in Europa zu, und zwar mit dem Blick auf eine mögliche sowjetische Bedrohung ebenso wie – immer noch – eines Wiederauflebens deutscher Aggressionspolitik. Auf Wunsch der Benelux-Staaten enthielt der Vertrag auch Regelungen für wirtschaftliche, soziale und kulturelle Zusammenarbeit, und er bezog sich auf gemeinsame Grundwerte der westlichen Zivilisation. Die insgesamt locker gefügte Organisationsstruktur sah als höchstes Gremium einen von den Außenministern gebildeten Konsultativrat vor, der ohne feste zeitliche Vorgaben zusammentreten sollte, sobald einer der Partner oder eine den Frieden oder die wirtschaftliche Stabilität bedrohende Situation dies verlangten, und der Beschlüsse nur einstimmig faßte. Eine ständige Organisation des Konsultativrats, die sich aus einem Vertreter der britischen Regierung und den bei dieser akkreditierten Botschaftern der vier Partnerländer zusammensetzte, sollte regelmäßig einmal im Monat in London tagen; ein Sekretariat sollte ihr zuarbeiten. Als weitere Organisationseinheiten entstanden militärische, aber auch wirtschaftliche, soziale und kulturelle Fachausschüsse; ein ständiger Militärausschuß in London mit der Aufgabe, gemeinsame Verteidigungspläne zu erarbeiten und die Zusammenarbeit der Militärapparate zu koordinieren; ein gemeinsamer Generalstab in Fontainebleau unter Leitung des britischen Marschalls Montgomery mit zugeordneten Kommandos für die einzelnen Truppenteile; ein Ausschuß für die Prüfung einer Standardisierung der Rüstungsproduktion. Das operative Potential blieb allerdings entwicklungsbedürftig: Der Brüsseler Pakt konnte insgesamt nur neun Divisionen aufbieten, vier französische, vier britische und eine belgische, zu denen eine amerikanische Division in Westdeutschland kam. Ihnen standen 95 Divisionen der Roten Armee gegenüber (25 in Osteuropa einschließlich der DDR, 70 im westlichen Teil der Sowjetunion).[37]

Ehe sich freilich die Brüsseler-Pakt-Organisation etablieren konnte, wurde sie nach nur einem Jahr durch die Gründung der NATO überholt und weitgehend obsolet. Unmittelbar nach Unterzeichnung des Brüsseler Paktes wiederholten Bevin und Bidault in Washington ihr Ersuchen um Militärhilfe, diesmal mit Erfolg. Die Vandenberg-Resolution des US-Senats vom 11. Juni 1948 erlaubte den USA zum ersten Mal in ihrer Geschichte, in Friedenszeiten ein Bündnis mit Staaten außerhalb der amerikanischen Hemisphäre zu schließen. Seit dem Frühsommer 1948 wurden Gespräche über einen Atlantikpakt geführt; ernsthafte Verhandlungen begannen nach der Wiederwahl Trumans im November. Am 4. April 1949 unterzeichneten in Washington zwölf Staaten den NATO-Vertrag: die fünf Staaten des Brüsseler Paktes, die USA und Kanada sowie Norwegen, Dänemark, Island, Portugal und Italien. Griechenland und die Türkei traten 1952 bei. Der Koreakrieg beschleunigte den Aufbau integrierter Strukturen; im April 1951 wurde General Eisenhower erster »Oberster Alliierter Befehlshaber in Europa« (SACEUR). Die Sicherheit Westeuropas wurde so Teil der umfassenderen atlantischen Sicherheitskonzeption. Der Brüsseler Pakt blieb zwar formell bestehen, namentlich seine über die Beistandsklausel der NATO hinausgehende automatische Beistandsverpflichtung zwischen den fünf Partnerländern; seine militärischen Kompetenzen und Funktionen gingen aber weitestgehend auf die NATO über. Seine wirtschaftlichen Befugnisse wurden auf die OEEC übertragen, die sozialen und kulturellen auf den Europarat. Der Brüsseler Pakt fiel seit dem Frühsommer 1949 praktisch in Tiefschlaf.[38]

Auch die politische Zusammenarbeit in Westeuropa kam Mitte 1948 auf den Weg. Sie resultierte aus dem Drängen des Haager Kongresses und der Europäischen Bewegung nach Einberufung einer Europäischen Versammlung, das in der französischen Regierung überraschend starke Unterstützung fand. In Paris sorgte man sich nach der Ankündigung der Schaffung eines westdeutschen Staatswesens durch die Londoner Sechsmächte-Erklärung vom 7. Juni 1948 vermehrt um dessen künftige europäische Einbindung. Am 20. Juli 1948 schlug Außenminister Bidault im Konsultativrat des Brüsseler Paktes vor, mit der Errichtung einer Europäischen Versammlung Ernst zu machen. Die Regierungen der Benelux-Länder stimmten sogleich zu, die britische Labour-Regierung reagierte jedoch ablehnend; sie wollte keine unabhängige europäische Institution politischen Charakters. Erst nach monatelangem Tauziehen, in das neben den fünf Regierungen des Brüsseler Paktes auch die Führungen der Europäischen Bewegung sowie der Parlamentarier-Union einbezogen waren, und bei dem nun Washington erheblichen Druck auf London ausübte, konnte Einvernehmen über die Strukturen und Kompetenzen des künftigen Europarats erzielt werden: Ein Hauptorgan sollte die »Beratende Versammlung« von Abgeordneten der nationalen Parlamente sein, doch sollte diesem als zweites Hauptorgan – dies war die britische Bedingung für die Zustimmung – ein »Ministerkomitee« bei- oder übergeordnet werden, das die Aktivitäten der Parlamentarier jederzeit überwachen konnte. Für den 5. Mai 1949 wurde in London die Unterzeichnung der Satzung des Europarats anberaumt, zu der noch fünf weitere Staaten hinzugebeten wurden: Dänemark, Irland, Italien, Norwegen und Schweden. Sitzort des Europarats wurde, symbolisch in der Hoffnung auf eine deutsch-französische Aussöhnung, Straßburg.[39]

Die Zuständigkeiten, die dem Europarat zugewiesen wurden, waren begrenzt. Er sollte die Zusammenarbeit »auf wirtschaftlichem, sozialem, kulturellem und wissenschaftlichem Gebiet und auf den Gebieten des Rechts und der Verwaltung« sowie den Schutz und die Fortentwicklung der Menschenrechte und Grundfreiheiten fördern. Nicht zuständig war er für Fragen der Verteidigung, die der NATO vorbehalten wurden, und damit praktisch auch nicht für die Außenpolitik. In wirtschaftlichen Fragen mußte er den Vorrang der OEEC beachten. Seine Tätigkeiten bestanden in der »Beratung von Fragen von gemeinsamem Interesse«, in der Einflußnahme auf die Willensbildung in den Mitgliedstaaten sowie im Abschluß von Konventionen. Bei den Organen hatte die britische Regierung darauf bestanden, daß die

Abgeordneten der Beratenden Versammlung nicht nur aus der Mitte der nationalen Parlamente, sondern auch von den Regierungen bestimmt werden konnten. Die Zusammensetzung der Versammlung bildete die demographischen Unterschiede nicht streng proportional ab: von insgesamt 91 Abgeordneten stellten die drei großen Staaten Frankreich, Großbritannien und Italien jeweils 18, die Niederlande und Belgien je sieben, Schweden sechs, Dänemark und Norwegen je fünf, Irland vier und Luxemburg drei. Die Versammlung trat einmal jährlich für maximal einen Monat zusammen. Die an Weisungen nicht gebundenen Abgeordneten wurden im Plenum in alphabetischer Namensfolge plaziert, was eher Gruppierungen nach nationaler als nach parteipolitischer Zugehörigkeit behinderte. Mit einer Zweidrittelmehrheit konnte die Versammlung Resolutionen verabschieden, welche jedoch anschließend vom Ministerkomitee gebilligt werden mußten. Dieses tagte geheim und faßte nur einstimmig Beschlüsse, wobei – anders als bei der OEEC – Enthaltung als Ablehnung gewertet wurde. Das Komitee war so das perfekte Veto-Organ gegenüber unliebsamen Initiativen der Europa-Parlamentarier. Wenn es eine Resolution der Versammlung billigte, stand es zudem den einzelnen Regierungen immer noch frei, sie sich zu eigen zu machen oder nicht.[40]

Die Wirkungsmacht der Beratenden Versammlung war mithin ebenso eingeschränkt wie ihre Zuständigkeit. Dessen ungeachtet trat sie im August 1949 zu ihrer ersten Sitzungperiode in dem Hochgefühl zusammen, die erste politische Institution übernationalen Charakters in Europa zu sein und den Weg in die weitere europäische Zukunft maßgeblich mitgestalten zu können. Führende Persönlichkeiten aus den nationalen Parlamenten hatten sich delegieren lassen, darunter etwa Churchill und Reynaud; die Debatten waren dementsprechend hochkarätig. Doch die im Ministerkomitee vertretenen Regierungen stutzten der Versammlung rasch die Flügel. Zur wachsenden Frustration der Abgeordneten wurden die meisten ihrer Resolutionen zurückgewiesen, obwohl das Fehlen einer Zweidrittelmehrheit der Föderalisten dafür sorgte, daß die Resolutionen ohnehin moderat ausfielen. Insbesondere fanden Bestrebungen für eine Erweiterung der Befugnisse der Versammlung im Ministerkomitee keine

Gnade. Eine große Ausnahme bildete eine Empfehlung zur Kodifizierung der Menschenrechte, die am 4. November 1950 zur Unterzeichnung der Europäischen Menschenrechtskonvention führte, die ihrerseits die Errichtung des Europäischen Gerichtshofs für Menschenrechte in Straßburg nach sich zog.[41]

Wie sich zeigen sollte, war der Europarat das Maximum an europäischer Organisation, das 1949 mit britischer Beteiligung möglich war. Als Stütze der Entwicklung und Einhaltung rechtsstaatlicher Grundsätze in Europa, als Forum für den Austausch und die Vorbereitung konstruktiver Anstöße für die weitere europäische Entwicklung bot der Europarat der liberalen Demokratie und dem politischen Pluralismus, insgesamt dem gemeinsamen europäischen Erbe einen Ort der Identität. Die Mitgliedschaften weiteten sich rasch aus: Griechenland und die Türkei traten 1949, Irland sowie die Bundesrepublik und das Saarland (beide als vorerst assoziierte Mitglieder) 1950 bei, Österreich 1956, und danach fast alle anderen Staaten Westeuropas, nach 1989 auch die Osteuropas; 2003 zählte der Europarat 45 Mitglieder. Trotz seiner begrenzten Gestaltungsmöglichkeiten hatte er bis dahin mehr als 180 Konventionen verabschiedet, neben der Menschenrechtskonvention etwa die Europäische Sozialcharta von 1961, die Anti-Folter-Konvention von 1987 und die Minderheiten-Konvention von 1995. Der Europarat wurde zudem immer wieder zum Wartezimmer für Staaten, die sich auf den EG-Beitritt vorbereiteten. Er war selbst allerdings nicht die Institution, die die europäische Einigung entscheidend beförderte; er begleitete diese nur.[42]

Kapitel 3

Die Gründerzeit, 1950–1957

Der eigentliche Startschuß zu einer integrierten Form der europäischen Einigung, wie sie sich seit nunmehr einem halben Jahrhundert entwickelt hat und heute vor unseren Augen fortschreitet, erfolgte mit dem von französischer Seite initiierten Schuman-Plan vom 9. Mai 1950. Er leitete die erste sektorale Vergemeinschaftung ein, deren Besonderheit die begrenzte Übertragung nationaler Souveränitätsrechte auf supranationale Institutionen war: die Montanunion. Diese bildete zugleich den Auftakt für eine in praktischer Kooperation erwachsende deutsch-französische Annäherung, während andererseits Großbritannien sich abseits hielt. In der Folgezeit wurden mit weniger Erfolg weitere sektorale Integrationsprojekte in Angriff genommen, das Scheitern der ambitiösen Europäischen Verteidigungsgemeinschaft (EVG) 1954 stellte alles noch einmal in Frage. In einem zweiten Anlauf wurde dann der Durchbruch erzielt: die Gründung der EWG und der Euratom durch die Römischen Verträge.

Der Schuman-Plan

Am Nachmittag des 9. Mai 1950, einem Dienstag, um 18 Uhr, machte der französische Außenminister Robert Schuman in einer eilig in den Uhrensaal des Quai d'Orsay einberufenen Pressekonferenz die überraschende Mitteilung, daß seine Regierung vorschlage, »die Gesamtheit der französisch-deutschen Kohle- und Stahlproduktion unter eine gemeinsame Oberste Aufsichtsbehörde (Haute Autorité) zu stellen, in einer Organisation, die den anderen europäischen Ländern zum Beitritt offen steht«. Es solle sich um eine begrenzte, doch entscheidende Maßnahme handeln. Die Zusammenlegung der Kohle- und Stahlproduktion werde sofort gemeinsame Grundlagen für die wirtschaftliche Entwicklung und die Hebung des Lebensstandards schaffen und mit der Erschwerung unkontrollierter Rüstungsproduktion den Frieden in Europa und in der Welt sichern helfen. Indem die Entscheidungen der neuen Obersten Behörde »für Frankreich, Deutschland und die anderen teilnehmenden Länder bindend sein werden, wird dieser Vorschlag den ersten Grundstein einer europäischen Föderation bilden«. Das unmittelbare Ziel sei wirtschaftlicher Natur: Ein gemeinsamer Markt für Kohle und Stahl solle entstehen, ohne Zollschranken, ohne Diskriminierungen, mit Regelungen im allgemeinen Interesse der Beteiligten; nicht ein nach Aufteilung und Ausbeutung nationaler Märkte strebendes internationales Kartell, sondern eine Märkte und Produktion verschmelzende und ausdehnende Gemeinschaft. Aber darüber hinausweisend sei das grundsätzliche Ziel ein politisches: die erste Übertragung von nationalen Befugnissen auf eine europäische Behörde solle einer deutsch-französischen Aussöhnung vorarbeiten und den Frieden in Europa sicherer machen.[1]

Vermutlich haben die mehr als 200 bei der Pressekonferenz anwesenden Journalisten und Beamten nicht allesamt die ganze Tragweite des Vorschlags und die mit ihm verknüpften Entwicklungsmöglichkeiten auf Anhieb erkannt, ebensowenig wie die meisten Zeitgenossen. Robert Schuman selbst sprach einen Tag später von einem »Sprung ins Unbekannte«. Erst mit wachsendem zeitlichem Abstand zeigte sich die ganze Bedeutung seiner Ankündigung: sie war die Initialzündung für eine Revolution der europäischen Verhältnisse, für eine kühne Entwicklung, die in der Geschichte ihresgleichen sucht. Dementsprechend sind die Umstände der Entstehung des Schuman-Plans, die damit verbundenen Ziele, Motive, bedingenden Faktoren von den Historikern intensiv erforscht worden.[2]

Frankreich suchte ein angemessenes Konzept des Umgangs mit der jungen Bundesrepublik, die auf Stabilisierung und vermutlich Wiederbewaffnung mit Hilfe der USA rechnen konnte. Es bot sich ein Arrangement im europäischen Verbund an, das über die lockere Kooperationsform von OEEC und Europarat hinausging. Eine engere und effizientere Organisation Europas, wie sie auch die USA wünschten, schien den Königsweg zur Lösung aller anstehenden Probleme zu weisen: dem Anliegen zu entsprechen, Westdeutschland nach dem Ende des Besatzungsregimes durch neue Formen internationaler Kontrolle in Schach zu halten und es gleichzeitig wirkungsvoll und dauerhaft in die politische Struktur des Westens einzubinden; dem Anspruch der jungen Bundesrepublik auf internationale Gleichberechtigung zu genügen; der voraussehbaren Unvermeidbarkeit einer deutschen Wiederbewaffnung zu begegnen; die Entschärfung der Saarfrage als eines wesentlichen Hindernisses für eine deutsch-französische Annäherung zu befördern; die Sorge um die weitere wirtschaftliche Entwicklung in Westeuropa abzubauen; auch den französischen Anspruch auf einen Großmachtstatus zu stützen. Zur Konkretisierung drängte sich, wegen der früher oder später nicht zu vermeidenden Auflösung der Internationalen Ruhrbehörde sowie einer sich abzeichnenden Überproduktionskrise im Stahlbereich, eine westeuropäische Zusammenlegung der Grundindustrien auf – Kohle und Stahl, auch an Energie und Verkehr wurde gedacht. Dies wurde 1949/50 nicht nur in Frankreich diskutiert. Auch in Deutschland verlangten Bundeskanzler Adenauer und andere führende Politiker, darunter vor allem der nordrhein-westfälische Ministerpräsident Karl Arnold, die Ausweitung der Kontrollen, unter denen das Ruhrgebiet stand, auch auf die Schwerindustrien in Frankreich, Belgien und Luxemburg.[3]

In einer systematischen Betrachtung waren für die Entstehung des Schuman-Plans vier Faktoren maßgebend: eine Aufforderung der USA an Frankreich, eine krisenhafte Zuspitzung des deutsch-französischen Verhältnisses im Frühjahr 1950, das konzeptionelle Genie Jean Monnets und die politische Entschiedenheit Robert Schumans.[4]

Am 15. September 1949, im Verlauf eines Treffens mit seinen Amtskollegen Schuman und Bevin in New York, forderte der amerikanische Außenminister Acheson Schuman auf, in der Deutschlandpolitik des Westens eine Führungsrolle zu übernehmen. Da die Begrenztheit des europäischen Engagements Großbritanniens inzwischen erwiesen war, hatte sich die Truman-Administration entschlossen, fortan in Europa stärker auf Frankreich zu setzen. Konkret ermunterte Acheson seinen französischen Kollegen, für die nächste NATO-Ratstagung, die für den 11. bis 13. Mai 1950 in London angesetzt wurde, Grundzüge einer gemeinsamen Deutschlandpolitik der Westmächte zu entwerfen. Schuman war sich der Wichtigkeit des Auftrags bewußt, er hatte aber offenbar lange Zeit keine Idee, wie er ihn überzeugend erfüllen könnte. Zwischen Herbst 1949 und Frühjahr 1950 scheint im Quai d'Orsay keine Woche vergangen zu sein, ohne daß der Außenminister sich bei seinen Mitarbeitern erkundigte, ob es schon Vorschläge und Texte gebe. Vorerst gab es wenig mehr als Fehlanzeigen.[5]

Im ersten Quartal 1950 näherte sich nicht nur der Termin der Außenministertagung, sondern es bauten sich auch akute Spannungen im deutsch-französischen Verhältnis auf, die die Befähigung Frankreichs für eine deutschlandpolitische Führungsrolle des Westens in Frage stellten. Als die französische Regierung versuchte, die seit 1946 bestehende wirtschaftliche Trennung des Saargebiets vom deutschen Territorium durch eine Reihe von bilateralen Konventionen mit der Saar-Regierung politisch abzusichern, reagierte Adenauer derart verbittert, daß ein Klima offener Feindseligkeit entstand; ein Besuch Schumans in Bonn verlief vor diesem Hintergrund wenig glücklich. Verschärfend kam hinzu, daß in den gleichen Wochen die Vertreter der Bundesrepublik in der Internationalen Ruhrbehörde offenbar mit amerikanischem Segen den Antrag stellten, die jährliche Stahlproduktion von 10 auf 14 Millionen Tonnen steigern zu dürfen. Da Frankreich sich schwertat, mehr als 9 bis 10 Millionen Tonnen zu produzieren und abzusetzen, drohte eine Verzerrung der europäischen Markt- und Machtverhältnisse zu Lasten Frankreichs, die man in Paris nicht tatenlos hinnehmen wollte.[6]

In dieser Situation betrat Jean Monnet (1888–1979) die europäische Bühne. Das Amt des Generalkommissars für den französischen Wirtschaftsplan, das er seit 1946 innehatte, machte ihn nur auf den ersten Blick zu einem Außenseiter in der großen Politik. Monnet vereinte in seiner Person Vorzüge, die ihn für die Jahrhundertkarriere eines »Vaters Europas« prädestinierten. In beiden Weltkriegen hatte er, dessen Familie vom südfranzösischen Cognac aus weltweit dem Spirituosenhandel nachging, als Inspirator interalliierter Nachschub- und Versorgungsorganisationen, und in der Zwischenkriegszeit als stellvertretender Generalsekretär des Völkerbunds reiche Erfahrungen mit der internationalen Koordinierung einzelstaatlicher Verwaltungen gesammelt. 1943 hatte er in Algier an der Erarbeitung französischer Integrationskonzepte für die Zeit nach dem Kriege mitgewirkt. Er hatte nun eine stabile und einflußreiche Stellung in der Pariser Administration, da er Leiter einer unmittelbar dem Amt des Ministerpräsidenten zugeordneten Fachverwaltung, aber nicht Kabinettsmitglied war und so von den raschen Regierungswechseln der Vierten Republik nicht betroffen wurde. Er genoß als erfolgreicher Organisator der französischen Wirtschaftsplanung, als weltläufige Persönlichkeit mit vielen internationalen Verbindungen und als jederzeit verläßlicher Partner hohes Ansehen. Er war ein konzeptioneller Kopf mit der Gabe, dynamische Prozesse zu inspirieren und zu aktivieren, und ein Mann der Tat mit dem Anspruch, ungünstige Gegebenheiten nicht einfach hinzunehmen, sondern sie zu verändern.[7]

Monnet war 1949/50 überzeugt, daß die Prosperität Frankreichs von der wirtschaftlichen Entwicklung Europas abhing und daß es diese zu organisieren gelte; daß nach der ersten Explosion einer russischen Atombombe im September 1949 der Ost-West-Konflikt sich weiter verschärfen und in einen militärischen Konflikt münden könnte; daß die alles überwölbende Logik des Kalten Krieges nicht unbedingt die deutschlandpolitischen Interessen Frankreichs berücksichtigte. Die letzteren verlangten, daß die Entwicklung der Bundesrepublik und ihre Angliederung an den Westen auf eine Weise vor sich ging, die der Furcht Frankreichs vor einem neuerlich unkontrollierten und machtpolitisch überlegenen Deutschland Rechnung trug. Der Weg, Deutschland durch ein engeres französisch-britisches Zusammenrücken in Schach zu halten, schien nach Sondierungen, die Monnet persönlich in London vornahm, ungangbar zu sein; der Schlüssel zur Behebung der französischen Sorgen lag danach offenkundig in einer deutsch-französischen Annäherung als Kern eines westeuropäischen Zusammenschlusses. Naheliegend war eine Initiative auf wirtschaftlichem Gebiet, wobei eine Verzahnung der Gesamtwirtschaften wegen der Unterschiedlichkeit der Produktionsbedingungen, der Preise, der Löhne, der Steuersysteme in

Deutschland und Frankreich vorerst nicht möglich schien. Eine Ansatzmöglichkeit bot die allenthalben diskutierte Zusammenführung des schwerindustriellen Sektors, mit der Frankreich dauerhaft Zugang zur Ruhrkohle erhielte und das Risiko einseitiger deutscher Aufrüstung überschaubar wurde.[8]

Die Entstehungsgeschichte seines Konzeptes streift die Legende. Monnet berichtet, er habe erste Gedanken über eine »dritte Nachkriegspolitik Frankreichs« während eines Wanderurlaubs in der Schweiz im März 1950 auf Zetteln festgehalten. Zurück in Paris, faßte er sie Anfang April zu einem Exposé zusammen, das die Frage umkreiste, wie die Kohle- und Stahlproduktion mehrerer Staaten zu einem die nationalen Grenzen aufhebenden gemeinsamen Markt zusammengefaßt und einer gemeinschaftlichen Behörde unterstellt werden könnte. Nach seinen Erfahrungen mit der französischen Wirtschaftsplanung seit 1946 erschien ihm auch auf europäischer Ebene ein gewisses Maß an Dirigismus unverzichtbar. Bei der Suche nach der Ausgestaltung einer übernationalen Institution, für die es in der Geschichte kein Vorbild gab, stieß er auf einen jungen Professor für Internationales Recht an der Universität Aix-en-Provence, Paul Reuter, der auch als Rechtsberater des französischen Außenministeriums tätig war. Am 16. April 1950, einem Sonntag, stellte Reuter im Hause Monnets bei Paris die Konzeption einer supranationalen europäischen Exekutive vor, die von regierungsunabhängigen Persönlichkeiten gebildet werden sollte, und die er »Haute Autorité« (Hohe Behörde) nannte. Der Begriff ging in die an diesem Tage abgefaßte erste Version eines Textes ein, der bis zum 6. Mai noch acht Überarbeitungen erfahren sollte; auch Monnets Mitarbeiter Etienne Hirsch und Pierre Uri waren daran beteiligt. Es war der Text des »Schuman-Plans«.[9]

Außenminister Robert Schuman wurde erst Ende April befaßt. Monnet hatte seit dem 20. April für seine Expertise Ministerpräsident Bidault zu interessieren versucht, der freilich atlantischen Lösungen des Deutschlandproblems vor europäischen den Vorzug gab und den Text beiseite legte. Als in den gleichen Tagen der Kabinettschef des Außenministers, Bernard Clappier, Monnet über die Suche Schumans nach einem Vorschlag für die am 11. Mai beginnende Londoner Außenministertagung informierte, kam der Kontakt rasch zustande. Schuman ließ am 1. Mai wissen, daß er sich das Konzept Monnets zu eigen mache. »Die Idee befand sich mit einem Schlag im Bereich der Politik.«[10]

Für Robert Schuman (1886–1963) war das deutsch-französische Verhältnis das zentrale politische Thema. Sproß einer lothringischen Familie, verbrachte er seine ersten 32 Lebensjahre als deutscher Staatsbürger im Reichsland Elsaß-Lothringen, seine rechtswissenschaftliche Ausbildung erhielt er an deutschen Universitäten. Nach 1918 gestaltete er dann auf französischer Seite, als Abgeordneter der Nationalversammlung, die Rückgliederung Elsaß-Lothringens nach Frankreich maßgeblich mit. Während des Zweiten Weltkrieges war er fast zwei Jahre lang in Deutschland interniert. 1946 begann eine steile Karriere in verschiedenen französischen Regierungsämtern: Von Juni 1946 bis November 1947 war er Finanzminister, danach bis Juli 1948 Ministerpräsident, dann viereinhalb Jahre lang, von Juli 1948 bis Dezember 1952 Außenminister.[11]

Die politische Analyse führte den »Mann der deutsch-französischen Grenze« am Ende der 1940er Jahre zu ähnlichen Schlußfolgerungen wie Monnet. Nicht die Erzwingungen der alten Versailles-Politik, die ein Wiedererstehen des deutschen Nationalismus und der internationalen Spannungen begünstigen würden, sondern eine dauerhafte Annäherung Frankreichs an Deutschland im Rahmen eines vereinten Europa erschien als das Gebot der Stunde. Die Teilung Deutschlands begünstigte den Dialog des bekennenden Katholiken Schuman mit der rheinischen Republik Adenauers. Aber das neue Deutschland mußte auch außerstande gesetzt werden, künftig wieder Schaden anzurichten. Der Plan Monnets bot die Lösung: Aussöhnung, Kontrolle und Auffangen der deutschen Dynamik in der Vergemeinschaftung der Kohle- und Stahlindustrien. Dabei erbrachte Frankreich für die Mitwirkung Westdeutschlands eine Vorleistung: den freiwilligen Verzicht des Kriegsgewinners auf Souveränität in zwei wichtigen Wirtschaftsbereichen, während der Kriegsverlierer nur etwas preisgab, was er noch gar nicht wiedererlangt hatte.[12]

Mit Blick auf die herannahende Londoner Außenministertagung hatte Schuman es eilig, die Regierung hinter den von Monnet übernommenen Plan zu bringen. Am 3. Mai stellte er das Projekt im Kabinett vor, jedoch in so allgemeiner Form, daß es kaum erörtert wurde. Auf Drängen des Außenministers schloß Monnet am 6. Mai die letzte Fassung des Textes ab. Schuman suchte nun den psychologischen Überwältigungseffekt: Alles blieb bis zuletzt streng geheim. Bis Dienstagmorgen, 9. Mai, als das Kabinett das nun eingehender vorgestellte und diskutierte Vorhaben trotz Bedenken des Ministerpräsidenten Bidault billigte, wußten nicht mehr als zehn Personen in Paris Genaueres. Nur zwei ausländische Politiker wurden vorab am 8. Mai eingeweiht: der amerikanische Außenminister Acheson in Paris auf seiner Durchreise nach London, und Bundeskanzler Adenauer durch ein per Boten in Bonn überbrachtes Schreiben Schumans. Beide stimmten dem Vorhaben emphatisch zu. Die Presse wurde ganz kurzfristig für Dienstag 18 Uhr zu einer wichtigen Erklärung des Außenministers in den Quai d'Orsay eingeladen, so kurzfristig, daß Photographen und Rundfunkvertreter nicht mehr rechtzeitig erscheinen konnten. Schuman mußte sich einige Monate später bereitfinden, die spektakuläre Ankündigung im Uhrensaal nachzustellen, damit der Nachwelt ein Bild überliefert würde.[13]

Die Gründung der Montanunion

Denn die Ankündigung des 9. Mai 1950 erwies sich rasch als wirkungsmächtig. Es dauerte weniger als ein Jahr, bis auf der Grundlage der französischen Absichtserklärung ein internationaler Vertrag geschlossen werden konnte: Am 18. April 1951 unterzeichneten die Regierungen Frankreichs, Deutschlands, Italiens, Belgiens, der Niederlande und Luxemburgs den »Vertrag über die Gründung der Europäischen Gemeinschaft für Kohle und Stahl« (EGKS-Vertrag).

Vorangegangen waren nicht ganz einfache Verhandlungen. Nach dem 9. Mai 1950 wollten Schuman und Monnet keine Zeit verlieren. Schon wenige Tage später lud der französische Außenminister die fünf anderen genannten Staaten und ebenso Großbritannien ein, zum 20. Juni Delegierte zu einer Konferenz nach Paris zu entsenden, um gemeinsam einen Vertrag über die Errichtung der Hohen Behörde zu erarbeiten. Die technischen

Probleme des Kohle- und Stahlprojekts könne die Hohe Behörde nach ihrer Errichtung dann von sich aus regeln. Das Prinzip der supranationalen europäischen Exekutive sollte also nicht mehr Verhandlungsgegenstand sein. Die Regierungen Belgiens, Luxemburgs und Italiens, und unter Vorbehalt auch die Regierung der Niederlande, erklärten sich binnen kurzem zu entsprechenden Beratungen bereit. Adenauer bekundete in einem bewegenden Gespräch mit Monnet, daß er im Falle des Erfolges nicht umsonst gelebt haben würde.[14]

Die britische Labour-Regierung freilich lehnte es ab, die Vorbedingung zu akzeptieren. Bevin und Attlee waren verärgert, daß sie nicht ebenfalls vorab über das französische Vorhaben informiert worden waren; vor allem aber waren sie grundsätzlich gegen die Errichtung einer Hohen Behörde. Monnet, sonst stets offen für britische Anliegen, sah hier keine Kompromißmöglichkeit. Schuman schloß sich nach einem elf Noten umfassenden Austausch der Standpunkte mit dem Foreign Office der Auffassung Monnets an. Den Briten die Möglichkeit zu geben, das Prinzip der supranationalen Institution in den Verhandlungen wieder zu kassieren oder zu verwässern, würde bedeuten, an allem Anfang schon die Methode zerstören, die der europäischen Konstruktion ihre Dynamik geben sollte. In der Geburtsstunde der europäischen Integration erfuhr so die wichtige Frage, wie integrationsbereite Regierungen mit nicht gleichermaßen integrationsbereiten Partnern umgehen sollten, eine erste Antwort. Großbritannien geriet mit der Ablehnung der supranationalen Behörde auf einen 22 Jahre währenden Sonderweg.[15]

Mit einem Kommuniqué, das gleichzeitig in Paris, Bonn, Rom, Brüssel, Den Haag und Luxemburg veröffentlicht wurde, betraten am 3. Juni 1950 die sechs Gründerstaaten der Europäischen Gemeinschaft erstmals gemeinsam die internationale Bühne. Am 20. Juni eröffnete der französische Außenminister – wieder im Uhrensaal des Quai d'Orsay – die von rund 60 Delegierten beschickte »Schumanplan-Konferenz«. Delegationsleiter waren Jean Monnet (Frankreich), Walter Hallstein (Bundesrepublik), Paolo Emilio Taviani (Italien), Dirk Spierenburg (Niederlande), Maximilien Suetens (Belgien) und Albert Wehrer (Luxemburg). Die wichtigsten Fragen wurden im kleinen Kreis der Delegationsleiter und weniger Berater in den Räumen des Generalkommissariats für den Wirtschaftsplan, rue de Martignac, verhandelt, unter dem Vorsitz des Hausherrn Monnet. Der Speisesaal des Generalkommissariats wurde zum Labor, in dem für eine weite Zukunft Grundlinien der europäischen Integration entworfen und ihre Mechanismen auf den Weg gebracht wurden. Alle Beteiligten fanden sich in der Situation wieder, nationale Gesichtspunkte mit neuen europäischen Konstruktionen zusammenführen zu müssen. Es waren die hochmotivierten ersten Monate einer Schöpfung. »Alles war noch im Werden, und die soliden Strukturen, die wir heute sehen, hingen von unsicheren Kräfteverhältnissen ab, die sechs verschiedene Männer einander näherbringen oder voneinander entfernen konnten.« Monnet warb unablässig für die Idee der übernationalen Gemeinschaft; ein Vorgehen nach Versuch und Irrtum und viel Geduld halfen, Knoten um Knoten auf dem Wege zur europäischen Integration von Kohle und Stahl zu lösen. Nicht die Sachkompetenz der Delegierten, sondern ihre grundsätzliche politische Einstellung war für Monnet dabei das Wichtigste, »der Sinn für das allgemeine Interesse«, den er vor allem bei Hallstein rasch erkannte.[16]

Grundlegend waren die Entscheidungen zur Organstruktur der künftigen Montanunion. Monnet mußte sich überzeugen lassen, daß seine Vorstellung einer über den nationalen Regierungen stehenden, dirigistischen und in ihrem Tätigkeitsbereich quasi »allmächtigen« Hohen Behörde in der Reinform nicht realisierbar war, weil die Regierungen unkontrollierten Souveränitätstransfer an eine supranationale Institution nicht zuließen. Vor allem auf niederländisches und belgisches Drängen wurde als Korrektiv das Konzept des Ministerrats entwickelt, eines Gremiums der nationalen Regierungsvertreter, die bei den Entscheidungen der Hohen Behörde beteiligt sein sollten. Aus späterer Sicht waren die Mitentscheidungsrechte bescheiden: Der Ministerrat sollte nur in Fragen, die aus dem schwerindustriellen Bereich in andere Bereiche der nationalen Wirtschaft und Politik zurückwirkten, mitsprechen können, nicht aber in den Kernangelegenheiten des Kohle- und Stahlsektors. Die institutionelle Abrundung um eine parlamentarische Versammlung und einen Gerichtshof gab der europäischen Organstruktur für lange Zeit die Richtung.[17]

Geregelt wurden weiter die Grundsätze für den gemeinsamen Markt für Kohle und Stahl und für eine Zollunion, die erforderlichen Ausgleichsmechanismen, die finanziellen Bestimmungen, die Befugnisse der Hohen Behörde, die Notstandsbewältigung. Im Dezember 1950 war das politische System der Montanunion insgesamt konzipiert, doch verzögerten sich die Verhandlungen noch beträchtlich wegen ungelöster Fragen der Einbindung des Saarbergbaus und der Ruhrindustrie. Hinsichtlich des Saargebiets wurde schließlich ein Briefwechsel vereinbart, in dem die französische Regierung der Bundesregierung notifizierte, daß durch die Einbeziehung der Saarindustrie in die Montanunion dem endgültigen Status des Saargebiets nicht vorgegriffen werde. Für die Ruhrindustrie wurden der Übergang von der Internationalen Ruhrbehörde zur Hohen Behörde geregelt sowie, gegen hinhaltenden deutschen Widerstand, Entflechtungen von Kohle- und Stahlkonzernen in Aussicht genommen: kartellartige Zusammenballungen sollten in der Montanunion nicht geduldet werden. Eine weitere Verzögerung ergab sich aus der Forderung Italiens nach gesicherter Versorgung seiner Stahlindustrie mit Eisenerz aus den französischen Kolonialgebieten in Afrika.[18]

Die Schumanplan-Konferenz endete schließlich am 19. März 1951 mit der Paraphierung des EGKS-Vertrages. Einige offen gebliebene Punkte wurden danach noch zwischen den Regierungen geregelt. Hierzu gehörte die weitreichende deutsch-französische Vereinbarung, daß sich das Gewicht eines Landes in der Gemeinschaft nicht – wie zunächst von Deutschland gewünscht – nach der Bedeutung der jeweiligen Kohle- und Stahlproduktion richten sollte; vielmehr sollten Deutschland und Frankreich grundsätzlich auf allen Ebenen nach dem Prinzip völliger Gleichheit vertreten sein, »im Rat wie in der Vollversammlung und auch in allen gegenwärtigen oder künftigen europäischen Institutionen, gleichviel, ob nun Frankreich allein oder zusammen mit der französischen Union beitritt oder Deutschland lediglich als Westdeutschland oder als wiedervereinigtes Land sich anschließt«.[19] Andererseits sträubten sich die Benelux-Staaten und Italien gegen ein deutsch-französisches Führungsduo. In der auf einer Außenministerkonferenz vom 12. bis 17. April beschlossenen Zusammensetzung der Organe spiegelt sich der Interessendissens. Die

Hohe Behörde sollte aus neun für sechs Jahre ernannten Mitgliedern bestehen, eines aus jedem Mitgliedstaat, je ein zweites für Frankreich und Deutschland, das neunte Mitglied sollte von den acht anderen ohne Ansehen der Nationalität kooptiert werden. In den Ministerrat sollte jeder Mitgliedstaat einen Vertreter entsenden; abgestimmt werden sollte in der Regel mit einer Mehrheit, die weder die großen noch die kleinen Mitgliedstaaten übervorteilte und dafür auch Elemente einer Stimmengewichtung enthielt. Bei den Abgeordneten für die Versammlung, welche nach einem von jedem Mitgliedstaat selbst festgelegten Verfahren aus der Mitte der nationalen Parlamente ernannt werden sollten, erhielten die Benelux-Staaten gemeinsam mehr Stimmen als jeder der drei großen Staaten: Frankreich, Deutschland und Italien je 18, Belgien und die Niederlande je 10, Luxemburg 4. In den Gerichtshof sollte jeder Mitgliedstaat einen Richter entsenden, ein siebter sollte von den sechs Ernannten hinzugewählt werden.[20]

Zur Unterzeichnung des EGKS-Vertrages am 18. April 1951, wieder im Uhrensaal des französischen Außenministeriums, reiste Adenauer erstmals als Bundeskanzler nach Paris. In der Präambel des Vertrages war die Erklärung vom 9. Mai 1950 sinngemäß wieder aufgenommen worden. Herzstück der ersten supranational ausgerichteten Europa-Organisation war die Hohe Behörde, deren Entscheidungen die schwerindustriellen Unternehmen der Gemeinschaft direkt banden. Durch bei den Produzenten direkt erhobene Umlagen und die Möglichkeit der Aufnahme internationaler Kredite würde die Montanunion von den Mitgliedstaaten finanziell unabhängig sein. Die Hohe Behörde erhielt die Aufgaben, einen gemeinsamen Markt für die Produkte der Schwerindustrien zu organisieren, die geordnete Versorgung und den gleichen Zugang zur Produktion sicherzustellen, und dazu die Bildung niedriger Preise, die Modernisierung der Produktionsstätten, den geregelten Wettbewerb, die Entwicklung des zwischenstaatlichen Austausches und die Sicherung der Lebensverhältnisse der Arbeitnehmer zu gewährleisten.[21]

An dem erfolgreichen Abschluß der Sechser-Verhandlungen war hinter den Kulissen auch die amerikanische Regierung beteiligt. Die Montanunion entsprach ihren Vorstellungen besser als OEEC und Europarat. Washington förderte das Anliegen

Monnets auf mancherlei Weise. So wurde die britische Regierung zum Mitmachen gedrängt, und als dies nichts fruchtete, vor einer Sabotage der Schumanplan-Verhandlungen, etwa über ihre Freunde in den Niederlanden und Belgien, gewarnt. Der Durchsetzung des funktionellen Vorrangs der Hohen Behörde vor dem Ministerrat ging amerikanische Einwirkung auf die niederländische Regierung voraus. Die Truman-Administration nahm auch Einfluß darauf, daß der veralteten belgischen Kohleindustrie nur für eine kurze Übergangszeit von fünf Jahren marktwidrige Erhaltungssubventionen zugebilligt wurden, ebenso wie der italienischen Stahlindustrie. Schließlich bedeutete die amerikanische Diplomatie der Bonner Regierung, daß ihre inzwischen erwünschte Mitwirkung bei der Verteidigung Westeuropas kein Freibrief dafür sei, die Schumanplan-Verhandlungen zu verschleppen: Ohne die deutsche Unterschrift unter den EGKS-Vertrag würde es keine Aufhebung des Besatzungsstatuts und keine volle außenpolitische Kompetenz geben. Das Junktim zwang Adenauer, in der Frage der Entflechtung der Ruhrkonzerne gegenüber französischen Wünschen einzulenken, die auch amerikanische Wünsche waren: der »Föderator Europas« achtete darauf, daß ihm aus der Montanintegration keine größeren Nachteile, etwa in Form von westeuropäischen Kartellen erwuchsen.[22]

Die Ratifizierung des EGKS-Vertrags zog sich fast ein Jahr lang hin. Die Stahlindustriellen in den Niederlanden, Italien und der Bundesrepublik verhielten sich abwartend, während der ARBED-Konzern in Luxemburg, die belgische Kohleindustrie und die französischen Schwerindustriellen die »exzessiven Befugnisse« der Hohen Behörde und die Gefahr einer deutschen Dominanz anprangerten und die Inkraftsetzung zu hintertreiben versuchten. Gleichwohl fand der Vertrag in den Parlamenten Italiens, Belgiens, der Niederlande und Luxemburgs klare Mehrheiten, lediglich die Kommunisten und einige Vertreter der politischen Rechten verweigerten sich. In Bonn votierte auch die SPD gegen den Vertrag; ihr Vorsitzender Kurt Schumacher machte nicht weniger als sieben Ablehnungsgründe geltend: Verhinderung einer Sozialisierung im Ruhrgebiet, Nichtteilnahme Englands, Gefahr einer Hegemonialstellung Frankreichs, Begrenzung der Integration auf den Montansektor, deutsche Unterrepräsentierung in den Institutionen der EGKS, unerträglich große Befugnisse der Hohen Behörde, Erschwerung der deutschen Wiedervereinigung. Der von Walter Freitag geleitete Deutsche Gewerkschaftsbund folgte der SPD hier freilich nicht. Am 11. Januar 1952 ratifizierte der Bundestag den Vertrag mit einer soliden Mehrheit von 232 zu 143 Stimmen, am 1. Februar der Bundesrat einmütig.[23]

Nur in Frankreich gab es Probleme. Nach den Parlamentswahlen vom 17. Juni 1951, aus denen die europafreundlichen Parteien – MRP und Sozialisten – geschwächt und die europakritischen Gaullisten gestärkt hervorgegangen waren, erschien die Mehrheit für eine Ratifizierung monatelang unsicher. In den erregten Debatten der Nationalversammlung vom 6. bis 13. Dezember 1951 wurden die Gefahren einer deutschen Dominanz in der Montanunion, der Verschlechterung der Beziehungen Frankreichs zu Osteuropa und das Entstehen einer hypertrophen Bürokratie an die Wand gemalt, während Schuman herausstellte, daß die deutsche Gefahr für Frankreich durch die Einbindung der Bundesrepublik in eine europäische Struktur dauerhaft entschärft werde. Am 13. Dezember 1951 billigte die Nationalversammlung den Vertrag dann doch deutlich mit 377 zu 233 Stimmen, nachdem die Regierung zugesichert hatte, die Wettbewerbsfähigkeit der französischen Schwerindustrie durch besondere Maßnahmen zu stärken. Am 2. April 1952 stimmte schließlich auch, nach erheblichen taktischen Manövern, der Rat der Republik zu, mit 177 zu 31 Stimmen bei 87 Enthaltungen.[24]

Nach den Ratifizierungen einigten sich die Regierungen relativ zügig auf die personelle Zusammensetzung der Hohen Behörde und des Gerichtshofs, und die nationalen Parlamente auf die in die Versammlung zu entsendenden Abgeordneten. Als ein äußerst dorniges Problem erwies sich indessen die Wahl des Sitzes der Institutionen: Frankreich schlug Straßburg, Belgien Lüttich, Italien Turin vor, und die Niederlande warben für Den Haag. Ein Vorschlag Schumans, das Saargebiet zu einem europäischen Distrikt mit der Hauptstadt Saarbrücken zu machen und auf diese Weise zugleich die Saarfrage zu lösen, stieß umgehend auf den Widerstand Adenauers. Nach zähen Beratungen und in einem Zustand völliger Erschöpfung einigten sich die Außenminister der Sechs am 24. Juli 1952 gegen 5 Uhr morgens, daß Luxemburg, zentral gelegen und Hauptstadt eines kleinen Landes, vorläufig Sitz der Hohen Behörde, des Gerichtshofs und des Sekretariats der Versammlung sein sollte; die Versammlung selbst sollte in Straßburg tagen, in enger Verbindung zur Beratenden Versammlung des Europarats. Der 23. Juli 1952 wurde das offizielle Gründungsdatum der Montanunion. Am 10. August 1952 nahm die Hohe Behörde unter der Präsidentschaft Monnets ihre Arbeit auf, am 10. Februar 1953 wurde mit der Abschaffung von Binnenzöllen und Kontingenten der Gemeinsame Markt für Kohle, Schrott und Eisenerz eröffnet, und *ipso facto* die Internationale Ruhrbehörde aufgelöst. Am 1. Mai 1953 wurde der Gemeinsame Markt für Stahlprodukte errichtet.[25]

In einem günstigen konjunkturellen Umfeld wurden die Anfangsjahre zur Blütezeit der Montanunion, der ersten und bis 1957 einzigen europäischen Gemeinschaft. Sie erfüllte schrittweise die Aufgabe der Integration des schwerindustriellen Markts, wenngleich ihre Tätigkeit wegen der beharrenden Kräfte in den Mitgliedstaaten hinter manchen hochgespannten Erwartungen zurückblieb. Sie war auch Völkerrechtssubjekt; die Hohe Behörde aktivierte dementsprechend internationale Kontakte, insbesondere zu den USA und Großbritannien. In Washington wie ein Staatschef empfangen, erwirkte Jean Monnet 1954 einen amerikanischen 100-Millionen-Dollar-Kredit, weitere Anleihen wurden in der Schweiz aufgenommen. Im Dezember 1954 schloß die Montanunion ein Assoziierungsabkommen mit Großbritannien und eröffnete 1955 eine Ständige Vertretung in London. Sie übernahm eine aktive Rolle in Verhandlungen des Allgemeinen Zoll- und Handelsabkommens (GATT) und knüpfte Beziehungen zur OEEC und zum Europarat. Für künftige europäische Integrationsschritte wurde sie zum Modell: Sie entwickelte Geist und Methode der Zusammenarbeit zwischen supranationalen und nationalen Institutionen, bildete einen Rahmen für die deutsch-französische Annäherung und wirkte als Modell, mit ihrer Erfahrung, ihren Persönlichkeiten und ihren Ressourcen auf die Vergemeinschaftung weiterer Wirtschaftsbereiche hin.[26]

Mißglückte Folgeprojekte: EVG und EPG

Freilich verliefen die nächsten Bemühungen, die im Montanbereich erfolgreiche Methode der sektoralen Integration zu kopieren, erst einmal im Sande. Hierzu gehörte das im August 1950 von französischer Seite in der Beratenden Versammlung des Europarats vorgeschlagene Projekt einer europäischen Verkehrsbehörde, das zwar in mehreren Kommissionen entwickelt wurde, aber nicht die erforderliche Unterstützung der Regierungen fand; diese vereinbarten stattdessen im Oktober 1953, daß einmal jährlich eine Konferenz der europäischen Verkehrsminister anberaumt werden sollte.[27] Auch das Bemühen, die nationalen Landwirtschaften zu vergemeinschaften, führte vorerst nicht zum Erfolg. Ein hierzu im November 1950 von dem niederländischen Agrarminister Sicco Mansholt in der Beratenden Versammlung des Europarats vorgelegter Plan wurde zwar von einer Zweidrittelmehrheit angenommen, aber vom Ministerkomitee verworfen. Danach schlug die französische Regierung am 24. März 1951 einen »Grünen Plan« vor, über den zwischen 1952 und 1954 in Paris von 15 europäischen Regierungen beraten wurde. Die Interessenunterschiede erwiesen sich jedoch als zu groß: Am Ende stand die Verweisung des Projekts in einen Studienausschuß der OEEC.[28] Einem weiteren französischen Vorschlag von 1952, einen europäischen Markt für Heil- und Arzneimittel zu schaffen (sog. »Weißer Plan«), widerfuhr Ähnliches, hier waren die großen pharmazeutischen Unternehmen die Bremser.[29]

Vor allem aber scheiterte das ehrgeizige Projekt der Europäischen Verteidigungsgemeinschaft. Es wurde ausgelöst durch die Notwendigkeit der deutschen Wiederbewaffnung, die der Ausbruch des Koreakriegs am 25. Juni 1950, fünf Tage nach Beginn der Schumanplan-Verhandlungen, und die vermuteten Rückwirkungen in Westeuropa unabweislich machte. Um die Westdeutschen nicht zu bloßen Zuschauern einer eventuellen Verteidigung ihres Landes durch alliierte Truppen werden zu lassen, schlug die amerikanische Regierung zunächst die rasche Schaffung einer deutschen Armee von zehn Divisionen vor, die freilich in eine alliierte Streitmacht integriert werden und weder einen eigenen Generalstab erhalten noch mit Waffen aus deutscher

Produktion ausgerüstet werden sollten. In Frankreich löste die Aussicht auf eine Wiederbewaffnung der Deutschen, für die auch Bonn selbst Interesse bekundete, kaum fünf Jahre nach Kriegsende wahre Alpträume aus, zumal die französische Armee selbst im Neuaufbau begriffen und zum großen Teil in überseeischen Kolonialgebieten, vor allem in Indochina, festgelegt war. Auch Außenminister Schuman sprach sich strikt gegen eine so frühzeitige Wiederaufrüstung der Deutschen aus, selbst unter internationaler Kontrolle. Die Außenminister-Konferenz in Washington vom 12. bis 16. September 1950 zeigte indessen, daß Frankreich isoliert war. Um nicht in der Ablehnung zu verharren und damit zu provozieren, daß die angelsächsischen Mächte einen Dialog mit den Deutschen ohne französische Beteiligung eröffneten, alarmierte Schuman noch von Washington aus seinen Ministerpräsidenten René Pleven, daß man sich in Paris Gedanken über eine sachgerechte Alternativlösung machen müsse. Spätestens auf der Tagung des NATO-Rats in Washington am 28. Oktober müsse Frankreich Farbe bekennen.[30]

Es schlug, weniger als fünf Monate nach der Ankündigung des Schuman-Plans, ein zweites Mal die Stunde Monnets. Bei der Suche nach einer Formel, wie Frankreich auf das anglo-amerikanische Drängen nach deutscher Wiederbewaffnung eingehen und diese gleichzeitig einhegen könnte, sah er die beste Lösung in der »Flucht nach vorn«, der Übertragung der supranationalen Methode der Montanunion auch auf den Militärbereich. Eigentlich kam ihm die Vergemeinschaftung dieses Kernbereichs der nationalen Souveränität zu früh, doch zwang die Verlegenheit der französischen Diplomatie zum Überspringen von Zwischenetappen; vielleicht ergab sich dadurch ja auch sogar ein besonderer Schwung zu weiterer Integration. Monnets »Team« – Etienne Hirsch, Pierre Uri, Bernard Clappier, Paul Reuter und Hervé Alphand – erarbeitete in den Sitzungspausen der Schumanplan-Verhandlungen einen auf das Militärische »erweiterten Schuman-Plan«, mit einer an die entstehende Montanunion angelehnten Organstruktur: Ein dem Oberbefehlshaber der NATO unterstellter europäischer Verteidigungsminister könnte fünf bis sechs »europäische Divisionen« befehligen, die jeweils aus kleinstmöglichen nationalen Einheiten, d. h. Bataillonen zusammengesetzt sein würden, darunter einem deutschen Bataillon; diese Divisionen würden von internationalen Generalstäben geführt; der europäische Verteidigungsminister sollte der parlamentarischen Versammlung der künftigen Montanunion verantwortlich sein; das Gros der übrigen Streitkräfte sollte aus nationalen Divisionen (keine deutschen) bestehen und dem NATO-Oberbefehlshaber direkt unterstellt werden. Monnet leitete den vielfach überarbeiteten Plan nach dem 16. Oktober Ministerpräsident Pleven zu, der ihn übernahm und am 24. Oktober 1950 in der französischen Nationalversammlung vorstellte. Die Ereignisse in der Welt, so Pleven, ließen den Europäern keine Wahl, als von der Vergemeinschaftung der Schwerindustrie direkt zur gemeinsamen Verteidigung durch Schaffung einer europäischen Armee überzugehen; diese müsse politischen Institutionen des vereinten Europa zugeordnet und mit eigenem Budget ausgestattet sein. Die französische Regierung werde unmittelbar nach Abschluß der Schumanplan-Verhandlungen Großbritannien und die freien Staaten des Kontinents zum Aufbau einer europäischen Armee einladen – dieser zeitlichen Abfolge maß Monnet, der einer Verhärtung der deutschen Haltung in den Schumanplan-Verhandlungen vorbeugen wollte, größte Bedeutung bei.[31]

Der »Pleven-Plan« fand in der französischen Nationalversammlung überwiegende Zustimmung, stieß jedoch in Frankreich selbst wie in den Nachbarländern auch auf Skepsis. Die amerikanische Regierung begrüßte, daß Frankreich sich implizit zur Hinnahme einer deutschen Aufrüstung bereit erklärte, hielt aber deren vorgeschlagenen Umfang für eher symbolisch als effektiv. Auf der Tagung des NATO-Rats am 28. Oktober wurde keine Einigung erzielt, ob die Bewaffnung Westdeutschlands auf dem von den USA präferierten Weg der Aufstellung deutscher Divisionen unter NATO-Kontrolle erfolgen solle (sog. »Spofford-Plan«) oder nach dem französischen Vorschlag. Die erste Variante wurde zwischen den drei alliierten Hochkommissaren und der Bundesregierung geprüft, jedoch schließlich von Adenauer wegen implizierter Diskriminierungen der deutschen Verbände nicht akzeptiert. Der Kanzler freundete sich stattdessen mit der Idee der Europaarmee an, die die Gleichberechtigung der jungen Bundesrepublik leichter zu befördern versprach.[32]

Verhandlungen über die Realisierung des Pleven-Plans in einer Europäischen Verteidigungsgemeinschaft (EVG) begannen am 15. Februar 1951 in Paris und zogen sich über fast ein Jahr hin. Beteiligt oder durch Beobachter vertreten waren alle Mitgliedstaaten der NATO und die Bundesrepublik. Außenminister Schuman eröffnete die Konferenz mit einer eindrucksvollen Rede, doch kam man erst voran, als die USA sich im Frühsommer 1951 das EVG-Projekt dezidiert zu eigen machten und es als einen weiteren Schritt zu einer europäischen Föderation zu schätzen begannen. Bedingung war für Washington die Unterstellung der künftigen Europaarmee unter das NATO-Oberkommando. Am 1. Februar 1952 konnte der umfangreiche Entwurf eines Vertrages der sechs Montanunion-Staaten über die Europäische Verteidigungsgemeinschaft vorgelegt werden. Nach lebhaften und zum Teil kontroversen Erörterungen in den Parlamenten erfuhr er auf einer Tagung des NATO-Rats in Lissabon vom 20. bis 25. Februar 1952 letzte Ergänzungen. Ungeachtet des sowjetischen Störmanövers der »Stalin-Noten« (seit 10. März 1952) wurde der EVG-Vertrag am 27. Mai 1952 in Paris unterzeichnet, nachdem tags zuvor der Abschluß eines Generalvertrages (des späteren Deutschlandvertrages) in Bonn zwischen den Außenministern der drei Westmächte und der Bundesregierung deren Befugnis zur Unterzeichnung bekräftigt hatte.[33]

Der für 50 Jahre geschlossene Vertrag sah die Errichtung einer Europäischen Verteidigungsgemeinschaft mit integrierter Armee unter gemeinschaftlichem Kommando vor. Die Europaarmee sollte alle Land- und Luftstreitkräfte der Mitgliedstaaten umfassen, ausgenommen die zur Verteidigung von Überseeterritorien erforderlichen Truppen (wichtig für Frankreich) sowie gewisse Seestreitkräfte. Die nationale Grundeinheit sollte nun nicht mehr das Bataillon, sondern die Division bilden, das Armeekorps dann im Regelfall aus Divisionen verschiedener Staaten bestehen. Die Europaarmee sollte insgesamt 40 Divisionen (davon 12 deutsche) umfassen und in einheitlicher Uniform auftreten. Rekrutierung, Reservistenbetreuung, Ausbildung und Ernennungen blieben den nationalen Verteidigungsministerien überlassen, allerdings unter der Aufsicht eines »Kommissariat« genannten europäischen Exekutivorgans. Rüstungsproduktion, Auftragsvergabe,

Infrastrukturen und Logistik wurden zentral geregelt. Vor der Schaffung des Amtes eines europäischen Verteidigungsministers schreckten die Mitgliedsregierungen allerdings zurück; Lenkungsorgan sollte der Ministerrat sein, der die Tätigkeiten des Kommissariats und der Mitgliedsregierungen koordinierte und über alle wichtigen Fragen einstimmig oder mit nach Finanz- und Realbeitrag gewogener Zweidrittelmehrheit entschied. Das aus neun Mitgliedern bestehende Kommissariat war zuständig für die Umsetzung der Beschlüsse des Ministerrats, die Verwaltung von Personal und Material, die Überwachung der Aktivität in den Mitgliedstaaten, die Erarbeitung von Organisationsplänen, Haushaltsentwürfen und Rüstungsprogrammen. Die demokratische Kontrolle, zu der auch ein mögliches Mißtrauensvotum gegen das Kommissariat gehörte, sollte die Versammlung der Montanunion mitübernehmen, die freilich als EVG-Versammlung um je drei französische, deutsche und italienische Abgeordnete vermehrt wurde. Der Gerichtshof der Montanunion sollte auch über die Einhaltung des EVG-Vertrages wachen.[34]

Die Ratifizierung des EVG-Vertrages zog sich über mehr als zwei Jahre hin und scheiterte am Ende an demselben Frankreich, das ihn vorgeschlagen hatte. Zwischen Frühjahr 1953 und Frühjahr 1954 ratifizierten die Benelux-Staaten und auch die Bundesrepublik, wo eine Verfassungsklage der SPD verzögernd wirkte. Der Bundestag stimmte am 19. März 1953 mit 224 zu 165 Stimmen zu, der Bundesrat am 15. Mai 1953 mit 23 zu 15. Auch in Italien fiel im Juli 1954 eine positive Entscheidung. In Frankreich dagegen baute sich 1953 und 1954 eine das Land spaltende Ablehnungsfront auf. Ursachen waren unter anderen die Auswirkung der Parlamentswahlen vom Juni 1951, die internationale Entspannung nach dem Tode Stalins im März 1953, die eine deutsche Aufrüstung weniger dringlich zu machen schien, auch das durch die krisenhafte Entwicklung des Indochinakrieges angegriffene Selbstverständnis der französischen Armee. Amerikanischer Druck, besonders von Außenminister John Foster Dulles dramatisierend vorgetragen, wirkte zusätzlich kontraproduktiv. Ministerpräsident Mendès France, der am 18. Juni 1954 sein Amt antrat, war persönlich gegen die EVG, sein Kabinett geteilter Meinung. In der entscheidenden Parlamentsdebatte am 29. und

30. August gab Mendès France keine Empfehlung für die Annahme. Nach erregten Auseinandersetzungen wurde schließlich ein Antrag der Vertragsgegner – Kommunisten, die meisten Gaullisten, etwa die Hälfte der Radikalen und der Sozialisten –, die Diskussion *sine die* zu vertagen, mit 319 zu 264 Stimmen angenommen (bei 12 Enthaltungen und 31 Nichtbeteiligungen, darunter die 23 Regierungsmitglieder). Damit war die EVG gescheitert, obwohl das Parlament über sie selbst gar nicht abgestimmt hatte.[35]

Angesichts des Scherbenhaufens waren Schock, Verbitterung und Depression bei der inzwischen wachsenden Zahl von Integrationsanhängern in ganz Europa vor allem deshalb groß, weil zugleich ein noch ehrgeizigeres Projekt scheiterte: die »Europäische Politische Gemeinschaft« (EPG). Sie zielte auf nichts weniger als die Einrichtung einer europäischen Verfassung und Regierung. Die erfolgreiche Gründung der Montanunion hatte die Befürworter der supranationalen Methode in den Regierungen, in der Europäischen Bewegung und im Europarat zu der These ermuntert, daß die Führung einer europäischen Armee die Existenz einer gemeinsamen »politischen Autorität« voraussetze. Der italienische Ministerpräsident De Gasperi schlug vor, der Versammlung der Montanunion den Auftrag zur Erarbeitung einer europäischen Verfassung »bundesstaatlicher oder staatenbündischer Art« zu erteilen, woraufhin ein solcher Auftrag in Artikel 38 des EVG-Vertrages aufgenommen und so mit dessen Schicksal verknüpft wurde. Ohne das Inkrafttreten des EVG-Vertrages abzuwarten, wurde mit den Vorarbeiten für eine Verfassung begonnen. In der konstituierenden Sitzung der Versammlung der Montanunion am 10. September 1952 erteilten die sechs Außenminister den entsprechenden Auftrag. Die Versammlung kooptierte daraufhin je drei weitere deutsche, französische und italienische Abgeordnete, um der Zusammensetzung der künftigen EVG-Versammlung zu entsprechen, und gab sich den Namen »Ad-hoc-Versammlung«. Ein Ausschuß unter dem Vorsitz Heinrich von Brentanos machte sich ans Werk und erarbeitete zügig den Entwurf einer europäischen Verfassung, den die Ad-hoc-Versammlung schon am 10. März 1953 fast einstimmig annahm.[36] Er trug in erheblichem Maße bundesstaatliche

Elemente. Ein Parlament mit zwei Kammern, einer von den europäischen Bürgern direkt gewählten Völkerkammer und einem aus den nationalen Parlamenten beschickten Senat, sollte die volle Gesetzgebungskompetenz erhalten. Als europäische Regierung sollte ein Exekutivrat fungieren, dessen Präsident vom Senat zu wählen war. Ein Ministerrat sollte die Verbindung zu den nationalen Regierungen gewährleisten, ein Gerichtshof als Hüter der Verfassung fungieren, ein Wirtschafts- und Sozialrat Exekutivrat und Parlament beraten. EGKS und EVG sollten schrittweise in der EPG aufgehen, die auch über zusätzliche Kompetenzen für die Außen- und Sicherheitspolitik, die Wirtschafts- und Währungspolitik und die Organisation eines gemeinsamen Markts verfügen sollte.[37] Der Entwurf wurde allerdings von den Regierungen, besonders der belgischen und französischen, zurückhaltend aufgenommen. Vorschläge föderalistisch gesinnter Abgeordneter, ihn an den Mitgliedsregierungen vorbei direkt den nationalen Parlamenten zur Ratifikation zuzuleiten, befremdeten. Im Schatten des EVG-Ratifizierungsprozesses wurde die Weiterbehandlung verschleppt, und mit dem Scheitern der EVG verschwand der Verfassungsentwurf, da mit dieser verknüpft, ebenfalls in der Versenkung.[38]

Der große Anlauf der Jahre 1950 bis 1954 endete so mit einem schweren Rückschlag. Nichts war gelungen als die Montanunion, die als einzige supranational orientierte Gemeinschaft immerhin Tag für Tag Anschauung für die Möglichkeit funktionierender europäischer Integration bot, die aber auch gefährlich isoliert war. Im Spätjahr 1954 war es vorübergehend durchaus die Frage, ob sie exotische Episode bleiben sollte oder in die Zukunft wies.

Immerhin gelang es, nach dem Scheitern der EVG in der Frage der deutschen Wiederbewaffnung zügig eine Ersatzlösung zu finden. Auf britische, wohl auch französische Initiative wurden nach einer raschen Folge von Konferenzen schon am 23. Oktober 1954 die Pariser Verträge abgeschlossen, die für den politischen Status der Bundesrepublik grundlegend wurden. Sie erhielt mit der – kaum noch eingeschränkten – Souveränität das Recht zur Aufstellung einer zwölf Divisionen starken, in die NATO eingegliederten Bundeswehr. Außerdem wurde sie –

zusammen mit Italien – in den hierfür wieder aus dem Schlaf erweckten Brüsseler Pakt von 1948 einbezogen, der den neuen Umständen angepaßt und in »Westeuropäische Union« (WEU) umgetauft wurde. In seinem Rahmen war es den Nachbarn der Bundesrepublik möglich, die militärische Entwicklung in Deutschland unter Kontrolle zu halten. Die WEU erhielt nun auch eine parlamentarische Versammlung, die sich aus den Abgeordneten der sieben Mitgliedstaaten im Europarat zusammensetzte. Nach der Ratifizierung der Pariser Verträge, die diesmal auch im französischen Parlament gelang – wenngleich mit Mühe –, konnten die Pariser Verträge Anfang Mai 1955 in Kraft treten. Zu ihnen gehörten im übrigen auch verschiedene zwischen Adenauer und Mendès France ausgehandelte deutsch-französische Abkommen, darunter ein »Europäisches Statut der Saar«, mit dem das Saargebiet doch noch ein europäischer Distrikt werden sollte. Diese Perspektive verschwand freilich endgültig, als die Saarbevölkerung sich im Referendum vom 23. Oktober 1955 für die Rückkehr nach Deutschland aussprach, die am 1. Januar 1957 vollzogen wurde.[39]

Ein zweiter Anlauf, 1954/55

Wie es, und ob es überhaupt nach dem spektakulären Scheitern der EVG mit der europäischen Einigung weitergehen konnte, schien zunächst einmal in den Sternen zu stehen. Der mit dem Schuman-Plan begonnene Anlauf der Föderalisten war jedenfalls ins Stocken geraten. Die öffentliche Meinung in den Staaten der Montanunion, vorübergehend neugierig geworden auf Europaarmee und europäische Verfassung, verfiel wieder in Gleichgültigkeit und Skepsis. Angesichts der allgemeinen Bestürzung und Ratlosigkeit nach dem 30. August 1954 erscheint es im Rückblick überraschend, daß binnen weniger Monate ein nachdrücklicher zweiter Anlauf in Gang kam, der dann innerhalb von nur knapp zwei Jahren zu dem historischen Durchbruch der doppelten Gründung von Europäischer Wirtschaftsgemeinschaft und Europäischer Atomgemeinschaft führte. Hinter dieser bemerkenswerten Entwicklung standen der entschlossene Wille einer alles in allem nur kleinen Zahl von Politikern, das europäische Einigungsprojekt trotz des schweren Rückschlags weiter voranzubringen, und in einer entscheidenden späteren Phase, 1956, günstige Umstände: *virtù* und *fortuna*.

Allen voran war zunächst Jean Monnet der Impulsgeber, nun schon zum dritten Mal. Die EVG mit einer knappen Bemerkung als »schlechtes Dossier« hinter sich lassend, aber in Sorge, daß ohne Fortführung des Integrationsprozesses auch die Montanunion in ihrem Bestand gefährdet sein könnte, blickte der Präsident der Hohen Behörde schon am Tage nach dem Debakel nach vorn und begann mit seinen Mitarbeitern – Uri, Hirsch, Van Helmont – neue europäische Optionen zu prüfen. Um sich unbelastet von Amtsbürden ganz dem in die Krise geratenen Europa-Projekt widmen zu können, kündigte er sogar am 9. November 1954 an, seine im Februar 1955 auslaufende erste Präsidentschaft nicht verlängern lassen zu wollen – tatsächlich blieb er dann freilich, wegen des Sturzes des Kabinetts Mendès France Anfang 1955 und Querelen um die Nachfolgeregelung, noch bis zum 10. Juni 1955 im Amt.[40]

Die Hohe Behörde in Luxemburg wurde nun zur wichtigsten Ideenschmiede, allein zwischen Dezember 1954 und April 1955 lassen sich über 50 Entwürfe für einen europäischen Neubeginn zählen. Sie orientierten sich, nach dem Scheitern der ambitiösen militärischen und politischen Projekte, mit einer gewissen Bescheidenheit an dem Erfolgsrezept der Montanunion, Integration auf einem begrenzten aber entscheidenden Sektor der Wirtschaft mit supranationalen Institutionen zu befördern. Vorsichtig brachte Monnet zunächst den Gedanken einer Ausweitung der Befugnisse der Hohen Behörde über Kohle und Stahl hinaus auf das Verkehrswesen sowie auf die gesamte Energieversorgung (Gas, Elektrizität, Atomenergie) ins Gespräch, eine Option, die auch von der belgischen und der niederländischen Regierung sowie von der Versammlung der Montanunion unterstützt wurde. Als besonders vielversprechend drängte sich indessen rasch die Möglichkeit in den Vordergrund, den Atomenergiesektor separat zu vergemeinschaften, weil dieser nach der Freigabe des Atomgeheimnisses durch die US-Regierung (Dezember 1953) und wegen des mit dem europäischen Wirtschaftsaufschwung vorhersehbaren großen Energiebedarfs am Beginn einer außerordentlichen Entwicklung zu stehen schien. Die 1950er Jahre waren die Zeit einer kurzen »Atomeuphorie«, in der von der Kernenergie eine »neue industrielle Revolution« erwartet wurde. Monnet, in technischen Fragen beraten von dem amerikanischen Repräsentaten bei der EGKS und Rechtsberater der amerikanischen Atomenergiekommission Robert Eisenberg, war vor allem von der Möglichkeit angetan, in einem ganz neuen Wirtschaftssektor von Anfang an eine internationale Zusammenarbeit zu organisieren und die sich abzeichnende Dynamik der Atomindustrie als Motor in den europäischen Integrationsprozeß einzubauen. Außerdem konnte durch eine Europäisierung der Nuklearenergie verhindert werden, daß die Bundesrepublik unabhängig eine eigene Atomindustrie aufbaute, mit der Möglichkeit einer künftigen Herstellung auch waffenfähigen Kernbrennstoffs. Monnet legte Wert darauf, daß eine Europäisierung des Atomsektors ausschließlich im Dienste der friedlichen Nutzung der Kernenergie stehen dürfe. Mit dieser Auffassung widersprach er auch Interessengruppen in der französischen Regierung und Industrie, die eine Zusammenarbeit auf dem Nuklearsektor als Möglichkeit sahen, die europäischen Partner für die angestrebte Entwicklung einer unabhängigen Atomrüstung Frankreichs in Dienst zu nehmen; insbesondere von Louis Armand, dem Präsidenten der französischen Eisenbahngesellschaft, wurde diese Vorstellung propagiert.[41]

Ein ebenso wichtiger Protagonist des europäischen Neuanlaufs wie Monnet war Spaak, der in verschiedenen Ämtern schon bewährte Vorkämpfer einer europäischen Föderation, seit April 1954 der amtierende Außenminister Belgiens. Als ihn die Nachricht vom Scheitern der EVG erreichte, suchte er unverzüglich Monnet in Paris auf, um sich mit ihm zu beraten, wie das Desaster begrenzt und ein Neubeginn eingeleitet werden könne. Zwischen beiden kam es offenbar Anfang September zu einer Art »Eid am offenen Grab der EVG«. Monnet würde Vorschläge ausarbeiten und Spaak das tun, was die nach dem 30. August 1954 diskreditierte Regierung Frankreichs vorerst nicht mehr konnte: zu gegebener Zeit die diplomatische Initiative ergreifen, um die Ideen Monnets in den politischen Prozeß einzubringen. Spaak übernahm so 1954/55 die Rolle, die 1950 Schuman für Monnet gespielt hatte. Beide trafen sich in den folgenden Monaten häufiger, allein viermal Anfang 1955. Am 21. Februar überbrachte Monnet in Brüssel Spaak die ersten Vorschläge. Dieser riet, nach den leidvollen Erfahrungen mit der EVG zunächst noch die endgültige Ratifizierung der Pariser Verträge im französischen Parlament abzuwarten. Als der Rat der Republik die Ratifizierung am 27. März vorgenommen und es eine erneute Zusammenkunft mit Monnet am gleichen Tag gegeben hatte, eröffnete der belgische Außenminister am 2. April 1955 das neue Kapitel der europäischen Einigungsgeschichte mit einem Brief an seine Amtskollegen in den fünf Montanunions-Ländern. Behutsam schlug er vor, die Sache Europas gemeinsam wieder in Bewegung zu bringen und hierzu eine Konferenz einzuberufen, auf der über eine Ausweitung der Zuständigkeiten der Montanunion auf die gesamte Energieversorgung und das Verkehrswesen einschließlich der Luftfahrt sowie über die Gründung einer neuen Gemeinschaft für die friedliche Nutzung der Atomenergie beraten werden könnte. Diese Konferenz solle Jean Monnet leiten, der unter diesen Umständen »vermutlich« überzeugt werden könne, seinen Rücktritt vom Amt des Präsidenten der Hohen Behörde zurückzunehmen. Wieder war die Monnetsche Idee im Bereich der Politik angekommen.[42]

Während Spaaks Rundbrief in Bonn, Paris und Rom eher zurückhaltende Reaktionen hervorrief, wurde er zum Stichwort für eine dritte Hauptfigur auf der Bühne des europäischen Neubeginns, die lange verkannt wurde: für den niederländischen Außenminister Johan Willem Beyen. Ein in internationalen Organisationen geschulter Fachmann für Finanz- und Wirtschaftsfragen, der Anfang September 1952 als politischer Quereinsteiger das Amt des niederländischen Außenministers übernommen hatte (zeitweilig gemeinsam mit Joseph Luns), war Beyen von der Notwendigkeit einer Zusammenführung der westeuropäischen Staaten unter supranationalen Strukturen überzeugt. In die bei seinem Amtsantritt laufenden Diskussionen über die EPG hatte er umgehend den Gesichtspunkt eingebracht, daß eine politische Gemeinschaft nicht ohne ein wirtschaftliches Fundament existieren könne; es sei erforderlich, die Methode der additiven

Teilintegrationen durch eine »horizontale« Integration der europäischen Gesamtwirtschaft unter einer gemeinsamen Lenkungsbehörde zu ersetzen. Das Ziel müsse ein umfassender gemeinsamer Markt sein, sein Kern eine Zollunion mit stufenweisem Abbau der Binnenzölle und gemeinsamem Außenzoll. Beyen sah die Antwort auf das Rundschreiben Spaaks als Gelegenheit, seine Vorstellungen weiter zu präzisieren. »Jede Teilintegration hat die Tendenz, Schwierigkeiten in einem Sektor durch Maßnahmen zu lösen, die andere Sektoren oder die Interessen der Verbraucher beeinträchtigen und zum Ausschluß der ausländischen Konkurrenz führen. Dies ist nicht der Weg zur Erhöhung der europäischen Produktivität. Außerdem trägt die sektorale Integration nicht im gleichen Maße zur Stärkung des Gefühls der Solidarität und Einheit Europas bei wie eine gesamtwirtschaftliche Integration. Um dieses Gefühl zu stärken, ist es wesentlich, daß der Begriff der gemeinsamen Verantwortung der europäischen Staaten für das Gemeinwohl in eine Organisation eingebracht wird, die zur Wahrung der allgemeinen Interessen geeignet ist, und deren Exekutivorgan nicht den nationalen Regierungen, sondern einem supranationalen Parlament verantwortlich ist.« Er schlug vor, daß in diesem Sinne die drei Benelux-Regierungen gemeinsam aktiv werden sollten; die Initiative solle auf die Schaffung einer supranationalen Gemeinschaft abzielen, deren Aufgabe es wäre, die wirtschaftliche Integration Europas im allgemeinen Sinne zu verwirklichen, indem sie über die Bildung einer Zollunion eine Wirtschaftsunion herstelle.[43]

Diese Vorstellung hielten Monnet wie Spaak für zu weitgehend. Gerade war ein anderes Projekt, die EVG, als zu ehrgeizig gescheitert. Eine Vergemeinschaftung der gesamten Ökonomie würden die nationalen Regierungen, zumal die an protektionistische Wirtschaftspolitik gewöhnte französische, vermutlich nicht mitmachen. Monnet fühlte sich als Promoter sukzessiver Teilintegrationen von dem Projekt einer gesamtwirtschaftlichen Integration herausgefordert und war entsprechend verärgert, Spaak war über den weitreichenden Vorschlag Beyens erschrocken. Wie auf ein Zeichen betrat in diesem Moment ein vierter Akteur die Szene: die Regierung in Bonn. In der Bundesregierung kam es im Verlaufe des Frühjahrs 1955 zu einer Klärung der grundsätzlichen Auseinandersetzung zwischen der Haltung der von Adenauer angeführten »Institutionalisten«, daß unter dem politischen Primat der Westintegration der Bundesrepublik die Schaffung möglichst enger europäischer Wirtschaftsstrukturen bis hin zur politischen Union erforderlich sei, und der Auffassung der um Wirtschaftsminister Ludwig Erhard gescharten »Funktionalisten«, daß weltweiter Freihandel das Ziel sein müsse, welches möglichst wenig Regionalismus und allenfalls lose institutionelle Klammern ertrage. Der Kanzler befand, daß auch im Interesse der zu ihrer alten Leistungsfähigkeit zurückfindenden deutschen Industrie die Eingliederung in die Weltwirtschaft durch die Schaffung eines integrierten westeuropäischen Großraums zu ergänzen sei, eines Gemeinsamen Markts mit Zollunion. An der langwierigen Klärung der deutschen Position hatten führende Beamte des Auswärtigen Amtes – Staatssekretär Hallstein, der Leiter der politischen Abteilung Ministerialdirektor Ophüls – und des Bundeswirtschaftsministeriums – hier der Leiter der Grundsatzabteilung Alfred Müller-Armack und Ministerialdirigent Hans von der Groeben als Leiter der Schumanplan-Abteilung und Vertrauter Adenauers – maßgeblichen Anteil. Die Klärung der deutschen Linie bedeutete eine entscheidende Unterstützung für die Vorstellung Beyens.[44]

Andererseits hielt man in Bonn von der in Frankreich mit Interesse betrachteten Möglichkeit einer neuen Teilintegration auf dem Gebiet der Kernenergie recht wenig: Die deutsche Wirtschaft, die mit Segen der Bundesregierung durchaus den Aufbau einer zivilen Atomindustrie im Auge hatte, war auf diesem Felde mehr an der Zusammenarbeit mit den über die fortgeschrittenste Technik verfügenden Amerikanern und Briten interessiert als an einem von den Franzosen gelenkten europäischen Arrangement im engen Rahmen der Sechs. In den Benelux-Staaten und in Italien bestand im übrigen eine ähnliche Interessenlage. Als daher Monnet am 6. April Ministerialdirektor Ophüls auf das Projekt der Atomgemeinschaft ansprach, mußte er erfahren, daß die Bundesregierung daran wenig interessiert war und allenfalls zustimmen könnte, wenn gleichzeitig die Errichtung eines allgemeinen gemeinsamen Markts ins Auge gefaßt würde. Monnet begriff unwillig, daß die von den Niederländern und den wieder selbstbewußt werdenden Deutschen präferierte Wirtschaftsgemeinschaft in Betracht gezogen werden mußte, wenn man zu einer Atomgemeinschaft kommen wollte.[45]

Mit diesem Junktim schien der Ansatz für einen europäischen Neuanfang gefunden. Unter den Umständen traf sich Spaak, die Anregung Beyens aufnehmend, am 23. April mit diesem und dem luxemburgischen Ministerpräsidenten und Außenminister Joseph Bech, um in einem gemeinsamen Memorandum der Benelux-Regierungen die Vorstellungen Monnets und Beyens zusammenzufügen: Ziel einer Außenministerkonferenz der sechs EGKS-Staaten könnte die Inangriffnahme weiterer sektoraler Integrationsschritte für das Verkehrswesen und die Energieversorgung sein, separat für die Atomenergie, und gleichzeitig die Projektierung einer horizontalen Integration der Gesamtwirtschaften. In die gleiche Richtung zielten etwas später in Umlauf gebrachte deutsche und italienische Entwürfe. Die Versammlung der Montanunion forderte die Minister am 11. Mai auf, in diesem Sinne Verträge abzuschließen.[46]

Nur die französische Regierung hielt sich bedeckt. Die seit Februar 1955 amtierende konservative Regierung Edgar Faures verbreitete den Eindruck, daß sie dem Projekt eines gemeinsamen Markts nichts abgewinnen konnte, daß sie die ins Auge gefaßte französische Atomrüstung nicht durch eine europäische Atomgemeinschaft kontrollieren lassen wollte und auch gegen eine mögliche Europäisierung des Verkehrswesens und der klassischen Energieträger in der Zwangsjacke der Montanunion war. Die Erwartungen an die erste Konferenz der sechs Außenminister nach dem Scheitern der EVG, die Anfang Mai für den 1. bis 3. Juni nach Messina einberufen wurde, waren daher sehr gedämpft. Adenauer ließ sich durch Hallstein vertreten, weil er ein Scheitern der Konferenz befürchtete. In der Tat ließen sich die von Bech geleiteten Verhandlungen, bei denen Frankreich durch Außenminister Pinay vertreten war, schwierig an. Verhältnismäßig zügig wurde zwar – nicht ohne allgemeines Bedauern, aber wegen der Haltung der Regierung Faure unvermeidlich – Einvernehmen über die Ablösung Monnets an der Spitze der Hohen Behörde erzielt; der ehemalige französische Ministerpräsident René Mayer wurde danach zum Nachfolger bestimmt. Aber die Beratungen über eine neue europäische Initiative traten, vor allem wegen französischer Einwendungen, zwei Tage lang auf der Stelle. Erst eine letzte nächtliche Krisensitzung zwischen Spaak und Pinay brachte die Wende: Die französische Regierung, die offenbar nach der Ablehnung der EVG eine weitere Brüskierung der Partner scheute, stimmte unter bestimmten Bedingungen zu, daß auf der Grundlage des Benelux-Memorandums die Beratungen nach Konferenzende fortgeführt würden, mit dem ausdrücklichen Zusatz, daß dies noch keinerlei Zustimmung in der Sache bedeute.[47]

Am Ende der Konferenz stand die Resolution von Messina, die optimistische Töne anschlug: Der Augenblick sei gekommen, eine neue Phase auf dem Wege nach Europa einzuleiten, und dies müsse vor allem auf wirtschaftlichem Gebiet erfolgen; die sechs Regierungen »erachten es als notwendig, die Schaffung eines Vereinigten Europas durch den Ausbau der gemeinsamen Institutionen, durch die schrittweise Fusion der nationalen Wirtschaften, durch die Schaffung eines gemeinsamen Markts und durch die schrittweise Koordination ihrer Sozialpolitik fortzusetzen. Eine derartige Politik scheint ihnen unerläßlich, um Europa den Platz zu erhalten, den es in der Welt einnimmt, um ihm seinen Einfluß zurückzugeben und den Lebensstandard seiner Bevölkerung stetig zu heben.« Die nächsten Ziele seien der gemeinsame Bau von großen Verkehrsverbindungen; die Sicherung der Versorgung mit reichlicherer und billigerer Energie; die Entwicklung der Atomenergie zu friedlichen Zwecken, gegebenenfalls mit Hilfe einer neuen gemeinsamen Organisation; die Schaffung eines von allen Zollschranken und quantitativen Einschränkungen freien gemeinsamen europäischen Markts, unterstützt durch die Schaffung eines europäischen Investitionsfonds; die fortschreitende Harmonisierung der Verhältnisse auf sozialpolitischem Gebiet. Zur Ausarbeitung entsprechender Vereinbarungen sollten Konferenzen einberufen und die Vorbereitungsarbeiten durch einen Ausschuß von Regierungsdelegierten und Sachverständigen geleistet werden. Die Regierung Großbritanniens wurde eingeladen, sich an diesen Arbeiten zu beteiligen. Der Ausschuß sollte den Außenministern spätestens am 1. Oktober 1955 einen Bericht unterbreiten.[48]

Die Resolution wurde durchaus unterschiedlich interpretiert, weil unter den Umständen niemand voraussehen konnte, ob sie zum Ausgangspunkt einer konkreten Entwicklung werden würde oder nicht. Adenauer und Monnet waren höchst skeptisch, andere, wie Spaak und seine Amtskollegen aus den Niederlanden und Luxemburg, waren zuversichtlicher. Am Ende der Konferenz blieb keine Zeit mehr, den Leiter des vorgesehenen Vorbereitungsausschusses zu bestimmen. Die Frage wurde in den folgenden Tagen auf diplomatischen Kanälen geklärt. Die Wahl fiel auf Spaak, der am 18. Juni annahm.[49]

Die Konkretisierung des Messina-Projekts

Daß es entgegen mancher Skepsis gelang, die Absichtserklärung von Messina zügig in konkrete, für alle Beteiligten akzeptable internationale Vereinbarungen umzusetzen, markiert die wohl entscheidende Etappe in der Gründungsgeschichte der Europäischen Gemeinschaft. Sie erstreckte sich über nur 21 Monate, von Juni 1955 bis März 1957, und gliederte sich in zwei Phasen: zwischen Juli 1955 und April 1956 wurde ein – mit dem Namen Spaaks verbundener – Bericht des in der Messina-Resolution eingesetzten Ausschusses von Regierungsvertretern und Sachverständigen erarbeitet; zwischen Juni 1956 und März 1957 wurden dann auf einer Regierungskonferenz die beiden Verträge über die Errichtung einer Europäischen Wirtschaftsgemeinschaft und einer Europäischen Atomgemeinschaft ausgehandelt.

Hinter dieser bemerkenswerten Entwicklung stand durchgehend Ermunterung durch die amerikanische Regierung. Präsident Eisenhower und Außenminister Dulles waren wie ihre Vorgänger davon überzeugt, daß ein sich vereinigendes und dadurch gestärktes Westeuropa die beste Möglichkeit sowohl zur Integration der Bundesrepublik als auch zur Abwehr der sowjetischen Bedrohung bot, und daß gegenüber diesem politischen Aspekt Sorgen amerikanischer Wirtschaftskreise vor der Konkurrenz eines sich etablierenden europäischen Wirtschaftsgiganten in den Hintergrund treten mußten. Freilich galt das Interesse der Washingtoner Führung noch mehr der Perspektive einer Integration des europäischen Nuklearsektors. Sie hatte im übrigen nach dem Scheitern des EVG-Projekts dazugelernt: Amerikanische Unterstützung des europäischen Einigungsprozesses war erfolgversprechender, wenn sie diskret und nicht zu direkt und drängend gegeben wurde.[50]

Flankiert und gestützt wurde die Konkretisierung des Messina-Projekts aber auch von einer neuen Initiative Jean Monnets, die endgültig seinen Rang als Hauptakteur der europäischen Einigung sicherstellte. Nach dem Rückzug aus der Hohen Behörde nutzte er seine neue Handlungsfreiheit als Privatmann, um sich mit großer Energie ein ganz originelles Instrument zur Beförderung der europäischen Einigung zu schmieden: das »Aktionskomitee für die Vereinigten Staaten von Europa«. Die Leitidee für diese Initiative reflektierte das Scheitern der EVG: Für die Zukunft galt es auszuschließen, daß ein zwischen den Regierungen ausgehandeltes Europa-Projekt von einem nationalen Parlament zum Scheitern gebracht wurde. Um dies sicherzustellen, mußten die maßgebenden Kräfte in den Parlamenten grundsätzlich und unabhängig von Wahlergebnissen auf die Integration Europas eingeschworen werden: die großen Parteien in Regierung wie Opposition, und die großen Gewerkschaften. Um deren Führer und mit diesen die hinter ihnen stehenden Organisationen für die europäische Idee zu gewinnen, entfaltete Monnet im Sommer 1955 eine rege Reise- und Korrespondenztätigkeit in den sechs EGKS-Staaten. In allen Hauptstädten fand er Zustimmung. Sein größter Erfolg war, daß es ihm in Bonn mit Hilfe des integrationsfreundlichen DGB Walter Freitags gelang, am 25. Juli 1955 die Zustimmung der inzwischen von Erich Ollenhauer und Herbert Wehner geführten SPD zum Projekt der Atomgemeinschaft und grundsätzlich zum weiteren Ausbau der europäischen Gemeinschaft zu gewinnen und mit dieser historischen Wende in der außen- und deutschlandpolitischen Orientierung der Sozialdemokratie dem europäischen Projekt in Deutschland für die Zukunft eine breite parteiübergreifende Basis zu verschaffen. In Frankreich trug die Aktivität Monnets dazu bei, daß Guy Mollet die bei der Abstimmung über die EVG aufgetretene Spaltung der Sozialistischen Partei überwinden konnte. In Italien gewann er die Sozialdemokratische Partei Saragats für seine Vorstellungen.[51]

Am 13. Oktober 1955 wurde die Konstituierung des »Aktionskomitees« gleichzeitig in den sechs Hauptstädten publik gemacht. Es bestand aus rund 30 Personen, den Vorsitzenden von mehr als 20 großen Parteien, die 70 Prozent der Wähler in sechs Ländern repräsentierten, und den Führern der großen Gewerkschaften, die 14 Millionen Arbeitnehmer vertraten. Nicht beteiligt waren die europafernen kommunistischen und nationalistischen Parteien einschließlich der Gaullisten, auch nicht die Arbeitgeberverbände. Am 18. Januar 1956 fand die erste Plenarsitzung des Monnet-Komitees im Pariser Institut Branting statt; dabei wurde eine Resolution verabschiedet, die zur raschen Verwirklichung einer europäischen Gemeinschaft für die friedliche Nutzung der Atomenergie aufrief; sie wurde den Parlamenten in den sechs EGKS-Staaten zur Billigung zugeleitet, welche zwischen März und Juli 1956 mit großen Mehrheiten erteilt wurde. Das Prinzip des Aktionskomitees, als »moralische Autorität jenseits der in jedem Land etablierten Macht« massiven europäischen Druck zu erzeugen, funktionierte! Von einem Zwei-Zimmer-Appartement in der Pariser Avenue Foch aus konnte Monnet fortan mit Hilfe des Komitees vor und hinter den Kulissen seinen Einfluß auf den europäischen Willensbildungsprozeß zur Geltung bringen, unterstützt von wenigen bewährten Mitarbeitern, unter denen der Niederländer Max Kohnstamm hervorzuheben ist. Die aktive Begleitung der Brüsseler Verhandlungen über das Messina-Projekt sollte nur der Anfang sein. Das Komitee bestand bis 1975, als die Einrichtung regelmäßiger Konferenzen der Regierungschefs es in den Augen Monnets entbehrlich machte und er selbst es auflöste.[52]

Die eigentliche Entwicklung fand im »Regierungsausschuß, eingesetzt von der Messina-Konferenz« statt, der am 9. Juli 1955 unter der Leitung Spaaks zu seiner konstituierenden Sitzung im Brüsseler Außenministerium zusammentrat, ohne daß davon in der Öffentlichkeit besonders Notiz genommen wurde: sieben Delegationen von Sachverständigen, politischen Beamten und entscheidungsbefugten Politikern. Die deutsche Delegation, vor allem aus Vertretern des Außen- und des Wirtschaftsministeriums zusammengesetzt, wurde von Ministerialdirektor Ophüls vom Auswärtigen Amt angeführt; die französische Vertretung, der Experten aus einer ganzen Reihe von Ministerien angehörten, stand unter der Leitung des radikalsozialistischen Abgeordneten und ehemaligen Ministers Felix Gaillard. Delegationschef der italienischen Regierung war der Staatssekretär des Außenministeriums Ludovico Benvenuti, der belgischen Regierung der Generalsekretär des Wirtschaftsministeriums Baron Snoy et d'Oppuers, der niederländischen Regierung Professor Stuart, ein Vertrauter Beyens. Die luxemburgische Delegation wurde von dem Botschafter in Brüssel Lambert Schaus geleitet. Die siebte Delegation war die britische: Nach längerem, von unterschiedlichen Einschätzungen der wirtschaftlichen und politischen Interessen Englands und des Commonwealth verursachtem Zögern nahm die Regierung Anthony Edens die Einladung zur Teilnahme an den Verhandlungen an, ohne sich aber formell mit den Zielen der Resolution von Messina zu identifizieren; gleichwohl bezeichnete sich der Delegationschef Russell F. Bretherton, Abteilungsleiter im Handelsministerium, als »Repräsentanten« seiner Regierung, der sich voll und ganz an der Arbeit beteiligen wolle. Zentrales Gremium der Verhandlungen wurde ein von den Delegationsleitern gebildeter Lenkungsausschuß. Vier Fachausschüsse erhielten die Aufgabe, die verschiedenen Sachkomplexe durchzuarbeiten: gemeinsamer Markt, Investitionen und Sozialfragen; herkömmliche Energie; Kernenergie; Verkehr und Verkehrswege. Ab der zweiten Sitzung des Lenkungsausschusses nahm als Vertreter der Hohen Behörde Dirk Spierenburg in beratender Funktion an den Verhandlungen teil.[53]

Nach der Eröffnungssitzung richtete sich der »Spaak-Ausschuß« im Schlößchen Val Duchesse am Rande der Brüsseler Metropole ein. Sein Auftrag war, die Möglichkeiten der Konkretisierung des Messina-Projekts objektiv und unparteiisch zu prüfen, nicht aber Regierungsverhandlungen zu führen. Diese Aufgabe erwies sich rasch als mühseliger und zeitraubender als erwartet. Der Enthusiasmus der ersten Tage wich bald der Ernüchterung: Die Konzipierung eines gemeinsamen Markts in Europa erforderte, daß komplexe Materien ohne die Möglichkeit des Rückgriffs auf geschichtliche Erfahrungen im Grundsätzlichen und Methodischen erstmals durchdacht und geklärt wurden. Für die Lösung mancher schwieriger Detailfragen fehlte die Zeit, auch ließen Flexibilität und Kompromißbereitschaft der Delegierten häufig zu wünschen übrig. Zweimal mußte der Termin für den Abschlußbericht verschoben werden, zunächst auf den 1. Dezember 1955, dann auf den 15. Februar 1956. Im Fortgang der Arbeiten wurde die Funktion des Ausschuß-Vorsitzenden immer wichtiger. Als im Spätherbst 1955 deutlich wurde, daß die Arbeiten der vier Fachausschüsse in technischen Details steckenzubleiben drohten, ordnete Spaak eine Straffung der Beratungen an. Fortan tagten nur die Delegationsleiter zusammen mit zwei Sachverständigen, Monnets engem Vertrauten Uri und dem Ministerialdirigenten im Bundeswirtschaftsministerium von der Groeben. Spaak entschloß sich auch, das Mandat des Ausschusses zu überschreiten: Der Abschlußbericht sollte bereits eine durch politische Kompromisse abgesicherte Grundlage für offizielle Regierungsverhandlungen bieten können. Seine Aufforderung, daß an den weiteren Beratungen nur diejenigen Delegationsleiter teilnehmen sollten, die den Plan einer Zollunion akzeptierten, bot am 11. November 1955 Großbritannien den Anlaß, sich von der Arbeit des Ausschusses zurückzuziehen; London hatte zudem offenkundig auch wenig Interesse, seinen Vorsprung auf dem Atomsektor mit den Kontinentaleuropäern zu teilen.[54]

Unter Spaaks straffer Leitung gelang zwischen November 1955 und März 1956 tatsächlich die Erarbeitung eines weiterführenden Integrationskonzepts. Begünstigt wurde dies von der Entwicklung des allgemeinen politischen Umfelds. Im Sommer 1955 hatte der amerikanisch-sowjetische »Geist von Genf« den begrenzten machtpolitischen Rang der westeuropäischen Staaten verdeutlicht; Adenauers Moskaureise im September verstärkte Sorgen um die europäische Einbindung der Bundesrepublik; vorgezogene Parlamentswahlen brachten in Frankreich um die Jahreswende 1955/56 das europafreundliche Kabinett des Sozialistenführers Guy Mollet an die Regierung; eine Richtlinienentscheidung Adenauers vom Januar 1956 schuf endgültige Klarheit der Willensbildung in Bonn; und das Saar-Referendum vom 23. Oktober 1955 beseitigte ein schwerwiegendes Hindernis im deutsch-französischen Verhältnis. Vor diesem hilfreichen Hintergrund schickte Spaak am 8. März 1956 einen kleinen Arbeitsstab in Klausur, damit abseits des Brüsseler Trubels ein Berichtsentwurf aus einem Guß abgefaßt würde: Die beiden Sachverständigen Uri und von der Groeben bezogen mit Spaaks Mitarbeiter Hupperts, dem Italiener Guazzugli und einigen Hilfsreferenten und Sekretärinnen das zwischen Nizza und Monte Carlo gelegene Grand Hôtel du Cap Ferrat, um die bisherigen Beratungsergebnisse zu einem Gesamtkonzept zu formen. Am 8. April legten sie in Brüssel Spaak ihren Entwurf vor, dieser wurde nach einigen Modifizierungen vom 18. bis zum 20. April zwischen den Delegationsleitern diskutiert und am Ende einstimmig von ihnen angenommen. Am 21. April 1956 wurde der ›Spaak-Bericht‹ veröffentlicht. Am 6. Mai übergab ihn der belgische Außenminister am Rande einer NATO-Ratstagung in Paris offiziell seinen fünf Amtskollegen.[55]

Der Bericht verwarf einen Teil der in Messina ins Auge gefaßten Projekte. Eine Vergemeinschaftung der »klassischen« Energieträger, insbesondere Gas und Elektrizität, wurde als nicht möglich bzw. nicht sinnvoll erachtet, und im Verkehrswesen erschienen die Schwierigkeiten einer Zusammenführung vorerst unüberwindbar. Andererseits wurden mit Nachdruck zwei Projekte empfohlen: die Schaffung eines gemeinsamen Markts auf der Grundlage einer Zollunion und die europäische Integration der Atomenergie. Für den Gemeinsamen Markt skizzierte der Bericht die großen Linien einer Realisierung und die Bedingungen, die zur Vermeidung von Ungleichgewichten und Verzerrungen erfüllt werden müßten; die amerikanische Wirtschaftsmacht demonstrierte die ökonomischen Expansionsmöglichkeiten, die durch Verschmelzung der nationalen Wirtschaftspotentiale und Fortentwicklung der Technologie auch in Westeuropa ausgeschöpft werden könnten. Für die Atomenergie sei die Errichtung einer speziellen europäischen Organisation sinnvoll, um die Basis der Nuklearforschung zu verbreitern, die Sicherheitsstandards zu verbessern, Investitionen zu erleichtern, die Versorgung mit Kernbrennstoffen sicherzustellen und den atomindustriellen Markt zu liberalisieren, insgesamt eine substantielle Entwicklung der Atomindustrie zu ermöglichen, die außerhalb der Leistungsfähigkeit eines einzelnen Landes liege. Zu der heiklen Frage, ob eine Atomgemeinschaft auch für die militärische Nutzung der Kernenergie zuständig sein solle, wollten sich die Delegationsleiter nicht äußern; dies sei eine politische Frage, die über ihren Zuständigkeitsbereich hinausgehe.[56]

Am 29. und 30. Mai 1956 beschlossen die Außenminister der Sechs auf einer Konferenz in Venedig, den ›Spaak-Bericht‹ als Grundlage für Regierungsverhandlungen zu nehmen, in denen zwei Verträge vorbereitet werden sollten: einer über die Gründung einer Europäischen Atomgemeinschaft, und ein zweiter über die Errichtung eines Gemeinsamen Marktes. Leiter der Konferenz sollte wieder Spaak sein. Diese zweite Phase von Verhandlungen wurde am 26. Juni 1956 im Grand Salon des belgischen Außenministeriums in Brüssel eröffnet, danach wieder nach Val Duchesse verlegt. Die nationalen Delegationen waren nun, da es Verträge vorzubereiten galt, größer, ihre Führungen entsprachen indessen weitgehend denen des Spaak-Ausschusses; die französische Delegation wurde allerdings von dem Staatssekretär des Quai d'Orsay Maurice Faure (Stellvertreter Robert Marjolin) geleitet und die niederländische von dem Direktor für Montanintegration im Haager Wirtschaftsministerium Linthorst Homan. Die konkrete Arbeit wurde zwei Ausschüssen zugewiesen, einem für den Gemeinsamen Markt unter von der Groeben, und einem für Euratom unter Pierre Guillaumat, dem Verwaltungsdirektor des französischen Atomenergie-Kommissariats. Nach schleppendem Beginn kamen die Verhandlungen im Herbst 1956 in Fahrt, insbesondere unter dem Eindruck von Ungarn-Aufstand und Suez-Krise, die die machtpolitischen Grenzen der Westeuropäer, insbesondere Frankreichs (und Großbritanniens) definitiv offenlegten. Anfang November 1956, auf dem Höhepunkt der beiden Krisen, führte eine Zusammenkunft Adenauers mit Mollet in Paris in wichtigen Fragen zu deutsch-französischer Verständigung. Danach kamen die Vertragsverhandlungen so gut voran, daß sich die Regierungskonferenz in den frühen Morgenstunden des 9. März 1957 auflösen konnte, wenngleich bis zur für den 25. März vorgesehenen Unterzeichnung noch einige sachliche und technische Fragen zu klären blieben.[57]

Um dieses Ergebnis zu erzielen, waren das ganze Vermittlungsgeschick Spaaks und die Kompromißbereitschaft aller Beteiligten erforderlich gewesen. Grundlegend war die einvernehmliche Einsicht, daß Atomgemeinschaft und Gemeinsamer Markt nur als Kompromißpaket zusammen eine Realisierungschance hatten. In den Euratom-Verhandlungen mußte etwa die marktwirtschaftlich argumentierende Bundesregierung am Ende hinnehmen, daß die künftige Gemeinschaft monopolistisch über die Versorgung der nationalen Atomindustrien mit Kernbrennstoffen verfügen sollte; nur ausnahmsweise sollte ein Ankaufsrecht bei dritten Anbietern gelten. Auch hinsichtlich der von Frankreich geforderten »militärischen Option« bei der Verwendung der von Euratom gelieferten Kernbrennstoffe und der anfallenden Forschungsergebnisse lenkte die Bundesregierung am Ende ein, allerdings in der Hoffnung auf Teilhabe am nuklearen Rüstungsprogramm Frankreichs. Vereinbart wurde, daß für militärische Zwecke vorgesehene Kernbrennstoffe der Überwachung durch Euratom entzogen wurden; Frankreich legte sich seinerseits fest, seinen ersten Atombombenversuch nicht vor 1961 durchzuführen. In der Zwischenzeit konnten aber die Vorbereitungen hierfür in Forschung und Entwicklung fortgeführt werden.[58]

Auch im Hinblick auf den geplanten Gemeinsamen Markt waren erhebliche Kompromisse zu schließen. Für die Gestaltung des Außentarifs einer künftigen Zollunion mußte zwischen der Exportorientierung der Bundesrepublik und der Benelux-Staaten, die einen möglichst niedrigen Außenzoll befürworteten, und den protektionistischen Vorstellungen Frankreichs und Italiens ein Mittelweg gefunden werden. Hinsichtlich der gemeinsamen Wettbewerbsordnung rieben sich deutsche Orientierung an der Marktwirtschaft und französischer Glaube an die Vorzüge von Planung und Interventionen. Die französische Regierung drängte zudem, mit freilich begrenztem Resultat, auf eine Harmonisierung der Sozialkosten auf das hohe Niveau ihres Landes, damit eine Beeinträchtigung der Konkurrenzfähigkeit frühzeitig vermieden wurde. Vor allem machte Paris die Einbeziehung der Landwirtschaft in den Gemeinsamen Markt zur Grundbedingung für seine Mitwirkung, auch zum Ausgleich für Nachteile, die die französische Industrie in der ungeschützten Konkurrenz mit der deutschen Industrie befürchtete. Grundsätzlich ergab sich im Herbst 1955 Einvernehmen über eine Integration des

Agrarsektors, wobei allerdings die Vorstellung eines Systems von Marktordnungen und garantierten Mindestpreisen auf den Widerspruch der Niederländer stieß, die für ihre modernisierte Agrarwirtschaft größtmöglichen Freiraum anstrebten; hier wurden die Strukturentscheidungen im einzelnen der künftigen Arbeit der Gemeinschaftsorgane vorbehalten. Belastend wirkte die Forderung Frankreichs und auch Belgiens, zwischen ihren überseeischen Besitzungen und der Gemeinschaft auf den Außenzoll ganz zu verzichten: Damit wurden die Bundesrepublik, Italien, die Niederlande und Luxemburg praktisch aufgefordert, die wirtschaftliche Entwicklung von Kolonialgebieten, die ihren Mutterländern auch in Zukunft politisch verbunden bleiben würden, solidarisch mitzufinanzieren. Um das Gesamtwerk nicht in Gefahr zu bringen, stimmten Adenauer und die mitbetroffenen Partner schließlich widerwillig der »Assoziierung der überseeischen Länder und Hoheitsgebiete« zum Gemeinsamen Markt zu, allerdings zunächst nur für eine Probezeit von fünf Jahren. Im Gegenzug erreichte die Bundesregierung die Einbeziehung des innerdeutschen Handels in das System des Gemeinsamen Markts. Das Tauziehen in den Verhandlungen galt natürlich nicht zuletzt auch der Organstruktur der neuen Gemeinschaften, die sich im Prinzip am Modell der Montanunion orientieren, aber nach französischen Vorstellungen nur ein reduziertes, zur Funktionsfähigkeit unumgängliches Minimum an Supranationalität erhalten sollten. Das Ergebnis war unter anderem eine andere Zuständigkeitsverteilung in der Exekutive der beiden neuen Gemeinschaften.[59]

Frankreich, das bei dem europäischen Neubeginn seit 1955 zunächst nur eine geringe Rolle gespielt hatte, stellte im Laufe der Verhandlungen die bei weitem meisten Forderungen und setzte diese auch größtenteils durch. Dies war nur möglich, weil die Partner bis zuletzt in Sorge waren, ob Paris sich überhaupt am Gemeinsamen Markt beteiligen würde; aber auch, weil bei allen Beteiligten die Sachprobleme letztlich dem überragenden politischen Interesse an einer Fortführung der europäischen Integration untergeordnet wurden.

Die Römischen Verträge: EWG und Euratom

Die Verträge, die am 25. März 1957 auf dem römischen Kapitol unterzeichnet wurden, gaben der europäischen Einigung eine neue Qualität. Sie schufen ihren eigentlichen Rahmen.

Der EWG-Vertrag öffnete weite Entwicklungsmöglichkeiten für einen westeuropäischen Wirtschaftsgroßraum. In einer in drei Stufen ablaufenden Übergangszeit von 12 bis 15 Jahren sollte schrittweise zwischen den Mitgliedstaaten ein Gemeinsamer Markt hergestellt werden, d. h. eine Zollunion mit möglichst ungehindertem Binnenverkehr von Waren, Personen, Dienstleistungen und Kapital sowie gemeinsamem Außenzoll gegenüber Drittländern. Auch die Wirtschaftspolitiken der Sechs sollten koordiniert werden, um im gemeinsamen Wirtschaftsraum Wettbewerbsverzerrungen zu vermeiden. Hierzu enthielt der Vertrag nur prinzipielle Vorgaben, die Ausgestaltung im einzelnen blieb der künftigen Arbeit der Gemeinschaftsorgane und der Mitgliedsregierungen überlassen. Der Gemeinsame Markt sollte auch die Landwirtschaft und den Handel mit landwirtschaftlichen Erzeugnissen umfassen.[60]

Aufgabe des Euratom-Vertrags war die Schaffung eines Gemeinsamen Markts für die Atomenergie, mit Freiverkehr der von der Nuklearindustrie verwendeten Stoffe und Ausrüstungen, freiem Informationsaustausch und freiem Kapitalverkehr für Investitionen sowie Freizügigkeit der Fachkräfte. Eine zentrale Agentur erhielt das ausschließliche Recht zur Einfuhr von Erzen und Kernbrennstoffen in das Vertragsgebiet und ein Bezugsrecht für erarbeitete Nuklearprodukte, und sie organisierte die gesicherte Versorgung der Nuklearindustrie in den Mitgliedsländern. Bei Eintreten einer Mangellage konnte die Agentur die Verteilung der betreffenden Produkte gesondert regeln. Zu den Aufgaben der Europäischen Atomgemeinschaft (EAG) gehörten die Entwicklung der Forschung auf dem Gebiet der industriellen Nutzung der Atomenergie, deren Zusammenführung auch durch die Errichtung einer gemeinsamen Kernforschungsstelle gefördert werden sollte, und die Verbreitung der technischen Kenntnisse insbesondere durch Überlassung von Patenten und die Erleichterung und Förderung von Investitionen. Euratom erhielt ein eingeschränktes Eigentumsrecht an den Kernbrennstoffen, nicht aber an den Nuklearanlagen, die in nationaler Verfügung verblieben. Art. 84 Abs. 3 nahm die militärische Nutzung von Kernbrennstoffen von der Überwachung durch Euratom aus.[61]

Unter institutionellen Gesichtspunkten brachten die Römischen Verträge, verglichen mit dem Montanunions-Vertrag, eine neue Balance zwischen supranationaler und intergouvernementaler Organisation, die sich am auffälligsten im Bereich der Exekutive zeigte. Hatte bei der Errichtung der Hohen Behörde der Montanunion der Gedanke Pate gestanden, daß für den Teilbereich von Kohle und Stahl eine Art europäische Regierung entstehen sollte, die nur in Fragen allgemeinwirtschaftlicher Relevanz der Zustimmung der nationalen Regierungen bedurfte, so sollte in EWG und EAG das Interesse der Mitgliedsregierungen Vorrang behalten, nicht der Wille einer über ihnen stehenden europäischen Exekutive. Zwar wurde das supranationale Organ beibehalten – die Kommissionen der beiden neuen Gemeinschaften –, es wurde jedoch mit anderen Befugnissen ausgestattet als die Hohe Behörde.

Organisatorisch sollte die EWG-Kommission aus neun unabhängigen Persönlichkeiten bestehen, die von den Regierungen einvernehmlich für vier Jahre ernannt wurden, je zwei für Frankreich, Deutschland und Italien, je eine für die drei Benelux-Staaten. Die Kommission der EAG sollte aus fünf für vier Jahre ernannten Mitgliedern bestehen, einem pro Land mit Ausnahme Luxemburgs. Im Gegensatz zur Hohen Behörde waren die beiden Kommissionen aber im wesentlichen nicht Entscheidungsorgane. Beschlüsse sollten hauptsächlich im Ministerrat getroffen werden. Aufgabe der Kommissionen war es, die Entscheidungen des Ministerrats umzusetzen und dabei auf die Einhaltung der Vertragsbestimmungen zu achten. Allerdings erhielt besonders die EWG-Kommission darüber hinaus auch ein weitgehendes Vorschlagsrecht und auf diesem Wege eine Funktion, die über die der Hohen Behörde weit hinausging. In der Regel sollten Entscheidungen des Ministerrats nämlich auf der Grundlage von Vorschlägen der Kommission erfolgen, die aufgrund ihrer übernationalen Stellung und ihrer Informationsvorsprünge über die größte Kompetenz verfügte. Der Ministerrat konnte die Vorschläge der Kommission nur einstimmig ändern oder sie zurückweisen. Demgemäß erhielt die Kommission im Kompetenzengefüge der EWG nichts weniger als die Rolle eines Motors, der die Beschlüsse des Ministerrats initiierte. Diese Rolle war um so bedeutsamer, als der EWG-Vertrag – anders als der EGKS-Vertrag – überwiegend nur einen Rahmen vorgab, der noch im einzelnen ausgefüllt werden mußte. Die EWG-Kommission wurde so eine Institution, die die fortschreitende Ausgestaltung der Wirtschaftsgemeinschaft ohne sektorale Begrenzung und sogar ohne Begrenzung durch den Vertrag (Art. 235) zu präformieren vermochte. Als zentrale europäische Behörde erhielt sie, und ähnlich die Euratom-Kommission, umfangreiche weitere Tätigkeitsfelder zugewiesen: von der Aufbereitung von Informationen über die Erarbeitung von Studien und Gutachten bis zur Vorbereitung von Konsenslösungen für die Verwirklichung gemeinsamer Politik und deren Umsetzung.

Dessen ungeachtet wurde in den beiden neuen Gemeinschaften der Ministerrat in der Formation der jeweils zuständigen Fachminister zum rechtsetzenden Hauptorgan. Der Vorsitz wechselte alle sechs Monate in der alphabetischen Reihenfolge der Mitgliedstaaten. Der Ministerrat konnte in beiden Gemeinschaften einstimmig oder auch mit Mehrheit entscheiden. In der EWG sollte nach den grundsätzlicheren Entscheidungen in der anfänglichen Übergangsphase vor allem im Zuge der Ausgestaltung der gemeinsamen Politiken fortschreitend die Mehrheitsentscheidung zur Regel werden, Einstimmigkeit nur erforderlich bleiben für die Aufnahme neuer Mitglieder, die Assoziierung von Drittländern oder die Schaffung eigener Mittel der Gemeinschaft. Die Einstimmigkeit wurde durch Enthaltung eines Mitgliedstaates nicht verhindert. Das Mehrheitsvotum wurde auf eine Stimmengewichtung gegründet, die Deutschland, Frankreich und Italien je vier, Belgien und den Niederlanden je zwei Stimmen und Luxemburg eine Stimme zuerkannte. 12 der 17 Gesamtstimmen bildeten die qualifizierte Mehrheit, doch sollte die Möglichkeit der Marginalisierung der drei kleinen durch die drei großen Mitgliedstaaten dadurch eingeschränkt werden, daß bei Entscheidungen, die nicht zu einem Vorschlag der Kommission zu treffen waren, die zwölf Stimmen aus vier Ländern stammen mußten. Die Väter des Vertrages wußten natürlich, daß eine Regierung, die eine mit Mehrheit gegen sie gefällte Entscheidung nicht annehmen will, hierzu nicht gezwungen werden kann; um so wichtiger war die Erwartung an die Kommission, erforderliche Interessenabgleichungen schon vorausschauend in ihre Vorschläge einzubauen.

Hinsichtlich der übrigen Organe wurden die Zuständigkeiten der Versammlung und des Gerichtshofs der EGKS lediglich auf EWG und Euratom ausgeweitet, so daß allen drei Gemeinschaften eine gemeinsame Versammlung und ein gemeinsamer Gerichtshof zugeordnet war. Die Versammlung wurde allerdings von 78 auf 142 von den nationalen Parlamenten entsandte Abgeordnete erweitert: je 36 für Frankreich, Deutschland und Italien, je 14 für Belgien und die Niederlande, sechs für Luxemburg. Die Möglichkeit einer Direktwahl zur Versammlung war von Anfang an vorgesehen, wie auch schon im Montanunions-Vertrag. Das Parlament erhielt vorerst kaum legislative Befugnisse, jedoch solche zur Beratung und Kontrolle und nicht zuletzt das Recht, den Kommissionen mit einer Zweidrittelmehrheit das Mißtrauen auszusprechen und sie damit zum Rücktritt zu zwingen. Der Europäische Gerichtshof setzte sich nun aus sieben für sechs Jahre ernannten Richtern zusammen, die von zwei Generalanwälten unterstützt wurden. Seine Aufgabe bestand darin, die Beachtung des Rechts bei der Interpretation und Anwendung aller drei Verträge sicherzustellen. Des weiteren entsprach dem Beratenden Ausschuß der EGKS die Einrichtung eines Wirtschafts- und Sozialausschusses bei den beiden neuen Gemeinschaften, der sich aus Vertretern der verschiedenen Gruppen des wirtschaftlichen und sozialen Lebens zusammensetzen sollte, der Produzenten, der Landwirte, der Verkehrsunternehmer, der Arbeitnehmer, der Kaufleute und Handwerker, der freien Berufe und der Allgemeinheit.

EWG und Euratom unterschieden sich von der Montanunion auch hinsichtlich ihrer finanziellen Ausstattung: Konnte sich die Hohe Behörde auf am Umsatz orientierte Umlagen der Kohle- und Stahlunternehmen stützen und dadurch von den Mitgliedsregierungen unabhängig agieren, so wurde der Haushalt von

EWG und Euratom gespeist von Finanzbeiträgen der Mitgliedstaaten, was die Unabhängigkeit der Kommissionen erheblich beeinträchtigte. Die Ersetzung durch eigene Mittel wurde allerdings für einen späteren Zeitpunkt vorgemerkt.

Ungeachtet der Unterschiede trugen EWG und EAG doch grundsätzlich, wenn auch abgestuft, einen der Montanunion vergleichbaren supranationalen Charakter: Nationale Interessen unterschiedlicher und auch gegensätzlicher Art sollten im Rahmen von Organisationen, die einem Gemeinschaftsideal verpflichtet waren, in gemeinsamen Lösungen zum Ausgleich gebracht werden. Dies galt nicht nur für die Regierungen, sondern – wegen des Vorrangs des Gemeinschaftsrechts vor dem nationalen Recht – auch für Unternehmen und Privatpersonen. Anders als für die Montanunion, die auf 50 Jahre terminiert war, war für EWG und Euratom eine Begrenzung der Geltungsdauer nicht vorgesehen. Über die Möglichkeit der Sezession eines Mitgliedstaates fand sich in allen drei Verträgen keine Bestimmung.

EWG und EAG öffneten nicht nur weite ökonomische Entwicklungsmöglichkeiten für die beteiligten Mitgliedstaaten, sondern auch politische Perspektiven. Die Willensbekundung der Unterzeichner in der Präambel des EWG-Vertrages, »die Grundlagen für einen immer engeren Zusammenschluß der europäischen Völker zu schaffen«, durchzieht die Vertragsbestimmungen wie ein roter Faden. Der wirtschaftliche Zusammenschluß sollte die Möglichkeit und Anreize zur politischen Einigung schaffen, schon im Schuman-Plan war dies nachzulesen. Der Buchstabe der Römischen Verträge zielte gewiß zunächst auf die wirtschaftliche, der Geist aber auf eine politische Integration Europas.

Kapitel 4

Aufbaujahre der Europäischen Gemeinschaft, 1958–1969

Mit den Römischen Verträgen entstand, in Gestalt der nunmehr drei Gemeinschaften EGKS, EWG und Euratom, das supranational orientierte Europa mit föderalem Anspruch. Das erste Jahrzehnt von 1958 bis 1969 war durch die Schaffung und Etablierung der neuen Institutionen und Politiken gekennzeichnet. Insbesondere die EWG leitete mit der Realisierung einer Zollunion und einer Gemeinsamen Landwirtschaftspolitik ökonomische Integrationsvorgänge ein, die rasch unumkehrbar schienen, während allerdings Montanunion und Euratom in Schwierigkeiten gerieten. Die Zeit von 1958 bis 1969 war auch durch die Politik des Generals de Gaulle geprägt, der dem Konzept des supranationalen Europa das des »Europas der Vaterländer« entgegenstellte und dadurch in Fragen der wirtschaftlichen Organisation ebenso wie hinsichtlich des Funktionierens der Gemeinschaftsinstitutionen, der Möglichkeit einer Politischen Union, der Beziehungen zu den USA und der Erweiterung der Gemeinschaften, insbesondere um Großbritannien, mit den fünf Partnerregierungen mehr oder weniger ausgeprägte Dauerspannungen unterhielt und bis zu seinem Rücktritt den Fortgang der Integration insgesamt abbremste.

Die Ingangsetzung der Verträge

Die beiden neuen Verträge wurden ziemlich planmäßig in Gang gesetzt, jedoch bei überraschend heftigem Gegenwind: Die britische Regierung, die nicht mit dem Zustandekommen der Verträge gerechnet hatte, suchte mit einer großangelegten politischen Offensive die Sechs nochmals aus dem Tritt und vom Integrationspfad wieder abzubringen.

Die Ratifizierungen von EWG- und Euratom-Vertrag erfolgten im Verlaufe des Jahres 1957, so daß beide Verträge am 1. Januar 1958 in Kraft treten konnten. Dabei war die Komplikation zu bewältigen, daß die Partner Frankreichs in Erinnerung an das EVG-Debakel zunächst die Ratifizierung durch die Pariser Kammern abwarten wollten, zumal das Kabinett Mollet, das die Römischen Verträge möglich gemacht hatte, am 21. Mai gestürzt wurde; andererseits lag es im Interesse der Bundesregierung, aber auch ihrer Partner, vor der im September bevorstehenden Bundestagswahl zu ratifizieren. Paris und Bonn vermochten sich schließlich auf ein abgestimmtes Vorgehen zu verständigen. Am 5. Juli 1957 stimmte der Deutsche Bundestag als erstes Parlament der sechs Unterzeichnerstaaten ab, und zwar durch Handzeichen ohne namentliche Abstimmung; es ergab sich eine große Mehrheit aus der Regierungskoalition von CDU/CSU und DP/FVP sowie aus der oppositionellen SPD, während die Abgeordneten von GB/BHE und FDP überwiegend dagegen votierten. In der vorangegangenen Debatte hatte die politische Gesamtwürdigung der Verträge Einzelkritik an ihren dirigistischen Elementen, an den geringen Befugnissen des Parlaments, am Fernbleiben Englands, an der Assoziierung der Überseegebiete und an der Vernachlässigung des Wiedervereinigungsziels überlagert. Am 10. Juli stimmte dann die französische Abgeordnetenkammer mit 342 zu 239 Stimmen der Beteiligung Frankreichs am weiteren Aufbau Europas zu: Die sozialistischen Parteien, die MRP und ein Teil der Radikalen befürworteten die Verträge, während Kommunisten, Gaullisten und die um Mendès France gescharten Radikalen dagegen votierten. Am 19. Juli stimmte der Bundesrat geschlossen zu, und am 23. Juli gab auch der Rat der Republik grünes Licht, mit 222 zu 70 Stimmen. Nach der deutschen und französischen Zustimmung gestalteten sich die Ratifizierungen in den anderen vier Ländern relativ unproblematisch und mit großen Mehrheiten: in Italien am 30. Juli 1957 (Abgeordnetenkammer) und 9. Oktober (Senat), in Belgien am 19. November (Abgeordnetenkammer) und 29. November (Senat), in der luxemburgischen Kammer am 26. November; in den Niederlanden erfolgte die Zustimmung nach heftiger Kritik aus den Reihen der Befürworter selbst am 5. Oktober (Abgeordnetenhaus) und 4. Dezember (Oberhaus).[1]

Schwieriger gestaltete sich das Tauziehen um den Sitz der neuen Gemeinschaften. Das Aktionskomitee Monnets und die Beratende Versammlung des Europarats traten dafür ein, daß alle europäischen Institutionen an einem einzigen Ort zusammengefaßt würden, der den Rang eines »europäischen Distrikts« erhalten sollte. Die Regierungen konnten sich jedoch nicht einigen. Luxemburg wollte Sitz der Montanunion bleiben, nicht aber die neuen Gemeinschaften zusätzlich aufnehmen, weil es befürchtete, bei einem Zustrom von vielen tausend Europa-Beamten seine nationale Identität zu verlieren. Die französische Regierung favorisierte Straßburg, und aus Bonn kam der Vorschlag, das Städtepaar Straßburg-Kehl zu wählen, als Ausdruck europäischer und zugleich deutsch-französischer Partnerschaft. Turin und Mailand, die italienischen Vorschläge, waren wegen der geographischen Randlage chancenlos. Schließlich verständigten sich die Außenminister auf das Prinzip eines einzigen Ortes, vermochten diesen jedoch nicht konkret zu benennen. Ende Dezember 1957 drängte sich in Ermangelung einer Einigung ein Provisorium auf: EWG und Euratom sollten sich vorerst in Brüssel ansiedeln, d. h. wieder in der Hauptstadt eines kleinen Landes, die in Deutschland und Frankreich akzeptiert werden konnte, die gute Verkehrsanbindungen aufwies, relativ zentral gelegen war (außer für Italien) und über ausreichend Büro- und Wohnraum verfügte. Die Montanunion sollte vorerst in Luxemburg verbleiben, ebenso der Gerichtshof und das Sekretariat der parlamentarischen Versammlung, diese selbst würde jedoch weiter in Straßburg tagen. Eine endgültige Regelung wurde der Zukunft überlassen.[2]

Naturgemäß waren zwischen den sechs Regierungen eine Reihe von Personalentscheidungen zu treffen, vor allem über die Besetzung der neuen europäischen Exekutivorgane, der Kommissionen von EWG und Euratom. Politische Bedeutung hatte die Ernennung der für jeweils zwei Jahre amtierenden Kommissionspräsidenten. Frankreich beanspruchte das Amt des Präsidenten der Euratom-Kommission und konnte es schließlich mit Louis Armand besetzen, einem der aktivsten Befürworter der europäischen Atomgemeinschaft; als er nach einem Jahr krankheitshalber zurücktreten mußte, trat ein anderer Franzose die

Nachfolge an, Etienne Hirsch, ein enger Vertrauter Monnets und dessen Nachfolger an der Spitze des französischen Kommissariats für den Wirtschaftsplan. Der naheliegende Kandidat für die Führung der EWG-Kommission war Spaak, der es jedoch vorzog, 1957 das Amt des NATO-Generalsekretärs zu übernehmen; danach gelang es der Bundesregierung, die Kandidatur Walter Hallsteins für dieses Amt durchzubringen, des ersten Staatssekretärs im neuen deutschen Auswärtigen Amt, der in den Verhandlungen über die verschiedenen Europa-Verträge seit 1950 eine wichtige, bisweilen entscheidende Rolle gespielt hatte und darüber zu einem überzeugten Verfechter des Ziels eines europäischen Bundesstaates geworden war. Fast zehn Jahre lang sollte er die Verantwortung für eine der wichtigsten Aufgaben tragen, die in der europäischen Integrationsgeschichte zu vergeben war: die Einrichtung und Befestigung der Strukturen von EWG-Kommission und Gemeinsamem Markt. Obwohl später vorübergehend fast ein »vergessener Europäer« geworden, war er es, der mit seiner hohen Kompetenz dem Aufbruch zur europäischen Wirtschaftsunion Dynamik und auch Glanz verlieh. Die Präsidentschaft der Hohen Behörde der Montanunion war ebenfalls neu zu besetzen, da René Mayer im September 1957 von diesem Amt zurücktrat. Unter dem Gesichtspunkt der Ausgewogenheit kam hierfür ein Vertreter des dritten großen Mitgliedstaates Italien in Frage. Nach einer Übergangsphase, in der das Amt von dem belgischen Gewerkschafter Paul Finet versehen wurde, wurde im September 1959 Piero Malvestiti ernannt, der 1963 von seinem hochangesehenen Landsmann Dino Del Bo abgelöst wurde.[3]

Weitere Personalentscheidungen betrafen die Ernennung der anderen Kommissare für die EWG-Kommission und die Kommission der EAG. Die Bundesregierung benannte als zweiten ihr zustehenden EWG-Kommissar von der Groeben und als Kommissar bei Euratom Heinz Krekeler, den ersten deutschen Nachkriegsbotschafter in Washington. Eine Fülle weiterer organisatorischer und materieller Entscheidungen waren zu treffen, Satzungen und Geschäftsordnungen für die Gemeinschaftsinstitutionen auszuarbeiten, auch ein europäisches Beamtenstatut, und eine europäische Verwaltung war von Grund auf neu zu entwickeln. In der EWG-Kommission spielte hierbei deren erster Generalsekretär, der Franzose Emile Noël, mit seinen Stellvertretern und Mitarbeitern eine maßgebliche Rolle; Noël versah dieses Amt bis 1986. Die Organisation der Kommission nahm Strukturprinzipien unterschiedlicher Provenienz auf, insbesondere des französischen Generalkommissariats für den Wirtschaftsplan und des Bonner Wirtschaftsministeriums. Jedem Kommissar wurde ein von einer Generaldirektion geführter Fachbereich unterstellt; eine Generaldirektion bestand jeweils aus drei oder vier Direktionen und der erforderlichen Zahl von Referenten. Bei der Rekrutierung des Personals wurde auf Beamte aus den Mitgliedstaaten, Kräfte der Wirtschaft und Wissenschaft zurückgegriffen, unter Beachtung einer gewissen regionalen und politischen Ausgewogenheit. Jedem Kommissar wurde ein mehrköpfiges »Kabinett« zugeordnet. Kommissionsentscheidungen wurden vom Plenum der Kommissare mit Mehrheit getroffen, das Ressortprinzip wurde so mit dem Kollegialprinzip verknüpft. Mit Sachkunde und Fingerspitzengefühl verstand es Hallstein, die EWG-Kommission zu einer handlungsfähigen und nach außen einheitlich auftretenden Institution zusammenzuschließen, in der insgesamt europäische vor nationalen Gesichtspunkten rangierten. Zwischen EWG-Kommission, Euratom-Kommission und Hoher Behörde wurde vereinbart, den Juristischen Dienst, das Statistische Amt und den Presse- und Informationsdienst gemeinsam zu betreiben.[4]

Der Januar 1958 wurde so für die europäische Integration zum Zeitpunkt eines institutionellen Neubeginns, an den viele Beteiligte sich später mit Nostalgie erinnerten. Doch während die auf vielen Ebenen einsetzende engagierte Geschäftigkeit die Voraussetzungen für die effiziente Aufnahme der Arbeit durch die beiden neuen Gemeinschaften schuf, wurde gleichzeitig das ihnen zugrunde liegende föderative Prinzip noch einmal einem harten Test unterzogen. Denn die britische Regierung legte es, nachdem sie sich im November 1955 aus dem Spaak-Ausschuß zurückgezogen hatte, alsbald darauf an, die für sie unerwarteten Schritte zu neuen supranationalen Ufern zu behindern; und nach der Unterzeichnung der Römischen Verträge, dann ihrer Ratifizierung und beginnenden Umsetzung suchte sie die neue Blockbildung auf dem Kontinent mit wachsender Feindseligkeit doch noch zu vereiteln. Seit Mai 1956 schon betrieb London zunehmend aggressiv, von nachdrücklichen amerikanischen Ermahnungen kaum beeindruckt, ein Gegenprojekt: die Mobilisierung der 17 Staaten umfassenden OEEC gegen die sechs Staaten der neuen Gemeinschaften, die ja ebenfalls der OEEC angehörten. Euratom wurde eine Europäische Atomenergie-Agentur (errichtet am 20. Dezember 1957) entgegengestellt, die auf ähnliche Weise, aber auf dem größeren Gebiet der 17 OEEC-Staaten, die Zusammenarbeit zur friedlichen Nutzung der Nuklearenergie organisieren sollte, ohne supranationale Institutionen freilich und mit begrenzteren Mitteln. Andererseits sollte die Errichtung des Gemeinsamen Markts der Sechs durch die Schaffung einer großen Freihandelszone der OEEC-Länder ausgehebelt werden, d. h., der supranational angeleiteten Organisation einer Zollunion der Sechs wurde das Modell eines dezentral organisierten Wirtschaftsraums der 17 entgegengehalten, in dem die Binnenzölle abgebaut, jedoch nicht die Außenzölle harmonisiert und nicht die Landwirtschaft einbezogen werden sollten. Dieser Vorschlag einer großen Freihandelszone stellte eine beachtliche Abkehr Großbritanniens von seiner protektionistischen Tradition dar, welche gewiß auch sich anbahnende Verlagerungen des britischen Handels vom Commonwealth nach Kontinentaleuropa spiegelte. Von Verfechtern des supranationalen Europa wie Monnet und Spaak wurde der Vorschlag zunächst grundsätzlich nicht abgelehnt, sondern als erster Schritt einer Annäherung Englands an das Europa der Sechs begrüßt, allerdings nicht zur Ersetzung, sondern zur Ergänzung des Gemeinsamen Markts.[5]

Über die britischen Vorschläge wurde in der OEEC zwischen Februar 1957 und Dezember 1958 beraten und gestritten. Die Perspektive, daß die künftige Zollunion der EWG womöglich durch die Einbindung in eine größere Freihandelszone ergänzt und relativiert werden könnte, wirkte sich offenbar günstig auf die Ratifizierung der Römischen Verträge aus. Im Oktober 1957, als die Ratifizierung der Verträge so gut wie gelaufen war, wurde einvernehmlich ein OEEC-Ausschuß unter Leitung des britischen Europa-Ministers Reginald Maudling eingesetzt, in dem Regierungsverhandlungen über eine Assoziierung der EWG als

Ganzer mit den übrigen OEEC-Ländern in Form einer Freihandelszone vorbereitet werden sollte. In den Ausschußberatungen rückte indessen rasch das Problem in den Vordergrund, daß ein fehlender gemeinsamer Außenzoll den wettbewerbsverfälschenden Umweghandel begünstigen würde: Bei unterschiedlichen Zollsätzen für die Einfuhr von Roh- und Hilfsstoffen würden die Staaten mit niedrigem Außenzoll im Vorteil sein, weil sie kostengünstiger Fertigerzeugnisse herstellen und diese dann zollfrei in die anderen Gebiete der Freihandelszone exportieren könnten; dies würde besonders Großbritannien begünstigen, das aufgrund seiner Präferenzabkommen mit den Commonwealth-Ländern extrem billig importieren konnte. Die Prüfung der Möglichkeit eines flankierenden Systems von Herkunftsnachweisen und anderer Maßnahmen ergab, daß dadurch die Nachteile für die EWG-Länder nicht ausreichend kompensiert werden konnten. Eine Assoziierung von EWG und OEEC-Ländern hätte somit die EWG tendenziell in eine Freihandelszone verwandelt, in der zudem die Sechs der ständigen Beaufsichtigung durch die anderen elf OEEC-Partner unterworfen worden wären. An einer solche Perspektive hatten freihändlerische Kritiker der Zollunion in den EWG-Staaten wie Bundeswirtschaftsminister Erhard und Ökonomen vom Schlage Wilhelm Röpkes wenig auszusetzen, und auf ihren Einfluß hoffte die britische Politik denn auch. Aber das Projekt mobilisierte nun den Widerstand der EWG-Kommission und des Europäischen Parlaments, und namentlich auch den Protest Monnets: Es ging nicht an, den Gemeinsamen Markt in einer großen Freihandelszone aufzulösen wie ein Stück Zukker in einer Tasse englischen Tees.[6]

Die Krise, in die das britische Gegenprojekt die noch gar nicht voll errichteten neuen Gemeinschaften stürzte, war alles andere als ausgestanden, als am 1. Juni 1958 in Frankreich General de Gaulle an die Macht zurückkehrte. Es waren seine klare Entscheidung für die Ingangsetzung der Römischen Verträge sowie das sich im Herbst 1958 ergebende fundamentale Einvernehmen mit Adenauer, die am Ende die britische Offensive zum Scheitern brachten. De Gaulle, der Montanunion und EVG abgelehnt hatte, entschied sich überraschend für die Aufrechterhaltung der französischen Unterschrift unter den EWG-Vertrag, wohl weil er die Vorteile für die französische Wirtschaft und insbesondere Landwirtschaft hoch einschätzte und die Chance sah, für die Frankreich umgebende Sechser-Gemeinschaft eine europäische Führungsrolle übernehmen zu können. Seine Zustimmung zum Euratom-Vertrag war allerdings verknüpft mit der Entscheidung für einen eigenen nuklearen Weg. In zwei Unterredungen am 14. September 1958 in Colombey-les-deux-Eglises und am 26. November in Bad Kreuznach kamen de Gaulle und Adenauer überein, jedenfalls die EWG nicht durch das britische Projekt der großen Freihandelszone aufweichen zu lassen. Die Achse Paris-Bonn, das Herzstück der europäischen Integration, war nachdrücklich bekräftigt.[7]

Der deutschen Unterstützung gewiß, unternahm de Gaulle entschlossen eine Offensive gegen das britische Projekt, das von London, in offenkundiger Fehleinschätzung der neuen politischen Kräfteverhältnisse, immer kompromißloser verfolgt wurde. Am 14. November erklärte der französische Informationsminister im Maudling-Ausschuß, daß Frankreich die britischen Vorstellungen nicht übernehmen könne, woraufhin der Vorsitzende die Verhandlungen abbrach. Am 15. Dezember kam es zu einem weiteren Eklat, als der britische Handelsminister Eccles im Ministerrat der OEEC Frankreich vorwarf, seine Verpflichtungen gegenüber der OEEC nicht einzuhalten, und der französische Außenminister Couve de Murville antwortete, daß er nicht bereit sei, unter Druck und Drohungen zu verhandeln. Die Sitzung wurde auf den Januar 1959 vertagt, während schon zu Neujahr mit der vertraglich ersten Zollsenkung von 10 Prozent zwischen den EWG-Mitgliedstaaten der Weg zum Gemeinsamen Markt geöffnet werden sollte! Die britische Regierung, immer noch in der Annahme, mit Hilfe der Mehrheit der OEEC-Mitglieder ihren Vorschlag durchsetzen zu können, ging bis zum Äußersten. In einem vergifteten Klima mutmaßte die Londoner Presse in den letzten Dezembertagen, daß Großbritannien aus OEEC und NATO austreten und seine Truppen aus Deutschland zurückziehen könnte, wenn die EWG gegen den Willen Englands realisiert würde. Die britische Regierung beschloß die Herstellung der Konvertibilität des Pfund Sterling und damit die Aufgabe der EZU, in der Erwartung, daß wohl die D-Mark und der holländische Gulden, nicht aber der französische Franc diesen Schritt nachvollziehen könnten und der Beginn des Gemeinsamen Markts dadurch behindert würde. De Gaulle durchkreuzte dieses Kalkül mit einem Kraftakt: Ein durchgreifender Plan zur Sanierung von Währung und Finanzen, verbunden mit einer Franc-Abwertung um 17,55 Prozent, erlaubte Frankreich am 28. Dezember die Herstellung der Konvertibilität des Franc im Gleichschritt mit anderen europäischen Währungen. Italien, und vor allem die Benelux-Staaten, die vorübergehend zwischen den Positionen Englands und Frankreichs geschwankt hatten, schlossen die Reihen der Sechs und wiesen ihrerseits das britische Freihandelsprojekt zurück. Es war nur knapp gescheitert, bewirkte aber am Ende, daß die Solidarität der Mitglieder der Sechser-Gemeinschaft gefestigt wurde. Die Verwirklichung des Gemeinsamen Markts konnte pünktlich am 1. Januar 1959 beginnen.[8]

Die Errichtung des Gemeinsamen Marktes

Die Herstellung der Grundlagen des im EWG-Vertrag postulierten Gemeinsamen Markts nahm nur wenig mehr als ein Jahrzehnt in Anspruch. Sie stand in enger Wechselwirkung mit und wurde begünstigt von den sich gleichzeitig in den westeuropäischen Staaten entfaltenden Wirtschaftswundern. Die wirtschaftliche Dynamik der »silbernen 50er« und »goldenen 60er« Jahre, in der sich Wiederaufbau, strukturelle Modernisierung und Öffnung des großen Wirtschaftsraums reflektierten, erleichterte die Konsensbildung zwischen den Einzelinteressen der sechs Vertragsstaaten und sicherte die Akzeptanz der Gemeinschaft bei den von ihr betroffenen 180 Millionen Europäern. Die EWG wurde so zum eigentlichen Fundament der europäischen Integration.[9]

Es gelang rascher als vorgesehen, die Zollunion für gewerbliche Güter herzustellen. Die in Artikel 8 des EWG-Vertrags vorgesehene Übergangszeit von 12 bis 15 Jahren bis zu ihrer Errichtung wurde nicht ausgeschöpft; schon nach zehneinhalb Jahren, am 1. Juli 1968, waren die Zölle und mengenmäßigen

Beschränkungen zwischen den sechs Mitgliedstaaten vollständig aufgehoben und der gemeinsame Außentarif eingerichtet. Als am 1. Januar 1959 die erste Reduktion der Binnenzölle um 10 Prozent bei gleichzeitigem Abbau der Kontingentierungen um 20 Prozent ohne Probleme vonstatten ging und ihr innerhalb eines Jahres eine Steigerung des innergemeinschaftlichen Handelsvolumens um rund 20 Prozent folgte, lag es nahe, eine Beschleunigung des Zollabbaus ins Auge zu fassen. Am 12. Mai 1960 beschloß der Ministerrat auf Vorschlag der Kommission, daß die Binnenzölle am 1. Januar 1961 um 30 Prozent des Ausgangsniveaus (statt 20 Prozent) gesenkt werden sollten, und um 40 Prozent am 1. Januar 1962; zu diesem Zeitpunkt sollten bereits alle mengenmäßigen Beschränkungen aufgehoben werden. Angesichts einer glatten Verdoppelung des Handels zwischen den Mitgliedstaaten in nur vier Jahren wurde am 15. Mai 1962 ein weiterer Beschleunigungsbeschluß gefaßt: Am 1. Juli 1962 (statt am 1. Januar 1965) sollte die Reduktion der Binnenzölle 50 Prozent betragen, am 1. Juli 1963 60 Prozent, am 1. Januar 1965 70 Prozent, am 1. Januar 1966 80 Prozent, am 1. Juli 1967 85 Prozent und am 1. Juli 1968 100 Prozent. Die Zollfreiheit zwischen den Mitgliedstaaten wurde damit vorzeitig hergestellt. Bestehen blieben allerdings zahlreiche nicht-tarifäre Handelshemmnisse, deren Beseitigung erst mit dem Binnenmarkt-Projekt der 1980er Jahre systematisch in Angriff genommen wurde (S. 231 ff.).[10]

Parallel zur Herabsetzung der Binnenzölle erfolgte eine stufenweise Harmonisierung der Außenzölle der Mitgliedstaaten gegenüber Drittländern. Frankreich, unterstützt von der Kommission, setzte das Prinzip der Gleichschrittigkeit am 12. Mai 1960 im Ministerrat gegen die Niedrigzoll-Länder Bundesrepublik und Holland durch. Hinsichtlich der Höhe des gemeinsamen Außenzolls sah Artikel 19 des EWG-Vertrags vor, daß sie sich »aus dem einfachen Mittel der in den vier Zollgebieten der Gemeinschaft angewandten Zollsätze« ergeben solle. Tatsächlich wurde der gemeinsame Außentarif am 1. Juli 1968 auf einem um 6,5 Prozent unterhalb des Mittelwertes liegenden Niveau eingeführt. Der Grund für diese Minderung ergab sich daraus, daß die Gemeinschaft – im Einklang mit Artikel 229 des EWG-Vertrags – seit Dezember 1958 das Regelwerk des GATT anerkannte, nach dem bei der Bildung einer Zollunion ein Ausgleich für Drittländer erforderlich wurde, wenn der gemeinsame Außentarif zur Erhöhung einzelner Zollsätze führte – was für Deutschland und die Niederlande der Fall war. Vorausgegangen war 1961/62 eine nach dem amerikanischen Unterstaatssekretär Douglas Dillon benannte multilaterale Zollsenkungskonferenz im Rahmen des GATT. Die EWG, in den Verhandlungen vertreten durch die Kommission, präsentierte sich danach als eine vergleichsweise liberale Wirtschaftsmacht, die im Durchschnitt von einer rund 35 Prozent niedrigeren Zollmauer umgeben wurde als die USA, das Britische Reich und Japan.[11]

Erheblich aufwendiger als die Herstellung der Zollunion für gewerbliche Güter gestaltete sich die Einbeziehung der Landwirtschaft in den Gemeinsamen Markt. Grundsätzlich ein Teil der Volkswirtschaft, war der Agrarbereich doch im Vergleich mit dem Industriesektor besonderen Bedingungen unterworfen. Der weit überwiegende Betrieb in Familienregie, die Abhängigkeit der Produktion von der Fruchtbarkeit und den Launen der Natur, große Einkommensschwankungen auf niedrigerem Niveau hatten traditionell alle westeuropäischen Staaten zu Stützungs- und Erhaltungspolitiken im Zeichen von Autarkie und Protektionismus veranlaßt, die sich jeweils stark voneinander unterschieden. Die Überführung der verschiedenen nationalen Agrarmarktordnungen in einen gemeinsamen europäischen Rahmen erforderte daher komplexe Regelungen, die sowohl den gewachsenen Sonderinteressen der nationalen Agrarsektoren als auch dem erforderlichen Maß an übernationaler Harmonisierung entsprechen mußten. Artikel 40 des EWG-Vertrags sah als mögliche europäische Organisationsformen alternativ gemeinsame Wettbewerbsregeln, die bindende Koordinierung der verschiedenen einzelstaatlichen Marktordnungen oder eine Europäische Marktordnung vor. Nach einer Bestandsaufnahme, zu der vom 3. bis 11. Juli 1958 die Agrarminister der Mitgliedstaaten, Vertreter der Kommission und zahlreiche Fachleute im italienischen Stresa zusammentrafen, erschien nur die Europäische Marktordnung geeignet, die Stelle der verschiedenen nationalen Marktordnungen einnehmen und den landwirtschaftlichen Freiverkehr im Gemeinschaftsgebiet gewährleisten zu können. Auf dieser Grundlage wurde 1958/59 unter Federführung des Agrarkommissars Mansholt das System der Gemeinsamen Agrarpolitik (GAP) ausgearbeitet und am 30. Juni 1960 vom Ministerrat beschlossen. Es sollte auf vier Prinzipien beruhen: (1) freier Handel mit landwirtschaftlichen Erzeugnissen im EWG-Raum; (2) Marktordnung für jedes Erzeugnis zu schrittweise vereinheitlichten und garantierten Preisen (Richt- bzw. Orientierungspreise), andere Interventionen der Gemeinschaft konnten »marktkonform« erfolgen; (3) Gemeinschaftspräferenz mit Hilfe eines Schutzsystems variabler Zölle gegenüber Drittländern (Abschöpfungen bzw. Ausfuhrerstattungen, die den Unterschied zwischen dem Weltmarktpreis und dem höheren Gemeinschaftspreis ausgleichen und über einen »Europäischen Ausrichtungs- und Garantiefonds für die Landwirtschaft« (EAGFL) abgerechnet werden); (4) Finanzsolidarität (soweit erforderlich Finanzierung der GAP aus Haushaltsmitteln der Gemeinschaft).[12]

Frankreich war an einer zügigen Ingangsetzung der GAP in besonderer Weise interessiert, weil der große französische Agrarsektor, der, fast 30 Prozent der Bevölkerung in vielfältigen Formen bäuerlicher Existenz mit hohem Anteil von Kleinbetrieben, erfassend, sich von ihr zu Recht große Vorteile versprechen konnte: verbesserte bäuerliche Einkommen (wegen der gegenüber den französischen höheren Gemeinschaftspreise), erweiterte Absatzmärkte, hohe Erstattungen aus dem EAGFL aufgrund der traditionellen Exportstärke, nicht zuletzt europäische Strukturmittel. Demgegenüber konnte sich die Bundesregierung als prospektiv größter Beitragszahler zum EWG-Haushalt mit einem relativ kleinen Agrarsektor (damals 15 Prozent der Bevölkerung), der zu vergleichsweise hohen Preisen produzierte, ausrechnen, daß ein System nationaler Beihilfen an die bäuerlichen Betriebe erheblich billiger kam als die Zahlung in einen gemeinsamen europäischen Landwirtschaftstopf. Aber Frankreich hatte, wie übrigens auch die Niederlande, die Einbeziehung der Landwirtschaft grundsätzlich zur Voraussetzung für seine Teilnahme an der EWG gemacht und verfügte so über einen Hebel, um seine Agrarinteressen immer wieder zur Geltung zu bringen.[13]

De Gaulle tat dies am 12. Juni 1960, als er die erste Entscheidung zur Beschleunigung der Zollunion mit der Bedingung versah, daß vom 1. Januar 1961 an die GAP in Gang gesetzt würde. Im Dezember 1960 legte der Ministerrat Eckpunkte für die Einrichtung des landwirtschaftlichen Freiverkehrs fest, und auch für die Ermittlung gemeinsamer Preise, die als »grüne Paritäten« in den Dollarwert abbildenen »Europäischen Rechnungseinheiten« (ERE) ausgedrückt werden sollten. Zum eigentlichen Startpunkt wurde dann der vertragliche Termin des Übergangs zur zweiten Stufe des Gemeinsamen Markts (31. Dezember 1961). Frankreich drohte, gegen die einstimmig zu treffende Entscheidung sein Veto einzulegen, wenn nicht vorher der konkrete Einstieg in die GAP vereinbart würde. Da die Partnerländer, mit einer gewissen Ausnahme Hollands, hieran weniger Interesse hatten, entwickelte sich im Ministerrat ein langwieriger »Verhandlungs-Marathon«, der mit Unterbrechungen von Mitte Dezember bis zum 14. Januar 1962 dauerte, wobei die Uhr angehalten wurde, um das Jahresende als Termin für den Übergang zur zweiten Stufe halten zu können. Am Ende stand ein Durchbruch: eine Einigung auf Regelungen der Märkte für Getreide, Schweinefleisch, Geflügel, Eier, Obst, Gemüse und Wein sowie auf die Errichtung des EAGFL und seine Finanzierung bis zum 30. Juni 1965 aus nationalen Beiträgen. Eine zweite Marathonverhandlung ergab sich Ende 1963, als die französische Regierung darauf beharrte, Herabsetzungen des gemeinsamen Außenzolls im Rahmen der sich anbahnenden multilateralen »Kennedy-Runde« nur mitzumachen, wenn die GAP zügig weiterentwickelt werde. Der Ministerrat beschloß daraufhin am 23. Dezember 1963 Regelungen der Märkte für Rindfleisch, Milchprodukte und Reis sowie Modalitäten für die Tätigkeit des EAGFL. Ein dritter Agrarmarathon führte am 15. Dezember 1964 zu der Entscheidung, den Gemeinsamen Markt für Getreide, Schweinefleisch, Geflügel und Eier mit gemeinsamen Preisen am 1. Juli 1967 zu eröffnen. Weitere Entscheidungen wurden im Mai und Juli 1966 getroffen: Für Milchprodukte und Rindfleisch wurden gemeinsame Preise zum 1. April 1968 festgelegt, für Zucker die Regelung des Markts zum 1. Juli 1968, für Olivenöl schon zum 1. November 1966. Im April 1970 wurden auf Drängen Italiens noch Regelungen der

Märkte für Wein und Tabak beschlossen, gleichzeitig mit einem endgültigen Finanzierungsstatut für die GAP. Damit war im Prinzip zum 1. Juli 1968, endgültig im Frühjahr 1970 der Gemeinsame Markt auch für die wichtigsten landwirtschaftlichen Erzeugnisse hergestellt.[14]

Die Errichtung des Gemeinsamen Markts für gewerbliche und landwirtschaftliche Erzeugnisse ging mit einer sprunghaften Entwicklung des Handels einher. Unter den sechs Mitgliedstaaten versechsfachte sich sein Volumen zwischen 1958 und 1970, gegenüber Drittländern verdreifachte es sich. Machte der Binnenhandel 1958 30 Prozent des Gesamthandels der Gemeinschaftsländer aus, so 1970 annähernd 50 Prozent. Inmitten der günstigen Weltkonjunktur bewirkte der Gemeinsame Markt neben einem erheblichen zusätzlichen Wachstumsschub in den Mitgliedstaaten auch eine Verminderung der Produktionskosten und der Preisunterschiede sowie die Erhöhung der Kaufkraft der Verbraucher. Das Bruttosozialprodukt der Gemeinschaft stieg zwischen 1958 und 1970 um 70 Prozent, etwa 5 Prozent jährlich.[15]

Strukturveränderungen in der gewerblichen Wirtschaft kamen in den 60er Jahren nur langsam in Gang. Befürchtungen, daß der Gemeinsame Markt das Wohlstandsgefälle zwischen den Regionen vergrößern würde, bewahrheiteten sich vorerst kaum. Gewiß verstärkte der vermehrte Wettbewerb die Neigung zur Modernisierung der Produktionsmittel. Erste Standort-Spezialisierungen zeichneten sich bei Gütern des täglichen Gebrauchs wie Elektrogeräten, Radio, Fernsehern, Kühlschränken ab. Die Automobilindustrie blieb insgesamt national orientiert, doch regten sich hier Ansätze zur Erschließung der Nachbarmärkte. Vom Gemeinsamen Markt spürte man vorerst wenig in regionalen Märkten wie der Bauwirtschaft oder in Bereichen mit staatlicher Auftragsvergabe, und auch nicht in von multinationalen Firmen beherrschten Wirtschaftszweigen. Europäische Unternehmenszusammenschlüsse zur Herstellung globaler Wettbewerbsfähigkeit kamen ebenfalls noch nicht zustande. Die Kommission ihrerseits hielt sich mit industriepolitischen Strukturvorschlägen zurück. Sie entwickelte jedoch, gestützt auf Artikel 85–94 des EWG-Vertrags, Wettbewerbsregeln für den größeren Wirtschaftsraum, in dem unterschiedliche Wirtschaftspolitiken und Rechtssysteme ungleiche Startbedingungen schufen und den freien marktwirtschaftlichen Wettbewerb verfälschen konnten. Unter dem deutschen Wettbewerbskommissar von der Groeben suchte die Kommission zunächst einen Gesamtüberblick über die Lage in den sechs Mitgliedstaaten zu gewinnen, der die Grundlage für die Entwicklung einer europäischen Wettbewerbspolitik bildete. Ihre wichtigsten Komponenten waren Kartellpolitik, Beihilfepolitik, Rechtsangleichungen und Steuerharmonisierungen.[16]

Im Bereich der Landwirtschaft löste die Preispolitik der GAP spektakuläre Produktivitätssteigerungen aus. Die Selbstversorgung der Gemeinschaft, die zunächst nur für Zucker, Milchprodukte und Schweinefleisch gegeben war, weitete sich binnen eines Jahrzehnts auf fast alle Agrarerzeugnisse aus, bei Getreide und Milchprodukten wurden Überschüsse produziert; Defizite bestanden am Ende der 60er Jahre lediglich noch bei Mais, Ölsaaten, Tierfutter und tropischen Produkten. Regionale Spezialisierungen auf bestimmte Produkte ergaben sich kaum. Gleichzeitig bahnte sich ein tiefgreifender ländlicher Strukturwandel an, der einerseits mit Modernisierungs- und Rationalisierungsmaßnahmen einherging, andererseits von regionalen Verwerfungen bei den Einkommensverhältnissen der Bauern begleitet war, im ganzen jedoch sozial verträglich abgefedert werden konnte. Durch die gemeinsamen Preise wurden die landwirtschaftlichen Großbetriebe begünstigt, andererseits suchte jedes Land den vielgestaltigen *status quo* seiner Landwirtschaft vorerst soweit wie möglich zu schützen und auch Kleinbetriebe am Leben zu erhalten. Insgesamt präsentierten sich die Anfänge der GAP in den 60er Jahren, ungeachtet sich abzeichnender Kostspieligkeit, als eine erstaunliche Leistung des supranationalen Europa.[17]

Der EWG-Vertrag sah auch ein Tätigwerden der Gemeinschaft in Fragen vor, deren Regelung die Herstellung des Gemeinsamen Markts flankieren sollte. Sie wurden in den 60er Jahren mit unterschiedlicher Nachdrücklichkeit angegangen. So wurde die Freizügigkeit für Arbeitnehmer im Gemeinschaftsgebiet bis 1968 weitgehend verwirklicht, ebenso die Niederlassungsfreiheit für Unternehmer, Handelstreibende und Handwerker; für die freien Berufe gelang dies, wegen der Mitsprache der nationalen Standesvertretungen und des Problems der Anerkennung der Diplome, erst wesentlich später. Die Beschäftigung in den öffentlichen Verwaltungen blieb noch für lange Zeit eine *domaine réservé* der Mitgliedstaaten. Die im EWG-Vertrag postulierte gemeinsame Verkehrspolitik wurde vorerst ebensowenig ernsthaft angegangen wie die Liberalisierung des Kapitalverkehrs. Eine gemeinsame Sozialpolitik war wegen der unterschiedlichen Sozialsysteme in den sechs Mitgliedstaaten erst gar nicht ins Auge gefaßt worden, sondern nur eine Angleichung der Lebens- und Arbeitsbedingungen; hierfür wurde ein Europäischer Sozialfonds (ESF) errichtet, der von der Kommission verwaltet wurde mit der Zweckbestimmung, »innerhalb der Gemeinschaft die berufliche Verwendbarkeit und die örtliche und berufliche Freizügigkeit der Arbeitskräfte zu fördern«. Die Gestaltungsmöglichkeiten waren allerdings durch die schwache finanzielle Ausstattung des Fonds begrenzt. Der Vertrag enthielt auch Elemente einer europäischen Regionalpolitik, die dem Ziel verpflichtet war, die Ungleichheit der Lebensverhältnisse in den verschiedenen Teilen der Gemeinschaft zu verringern und das Entstehen neuer Ungleichheiten zu verhindern. Hierfür konnten Mittel des ESF, der Europäischen Investitionsbank (EIB) und des EAGFL herangezogen werden. Als Grundproblem europäischer Regionalpolitik zeigte sich von Anfang an, daß die Kommission zwar Anträge der Mitgliedstaaten bearbeiten und finanzieren konnte, daß diese aber die Kontaktaufnahme europäischer Stellen mit den sachkundigen Vertretern der Regionen und ihre Mitwirkung an der Umsetzung nicht oder nur in sehr engem Rahmen zuließen. Europäische Regionalpolitik zeigte sich so zunächst als bloße Unterstützung nationaler Regionalpolitik.[18]

Erste Diskussionen wurden auch – schon seit 1957 – über die Möglichkeit der Integration der Währungen als Ergänzung des Gemeinsamen Markts geführt. Namentlich hatte Monnet, in Aufnahme von Vorschlägen des ›Spaak-Berichts‹, unmittelbar nach der Unterzeichnung der Römischen Verträge hierfür Studien in Auftrag gegeben. Im November 1959 und erneut im Juli 1961 schlug das Aktionskomitee die Errichtung eines Europäischen Reservefonds als ersten Schritt zu einer europäischen

Währung und einer gemeinsamen Währungspolitik vor, damit die Gemeinschaft für künftige Konjunktur- und Währungskrisen gewappnet sei. Indessen wurden solche Vorschläge von den Regierungen bis 1968 nicht aufgegriffen, da das insgesamt befriedigende Funktionieren des Weltwährungssystems von Bretton Woods bei gleichlaufend guten internationalen Wirtschaftskonjunkturen die Schaffung eines gemeinsamen europäischen Finanzmarkts zunächst nicht dringlich machte.[19]

Eindrücklicher entwickelte die Gemeinschaft ihre Rolle als wirtschaftspolitischer Akteur auf der internationalen Bühne. Die Gründungsverträge verliehen der EWG (analog der Montanunion und der EAG) die völkerrechtliche Rechts- und Handlungsfähigkeit: die generelle Kompetenz zum Abschluß von Verträgen und zur Unterhaltung von zweckdienlichen Beziehungen zu Internationalen Organisationen (Artikel 228–231 des EWG-Vertrags), und die besondere Kompetenz zur Entwicklung und Gestaltung einer gemeinsamen Handelspolitik und zum Abschluß von Assoziierungsverträgen mit dritten Staaten. Als große Handelsmacht wurde die EWG – vertreten durch die vom Ministerrat befugte Kommission – rasch zum gesuchten internationalen Ansprechpartner, bei dem Drittländer zunehmend diplomatische Vertretungen einrichteten. 1960 billigte der Rat grundsätzlich das aktive Gesandtschaftsrecht der Gemeinschaften, das freilich vorerst nur in der Errichtung einer ständigen EWG-Delegation beim GATT in Genf realisiert wurde (1964). In den multilateralen Zollsenkungs-Verhandlungen im Rahmen des GATT konnte die Gemeinschaft so zu ihrem Vorteil als Einheit auftreten. Selbst die Sowjetunion und das kommunistische Osteuropa behandelten die EWG, ungeachtet der grundsätzlichen Ablehnung der westeuropäischen Einigungsbestrebungen, seit 1962 als Faktum, mit dem ins Geschäft zu kommen war.[20]

Modellhafte Bedeutung gewann die auswärtige Politik der Gemeinschaft auf dem Gebiet der Entwicklungshilfe. Nach dem Muster der in Artikel 131–136 des EWG-Vertrags geregelten Assoziierung der als koloniales Erbe mit Frankreich, Belgien, Italien und den Niederlanden verbundenen überseeischen Länder und Hoheitsgebiete schloß die Gemeinschaft am 20. Juli 1963 für zunächst fünf Jahre (1969 verlängert) mit 18 im Zuge der Entkolonialisierung unabhängig gewordenen afrikanischen Staaten das Abkommen von Jaunde. Die betreffenden Entwicklungsländer konnten zollfrei in den EWG-Raum exportieren und durften ihrerseits gegen Importe aus dem EWG-Raum in vielen Fällen Abwehrmaßnahmen zum Schutz ihrer entstehenden Industrien ergreifen. Die Gemeinschaft räumte ihnen zudem über den Europäischen Entwicklungsfonds rückzahlbare wie nicht rückzahlbare Kredite ein, deren Umfang freilich vorerst geringer war als entsprechende bilaterale Hilfen aus den ehemaligen Mutterländern. 1968 kam ein Nahrungsmittel-Hilfsprogramm hinzu (das die landwirtschaftliche Überschußproduktion in der EWG abzubauen half). Sorgen lateinamerikanischer Länder, daß ihr traditioneller Absatz von tropischen Erzeugnissen in Europa durch die neue enge Verbindung der EWG mit afrikanischen Ländern gefährdet werden könnte, suchte die Gemeinschaft in den Jahren 1971 bis 1973 etwa mit Handelsverträgen mit Brasilien, Argentinien und Uruguay zu begegnen.[21]

Größtes Interesse, mit dem entstehenden Gemeinsamen Markt vorteilhafte Beziehungen zu unterhalten, entwickelte sich in den europäischen wie nichteuropäischen Ländern des Mittelmeerraums. Erste Assoziierungsabkommen, die die stufenweise Liberalisierung des Handels und Finanzhilfen vorsahen und eine spätere Beitrittsperspektive eröffneten, schloß die Gemeinschaft mit Griechenland (1961), der Türkei (1963), Malta (1970) und Zypern (1972). Abkommen ohne Beitrittsperspektive wurden außerdem abgeschlossen mit Israel (1964 und 1970), Libanon (1965), Marokko (1969), Spanien (1970), Jugoslawien (1970) und Ägypten (1972).[22]

Krisen bei Montanunion und Atomgemeinschaft

Die anderen beiden Gemeinschaften, EGKS und Euratom, gerieten dagegen in dem Jahrzehnt nach 1958 in Problemzonen. Die Montanunion litt unter den Folgen einer strukturellen Veränderung der Situation auf den Energiemärkten und krisenhafter Verwerfungen im Stahlbereich. Für Euratom zeigte sich, daß die

Nuklearindustrie nicht – wie dies der Kreis um Monnet erwartet hatte – der europäischen Einigung besondere Impulse zu verleihen vermochte, sondern daß sie im Gegenteil ausgesprochen ungeeignet war, zum Fortgang der Integration beizutragen.

Die Montangemeinschaft wurde Ende der 1950er Jahre von dem starken Vordringen des Erdöls überrascht, das weder im ›Spaak-Bericht‹ noch in den Römischen Verträgen eine besondere Rolle gespielt hatte und nun den Kohleabsatz dramatisch schrumpfen ließ: Wurde 1958 der Energieverbrauch in der Sechser-Gemeinschaft zu 74 Prozent von der Kohle und zu 10 Prozent vom Öl gedeckt, so war der Kohleanteil 1968 auf 28 Prozent zurückgegangen, der Ölanteil aber auf 56 Prozent angewachsen, bis 1973 wuchs er auf den Höchststand von 67 Prozent an! Öl war reichlich verfügbar, sauber verwendbar und vor allem billig, die mit ihm entstehende Abhängigkeit von ausländischen Produzenten interessierte vorerst wenig. Wachsende Halden zeugten seit Beginn der 60er Jahre von schwindenden Möglichkeiten des Kohleabsatzes. Das Problem wurde durch einen starken Zustrom billiger Importkohle vor allem aus Amerika verschärft, der von einem konjunkturell bedingten Verfall der Seefracht-Tarife profitierte. Und nicht zuletzt drängte mit der Atomenergie ein weiterer Konkurrent der Kohle auf den Energiemarkt.[23]

Diese Entwicklung führte zu einer Schwächung der supranationalen Stellung der Hohen Behörde. Nachdem sie in ihren ersten Jahren mit Verwaltung von Kohlemangel und nicht von Überproduktion zu tun gehabt hatte, hielt sie die neue Entwicklung zunächst für konjunkturbedingt, für die vorübergehende Auswirkung zweier aufeinanderfolgender milder Winter. Als sich diese Einschätzung als unzutreffend erwies, suchte sie die ihr in Artikel 58 des EGKS-Vertrags für den Fall einer »offensichtlichen Krise« infolge Nachfrage-Rückgangs an die Hand gegebenen Befugnisse zu aktivieren und ein System von Erzeugungsquoten einzuführen, d. h. eine Deckelung der Kohleförderung in jeder einzelnen Zeche der Gemeinschaft. Dafür verweigerte ihr der Ministerrat am 14. Mai 1959 die erforderliche Zustimmung. Die Regierungen, namentlich die französische und die deutsche, zogen nationales Krisenmanagement einem gemeinschaftlichen Vorgehen vor. Frankreich machte geltend, daß es – etwa im Unterschied zu Belgien – seine Kohleindustrie modernisiert und den Import aus Amerika begrenzt gehalten habe, und daß im übrigen die Hohe Behörde nicht technische Entscheidungen treffen dürfe, deren wirtschaftliche und soziale Folgen die Mitgliedstaaten belasteten; in der Bundesrepublik wollten Wirtschaftsminister Erhard und die Kohleindustrie selbst über erforderliche Beschränkungen der Förderung im Ruhrgebiet und des Kohleimports entscheiden und sich nicht einem Luxemburger Dirigismus unterwerfen. Dem Gemeinschaftsorgan Hohe Behörde wurde so in der Schrumpfungskrise von den Regierungen der großen Mitgliedstaaten der Führungsanspruch zur Steuerung der Krise bestritten. Sie mußte sich darauf beschränken, den belgischen Kohlemarkt isoliert mit Gemeinschaftsmitteln zu stabilisieren, indem sie die Schließung unrentabler Zechen verfügte und Import- und Export-Kontingentierungen überwachte. Modernisierungsprogramme und soziale Maßnahmen zur Krisenbewältigung nahmen die Mitgliedstaaten selbst in die Hand. Auch eine gewisse Restabilisierung des Kohleabsatzes im Verlauf der 60er Jahre machte die Schwächung der Hohen Behörde nicht rückgängig.[24]

Ähnliche Effekte löste die Entwicklung des gemeinsamen Stahlmarkts aus. Billiger Stahl aus Großbritannien, den USA, Japan und der Sowjetunion verursachte zu Beginn der 60er Jahre ein weltweites Überangebot, das die europäische Stahlbranche in eine Absatzflaute führte. Ein gemeinsamer Außenzoll, mit dessen Erhöhung unerwünschte Importe hätten abgewehrt werden können, war in der Montanunion vertraglich nicht vorgesehen; die Mitgliedstaaten hatten sich in Artikel 72 des EGKS-Vertrags lediglich verpflichtet, gemeinsam festgesetzte Mindest- und Höchstsätze einzuhalten. Angesichts der Marktkrise schlug die Hohe Behörde 1963 vor, daß in einer gemeinsamen Aktion die niedrigsten Zölle angehoben und die Einfuhren kontingentiert werden sollten, doch erwies sich die erforderliche Einigung unter den Mitgliedsregierungen auch hier als unerreichbar: Tarife, die für Holland zu hoch waren, waren für Italien zu niedrig. Unter den Umständen nahm die Hohe Behörde im Einklang mit dem EGKS-Vertrag die Mitgliedstaaten in die Pflicht, indem sie anordnete, daß gemeinschaftsweit ein Mindest-Einfuhrzoll auf

Stahlerzeugnisse von 9 Prozent zu erheben sei – der bis dahin von Italien angewendete Höchstsatz. Einige Regierungen, insbesondere die französische, waren über diesen Rückgriff auf die supranationale Methode höchst ungehalten. Die Befugnisse der Hohen Behörde zur gemeinschaftlichen Krisensteuerung wurden auch hier offen in Frage gestellt, noch bevor sie mit der Fusion der Exekutiven zum 1. Juli 1967 in der gemeinsamen Kommission der Europäischen Gemeinschaften aufging. Immerhin konnte sie mit ihrer finanziellen Autonomie auch über 1967 hinaus das unabhängige Funktionieren des gemeinsamen EGKS-Markts gegenüber den Regeln des Gemeinsamen Markts der EWG behaupten, eine wichtige Funktion im Bereich der sozialen Sicherung der Arbeitnehmer im Montanbereich spielen und sich als Kompetenz-Zentrum für Fragen der Energiepolitik profilieren.[25]

Unter einem noch ungünstigeren Stern als die Montanunion stand in den 60er Jahren die Europäische Atomgemeinschaft. Sie ist regelrecht gescheitert, indem sie unter den sechs Mitgliedstaaten nicht die erhofften integrativen, sondern im Gegenteil desintegrative Wirkungen auslöste. In allen sechs Staaten – mit einer gewissen Ausnahme Luxemburgs – wurde der gemeinsame Nuklearmarkt als Instrument genutzt, um die vermuteten großen Zukunftschancen der Kernenergie unter nationalen – und eben nicht unter europäischen – Vorzeichen auszuschöpfen. Frankreich, das besonders nachdrücklich auf den Abschluß des Euratom-Vertrags gedrängt hatte, wollte unter de Gaulle seinen atomindustriellen Vorsprung nicht mit den kontinentalen Partnern teilen, schon gar nicht sein nukleares Rüstungsprogramm, und hielt daher selektiv Abstand zu Euratom; andererseits nutzte es die Gemeinschaft durchaus als zusätzliche Finanzierungs- und Forschungsquelle für sein Atomprogramm und suchte die Unterstützung der Partner. Diese hatten indessen die Entwicklung ihrer eigenen zivilen Atomindustrie im Auge. Für Belgien, die Niederlande und auch Italien erschien hierfür der Weg über Euratom als die einzige Möglichkeit. In der Bundesrepublik, deren Wirtschaftskraft für einen nationalen Alleingang ausreichte, bestand zwar anfänglich Interesse an europäischer Zusammenarbeit, bald begannen indessen die im Nuklearbereich tätigen privatwirtschaftlichen Unternehmen der Kooperation mit den führenden Firmen der amerikanischen Spitzentechnologie den Vorrang zu geben.[26]

Hinzu kam ein Dissens zwischen Frankreich und den Partnern über die zu verwendende Technologie. Frankreich setzte in seinen Reaktoren vorerst auf ein Verfahren, das auf der Verwendung von Natururan beruhte, welches aus Lagerstätten im Inland und den Überseeterritorien sowie aus Belgisch-Kongo frei bezogen werden konnte und dadurch die Unabhängigkeit der französischen Nuklearindustrie sicherte. Die Partner Frankreichs lehnten es ab, diese Technologie zu übernehmen, weil sie ein auf der Verwendung angereicherten Urans basierendes Verfahren präferierten, das fortschrittlicher und kostengünstiger war, allerdings eine Abhängigkeit von Amerika begründete. Angereichertes Uran wird durch Behandlung von Natururan mittels einer Isotopentrennanlage gewonnen, eine Technik, für die die USA bis Ende der 60er Jahre ein Monopol hatten. Washington weigerte sich in den 50er Jahren, für die Europäer eine eigene Anreicherungsanlage zu bauen, aus Sorge, daß dadurch indirekt die französische Atomrüstung befördert werden könnte; wohl aber bot die amerikanische Regierung die Lieferung angereicherten Urans zu günstigen Preisen an und garantierte die geregelte Versorgung. Das Ergebnis war, daß in den 60er Jahren in Frankreich Atomreaktoren auf der Basis von Natururan, in den anderen Euratom-Staaten solche auf der Basis von in Amerika angereichertem Uran gebaut wurden. Erst nach der Fertigstellung der Anreicherungsanlage in Pierrelatte 1967 und dem Rücktritt de Gaulles eineinhalb Jahre später beendete Frankreich seinen kostspieligen Sonderweg und damit den »Technologiekrieg«.[27]

Unter diesen Umständen kann nicht verwundern, daß sich auch die gemeinsame Atomforschung, die eine Hauptaufgabe der EAG darstellte, nur unbefriedigend entwickelte, zumal der Euratom-Vertrag nicht die volle Vergemeinschaftung der Forschung forderte. 1960 wurde die in Artikel 8 des Euratom-Vertrags vorgesehene Gemeinsame Forschungsstelle (GFS) errichtet mit den vier Standorten Ispra (Italien), Petten (Niederlande), Mol (Belgien) und Karlsruhe, doch bedeutete dies nicht, daß an die Stelle der miteinander konkurrierenden nationalen Forschungsprogramme ein gemeinschaftliches Programm trat oder es auch nur gelang, die verschiedenen nationalen Programme zu koordinieren. Zwar nahm die GFS über »Assoziierungsverträge« an zahlreichen Projekten nationaler Forschungszentren teil und spielte eine gewisse Rolle im Informations-Austausch, aber insgesamt wurden in den nationalen Zentren die wichtigeren, in der GFS die weniger aktuellen langfristigen Projekte durchgeführt. Die Entwicklung eines mit Natururan arbeitenden gemeinsamen Reaktortyps ORGEL war ein wirtschaftlicher Fehlschlag. Das für jeweils fünf Jahre verabschiedete Forschungsbudget der Euratom wurde auf die GFS und – mit wachsenden Anteilen – die nationalen Zentren aufgeteilt, wobei die Mitgliedsregierungen argwöhnisch darauf achteten, daß der Mittelrückfluß den eigenen Beitragszahlungen in etwa entsprach. Überschneidungen und Doppelarbeiten waren häufig. In der zweiten Hälfte der 60er Jahre begann der GFS die Arbeit an nuklearen Projekten auszugehen, und sie suchte zur Aufrechterhaltung ihres Personalbestandes (rd. 2500 Mitarbeiter) nach zusätzlichen neuen Aufgaben im Bereich der nichtnuklearen Spitzentechnologien. Der in den 70er und insbesondere den 80er Jahren eingeleitete Aufbruch zur »Technologiegemeinschaft« (S. 178f., 221, 229) brachte ihr ein neues Betätigungsfeld.[28]

Der anfängliche Versuch der Euratom-Kommission, vertraglich nicht vorgesehene Kompetenz als industriepolitischer Akteur zu gewinnen, blieb stecken. Unter dem Eindruck eines 1957 für die nächsten zehn Jahre prognostizierten großen Bedarfs an elektrischer Energie in Europa, dessen Deckung die Errichtung von Kernkraftwerken mit einer Kapazität von 15000 Megawatt erfordere, hatte sie ihre erste Aufgabe in der Forcierung des Aufbaus von Kernkraftwerken gesehen und dazu im November 1958 mit der amerikanischen Atomenergie-Kommission einen Vertrag über die Lieferung von fünf bis acht Kraftwerken auf der Basis angereicherten Urans beschlossen. Dieser anfängliche Elan erlahmte indes rasch, als die Konkurrenz von billigem Öl und Gas eine Zeitlang grundsätzlich die Wettbewerbsfähigkeit des Atomstroms in Frage stellte, zudem die Bedarfsprognosen nach unten korrigiert wurden und die Investitionsfreudigkeit nachließ.

Nach dieser Episode duldeten die Regierungen Versuche der Kommission, einen Gemeinsamen Markt für Reaktoren zu organisieren, nicht mehr. Die Idee, eine gemeinschaftliche Isotopentrennanlage zu bauen, wurde in den 70er Jahren nicht innerhalb, sondern außerhalb von Euratom verwirklicht, die neue Generation der »Schnellen Brüter« wurde in Deutschland und Frankreich separat entwickelt. Insgesamt konnte die EAG ihre supranationale Rolle gegenüber der massiven Interessenwahrung der Mitgliedstaaten nur formal wahren. Die Versorgungsagentur funktionierte mit Einschränkungen weiter. Aber der postulierte gemeinsame Aufbruch ins Atomzeitalter, der eine entsprechende Entschlossenheit und die Bündelung von Informationen, Projekten und Finanzmitteln in den fortgeschrittensten Labors der Gemeinschaft vorausgesetzt hätte, kam in den 60er Jahren nicht in Gang. Die EAG integrierte nicht, sondern sie spaltete die Europäer.[29]

Es überrascht nicht, daß unter den Umständen vorerst auch keine europäische Energiepolitik zustande kam, die, wenngleich sie vertraglich nicht ausdrücklich vorgesehen war, seit 1957 zwischen den Gemeinschaftsinstitutionen postuliert wurde, um für den Gemeinsamen Markt dauerhaft eine ausreichende, zuverlässige und preisgünstige Energieversorgung zu gewährleisten. Angesichts der auf die drei Gemeinschaften verteilten Zuständigkeiten für die verschiedenen Energieträger (Montanunion: Kohle; Euratom: Kernenergie; EWG: Öl, Gas, Elektrizität) wurde schon im Mai 1959, auch auf Empfehlung des Monnet-Komitees, ein »interexekutiver Ausschuß für Energiefragen« unter Federführung der Hohen Behörde eingerichtet. 1960 und 1961 unterbreitete dieser Ausschuß dem Ministerrat namens der drei Gemeinschaften, einschließlich der Versammlung, Vorschläge für eine gemeinsame Energiepolitik, die eine Diversifizierung der Versorgung, Richtpreise für die verschiedenen Energieträger und eine Koordinierung der Investitionen vorsah; da sich der Energiebedarf der Gemeinschaft bis 1975 voraussichtlich verdoppeln werde, seien auch die Anlage von Ölreserven und eine Subventionierung weiterer Kohlenförderung ratsam. Die Regierungen fanden indessen zwischen unterschiedlichen nationalen Strukturen und Politiken des Energiebereichs vorerst keine gemeinsame Linie. Verstärkte Initiativen der 1967 errichteten gemeinsamen Kommission führten zunächst ebenfalls nicht weiter, erst die Ölkrise von 1973 beförderte in den europäischen Hauptstädten vorübergehend die Einsicht, daß Handlungsbedarf bestand.[30]

Ein politisches Europa? Die Fouchet-Pläne

Ungeachtet der Schwierigkeiten von Montanunion und Euratom waren seit 1958 drei Gemeinschaften mit supranationalen Organen an der Arbeit und begannen, die hergebrachten Wirtschaftsstrukturen in Europa und auch die öffentliche Meinung zu beeinflussen. Schon im Schuman-Plan war ausgesprochen, daß die wirtschaftliche Integration nicht Selbstzweck sein, sondern im Dienste einer politischen Einigung stehen sollte. Sie war in vielen Texten der 50er Jahre als das eigentliche Ziel benannt worden, zuletzt sinngemäß in der Präambel des EWG-Vertrags.

Überlegungen, wie die Dynamik der wirtschaftlichen Integration durch eine politische Organisation abgesichert werden könnte, wurden nach der Unterzeichnung der Römischen Verträge mit neuer Eindringlichkeit angestellt. Der Erarbeitung eines Verfassungsentwurfs, wie er 1953/54 gescheitert war, gaben Föderalisten wie Monnet vorerst wenig Chancen, vielmehr setzten sie auf die vermutete innere Logik des Integrationsprozesses, die mit einer gewissen Konsequenz von der wirtschaftlichen zur politischen Integration überspringen würde. In einer Erklärung des Aktionskomitees vom Oktober 1958 hieß es dazu: »Die politische Einheit von morgen hängt ab vom effektiven Eintreten der wirtschaftlichen Einheit in den Bereichen industrieller, landwirtschaftlicher und administrativer Aktivität im täglichen Ablauf. In dem Maße, in dem das Handeln der Gemeinschaften sicherer wird, verstärken und erweitern sich die Bindungen zwischen den Menschen und auch die Solidarität, die sich bereits abzeichnet. Dann werden die Realitäten selbst möglich machen, die politische Union zu schaffen, die das Ziel unserer Gemeinschaft ist, nämlich die Errichtung der Vereinigten Staaten von Europa.« Dies bedeutete nicht, sich auf eine quasi automatische Evolution zu verlassen: Vielmehr werde das politische Europa »im gegebenen Moment, ausgehend von den Realitäten, durch Menschen geschaffen werden«.[31]

Vorstellungen solchen *spill-overs* gehörten zum Ideenbestand überzeugter Europäer in allen Mitgliedstaaten der Sechser-Gemeinschaft. Für die Errichtung eines vollen föderalen Systems schien die Zeit zwar noch nicht reif zu sein, aber für eine Intensivierung der Zusammenarbeit auch im politischen Bereich war der Weg unzweifelhaft offen. Wirtschaftliche Integration mochte schrittweise zu gemeinsamer Politik, namentlich auch gemeinsamer Außen- und Sicherheitspolitik fortentwickelt werden, diese hatte gewiß die enge Verbindung mit der Atlantischen Allianz und den USA zu berücksichtigen. Ein erster Schritt konnte vielleicht die Stärkung der europäischen Organe sein, etwa die Zusammenlegung der Hohen Behörde mit den Kommissionen von EWG und Euratom zu einer gemeinsamen Kommission, oder die Einführung der Direktwahl zur parlamentarischen Versammlung. Um ihren politischen Anspruch zu unterstreichen, nahm die »einzige« Versammlung im übrigen am 30. März 1962 offiziell den Namen »Europäisches Parlament« an.[32]

Den Gang der Debatte bestimmte jedoch vorerst der französische Staatspräsident de Gaulle. Er ging von einem Weltbild aus, in dem noch auf unabsehbare Zeit die Nationalstaaten die eigentlichen Akteure der internationalen Politik waren. Dementsprechend ging es ihm wesentlich um die Stellung Frankreichs, die Sicherung und den Ausbau einer Großmachtposition, die mit den Supermächten auf gleicher Augenhöhe zu verkehren erlaubte, wegen der begrenzten französischen Machtgrundlagen aber am ehesten vorstellbar war in einer geregelten politischen Zusammenarbeit der westeuropäischen Staaten unter informeller französischer Führung. Eine politische Organisierung Westeuropas war insofern wünschenswert. In dieser Sicht konnte natürlich von einer Preisgabe nationaler Souveränitätsrechte zugunsten einer supranationalen politischen Institution keine Rede sein, und auch die bestehenden Wirtschaftsgemeinschaften hatten keine Legitimation, Entscheidungen zu treffen, die nur den Staaten als alleinigen Inhabern originärer Macht zustanden. Die Gemeinschaften waren nützlich, indem sie die Organisierung eines europäischen Wirtschaftsraums einschließlich der Landwirtschaft ermöglichten, aber sie konnten nichts anderes sein als technische Organe im Dienste der Mitgliedsregierungen. Nach dieser Konzeption entstand das politische Europa nicht, wie dies Monnet und die Anhänger der föderalen Theorie anstrebten, aus der organischen Fortentwicklung der wirtschaftlichen zur politischen Integration, sondern aus der Organisierung intergouvernementaler Kooperation. Das Bemühen um eine französische Führungsrolle gegenüber den Partnern auf dem Kontinent konnte sich im übrigen auf den Rang Frankreichs als Siegermacht des Zweiten Weltkrieges, ständiges Mitglied im UN-Sicherheitsrat und kommende Atommacht stützen. De Gaulle suchte den Führungsanspruch weiter zu untermauern durch eine Aufwertung der Rolle Frankreichs in der NATO, die freilich von den USA verweigert wurde, und durch die Indienstnahme einer französisch-deutschen Partnerschaft, zu der Adenauer ihm die Hand reichte. Die Bundesrepublik ihrerseits konnte nach de Gaulles Auffassung nicht um den europäischen Führungsanspruch konkurrieren; sie hatte diesen mit dem Zweiten Weltkrieg vorerst verspielt: »L'Allemagne est sortie de l'Histoire.« Die Benelux-Staaten und Italien konnten sich natürlich an der politischen Zusammenarbeit beteiligen.[33]

Den Auftakt zur Umsetzung der Vorstellungen de Gaulles bildete ein Staatsbesuch in Rom am 26. Juni 1959. Der französische Staatspräsident machte bei dieser Gelegenheit den Vorschlag, daß die Außenminister der Sechs regelmäßig zu gemeinsamen Beratungen über die internationale Politik zusammentreffen sollten; für die Vorbereitung dieser Treffen könnte ein ständiges Sekretariat in Paris eingerichtet werden. Die fünf Partner Frankreichs stimmten diesem Vorschlag in den folgenden Monaten zögerlich und nur unter den Voraussetzungen zu, daß die Außenminister den Beratungen in der NATO und in der WEU nicht vorgreifen dürften, daß bei Bedarf Vertreter der Kommissionen bzw. der Hohen Behörde hinzugezogen werden könnten und daß kein ständiges Sekretariat errichtet würde, vielmehr das turnusmäßig einladende Außenministerium die Vorbereitung des jeweiligen Konsultationstreffens übernehme. Mit diesen Maßgaben fand eine erste Konferenz der Außenminister der Sechs am 25. und

26. Januar 1960 in Rom statt, es folgten danach regelmäßige Zusammenkünfte alle drei Monate.[34]

Dabei blieb es nicht. De Gaulle verwandte das Jahr 1960 darauf, die Westeuropäer mit seinen Vorstellungen näher bekannt zu machen, zuerst in einer Fernsehansprache am 31. Mai, dann bei einer Zusammenkunft mit Adenauer in Rambouillet am 29. und 30. Juli, vor allem auf einer spektakulären Pressekonferenz am 5. September. Darin bezeichnete er die Politik, die Wirtschaft, die Kultur und die Sicherheit als Bereiche für engere Zusammenarbeit in einem europäischen Staatenbund, der sich auch um mehr Verlagerung von Verantwortung in der Atlantischen Allianz von Amerika nach Europa bemühen müsse. Die Gemeinschaften charakterisierte er als untergeordnete Organe, die Entscheidungen der Staatsführungen vorbereiten und gegebenenfalls weiterverfolgen könnten. Die politische Neuordnung Europas müsse durch Referenden in den Mitgliedstaaten auf eine breite demokratische Grundlage gestellt werden. Seinen Regierungschef Michel Debré ließ de Gaulle am 30. September vertraulich wissen: Wenn es aber nicht gelinge, das Europa der Integration durch das Europa der Kooperation zu ersetzen und die supranationalen Gemeinschaften an den Rand zu drängen, dann werde man nicht umhin können, gegen die Gemeinschaften selbst direkt vorzugehen.[35]

Die Partner reagierten mit Zurückhaltung. Die Relativierung des seit 1950 eingeschlagenen Integrationsweges und die Problematisierung der NATO irritierten. Eine politische Zusammenarbeit ohne supranationale europäische Instanz war vor allem für die kleinen Mitgliedstaaten schwer vorstellbar. Namentlich die Niederlande forderten sogleich die Beteiligung Großbritanniens. Der Gedanke der Volksabstimmung warf insbesondere in der Bundesrepublik Verfassungsprobleme auf. Andererseits konnte man, so meinte auch Monnet, die Initiative de Gaulles nicht einfach ignorieren. Ein konstruktives Aufgreifen seiner Ideen könnte vielleicht in die europäische Entwicklung neuen Schwung bringen; intergouvernementale politische Zusammenarbeit könnte die Gemeinschaftsstrukturen durchaus ergänzen, dürfte allerdings nicht an ihre Stelle treten und eine supranationale Fortentwicklung blockieren.[36]

Es folgten zwei vom französischen Staatspräsidenten initiierte Gipfeltreffen der Sechs am 10. und 11. Februar 1961 in Paris und am 18. Juli 1961 in Bad Godesberg. In Paris wurde die Notwendigkeit, dem Europa der Wirtschaftsgemeinschaften eine politische Dimension zu geben, prinzipiell anerkannt. Adenauer und der italienische Ministerpräsident Fanfani kamen dabei den Vorstellungen de Gaulles weit entgegen. Die Benelux-Regierungen zeigten sich über ein mögliches Kondominium der drei großen Mitgliedstaaten bzw. die Entstehung einer deutsch-französischen Allianz besorgt und bestanden auf der Mitwirkung Großbritanniens und der Pflege der Beziehungen zu NATO und USA, plädierten auch grundsätzlich für den Ausbau der bestehenden Gemeinschaften statt der Organisierung von Gipfelkonferenzen. Um einen Eklat zu vermeiden, wurde die Einsetzung eines Studienausschusses von Regierungsvertretern beschlossen, der unter dem Vorsitz des französischen Diplomaten Christian Fouchet in Paris tagen und fundierte Vorschläge erarbeiten sollte. Das zweite Gipfeltreffen in Bad Godesberg, das in den Wochen der Spannungen um Berlin stattfand, die am 13. August zum Mauerbau führten, verlief etwas harmonischer und endete sogar mit einer »Bonner Erklärung«, die manche Kommentatoren vorschnell als »Geburtsakte des politischen Europa« feierten.[37]

Am 19. Oktober 1961 präsentierte dann Fouchet seinen Ausschußkollegen einen französischen Vertragsentwurf über die Gründung einer Europäischen Politischen Union (Fouchet-Plan I). Vorgeschlagen wurde eine konföderal strukturierte »Staatenunion« der Sechs, als deren Ziele eine gemeinsame Außen- und Sicherheitspolitik und eine enge Zusammenarbeit auf dem Gebiet der Wissenschaft und Kultur benannt wurden, Bereiche also, die nicht Gegenstand der Gründungsverträge waren. Da der Wirtschaftsbereich nicht angesprochen wurde, konnte angenommen werden, daß er die Domäne der Gemeinschaften bleiben sollte. Als Institutionen der Staatenunion waren ein Rat, ein Europäisches Parlament und eine Europäische Politische Kommission vorgesehen. Der Rat sollte alle vier Monate auf der Ebene der Staats- bzw. Regierungschefs und dazwischen mindestens einmal auf der Ebene der Außenminister zusammentreten und die zur Verwirklichung der Ziele der Union erforderlichen

Beschlüsse einstimmig treffen. Das – bereits bestehende – Europäische Parlament sollte über die mit den Zielen der Union zusammenhängenden Fragen beraten und dem Rat Empfehlungen unterbreiten. Die Europäische Politische Kommission, die sich aus hohen Beamten der Außenministerien der Mitgliedstaaten zusammensetzen und ihren Sitz in Paris nehmen würde, sollte die Beschlüsse des Rats vorbereiten und ausführen sowie allgemein die ihr vom Rat übertragenen Aufgaben wahrnehmen; es handelte sich also nicht um ein unabhängiges europäisches Organ nach dem Muster der Hohen Behörde bzw. der Kommissionen der Gemeinschaften. Schließlich wurde eine Revisionsklausel vorgesehen: Drei Jahre nach Inkrafttreten des Vertrages sollte dieser im Lichte der zwischenzeitlichen Fortschritte einer Revision unterzogen werden mit dem Ziel der Erarbeitung einer einheitlichen Außenpolitik und der »Schaffung einer Organisation, die innerhalb der Union die [...] Europäischen Gemeinschaften zentralisiert«; ob diese Zusammenführung von Union und Gemeinschaften unter föderalem oder konföderalem Vorzeichen erfolgten sollte, blieb offen. Schließlich sollten auf einstimmigen Beschluß des Rats weitere Staaten der Union beitreten können, sofern sie vorher Mitglied des Europarats und danach der Gemeinschaften geworden waren.[38]

Dieser französische Entwurf löste in den sechs Hauptstädten und in der parlamentarischen Versammlung lebhafte Diskussionen aus. Kritisiert wurde zum einen das Fehlen supranationaler Elemente, und die Partner Frankreichs forderten, anstelle der weisungsgebundenen Europäischen Politischen Kommission ein unabhängiges Generalsekretariat einzurichten, für den Rat auch die Möglichkeit der Mehrheitsentscheidung vorzusehen, die Rolle des Parlaments zu stärken und namentlich seine Direktwahl einzuführen, die Revisionsklausel in einem föderalen, den Bestand der supranationalen Gemeinschaftsstrukturen sichernden Sinne zu präzisieren; zum anderen wurde verlangt, daß eine europäische Sicherheitspolitik nicht die NATO schwächen dürfe und Großbritannien an den Gesprächen über die Politische Union beteiligt werden müsse (parallel zu den am 8. November 1961 eröffneten Beitrittsverhandlungen). Das federführende französische Außenministerium griff die Einwendungen durchaus flexibel und konstruktiv auf und bereitete für eine zum 18. Januar 1962 einberufene Sitzung des Fouchet-Ausschusses eine überarbeitete Fassung des Entwurfs vor, den die Autoren selbst für konsensfähig hielten und der dies möglicherweise auch war, ungeachtet letzter Unklarheiten über die Hinzuziehung Englands. Die Probe aufs Exempel wurde jedoch nicht gemacht, denn völlig überraschend änderte der französische Staatspräsident am Vorabend der Ausschußsitzung eigenhändig den ihm vom Quai d'Orsay vorgelegten Text an drei wesentlichen Stellen. Dadurch wurde sinngemäß die vorgesehene europäische Sicherheitspolitik aus dem NATO-Rahmen gelöst, die Kompetenz für die Wirtschaft von den Gemeinschaften auf die intergouvernementale Zusammenarbeit überführt und die Zukunft der supranationalen Institutionen selbst in Frage gestellt. Zusammengenommen bedeuteten die Änderungen, daß die Politische Union die drei Gemeinschaften in der Tat zu abhängigen Hilfsagenturen degradieren und gleichzeitig das Sicherheitsband zu den USA lockern würde.[39]

Bis heute besteht keine letzte Klarheit, welche Motive de Gaulle veranlaßten, den überarbeiteten Entwurf in letzter Minute umzustoßen. Die Folge war jedoch eindeutig: Der Text, den Fouchet am 18. Januar zur allgemeinen Bestürzung im Ausschuß vorlegte (Fouchet-Plan II), war für die Partner insgesamt nicht akzeptabel. In den folgenden Wochen verschiedentlich unternommene Versuche, die Situation durch einen Gegenentwurf zu retten, führten vor allem zur Neuauflage alter Diskussionen, nun aber in einem Klima gesteigerten Mißtrauens gegenüber den wahren Absichten des Generals. Auf einer Außenminister-Konferenz am 17. April 1962 kam es zum endgültigen Bruch. Die Benelux-Staaten, nun angeführt von dem wieder das belgische Außenministeramt bekleidenden Spaak und dem niederländischen Außenminister Luns, warfen als erste das Handtuch, offenbar auch unter britischem Einfluß. Die Italiener folgten einige Monate später. Nur Adenauer sah auf dem im April 1962 erreichten Stand noch ausreichend Sinn, die Verhandlungen mit der französischen Regierung zu einem Ende zu führen. Das Ergebnis war letztlich der Vertrag über die deutsch-französische Zusammenarbeit vom 22. Januar 1963, der Elysée-Vertrag, der die Summe der seit den 50er Jahren schrittweise entstandenen strategisch-politischen Partnerschaft zwischen den Ländern Adenauers und de Gaulles enthielt und die deutsch-französische Achse des europäischen Einigungswerks endgültig begründete. Der Vertrag war so das bilaterale Residuum der multilateralen Bemühungen um eine Politische Union.[40]

Von dieser Fundierung der deutsch-französischen Verständigung abgesehen, mündete das Scheitern der Fouchet-Pläne in eine Zeit der Polemik und Konfrontation zwischen Frankreich und den europäischen Partnern, bald auch den beiden angelsächsischen Mächten. Auf einer Pressekonferenz am 15. Mai 1962 ging de Gaulle scharf mit dem sich supranational gebärdenden, aber in Wahrheit vaterlandslosen Europa der Mythen und Fiktionen ins Gericht, das die Realität der Staatensouveränität und die Identität der Völker mißachte. Sechs Minister der MRP traten tags darauf unter Protest aus der französischen Regierung aus, nicht freilich die Unabhängigen Republikaner Valéry Giscard d'Estaings. Monnet mobilisierte unverzüglich sein Aktionskomitee zu einer grundsätzlichen Erklärung über die historische Bedeutung der »föderalen Methode« und die Vorteile des evolutionären Fortschreitens von der wirtschaftlichen zur politischen Integration. Coudenhove-Kalergi ergriff Partei für die Thesen de Gaulles und schlug, mit geringem Erfolg, eine Politische Union der drei Großmächte Frankreich, Deutschland und Italien vor. Nach der Ablehnung des britischen Beitrittsgesuchs durch de Gaulle im Januar 1963 machten die belgische, die deutsche und die italienische Regierung im Verlaufe des Jahres 1964 Vorschläge, wie die Sechser-Beratungen über die Schaffung einer Politischen Union neu belebt werden könnten. Der französische Staatspräsident ließ sich freilich darauf nicht mehr ohne weiteres ein. Bis zu seinem Rücktritt 1969 zog er in Westeuropa wie im atlantischen Raum den Weg der nationalen Selbstisolierung und der Schaffung vollendeter Tatsachen vor, auf dem der politische Diskurs nach und nach dünner wurde und die internationale Politik gelähmt war. Die 1959 beschlossenen periodischen Treffen der Außenminister wurden eingestellt. Nach dem EPG-Projekt des Jahres 1953 war so auch ein zweiter Anlauf zum politischen Europa auf Grund gelaufen.

Das Projekt der Europäischen Einigung blieb bis 1969 durch die unterschiedlich erfolgreiche Tätigkeit der drei Europäischen Gemeinschaften geprägt.[41]

Die Verfassungskrise 1965/66

Durch den schwelenden konzeptionellen Gegensatz zwischen dem Frankreich de Gaulles und den fünf Partnerländern wurde 1965 eine Krise ausgelöst, die vorübergehend den Fortbestand der Gemeinschaft in Frage stellte und deren Folgen ihren Charakter veränderten.

Es grollte bereits im Sommer 1964. In einer Erklärung vom 1. Juni skizzierte das Monnet-Komitee ein Programm für die Fortführung des Integrationsprozesses in eine föderale Richtung: Fortsetzung der wirtschaftlichen Integration; Beschleunigung der politischen Integration durch die Festigung und Demokratisierung der bestehenden supranationalen Institutionen; Vorbereitung einer gemeinsamen Außen- und Verteidigungspolitik »nach dem gleichen Verfahren wie seinerzeit beim EWG-Vertrag«; Erweiterung der Gemeinschaft um Großbritannien und andere beitrittswillige Staaten; schrittweise Verwirklichung einer gleichberechtigten Partnerschaft zwischen dem Vereinten Europa und den USA; Entwicklung einer friedlichen Koexistenz mit der Sowjetunion, durch die die europäischen Probleme gelöst und insbesondere die Wiedervereinigung Deutschlands möglich würden. Die Erklärung fand in allen sechs Mitgliedstaaten Zustimmung, sie spiegelte auch die Haltung, die bei den Bediensteten in den europäischen Institutionen herrschte. Nicht zuletzt entsprach sie der Überzeugung des EWG-Kommissionspräsidenten Hallstein, daß es gelte, gemeinsame Politiken zu entwickeln und die Gemeinschaft in einer bundesstaatlichen Richtung voranzubringen.[42]

De Gaulle reagierte indessen auf einer Pressekonferenz am 23. Juli schroff: Frankreich teile nicht die Vorstellung von einem Europa, »das eine Expertenkommission als Exekutive und ein von den nationalen Realitäten abgeschnittenes Parlament als Legislative besitzt« und das von den Vereinigten Staaten abhängig sei; die Macht des Faktischen werde die fünf Partner am Ende zu der französischen Konzeption bekehren, bis dahin verfolge Frankreich »allein mit seinen eigenen Mitteln das, was nach seiner Ansicht eine unabhängige europäische Politik sein kann und sein soll«. Da der französische Staatspräsident inzwischen nicht mehr in gleicher Weise wie zur Zeit Adenauers auf die Bundesregierung setzen konnte, da Nachfolger Erhard die deutsche Politik stärker nach Amerika ausrichtete, stimmte er zunehmend das Leitmotiv der »Unabhängigkeit Frankreichs« an. Und nachdem es ihm nicht gelungen war, die supranationalen Institutionen zu technischen Organen der Staatsregierungen zu degradieren, stellte er nun den Gemeinschaftsbetrieb selbst in Frage, wobei er freilich gleichzeitig auf Vorteilen wie der Fortentwicklung der GAP und der wissenschaftlichen Kooperation beharrte. Vor allem die Hohe Behörde und die Kommissionen nahm er aufs Korn: Statt sich auf die Erarbeitung von Vorschlägen für den Ministerrat zu beschränken, gebärdeten sie sich wie Vorläufer einer europäischen Regierung, verhandelten selbständig mit dritten Ländern und nahmen mit ihnen diplomatische Beziehungen auf. Alarmierend wirkte zudem die Aussicht, daß nach dem EWG-Vertrag mit dem Übergang zur dritten Stufe des Gemeinsamen Markts am 1. Januar 1966 ein Großteil der Beschlüsse des Ministerrats mit qualifizierter Mehrheit gefaßt werden sollten. Seit 1963 verlautete aus Paris zu wiederholten Malen, daß es nicht angehen könne, wichtige Entscheidungen gegen den Willen eines Mitgliedstaates zu fällen.[43]

Den offenen Konflikt löste eine anstehende Entscheidung über die Finanzierung der GAP aus. Nach dem Beschluß vom 14. Januar 1962 (S. 115) sollten die Operationen des EAGFL (Preisstützung, Strukturmaßnahmen u. a.) bis zum 30. Juni 1965 aus den jährlichen Beiträgen der Mitgliedstaaten bestritten werden. Andererseits würden mit der Verwirklichung des Gemeinsamen Markts ab 1970 die Abschöpfungen direkt dem EAGFL zufließen, ohne die nationalen Haushalte zu durchlaufen, die Gemeinschaft somit von da an über »eigene Mittel« verfügen; dadurch würde die GAP, ganz im Sinne Frankreichs, von den alljährlich neu auszuhandelnden Beiträgen der Mitgliedstaaten unabhängig. Für den Zeitraum von 1965 bis 1970 war noch kein

Finanzierungsmodus festgelegt; der Ministerrat forderte daher am 15. Dezember 1964 die Kommission auf, rechtzeitig vor dem 1. Juli 1965 hierfür einen Vorschlag zu machen.[44]

Die Europäische Kommission hatte nun die Kühnheit, den angeforderten Finanzierungsvorschlag für den Zeitraum von 1965 bis 1970 als Teil einer institutionellen Strukturreform zu präsentieren. Von der Hypothese einer vollen Verwirklichung des Gemeinsamen Markts für gewerbliche und landwirtschaftliche Güter schon zum 1. Juli 1967 ausgehend, schlug sie vor, von diesem Zeitpunkt an die Gesamtheit nicht nur der Abschöpfungen, sondern auch der an der gemeinsamen Außengrenze erhobenen Industriezölle als Eigenmittel in die Kasse der Gemeinschaft zu lenken. Die gesamten Einnahmen würden dann voraussichtlich die für die GAP erforderlichen Aufwendungen übersteigen, so daß auch noch andere Teile des Gemeinschaftsbudgets davon abgedeckt werden könnten, vielleicht sogar der gesamte Haushalt. Daraus würde sich dann allerdings eine institutionelle Konsequenz ableiten: Da die Eigenmittel der Gemeinschaft direkt zuflossen und nicht mehr der Kontrolle durch die Parlamente der Mitgliedstaaten unterlägen, würde es unumgänglich werden, das Europäische Parlament mit der Budgetkontrolle zu betrauen und ihm dementsprechend neue Befugnisse zuzuerkennen. Die Kommission wußte, daß dadurch ihre eigene Position mitgestärkt würde. Bei Haushaltsstreitigkeiten zwischen dem Ministerrat und dem Europäischen Parlament würde ihr eine Schiedsfunktion zufallen.[45]

Dieser mehrstufige Vorschlag war in der Kommission von einer Gruppe um Hallstein und Mansholt entworfen worden, freilich bei einigen Kommissaren, so den beiden Franzosen Marjolin und Lemaignen, auch auf Bedenken gestoßen. Offenkundig wurden hier föderale Überzeugungen gegen die Vorstellungen de Gaulles gestellt, mit dem Kalkül, daß der General vor den Präsidentschaftswahlen, die für Ende 1965 angesetzt waren, die landwirtschaftliche Wahlklientel im Auge behalten und so die supranationalen Weiterungen der Agrarfinanzierung hinnehmen müsse. Dies war eine Fehlannahme, zu der noch zwei weitere Fehler der Protagonisten des Vorschlags hinzukamen: Hallstein gab ihn am 24. März 1965 im Europäischen Parlament bekannt, noch ehe der Ministerrat damit befaßt worden war; und er erwartete zu Unrecht, daß jedenfalls alle fünf Partner Frankreichs dem Vorschlag beipflichten würden. Tatsächlich jedoch stimmten diese zwar zu, machten aber auch verschiedene finanztechnische Vorbehalte. Die französische Regierung lehnte neue Befugnisse für das Europäische Parlament strikt ab. Selbst das Monnet-Komitee begrüßte in einer Erklärung vom 9. Mai zwar die beabsichtigte Schaffung von Eigenmitteln der Gemeinschaft, hielt sich aber in der Frage neuer Kompetenzen für das Parlament vorsichtig bedeckt.[46]

Der Gegensatz brach auf zwei Sitzungen des Ministerrats am 15. und vom 28. bis 30. Juni 1965 auf. Der präsidierende französische Außenminister Couve de Murville erklärte, daß nach Auffassung seiner Regierung die GAP bis 1970 weiter aus nationalen Beiträgen finanziert werden könne, damit brauche man das Thema der Eigenmittel und der institutionellen Folgerungen vorerst nicht zu vertiefen; freilich müßten die nationalen Beiträge sogleich für den gesamten Zeitraum von 1965 bis 1970 vereinbart werden. Demgegenüber beharrte die Kommission auf ihrem Vorschlagspaket, während die italienische und die niederländische Regierung einer Regelung der GAP-Finanzierung aus nationalen Beiträgen nur für ein Jahr bzw. für zwei Jahre zustimmen wollten. Die von Außenminister Gerhard Schröder vertretene Bundesregierung, auf deren Unterstützung man in Paris offenbar gehofft hatte, machte sich nach einigem Zögern am 30. Juni grundsätzlich die Position der Kommission zu eigen. Daraufhin stellte Couve de Murville die Unüberbrückbarkeit der Auffassungen fest und brach die Verhandlungen ab, ohne einen neuen Sitzungstermin festzulegen.[47]

Tags darauf erklärte das Kabinett in Paris, daß die erforderliche Neuregelung der Agrarfinanzierung nicht termingerecht zum 30. Juni 1965 erfolgt sei und die französische Regierung daraus Konsequenzen ziehen müsse. Der Ständige Vertreter Frankreichs bei den Gemeinschaften wurde abberufen und allen Regierungsbeamten untersagt, nach Brüssel zu reisen und dort an Zusammenkünften von Gremien oder Ausschüssen teilzunehmen. Es war die »Politik des leeren Stuhls«, mit der Frankreich seine Mitwirkung an der Arbeit der Gemeinschaften bis auf weiteres einstellte. Zweifellos war dies ein Verstoß gegen Artikel 5 des EWG-Vertrags, der Maßnahmen, die die Verwirklichung der Ziele des Vertrags gefährdeten, untersagte. Das Gespenst eines Austritts Frankreichs aus den Gemeinschaften erstand. Die Kommission zuckte zurück und legte am 26. Juli dem zu fünft tagenden Ministerrat einen geänderten Vorschlag vor, der der französischen Position weitgehend Rechnung trug. Die französische Regierung wurde schriftlich informiert. Sie hatte gewonnen, nichts stand damit der triumphalen Rückkehr nach Brüssel entgegen.[48]

Doch nun zeigte sich de Gaulle entschlossen, die Krise auszuweiten, um seine Vorstellungen vollständig und ein für allemal durchzusetzen. In einer Pressekonferenz am 9. September kritisierte er die Gemeinschaften abfällig als eine nicht legitimierte, weitgehend fremde Technokratie, die über die Geschicke Frankreichs Macht gewinnen wolle; durch die geplante Einführung regelmäßiger Mehrheitsentscheidungen im Ministerrat würden Frankreich in wirtschaftlicher, sozialer und politischer Hinsicht die Hände gebunden, namentlich könnten die Errungenschaften der Agrarpolitik jederzeit wieder in Frage gestellt werden; die faktisch unabsetzbaren Kommissare würden den Ministerrat mit Vorschlägen konfrontieren können, die dieser nur annehmen oder mit Einstimmigkeit abändern könnte. Am 20. Oktober präzisierte Couve de Murville vor der Nationalversammlung die Bedingungen für die Rückkehr Frankreichs nach Brüssel: Zuvor müsse eine »umfassende Revision« der Zusammenarbeit zwischen den sechs Staaten vereinbart werden, bei der die wesentlichen Interessen Frankreichs, insbesondere die Agrarinteressen zu berücksichtigen seien; für die Tätigkeit der Kommission sei festzulegen, daß sie Kompromisse suchen, nicht aber Auffassungen oktroyieren solle, vor allem nicht solche politischen Charakters; Mehrheitsentscheidungen über Vorschläge der Kommission sollten durch eine geregelte politische Zusammenarbeit der sechs Mitgliedsregierungen weitestgehend überflüssig werden.[49]

Die »Krise des leeren Stuhls« zog sich von Juli 1965 bis Januar 1966 hin, fast sieben Monate, in denen die Ungewißheit über die französischen Absichten die Arbeit der Gemeinschaft lähmte und die Partnerregierungen und die Öffentlichkeit hochgradig beunruhigte. Die schließliche Rückkehr Frankreichs nach Brüssel hatte zwei Gründe. Zum einen mußte de Gaulle bei der Präsidentschaftswahl im Dezember 1965 feststellen, daß er doch nicht ganz ungestraft gegen die europäischen Institutionen zu Felde ziehen konnte; die Haltung der Öffentlichkeit, nicht zuletzt der Landwirte, zwang ihm mit einem demütigenden zweiten Wahlgang auch ein Bekenntnis zum Gemeinsamen Markt ab; dennoch rückte sein Gegenkandidat François Mitterrand, den Monnet unterstützte, ihm in der Schlußauszählung bedenklich nahe. Nach seiner Wiederwahl am 19. Dezember schwächte de Gaulle seine Forderungen ab und suchte wieder den Kontakt mit den Partnern. Diese hatten – wohl der zweite Grund für das französische Einlenken – im Verlaufe der Krise zu einer neuen Festigkeit gefunden. Am 26. Oktober hatten sie die Pariser Regierung gemeinsam aufgefordert, ihren Platz in der Gemeinschaft wieder einzunehmen, und dabei keinen Zweifel gelassen, daß die Lösung der Probleme nur im Rahmen der bestehenden Verträge und Institutionen gefunden werden könne. Andererseits hatten sie während der gesamten Krise umsichtig alle Entscheidungen vermieden, die den Graben vertieft hätten.[50]

Die Wiederannäherung erfolgte auf zwei Außenministerkonferenzen am 17. und 18. und vom 28. bis 30. Januar 1966 in Luxemburg. Das Hauptergebnis schwieriger Verhandlungen war der »Luxemburger Kompromiß« über den Abstimmungsmodus im Ministerrat, mit dem Frankreich, und mit ihm jeder andere Mitgliedstaat, fortan die Möglichkeit erhielt, einen Mehrheitsbeschluß zu Fall zu bringen, wenn dagegen sehr wichtige nationale Interessen geltend gemacht wurden. Es handelte sich um ein kunstvolles »Agreement to disagree«, mit dem das Prinzip des in Artikel 148 des EWG-Vertrags verankerten Mehrheitsvotums aufrechterhalten, seine Anwendung aber tendenzieller Beliebigkeit ausgesetzt wurde. Dies bedeutete nicht eine Änderung des Buchstabens des EWG-Vertrags, wohl aber eine Belastung seines Geistes mit weitreichender politischer Wirkung. Sie beeinflußte fortan mit dem Abstimmungsverhalten im Ministerrat auch das Vorschlagsrecht der Kommission: Kühne Vorschläge, deren Durchsetzung die Möglichkeit des Ausspielens einer Staatengruppe gegen eine andere voraussetzte, wurden erschwert.

Zwar wurde die Unabhängigkeit und Initiativkompetenz der Kommission nicht grundsätzlich in Frage gestellt, doch mutierte ihre Rolle als Motor der Gemeinschaft zu der eines Mittlers zwischen Gemeinschafts- und Staateninteressen. Das Resultat war eine Verschiebung des Gleichgewichts zwischen den Gemeinschaftsorganen zugunsten des Ministerrats, durch die der Integrationsprozeß abgebremst wurde. Insofern leiteten die Luxemburger Beschlüsse einen Verfassungswandel in der Gemeinschaft ein. Zur Beendigung der Krise gehörte des weiteren die Vereinbarung über einen von Frankreich geforderten Sieben-Punkte-Katalog zur Zusammenarbeit zwischen Rat und Kommission, der die Rolle der Kommission noch weiter schwächte. Unter anderem wurde darin für die Zukunft ausgeschlossen, daß Vorschläge der Kommission vor Befassung durch den Rat veröffentlicht wurden, und es wurde vereinbart, daß der Rat stärker an der Gestaltung der diplomatischen Beziehungen der Gemeinschaft zu Drittländern und internationalen Organisationen beteiligt würde.[51]

Immerhin ermöglichten die Luxemburger Vereinbarungen die zügige Wiederaufnahme der Arbeit der Gemeinschaft – sieben Monate der Lähmung waren aufzuholen. Am 11. Mai wurde eine Übereinkunft über die finanzielle Regelung des Agrarmarkts bis 1970 erzielt. Bis dahin sollte der EAGFL sowohl aus Abschöpfungen als auch aus nationalen Beiträgen gespeist werden. Zugleich wurden weitere Beschlüsse zur GAP gefaßt und der 1. Juli 1968 als Termin für die volle Herstellung von Zollunion und Gemeinsamem Markt bestätigt.[52]

Die Luxemburger Einigung erlaubte auch, die Frage einer Vereinheitlichung der Gemeinschaftsorgane zum Abschluß zu bringen, die durch die Krise des leeren Stuhls blockiert worden war. Schon seit 1957 war von vielen Seiten – den meisten Mitgliedsregierungen, Brüsseler und Luxemburger Europa-Beamten, dem Monnet-Komitee, der parlamentarischen Versammlung – die Zusammenlegung der Hohen Behörde und der Kommissionen von EWG und Euratom zu einer »einzigen« gemeinsamen Kommission gefordert worden, um die institutionellen Strukturen zu vereinfachen und zu stärken. Das Frankreich de Gaulles widersprach zunächst der impliziten Aufwertung der Supranationalität, änderte aber seine Haltung 1963, um nach der Zurückweisung des britischen Beitrittsgesuchs (S. 152) die Partner zu besänftigen, freilich unter der Bedingung, daß der Fusion der Exekutiven binnen drei Jahren eine Vereinheitlichung der Gründungsverträge folgte. Am 23. September 1963 beschloß der Ministerrat die Fusion der drei supranationalen Exekutivorgane als ersten Schritt zur Fusion der Verträge. Am 8. April 1965 wurde nach längeren Verhandlungen in Brüssel der Fusionsvertrag unterzeichnet, der die Bildung einer gemeinsamen Kommission und eines einzigen Ministerrats vorsah – nachdem Versammlung und Gerichtshof ja schon mit den Römischen Verträgen als gemeinsame Organe der drei Gemeinschaften konstituiert worden waren. Die gemeinsame Kommission sollte für eine dreijährige Übergangszeit aus 14 Kommissaren bestehen (je drei deutsche, französische und italienische, je zwei belgische und niederländische, ein Luxemburger), danach aus neun (je zwei aus den drei großen, je einer aus den Benelux-Staaten); die in der Hohen Behörde übliche Kooptation eines Mitglieds wurde nicht übernommen. Es wurde ein gemeinsames Verwaltungsbudget vorgesehen, doch präjudizierte dies nicht die Finanzierung der Gemeinschaften insgesamt: Die Montanunion wurde weiterhin aus den Umlagen der schwerindustriellen Unternehmen, EWG und Euratom wurden dagegen überwiegend aus nationalen Beiträgen budgetiert. Die Zusammenlegung der drei Ministerräte zu einem einzigen, in wechselnder Formation tagenden Rat der Fachminister war mehr eine Formalie. Der seit 1958 die Arbeiten des Ministerrats vor- und nachbereitende Ausschuß der Ständigen Vertreter (COREPER), der sich aus den EWG-Botschaftern der Mitgliedstaaten zusammensetzte, wurde auf Initiative Frankreichs zu einer Gemeinschaftsinstitution aufgewertet, die die Arbeiten der Kommission als »Gehilfe, Auge und Ohr der Regierungen« (Emile Noël) beständig begleitete.[53]

Der Fusionsvertrag brachte nochmals das Sitzort-Provisorium auf die Tagesordnung. Wie 1952 und 1957 (S. 72, 105) gelangten auch diesmal zähe Verhandlungen nicht zur Festlegung eines einzigen und endgültigen Sitzes der Gemeinschaften. Brüssel, bereits Sitz von EWG und Euratom, wurde vorerst zum Sitz der gemeinsamen Kommission und des einzigen Ministerrats nebst ihren Verwaltungen bestimmt. Luxemburg behielt den Gerichtshof und das Sekretariat des Parlaments, zusätzlich erhielt es – als Kompensation für die Auflösung der Hohen Behörde – die Europäische Investitionsbank, das Statistische Amt (»Eurostat«) und das neu errichtete »Amt für amtliche Veröffentlichungen« – die beiden letzteren der Kommission zugeordnet; zudem sollte der Ministerrat in drei Monaten des Jahres – April, Juni, Oktober – in Luxemburg tagen. Das Europäische Parlament tagte weiter im Saal der Beratenden Versammlung des Europarats in Straßburg. Das zeitaufwendige und kostspielige Nomadenleben von Politikern, Abgeordneten, europäischen und nationalen Bediensteten und Sachverständigen blieb – bis heute – ein Merkmal des politischen Alltags der Gemeinschaft.[54]

Nach den Luxemburger Beschlüssen hatte Frankreich es eilig, den Fusionsvertrag zügig in Kraft zu setzen. Die Benennung des Präsidenten der neuen gemeinsamen Kommission eröffnete die Möglichkeit, elegant den ungeliebten Hallstein loszuwerden, der seit Dezember 1966 auch von der Bonner Regierung der Großen Koalition nicht mehr gestützt wurde. In längeren Verhandlungen wurde vereinbart, daß das Amt des Präsidenten fortan unter den Mitgliedstaaten in zweijährigem Wechsel neu besetzt werden und rotieren sollte. Erster Präsident der gemeinsamen Kommission, die am 6. Juli 1967 ihre Arbeit aufnahm, wurde der belgische Kommissar Jean Rey, der seine Fähigkeiten in den Genfer Handelsverhandlungen mit den USA unter Beweis gestellt hatte.[55]

Die mit der Fusion der Exekutiven ins Auge gefaßte Fusion der Verträge kam indessen bis heute nicht zustande. Diese blieb seinerzeit unter anderem deshalb liegen, weil es nicht ratsam schien, während der 1970 beginnenden Beitrittsverhandlungen mit Großbritannien, Irland, Dänemark und Norwegen die gemeinschaftsrechtlichen Grundlagen zu verändern. Die gemeinsame Kommission führt infolgedessen bis heute offiziell den Namen »Kommission der Europäischen Gemeinschaften«, und dem Kürzel »EG« wohnt eine gewisse Ambivalenz inne. Seit 1978 wird aufgrund einer Entschließung von Parlament und Ministerrat der Begriff »Europäische Gemeinschaft« (EG) im Singular als Sammelbezeichnung auch in offiziellen Dokumenten verwendet, im Bewußtsein der Wechselwirkungen zwischen den drei Verträgen und aus der Erwägung heraus, daß die Bürger der Gemeinschaft »in ihrem Alltag die drei Europäischen Gemeinschaften als ein Ganzes ansehen«.[56]

Europäisches oder atlantisches Europa? Das britische Beitrittsgesuch

Die insgesamt beachtlichen Anfänge der Sechser-Gemeinschaft zwangen die beiden angelsächsischen Mächte Großbritannien und USA, sich auf die neue Kraft in Westeuropa einzustellen. In London kam man zu dem Schluß, nicht länger abseits bleiben zu können; zweimal, 1961 und 1967, stellte Großbritannien den Antrag auf Mitgliedschaft, gefolgt von Irland, Dänemark und Norwegen. Die USA, der europäischen Integration grundsätzlich weiter wohlgesonnen, sahen indes Bedarf, ihre wirtschaftliche und politische Führungsrolle im atlantischen Rahmen neu zu befestigen. Beider Bemühungen stießen auf den Widerstand des gaullistischen Frankreich; Großbritannien erreichte seine Ziele daher vorerst nicht, Amerika nur partiell.

Das britische Beitrittsbemühen markierte eine historische Wende von jahrhundertelanger überseeischer zu einer neuen europäischen Orientierung. Sie reflektierte den vom Zweiten Weltkrieg ausgelösten Niedergang der britischen Weltmachtstellung, die Entkolonisierung, den Schock der Suez-Krise, auch die amerikanische Parteinahme für die Integration der sechs kontinentalen Staaten. Die Ablehnung von Schuman-Plan und Römischen Verträgen hatte nichts genutzt, der Gemeinsame Markt wollte weder mißlingen noch sich in einer großen Freihandelszone auflösen. Ein letztes Aufbäumen war 1959/60 die Gründung eines konkurrierenden Freihandelsverbandes, der EFTA, zusammen mit den sechs OEEC-Staaten Dänemark, Norwegen, Schweden, Schweiz, Österreich und Portugal. Es handelte sich um einen lockeren, geographisch disparaten Verbund, dessen Mitglieder sich im Handel untereinander Zollfreiheit für gewerbliche Güter einräumten, aber weder einen gemeinsamen Außenzoll noch die Einbeziehung der Landwirtschaft anstrebten. Die institutionelle

Ausstattung war bescheiden: ein kleines Sekretariat in Genf, ein Ministerrat, einige Ausschüsse. In Konkurrenz mit der EWG verbuchte die EFTA den Achtungserfolg, die Liberalisierung des Binnenhandels ein Jahr früher, zum 1. Juli 1967, abzuschließen; sie verfehlte jedoch das strategische Ziel, als Siebenerblock Handelsverhandlungen mit den Sechs aufzunehmen. Die EWG entschied sich vielmehr, internationale Vereinbarungen nur multilateral im Rahmen des GATT auszuhandeln.[57]

Vor allem stellte man in London die EFTA rasch wieder in Frage. Sie war offenkundig keine hinreichende Alternative zur EWG. Die britischen Handelsbeziehungen mit der Gemeinschaft entwickelten sich erheblich dynamischer als die mit den EFTA-Partnern und vor allem mit den Ländern des Commonwealth, die sich ihrerseits zum Teil vermehrt an den USA orientierten. Die Bevorzugung der EWG-Länder durch amerikanische Investoren lastete auf der britischen Zahlungsbilanz. Auch unter politischen Aspekten stagnierte die *special relationship* zu Washington. Das Foreign Office war über die Entstehung eines westeuropäischen Kontinentalblocks mit deutsch-französischem Kern besorgt. Da die Entwicklung der EWG nicht zu verhindern war, war es besser, sich ihr anzuschließen. Großbritannien erhielte so die Möglichkeit, die Entwicklung der Gemeinschaft von innen her zu beeinflussen und vielleicht eine Führungsrolle zu übernehmen.[58]

1960 gab es in der britischen Öffentlichkeit noch keine ausgeprägte Bereitschaft zur Annäherung an die EWG, aber Aufgeschlossenheit dafür nahm allenthalben zu, in der Regierung, in den Parteizentralen der Konservativen und Liberalen, in der Presse, in der Geschäftswelt. De Gaulles Absage an die Supranationalität wirkte ermunternd. Premierminister Harold Macmillan, der in den Unterhauswahlen im Oktober 1959 die Konservativen zu einem beeindruckenden Sieg geführt hatte, entschloß sich mitsamt seinem europafreundlichen Kabinett, die Frage eines Beitritts konkret anzugehen. Die Grundsatzentscheidung fiel in den letzten Tagen des Jahres 1960, und danach ging alles sehr zügig. Die britische Regierung nahm bilateral Kontakt mit den Regierungen der Sechs auf und konsultierte sie multilateral im Rahmen der WEU. Seit März 1961 versicherte sich Macmillan der Unterstützung des neuen amerikanischen Präsidenten John F. Kennedy. Danach wurde die Zustimmung der Länder des Commonwealth eingeholt, die freilich Sorgen hinsichtlich des künftigen Absatzes ihrer Agrarprodukte äußerten, und der EFTA-Partner, die ihrerseits Interesse an einer Annäherung an die Gemeinschaft bekundeten. Am 31. Juli 1961 gab der Premierminister im Unterhaus die Absicht bekannt, mit den sechs kontinentalen Ländern Beitrittsverhandlungen aufzunehmen. Am 4. August stimmte das Parlament mit der Mehrheit der Konservativen zu, während die Abgeordneten der Labour-Party sich der Stimme enthielten. Am 9. August stellte die britische Regierung in Brüssel den Aufnahmeantrag für die EWG, ein Beitrittsgesuch für Montanunion und Euratom folgte freilich erst am 28. Februar 1962.[59]

Die anderen EFTA-Staaten beeilten sich, nicht den Anschluß zu verlieren. Am 31. Juli 1961 äußerte der Ministerrat der EFTA den Wunsch, durch Beitritt zu oder Assoziierung mit der Gemeinschaft einen einheitlichen europäischen Markt zu bilden. Schon am selben Tage stellte das mit Großbritannien in einer Wirtschaftsunion verbundene Irland den Antrag auf Aufnahme in die EWG, jedoch erst am 7. Januar 1963 den für die Montanunion. Dänemark ersuchte am 10. August 1961 um Beitritt zur EWG und am 16. März 1962 zu Montanunion und Euratom. Der Aufnahmeantrag Norwegens folgte am 30. April 1962. Die drei der Neutralität verpflichteten Staaten Österreich, Schweiz und Schweden beantragten am 12. bzw. 15. Dezember 1961 die Assoziierung, ebenso Portugal am 18. Mai 1962. So wurde zugleich mit der Perspektive eines Beitritts Großbritanniens die eines größeren westeuropäischen Wirtschaftsraums eröffnet.[60]

Die Reaktion in den sechs Gemeinschaftsstaaten war überwiegend positiv. Nachdem man England seit 1950 dabeihaben wollte, konnte nun dessen positive Haltung kaum anders als begrüßt werden. Vereinzelt wurden Besorgnisse laut, daß der Beitritt Großbritanniens und der skandinavischen Länder zusammen mit Frankreich zur Bildung einer Staatengruppe in der Gemeinschaft führen könnte, der an einer Schwächung der supranationalen Strukturen und Perspektiven gelegen sei. Monnet und sein Aktionskomitee setzten allerdings darauf, daß die Briten den noch fehlenden Gemeinschaftsgeist entwickeln, ein Gegengewicht gegen de Gaulle bilden und jedenfalls die Stellung der Gemeinschaft gegenüber den Supermächten stärken würden. Durchweg wurden wirtschaftliche und politische Vorteile einer Erweiterung gesehen. Adenauer war freilich besorgt, daß sein Konzept der europäischen Integration auf deutsch-französischer Grundlage in Frage gestellt werden könnte. In der französischen Industrie und Landwirtschaft zeigten sich Befürchtungen über vermehrte Konkurrenz im größeren Gemeinsamen Markt. Aber de Gaulle war offenbar zunächst durchaus nicht gegen den britischen Beitritt, nachdem ein Besuch Macmillans in Paris am 28. Januar 1961 ihm verdeutlicht hatte, daß auch die britische Regierung gegen eine föderale Fortentwicklung der Gemeinschaft und für eine lockere Zusammenarbeit der Regierungen war.[61]

Vor der Aufnahme der Beitrittsverhandlungen, den ersten in der Geschichte der Gemeinschaft, legten die Sechs die Spielregeln fest: Die Verhandlung mit Großbritannien sollte den Verhandlungen mit den anderen EFTA-Staaten vorangehen; die Mitgliedstaaten würden, ausgehend vom erreichten »gemeinsamen Besitzstand« (acquis communautaire), der britischen Delegation in allen Fragen einheitliche, vor jeder Verhandlungssitzung auf der Ebene des Ministerrats festzulegende Positionen präsentieren, ihr Sprecher sollte der Vorsitzende des Ministerrats sein; die Kommission, die gern ihrerseits die Verhandlungsleitung übernommen hätte, sollte bei der Festlegung der gemeinsamen Standpunkte voll beteiligt werden; die Beitrittsverhandlungen sollten die laufende Tätigkeit der Gemeinschaft nicht beeinflussen dürfen. Mit diesen Vorgaben wurden am 10. Oktober 1961 die Verhandlungen mit der von Europaminister Edward Heath geleiteten britischen Delegation in Paris eröffnet; vom 8. November an wurden sie in Brüssel geführt.[62]

Die zu lösenden Sachprobleme erwiesen sich als enorm. Zwar erklärte Heath bei der Eröffnung der Verhandlungen, daß Großbritannien die Verträge und ihre rechtliche und praktische Ausgestaltung durch die Gemeinschaftsorgane, das »acquis communautaire«, grundsätzlich akzeptiere, doch müßten gemäß Artikel 237 des EWG-Vertrags zu drei Fragenkreisen Zusatzprotokolle vereinbart werden: zum Commonwealth-Handel, zur britischen Landwirtschaft und zur EFTA. Die Gemeinschaft replizierte, daß erforderliche Ausnahmen nicht die geltenden Regeln in Frage stellen dürften und jedenfalls materiell und zeitlich eng begrenzt bleiben müßten. Hinsichtlich des Commonwealth-Handels, der nicht nur – wie der Handel mit den ehemaligen Kolonien der Sechs – überwiegend tropische und damit nicht-konkurrierende Agrarprodukte betraf, schienen differenzierte Vereinbarungen sinnvoll. Auf gewerbliche Produkte aus den »weißen« Dominions Kanada, Australien und Neuseeland konnte der gemeinsame Außentarif angewendet werden; gegenüber den asiatischen Ländern Indien, Pakistan und Ceylon würden schrittweise die seit 1932 geltenden Empire-Präferenzen abgebaut und durch Handelsabkommen mit der EWG ersetzt; die Länder Afrikas und der Karibik mochten wie die ehemaligen Kolonialgebiete der Sechs mit der Gemeinschaft assoziiert werden. In einer Reihe von Fragen blieb die Lösung aber unklar. In der Frage der britischen Landwirtschaft machte London seine Zustimmung zu den Prinzipien der GAP – die erst parallel zu den laufenden Verhandlungen festgelegt wurden (S. 115) – davon abhängig, daß eine Übergangszeit von wenigstens zwölf Jahren vereinbart würde. Die britische Landwirtschaft war relativ klein und hochsubventioniert, andererseits lebte England aufgrund billiger Agrarimporte aus den Commonwealth-Ländern zu Lebensmittelpreisen, die weit unterhalb des Preisniveaus in der Gemeinschaft lagen. Doch war eine lange Übergangszeit, die den Briten gleichzeitig die Vorteile des Gemeinsamen Markts für gewerbliche Güter und der erheblich billigeren Nahrungsmittel beschert hätte, für die Gemeinschaft nicht akzeptabel, schon gar nicht für Frankreich, das zudem eine britisch-deutsche Frontstellung gegen die GAP heraufziehen sah. Schwierig gestaltete sich auch die Frage des künftigen Verhältnisses zu den verbleibenden EFTA-Staaten. Insbesondere würden Assoziierungen, bei denen die bestehenden Zollvergünstigungen gegenüber Großbritannien erhalten blieben, die EWG faktisch in eine Freihandelszone einbinden, ohne daß die assoziierten Staaten ihrerseits an die Bestimmungen des EWG-Vertrags gebunden wären. Ungeklärt blieb auch, auf welche Weise die Gemeinschaftsstrukturen an die Vermehrung der Mitglieder angepaßt werden sollten: die Stimmengewichtung im Ministerrat, die Zusammensetzung der Kommission, die Beteiligung britischer Beamter an der Gemeinschaftsverwaltung usw. Die Verhandlungen zogen sich über 15 Monate hin und waren Anfang 1963 von einem Abschluß noch um einiges entfernt. Gewiß waren die Probleme komplex; die Engländer nahmen sich aber auch Zeit und verhandelten, nicht zuletzt mit Blick auf die britische Innenpolitik, so gründlich, daß phasenweise der Eindruck entstehen konnte, daß es nicht um den britischen Beitritt zur EWG, sondern um den Eintritt der EWG in Commonwealth oder EFTA gehe. Aber auch die EWG brauchte Zeit wegen des Verfahrens, in jeder einzelnen Frage vor einer Vereinbarung mit dem Beitrittskandidaten intern Konsens herzustellen.[63]

Während in Brüssel die britischen Beitrittsverhandlungen abliefen, machte sich in Washington die seit Januar 1961 amtierende Administration John F. Kennedys parallel an eine Neujustierung der amerikanischen Europapolitik. Diese hatte zwei Ziele: die Verbesserung der Außenhandelsposition der USA und die Festigung der amerikanischen Führungsrolle im atlantischen Bündnis.

Wirtschaftlich stellte die Entstehung des Gemeinsamen Markts mit seiner unerwarteten Dynamik für die USA zunehmend ein Problem dar. Das politische Grundinteresse an der Stabilisierung Westeuropas im Kalten Krieg blieb unverändert maßgebend, aber ökonomische Nachteile der Bildung eines westeuropäischen Wirtschaftsraums, die man in den 50er Jahren ohne größere Schwierigkeiten in Kauf nehmen konnte, wurden zu Beginn der 60er Jahre drückender. Konjunkturelle Stagnation verschärfte die Zahlungsbilanzkrise, die das chronische Defizit aufgrund auswärtiger Militär- und Entwicklungshilfe sowie von Auslandsinvestitionen verursachte. Da eine Einschränkung der amerikanischen Außenpolitik nicht in Frage kommen konnte, mußte versucht werden, die massiven Dollarausgaben im Ausland durch vermehrte Außenhandelsüberschüsse zu kompensieren; namentlich galt es, den Handel mit dem großen und stabilen europäischen Markt, der 30 Prozent der amerikanischen Exporte aufnahm, fortzuentwickeln. Kennedy machte einen besseren Ausgleich der amerikanischen Zahlungsbilanz durch expansiven

Außenhandel zu einem zentralen Punkt seines Regierungsprogramms und setzte hierfür auf Vereinbarungen über weltweite gleichmäßige Zollsenkungen im Rahmen des GATT. Das Kalkül dabei war, daß die amerikanische Wirtschaft gegenüber den konkurrierenden Europäern Anteile gewinnen würde, da das Außenzollniveau der USA höher lag als das des EWG-Raums, zudem hatten amerikanische Produzenten erhebliche Technologie-Vorsprünge. Nach der Zollreduzierung der Dillon-Runde um 6,5 Prozent (S. 113) gab Kennedy mit dem am 25. Januar 1962 dem Kongreß vorgelegten »Trade Expansion Act« den Anstoß zu erheblich weitergehenden Zollsenkungen, mit denen eine »offene Handelsgemeinschaft« zwischen den USA und der EWG eröffnet werden sollte: Angestrebt wurden wechselseitige Zollreduzierungen um 50 bis 100 Prozent. Ein Eintritt Großbritanniens und anderer EFTA-Staaten in den Gemeinsamen Markt, der dann 240 Millionen Verbraucher umfassen würde, machte das amerikanische Anliegen dringlicher, bot aber auch Chancen, da etwa abzusehen war, daß dann die Empire-Präferenzen mit den Commonwealth-Ländern abgeschafft werden müßten.[64]

Ein britischer EWG-Beitritt hatte aus Washingtoner Sicht auch politische Vorteile: Die Spaltung EWG-EFTA würde beendet, ein Gegengewicht gegen die Politik de Gaulles gebildet und die atlantische Orientierung der Europäer gestärkt. Kennedy faßte die amerikanischen Zielvorstellungen in die Formel der »Atlantischen Partnerschaft«, ein Begriff, für den auch Monnet und sein Aktionskomitee warben. In seiner Rede zum amerikanischen Unabhängigkeitstag am 4. Juli 1962 in Philadelphia schlug Kennedy spektakulär die Schaffung einer »Atlantischen Gemeinschaft« vor, die auf der gleichberechtigten Partnerschaft zwischen dem sich formierenden Europa und den Vereinigten Staaten beruhen sollte. Die Vereinigten Staaten, so Kennedy, blickten auf das große Unterfangen der Europäischen Integration mit Hoffnung und Bewunderung. »Wir sehen in einem starken und geeinten Europa nicht einen Rivalen, sondern einen Partner. Die Förderung seines Fortschritts ist 17 Jahre lang ein grundlegendes Ziel unserer Außenpolitik gewesen. Wir glauben, daß ein geeintes Europa in der Lage sein wird, eine größere Rolle in der gemeinsamen Verteidigung zu übernehmen, den Nöten der ärmeren Völker großzügiger zu entsprechen und gemeinsam mit den Vereinigten Staaten und anderen Ländern die Handelsschranken abzubauen, die Währungs- und Rohstoffprobleme zu lösen sowie auf allen übrigen wirtschaftlichen, diplomatischen und politischen Gebieten eine koordinierte Politik zu entwickeln. Wir sehen in einem solchen Europa einen Partner, den wir auf einer völlig gleichen Basis bei all den großen und mühevollen Aufgaben des Aufbaus und der Verteidigung einer Gemeinschaft freier Nationen gegenübertreten könnten.« Dies war das »Grand Design« Kennedys, mit dem das sich zusammenschließende Westeuropa in dem weiteren atlantischen Rahmen formell eingefangen werden sollte.[65]

Dabei bedeutete aber Partnerschaft nicht Verzicht auf die amerikanische Führungsrolle. Dies zeigte sich deutlich in dem Bemühen Washingtons um Mitsprache über den Einsatz der Atomwaffen Großbritanniens und Frankreichs. In dem im Dezember 1962 zwischen Kennedy und Macmillan in Nassau (Bahamas) getroffenen Abkommen wurde dies exemplifiziert: Die USA lieferten Großbritannien amerikanische Polaris-Raketen, mit denen britische Atomsprengköpfe abgefeuert werden konnten, von U-Booten, die die Briten mit amerikanischer technischer Hilfe bauten; die britischen U-Boote würden der NATO unterstellt, den Einsatzbefehl würden – von Fällen britischen nationalen Notstands abgesehen – britische und amerikanische Kommandostellen gemeinsam erteilen. Kennedy unterbreitete ein entsprechendes Angebot auch an de Gaulle, der es jedoch ablehnte, und mit ihm auch amerikanische Technologiehilfe. Hier stieß die amerikanische Politik der atlantischen Partnerschaft an ihre Grenze. Demselben amerikanischen Führungsmodell folgte im übrigen das Projekt der Schaffung einer multilateralen Atomstreitmacht (MLF) im Rahmen der NATO, mit dem vor allem deutsche Forderungen nach gleichberechtigter Teilhabe an der atomaren Verteidigung befriedigt werden sollten.[66]

Im Grunde verfolgte die amerikanische Europapolitik der Jahre 1961 bis 1963 dasselbe Ziel wie das britische Beitrittsgesuch: mehr Einfluß auf den neuen, unerwartet dynamischen Einigungsprozeß in Westeuropa zu gewinnen. In der Wahrnehmung der überzeugten Europäer in den sechs Gemeinschaftsstaaten und namentlich im Monnet-Komitee eröffnete das Verhalten der beiden angelsächsischen Märkte die Perspektive eines evolutionären Fortschreitens der Integration durch Erweiterung bei gleichzeitiger Verankerung in einer atlantischen Gemeinschaft, die allerdings eine Gemeinschaft von Gleichen sein sollte; die akute sowjetische Bedrohung machte diese Entwicklung um so wünschenswerter.[67] In der Sicht de Gaulles freilich erstand die nicht hinnehmbare Aussicht, daß sich das »europäische Europa« in die Abhängigkeit eines »atlantischen Europa« begab, und dies nicht erst, seitdem Macmillans Eingehen auf Kennedys Atom-Offerte das Argument lieferte, daß die Briten sich für Amerika und gegen Europa entschieden. Folgerichtig lehnte der französische Staatspräsident am 14. Januar 1963 in einer weiteren seiner spektakulären Pressekonferenzen beides gleichzeitig ab, den britischen Beitritt zur EWG, und die französische Beteiligung an einer multilateralen Atomstreitmacht unter amerikanischem NATO-Kommando. Die überlangen und noch längst nicht abgeschlossenen Beitrittsverhandlungen belegten, so de Gaulle, daß Großbritannien für den Beitritt noch nicht reif sei: »Das Wesen, die Struktur und die Umstände, die England eigen sind, unterscheiden es weitgehend von den kontinentalen Staaten.« Namentlich sei das britische Agrarsystem mit der GAP nicht vereinbar. Der Wunsch weiterer Länder, der Gemeinschaft beizutreten, würde einen ganz anderen Gemeinsamen Markt schaffen als den, »den die Sechs aufgebaut haben«, den Zusammenhalt der Mitglieder schwächen und in einer »riesengroßen atlantischen Gemeinschaft in amerikanischer Abhängigkeit und unter amerikanischer Führung« enden. Eines Tages würde England, dessen Verdienste im Zweiten Weltkrieg unvergessen seien, und mit dem Frankreich erst kürzlich das Abkommen über den gemeinsamen Bau des Concorde-Flugzeuges getroffen habe, gewiß in der Lage sein, der EWG beizutreten; vorerst sei es aber angemessen, mit ihm ein Assoziierungsabkommen zu schließen. Was die atlantische Atomstrategie betreffe, so suche Amerika seine Führungsrolle zu verewigen, während sich Europa nach dem entstandenen Patt zwischen den Supermächten keineswegs mehr uneingeschränkt auf den amerikanischen Schutz verlassen könne. Frankreich bleibe daher dabei, seine eigene Atomstreitmacht zu entwickeln, die im Ernstfall mit verbündeten Streitkräften kombiniert, aber nicht in sie integriert werden könnte.[68]

Das französische Veto gegen den britischen Beitritt löste allenthalben Schockwirkungen aus. Für die Partnerregierungen war das unabgestimmte Pariser Verhalten inakzeptabel, Adenauer war jedoch offenbar nicht ganz unzufrieden. Italien und die Benelux-Staaten erfuhren acht Tage später mit dem Elysée-Vertrag eine zweite unangenehme Überraschung. Die Gemeinschaft geriet in den folgenden Monaten in eine Vertrauenskrise, die ihre Tätigkeit lähmte und nur durch den Fortgang der Alltagsarbeit allmählich wieder überwunden wurde. In London wurden die »Entscheidung eines Einzelnen« (Heath) und das Angebot der Assoziierung als demütigend empfunden. Die formale Einstellung der Beitrittsverhandlungen am 29. Januar 1963 bedeutete den Zusammenbruch der Politik Macmillans, freilich zeigte sich in der britischen Öffentlichkeit auch Erleichterung darüber, daß nun nicht mit höheren Lebensmittelpreisen gerechnet werden mußte. Für Kennedy war das französische Veto ebenfalls ein Schlag. Er suchte die Gegenwirkung über die Bundesrepublik: mit der Präambel zum deutsch-französischen Vertrag und seinem Deutschlandbesuch im Juni 1963, bei dem er ausführlich die Atlantische Partnerschaft unter Gleichen definierte, auch mit der Erneuerung des MLF-Vorschlags. In Bonn brach der Windmühlenkampf der »Atlantiker« und »Gaullisten« aus. Nach Kennedys Ermordung am 22. November 1963 änderte sich indessen die atlantische Agenda sehr rasch. Für Nachfolger Lyndon B. Johnson begann der Vietnamkrieg alles andere zu überschatten.[69]

Nur ein Element der Europapolitik Kennedys wirkte noch nach: der Trade Expansion Act. Im September 1962 vom Kongreß in Kraft gesetzt, bildete er den Ausgangspunkt für die sogenannte »Kennedy-Runde«, zu der am 4. Mai 1964 die Vertreter von 40 Staaten im Rahmen des GATT in Genf zu multilateralen Zollsenkungsverhandlungen zusammentrafen. Die sechs EWG-Staaten sprachen mit einer Stimme, der des Außenhandelskommissars Jean Rey. Es war die bis dahin größte Handelskonferenz aller Zeiten, auf der in dreijährigen Verhandlungen eine beachtliche Liberalisierung des Welthandels erreicht wurde: Im Zeitraum von 1968 bis 1972 sollten die Zölle für gewerbliche Güter gleichmäßig um durchschnittlich 30 bis 40 Prozent gesenkt werden. Dies wirkte sich auf die Zollmauern der großen Wirtschaftsräume wegen der verschiedenen Ausgangstarife unterschiedlich aus. Für die EWG wurde für 1972 eine Ermäßigung auf durchschnittlich 6,9 Prozent errechnet, für die USA auf 11,1 Prozent, für das Britische Reich auf 11,6 Prozent und für Japan auf 10,1 Prozent. Die EWG war und blieb damit die mit Abstand am wenigsten protektionistische unter den großen Handelsmächten. Anders verhielt es sich freilich auf dem Agrarsektor. Hier ließ sich die EWG so gut wie nichts vom Protektionismus der GAP abhandeln. Gegenüber amerikanischen Forderungen nach Absatzgarantien für amerikanische Agrarprodukte im EWG-Raum wurden nur wenige und indirekte Zugeständnisse gemacht, lediglich im Bereich der Futtermittel, die nicht in die GAP einbezogen waren, konnte Washington seine Exportvorstellungen weitgehend durchbringen. Am 15. Mai 1967 wurde die Kennedy-Runde abgeschlossen.[70]

Vier Tage vorher hatte Großbritannien zum zweiten Mal einen Antrag auf Aufnahme in die Gemeinschaft gestellt, gleichzeitig mit Irland und Dänemark, am 27. Juli gefolgt von Norwegen. Die im Oktober 1964 ins Amt gekommene Labour-Regierung unter Premierminister Harold Wilson hatte, ungeachtet der skeptischen Haltung Labours gegenüber dem Bemühen der konservativen Vorgängerregierung, rasch einsehen müssen, daß die den Beitritt fordernden Sachzwänge immer größer wurden. Am 10. November 1966 hatte Wilson erstmals die Beitrittsabsicht angekündigt, was die fünf Partner Frankreichs umgehend begrüßten. Um de Gaulle entgegenzukommen, schwächte die britische Regierung ihre Bedingungen gegenüber dem ersten Aufnahmeantrag stark ab und schlug zudem das antiföderale Thema an. Doch dies sollte wenig helfen. Zunächst erklärte der französische Staatspräsident zwar im Mai 1967, seinetwegen könnten neue Verhandlungen aufgenommen werden, doch sei Großbritannien für die volle Mitgliedschaft unverändert nicht reif und er empfehle weiter die Assoziierung. Als sich aber in den folgenden Monaten die Dissonanzen mit den EWG-Partnern vergrößerten, weigerte sich der General auf einer Pressekonferenz am 27. November, auch nur der Aufnahme neuer Verhandlungen zuzustimmen; andernfalls würde Frankreich seinen Austritt aus der Gemeinschaft erwägen. Die Brüsseler Ministerratssitzung am 18. und 19. Dezember 1967 endete im Tumult. Auf französischen Einspruch wurde die Entscheidung über die Aufnahme von Verhandlungen mit Großbritannien vertagt, sie wurde aber nicht von der Tagesordnung abgesetzt. Die britische Regierung erklärte umgehend, daß sie ihre Bewerbung aufrechterhalte.[71]

Für die folgenden 15 Monate war die Situation blockiert und die Stimmung vergiftet. Frankreichs Partner und die britische Regierung suchten nach Möglichkeiten einer Umgehung des neuerlichen französischen Vetos, unter anderem durch Fühlungnahmen im Ministerrat der WEU, dem England wie die sechs Gemeinschaftsstaaten angehörte. Es half alles nichts. De Gaulle fühlte sich offenbar zunehmend eingekreist, und die Bemühungen über die WEU führten nur dazu, daß Frankreich seit dem 19. Februar 1969 nun auch in dieser Organisation die »Politik des leeren Stuhls« praktizierte. Unklar blieb, warum de Gaulle in den gleichen Wochen über den britischen Botschafter in Paris, Christopher Soames, insgeheim Kontakt zur Londoner Regierung aufzunehmen suchte, was Wilson pikiert in die Öffentlichkeit brachte. In seinen letzten Amtswochen stand der französische Staatspräsident quasi diskreditiert dem Mißtrauen und der Verärgerung der Partner gegenüber. Als er am 28. April 1969 nach einem gescheiterten Referendum über das Projekt einer Dezentralisierung Frankreichs zurücktrat, endete für die Gemeinschaft eine wenig erbauliche Situation. Insgesamt kam damit ein schwieriges Jahrzehnt in der Geschichte der europäischen Einigung zum Abschluß.[72]

Kapitel 5

Aufbruch zum Europa der zweiten Generation, 1969–1984

Nach dem Rücktritt de Gaulles leitete das Jahr 1969 eine Wende in der Europapolitik ein. Neue Regierungen, namentlich in Frankreich und Deutschland, führten das europäische Einigungsprojekt in eine zweite Großphase, die durch eine signifikante Fortentwicklung der Inhalte und Strukturen der Gründerzeit gekennzeichnet war. Mit der ersten Erweiterung der Gemeinschaft wurden die steckengebliebenen Bemühungen der 60er Jahre zu einem Ergebnis gebracht. Aber Wirtschafts- und Währungsunion sowie gemeinsame Außenpolitik wurden neue Ziele auf der europäischen Tagesordnung. Sich habitualisierende Formen intergouvernementaler Zusammenarbeit ergänzten den von den Gründungsverträgen gesetzten institutionellen Rahmen. Die Einführung der Direktwahl des Europäischen Parlaments stärkte die demokratischen Grundlagen der Gemeinschaft. Die Haager Konferenz vom Dezember 1969 sandte Signale für einen Aufbruch aus, der einen qualitativen Sprung des Einigungswerkes ankündigte. Manche Krise sollte ihn allerdings behindern.

Die Haager Konferenz

Die Konferenz, zu der die Staats- bzw. Regierungschefs und die Außenminister der sechs EG-Staaten am 1. und 2. Dezember 1969 in Den Haag zusammentrafen, markierte eine Art Neustart des europäischen Einigungswerkes. Ausgelöst wurde er von dem Wechsel in der politischen Führung Frankreichs.

Für Georges Pompidou, der am 15. Juni 1969 de Gaulle im Amt des französischen Staatspräsidenten nachfolgte, hatte der Zusammenschluß Europas im Grunde einen nur wenig höheren

Stellenwert als für den General. Auch Pompidous Leitbild war nicht eine supranationale Gemeinschaft, sondern das Europa der Nationalstaaten, in dem Frankreich seine Souveränität und Identität bewahrte. Es ging um die Zusammenarbeit der Regierungen mit dem möglichen Ziel der Bildung einer Konföderation, die nach außen hin als Einheit auftreten und, möglichst unter informeller Führung Frankreichs, ihr vereintes Gewicht in die internationalen Beziehungen einbringen könnte. Unter diesen Vorzeichen konnte auch die Fortentwicklung zu einer Wirtschaftsunion und einer politischen Union sinnvoll sein. Der Unterschied zu de Gaulle war, daß Pompidou flexibler und insgesamt diplomatischer agierte, und daß er zustimmte, das zweite britische Beitrittsgesuch wieder aufleben zu lassen und damit eine europäische Blockierung zu beenden. Schon im Wahlkampf hatte er sich in diesem Sinne geäußert. Er wußte, daß die Pariser Zustimmung zum Beitritt Großbritanniens die Voraussetzung dafür war, daß die fünf Partnerregierungen bereit sein könnten, an einer endgültigen Finanzregelung für die gemeinsame Agrarpolitik im Sinne Frankreichs mitzuwirken. Die Aufnahme Großbritanniens erschien 1969 aber auch aus politischen Gründen wünschenswert: Sie konnte als Korrektiv in der nach den Mai-Ereignissen von 1968 zu beobachtenden Verschiebung der Wirtschafts- und Währungsrelationen zwischen Frankreich und Deutschland wirken. Nach der Bildung der sozialliberalen Koalition in Bonn im Oktober 1969 kam der Gesichtspunkt hinzu, daß die Mitgliedschaft Großbritanniens auch eine Rückversicherung gegenüber der beunruhigenden neuen Eigenwilligkeit der deutschen Außenpolitik war, wie sie in der Ostpolitik Brandts und Scheels zum Ausdruck kam. Es galt, an dem »Europa der Realitäten« weiterzubauen.[1]

Pompidou setzte mit der Bildung der Regierung Jacques Chaban-Delmas' europafreundliche Akzente. Außenminister wurde Maurice Schumann, der nach der Pressekonferenz de Gaulles am 15. Mai 1962 unter Protest die Regierung verlassen hatte (S. 134); vier Minister gehörten dem Monnet-Komitee an. In einer ersten Pressekonferenz am 10. Juli 1969 entwickelte der neue Staatspräsident sein Programm für Europa. Die europäische Einigung sei entschlossen weiterzuführen, indem der Gemeinsame Markt durch die Annahme einer endgültigen Finanzregelung für die Landwirtschaft vollendet, die Vergemeinschaftung durch die Einbeziehung neuer Bereiche wie Energie, Verkehr und Währungspolitik vertieft und die Mitgliedschaften durch die Aufnahme Großbritanniens und anderer beitrittswilliger Länder unter angemessenen Beitrittsbedingungen erweitert würden. Der Dreischritt »Vollendung-Vertiefung-Erweiterung« war geboren. Als geeignetes Forum für weiterführende Vereinbarungen empfahl Pompidou, in Honorierung von Absichtserklärungen im Wahlkampf, Regierungskonferenzen auf höchster Ebene.[2]

Am 22. Juli 1969 schlug Außenminister Schumann seinen fünf Partnern im Ministerrat vor, im Herbst des Jahres eine Konferenz der sechs Staats- bzw. Regierungschefs einzuberufen. In einem Klima erneuerten Vertrauens beschlossen die Außenminister, die britische Beitrittsakte wieder zu öffnen. Bei einem Besuch in Bonn am 8. und 9. September einigte sich Pompidou mit Bundeskanzler Kurt Georg Kiesinger, den vier Partnerregierungen ein Gipfeltreffen für November vorzuschlagen. In den folgenden Wochen kümmerten sich die Außenminister um die Vorbereitung. Dabei akzeptierte die französische Regierung, daß der Präsident der Europäischen Kommission zu der Runde der Staats- und Regierungschefs hinzugezogen würde. Sie ging auch auf die Sorge der Partner vor einer Wiederkehr der Fouchet-Pläne ein, indem sie einräumte, daß das geplante Gipfeltreffen nicht in regelmäßigen Abständen wiederholt werden müßte. Die Partner Frankreichs gaben ihrerseits die Forderung auf, unmittelbar nach Abschluß der Sechser-Konferenz eine Siebener-Konferenz mit Großbritannien zur Einleitung neuer Beitrittsverhandlungen einzuberufen.[3]

Mitten in die Vorbereitungen auf die Konferenz, die schließlich für den 1. und 2. Dezember in Den Haag angesetzt wurde, fiel der Wahlsieg der sozial-liberalen Koalition in Bonn. Am 21. Oktober wurde der seit 1966 als Außenminister amtierende Willy Brandt Bundeskanzler, der FDP-Vorsitzende Walter Scheel wurde nun Außenminister. Es zeigte sich rasch, daß die neue deutsche Regierung sich konstruktiv in die bis dahin entwickelten Vorstellungen für die Haager Konferenz einpaßte. Brandt und Scheel befürworteten eine aktive Europapolitik; sie schätzten die von Frankreich eingeleitete europäische Initiative auch als möglichen außen- wie innenpolitischen Flankenschutz für die beabsichtigte Ostpolitik. Brandt war zudem ein unbedingter Befürworter des Beitritts Englands und der skandinavischen Staaten. Freilich wurde bei aller prinzipiellen Zustimmung zur Konferenzplanung alsbald deutlich, daß für Bonn, ähnlich wie für Italien und die Benelux-Staaten, mehr die »Erweiterung« und nicht, wie für Paris, die »Vollendung« im Vordergrund des Interesses stand.[4] Auch hinsichtlich der »Vertiefung« gab es unterschiedliche Auffassungen. In der Schlußphase der Vorbereitungen meldete sich auch die Kommission zu Wort: In Stellungnahmen vom 1. Oktober und 19. November empfahl sie, Vertiefung und Erweiterung als gleichrangige Ziele zu verfolgen; nur eine strukturell gefestigte Gemeinschaft sei in der Lage, neue Mitglieder auf geordnete Weise aufzunehmen. Gemeint war die Stärkung der Gemeinschaftsorgane durch die vermehrte Anwendung des Mehrheitsvotums im Ministerrat und durch die Einführung der Direktwahl des Europäischen Parlaments.[5]

Am ersten Tag der Haager Konferenz, dem 1. Dezember 1969, tagten die sechs Staats- und Regierungschefs unter sich, am zweiten Tag wurde der Präsident der EG-Kommission Jean Rey hinzugebeten. Das Klima, in dem die Beratungen stattfanden, wurde nach steifem Beginn freundlich. Allenthalben war der Wunsch zu spüren, den europäischen Zug nach der Stagnation der letzten Zeit wieder ins Rollen zu bringen. Wie nach der Vorgeschichte nicht anders zu erwarten, entwickelte die französische Regierung die meisten Initiativen. Aus intensiven Beratungen entsprangen beachtliche Verhandlungsergebnisse, die wechselseitigen Interessenausgleich widerspiegelten. Am Ende stand ein Arbeitsprogramm, das auf Jahre hinaus die Leitlinien der weiteren europäischen Einigung bestimmen sollte.[6]

Auf französisches Drängen faßte die Konferenz den Beschluß, zur »Vollendung« des Gemeinsamen Markts zum 1. Januar 1970 »von der Übergangszeit in die Endphase der Europäischen Gemeinschaft einzutreten und [...] die endgültigen Finanzregelungen der gemeinsamen Agrarpolitik festzulegen«; hierzu sollten »die Beiträge der Mitgliedstaaten im Verfahren des Artikels 201 des EWG-Vertrags schrittweise durch eigene Einnahmen« ersetzt werden »mit dem Ziel, fristgerecht zu einer vollständigen Finanzierung der Haushalte der Gemeinschaften zu gelangen«. Bei einer späteren Anpassung an eine erweiterte Gemeinschaft dürften die Grundsätze der zu findenden Regelungen nicht mehr in Frage gestellt werden. Die fünf Partner Frankreichs äußerten im Gegenzug den dringenden Wunsch, die inzwischen zu teuer gewordene Agrarpolitik zu reformieren, erreichten jedoch hierzu keinen verbindlichen Beschluß. Vereinbart wurde aber, daß im Zuge der Schaffung einer Gemeinschaftsfinanzierung aus eigenen Mitteln die Haushaltsbefugnisse des Europäischen Parlaments gestärkt und die Frage seiner möglichen Direktwahl geprüft werden solle.[7]

Unter dem Signum »Vertiefung« des Gemeinsamen Markts wurde auf der Grundlage eines Memorandums des französischen Kommissars Raymond Barre vom 12. Februar 1969, das die sechs Finanzminister am 17. Juli grundsätzlich angenommen hatten, und mit nachdrücklicher Unterstützung durch Brandt vereinbart, daß im Jahre 1970 ein Stufenplan für die Errichtung einer Wirtschafts- und Währungsunion ausgearbeitet werden solle. »Die Entwicklung der Zusammenarbeit in Währungsfragen sollte sich auf die Harmonisierung der Wirtschaftspolitik stützen.« Währungsturbulenzen, die im Vorfeld der Haager Konferenz eine Abwertung des französischen Franc um 12,5 Prozent (am 8. August) und einer Aufwertung der DM um 9,29 Prozent (am 24. Oktober) zur Folge hatten, unterstrichen die Notwendigkeit stärkerer wirtschafts- und währungspolitischer Koordinierung, nicht zuletzt im Interesse der Stabilisierung der GAP. Freilich hielten die Partner Frankreichs es zum Teil für ratsam, für weitergehende Beschlüsse zunächst den Beitritt Englands abzuwarten.[8] Dies galt auch für den französischen Vorschlag, die technologische Zusammenarbeit zu entwickeln und Euratom durch den Bau einer europäischen Isotopentrennanlage und die gemeinsame Errichtung von Schnellen Brütern und Großrechnern neu zu beleben. Neben Absichtserklärungen wurde lediglich ein provisorisches Budget verabschiedet für Gemeinschaftsprogramme, die im einzelnen noch zu entwickeln waren. Die Konferenz bekundete auch das Interesse an der Gründung einer europäischen Universität.[9]

Hinsichtlich der »Erweiterung« wurde die Aufnahme von Verhandlungen mit beitrittswilligen Staaten beschlossen, soweit diese »die Verträge und deren politische Zielsetzung, das seit Vertragsbeginn eingetretene Folgerecht und die hinsichtlich des Ausbaus getroffenen Optionen« akzeptierten. Die Verhandlungen sollten vor dem 1. Juli 1970 aufgenommen werden, und zwar – gegen französische Bedenken – unabhängig von Fortschritten bei der »Vertiefung«. Vertiefung und Erweiterung sollten, wie es die Kommission vorgeschlagen hatte, gleichrangig und gleichzeitig verfolgt werden. Frankreich nahm seinen Platz in der WEU wieder ein.[10]

Mit diesen Grundsatzbeschlüssen wurden die Blockierungen der späten 1960er Jahre aufgelöst. Ein gleichzeitig vereinbartes Aktionsprogramm löste neuen Schwung aus, der noch im Dezember 1969 zu Weichenstellungen für eine Revitalisierung von Euratom, für die Beitrittsverhandlungen und für eine endgültige Finanzregelung der GAP führten. Daß die Haager Konferenz auch in der Öffentlichkeit als ein vielversprechender Neubeginn wahrgenommen wurde, zeigte die breite Zustimmung zur Schlußerklärung in den Mitgliedstaaten ebenso wie in den beitrittsuchenden Ländern. Manches war freilich vorerst nicht erreicht und in die Zukunft verschoben worden, wie etwa Vereinbarungen über eine Reform der Gemeinschaftsorgane im Hinblick auf die neu gesetzten Aufgaben und Ziele, insbesondere die Erweiterung, oder über die Wiederbelebung der »politischen Zielsetzungen, die der Gemeinschaft ihren ganzen Sinn und ihre Tragweite verleihen«. Am Ende wurde immerhin, auf Anregung Brandts, ein Ausschuß der Politischen Direktoren der sechs Außenministerien eingesetzt, mit der Aufgabe zu prüfen, »wie, in der Perspektive der Erweiterung, am besten Fortschritte auf dem Gebiet der politischen Einigung erzielt werden können«. Den Vorsitz dieses Ausschusses, der bis Ende Juli 1970 Vorschläge erarbeiten sollte, übernahm der belgische Diplomat Graf Etienne Davignon.[11]

Agrarfinanzierung und eigene Mittel

Die in Den Haag beschlossene »Vollendung« des Gemeinsamen Markts betraf zum einen die endgültige Regelung der Finanzierung der GAP durch »eigene« europäische Mittel, und zwar als Teil einer definitiven Regelung des Gesamtbudgets der Gemeinschaft gemäß Artikel 201 des EWG-Vertrags, und zum anderen die dadurch nahegelegte Neubestimmung der Haushaltsbefugnisse des Europäischen Parlaments. Sie fand ihre rechtliche Ausgestaltung in zwei Vereinbarungen, die nach schwierigen Verhandlungen am 21. und 22. April 1970 unterzeichnet wurden.

An die Beschlüsse zur provisorischen Finanzierung der GAP von 1962 und 1966 sowie an den Vorschlag der Hallstein-Kommission vom Frühjahr 1965 (S. 115, 137, 141) anknüpfend, hatte die Kommission dem Rat am 16. Juli 1969 empfohlen, daß die Abschöpfungen und Zolleinnahmen schrittweise direkt der Gemeinschaft zufließen sollten und daß ihre Verwendung dann vom Europäischen Parlament kontrolliert werden müßte. Da die Haager Konferenz die endgültige Finanzregelung zum Zeitpunkt des Übergangs in die Endphase der Gemeinschaft am 1. Januar 1970 festgelegt sehen wollte, stand der am 19. Dezember 1969 zusammentretende Ministerrat unter Einigungszwang. Auf einer viertägigen Sitzung stießen die unterschiedlichen Positionen der Mitgliedsregierungen aufeinander: das französische Interesse an der präferenziellen Behandlung der landwirtschaftlichen Erzeugnisse und an der Gemeinschaftssolidarität für die Finanzierung des Agrarmarkts; das Interesse insbesondere Deutschlands und Italiens, die wegen hoher Agrarimporte aus Drittländern überproportionale Abschöpfungsbeträge zahlten, an einer Deckelung und möglichst auch Reduzierung der Agrarausgaben; das Interesse der Niederländer, ihre Zolleinnahmen im Hafen Rotterdam erst zu einem möglichst späten Zeitpunkt der EG zukommen zu lassen; die Forderung aller Partner Frankreichs nach einer langen Übergangszeit. Die Verhandlungen endeten am 22. Dezember mit der Verabschiedung eines Zweiphasen-Plans. In einer Übergangsphase vom 1. Januar 1971 bis 31. Dezember 1974 sollten der Gemeinschaft direkt alle Abschöpfungen sowie gestaffelt die Außenzölle zufließen; soweit erforderlich sollten Beiträge der Mitgliedstaaten hinzutreten. Vom 1. Januar 1975 an sollte der gesamte EG-Haushalt aus Eigenmitteln bestritten werden, wozu freilich die Einnahmen aus Abschöpfungen und Zöllen voraussehbar nicht ausreichen würden, zumal beide Einnahmequellen bei stärkerer Beachtung der EG-Agrarpräferenz und bei weiteren internationalen Zollsenkungen eher zunehmend dünner sprudeln würden. Der Rat griff daher die Anregung des Parlaments auf, zusätzlich einen festen Anteil am Mehrwertsteuer-Aufkommen der Mitgliedstaaten – einen Prozentpunkt des nationalen Mehrwertsteuer-Satzes – direkt dem Gemeinschaftsbudget zufließen zu lassen. Hierbei wurde allerdings eine dreijährige Anpassungsphase vorgesehen, so daß die volle Ausstattung des EG-Haushalts mit eigenen Mitteln erst mit dem Jahre 1978 erreicht sein würde.[12]

Um gültig zu werden, benötigte dieser Ratsbeschluß freilich mehr Zeit als erwartet: Italien machte seine Zustimmung davon abhängig, daß zuvor für seine Produkte Wein und Tabak Marktordnungen vereinbart würden. Die Verhandlungen hierüber erwiesen sich als zeitraubend, vor allem beim Wein, weil massive Interessen Frankreichs berührt wurden. Erst am 21. April 1970 wurde Einigung für Tabak, am 28. April für Wein erreicht. Teils vorgreifend wurde schon am 21. April der Ratsbeschluß »über die Ersetzung der Finanzbeiträge der Mitgliedstaaten durch eigene Mittel der Gemeinschaften« verabschiedet. Indem er die Finanzautonomie der Gemeinschaft begründete, markierte er eine wichtige Etappe in der europäischen Integrationsgeschichte. Das »föderale Budget« machte die Gemeinschaft unabhängig von jährlich wiederkehrenden Zuweisungsbeschlüssen der Mitgliedstaaten und gab ihr größere Handlungsräume für »europäische« Maßnahmen. Es erschwerte zudem die nationalen Berechnungen des *juste retour*.[13]

Die Schaffung von Eigenmitteln der Gemeinschaft warf verstärkt die Frage nach der demokratischen Kontrolle des künftigen EG-Haushalts auf. Da diese Mittel, anders als die früher entrichteten nationalen Finanzbeiträge, nicht mehr von den Parlamenten der Mitgliedstaaten zu bewilligen waren, kam als befugtes Kontrollorgan nur das Europäische Parlament in Betracht, das allerdings nach den Gründungsverträgen nicht über entsprechende Kompetenzen verfügte. Die Haager Konferenz hatte grundsätzlich eine Verstärkung der Haushaltsbefugnisse des Parlaments in Aussicht genommen. Die Ausgestaltung im einzelnen konfrontierte auch hier, auf mehreren Ministerratssitzungen zu Beginn des Jahres 1970, die unterschiedlichen Positionen der Mitgliedstaaten. Die französische Regierung verwahrte sich neuerlich dagegen, daß mit Hilfe der Finanzregelung für die GAP eine Fortentwicklung der supranationalen Institutionen eingeleitet werde, zumal das Europäische Parlament, da nicht direkt gewählt, für die Übernahme substantieller Befugnisse nicht ausreichend legitimiert sei. Dagegen forderten Niederländer und Italiener eine erhebliche Verstärkung der Parlamentskompetenzen, zu denen auch das Recht gehören müsse, Ausgabenvorschläge zu machen. Auf der Grundlage eines Kompromißvorschlags des amtierenden Ratspräsidenten, des belgischen Außenministers Pierre Harmel, vom 6. Februar 1970 wurde nach langwierigen Diskussionen Einvernehmen über ein neues Haushaltsverfahren der Gemeinschaft erzielt, das in einem Vertrag vom 22. April 1970, dem Tag nach dem Eigenmittel-Beschluß, festgeschrieben wurde und die Finanzvorschriften der Gründungsverträge änderte.[14]

Danach erhielt das Parlament zunächst die volle Entscheidungsbefugnis für sein eigenes Budget. Wichtiger war das allgemeine Verfahren, das für die Übergangszeit bis 1974 vorsah, daß die Kommission einen Vorentwurf erarbeitete und dem Rat vorlegte, damit dieser dann mit qualifizierter Mehrheit den Entwurf des Haushaltsplans aufstellte und dem Europäischen Parlament zuleitete; das Parlament konnte Änderungen vorschlagen, die, sofern sie nicht den Gesamtbetrag der Ausgaben erhöhten, vom Rat zu übernehmen waren, wenn er sie nicht mit qualifizierter Mehrheit ablehnte. Nach der Übergangsphase, ab 1975, unterschied das neue Haushaltsverfahren in Artikel 203 des EWG-Vertrags »obligatorische« und »nicht-obligatorische« Ausgaben. Obligatorische Ausgaben waren die, »die sich zwingend aus dem Vertrag oder den aufgrund des Vertrages erlassenen Rechtsakten ergeben«, nicht-obligatorische Ausgaben solche, die nicht auf einer derartigen rechtlichen Verpflichtung beruhten. Für die ersteren, zu denen die Ausgaben für die GAP gehörten und die 1970 etwa 95 Prozent des EG-Haushalts umfaßten, hatte der Rat das letzte Wort; das Parlament konnte dazu Änderungen vorschlagen, die der Rat annehmen oder ablehnen konnte; über das Ergebnis wurde das Parlament lediglich abschließend informiert. Nur für die nicht-obligatorischen Ausgaben, die vor allem administrative Angelegenheiten und neue Politiken betrafen und nur etwa 4 Prozent des Budgets ausmachten, erhielt das Parlament das letzte Wort. In engem Rahmen konnte die Kommission aufgrund der wirtschaftlichen Entwicklung den in jedem Haushaltsjahr neu festzulegenden Ansatz der nicht-obligatorischen Ausgaben erhöhen.

Dies bedeutete, daß fast der gesamte EG-Haushalt in der Entscheidungsbefugnis des Ministerrats verblieb und der parlamentarischen Kontrolle weiter entzogen war. *Per saldo* wurden die Befugnisse des Parlaments nur geringfügig erweitert, die des Ministerrats dagegen in hohem Maße. Immerhin implizierte das neue Verfahren eine Öffnung für die Beteiligung des Parlaments an der Bearbeitung haushaltswirksamer Texte und für eine Zusammenarbeit mit dem Rat, die bei nächster Gelegenheit ausgedehnt werden konnte. In der Tat machte die Kommission schon 1972 neue Vorschläge zur Stärkung des Budgetrechts des Parlaments als Beitrag zur Demokratisierung der Gemeinschaftsinstitutionen. 1975 erhielt das Parlament die Mitwirkungsbefugnis bei legislativen Entscheidungen mit größeren budgetären Auswirkungen und das Recht, aus wichtigem Grund den Haushaltsentwurf insgesamt abzulehnen und einen neuen zu verlangen; außerdem hatte es fortan der Kommission für ihre Haushaltsgebarung Entlastung zu erteilen. Zudem stieg der Anteil der nichtobligatorischen Ausgaben am Gesamthaushalt: 1970 4 Prozent, 1975 13 Prozent, 1993 47 Prozent. Mit der Zunahme der Budgetkompetenzen des Europäischen Parlaments erhielt die Diskussion über eine Direktwahl weiteren Auftrieb.[15]

Die Ratifizierung des Beschlusses vom 21. April 1970 und des Vertrages vom 22. April erfolgte in den Mitgliedstaaten ohne Schwierigkeiten und mit großen Mehrheiten, nahezu ausschließlich dagegen stimmten kommunistische Abgeordnete. Kritisiert wurde allerdings die Geringfügigkeit der Kompetenzzuweisung an das Europäische Parlament. Das Bestreben Frankreichs, das als erstes Land am 23. Juni 1970 ratifizierte, die fünf Partner zur Ratifizierung vor Beginn der Beitrittsverhandlungen mit Großbritannien am 1. Juli zu gewinnen, mißlang. Den französischen Absichten durchaus mißtrauend, nahmen sich die Partner Zeit bis Ende des Jahres, als die Beitrittsverhandlungen bereits in vollem Gange waren. Immerhin konnte der Vertrag wie vorgesehen am 1. Januar 1971 in Kraft treten.[16]

Die volle Herstellung des Systems der Eigenmittel der Gemeinschaften – aus dem nur die Umlagen der EGKS und die nationalen Beiträge zum Europäischen Entwicklungsfonds (EEF), zusammen 5 Prozent des Gesamthaushalts, ausgeklammert blieben – erfolgte schrittweise bis 1979: Die Abschöpfungen gingen seit 1971 direkt an die Gemeinschaft, die Zölle seit 1975, der Mehrwertsteueranteil von einem Prozentpunkt wegen erforderlicher Angleichungen zwischen den Mitgliedstaaten erst seit 1979. Der Ertrag der Abschöpfungen und der Zölle nahm wie erwartet tendenziell ab. Ende der 70er Jahre war bereits die Ergiebigkeit der Mehrwertsteuer mit rund 50 Prozent Anteil am Gesamtbudget am größten, die der Abschöpfungen betrug 15 Prozent, der Zölle 35 Prozent der Einnahmen. Die Größe des EG-Budgets war insgesamt bescheiden: Es belief sich 1980 erst auf gut 20 Milliarden ECU, was weniger als 1 Prozent des Bruttosozialprodukts der Gemeinschaft oder 2,5 Prozent der Gesamtheit der Budgets der Mitgliedstaaten ausmachte. Angesichts der wachsenden Fülle der Gemeinschaftsaufgaben im Bereich der Regional-, Sozial-, Forschungs-, Industrie-, Energie- und Entwicklungspolitik war dies nicht nur nach Auffassung der Kommission und des Parlaments viel zu wenig. Die unverhältnismäßige Größe des festen Blocks der Agrarausgaben – damals 62,5 Prozent des Gesamthaushalts – erklärt sich auch aus dem geringen Umfang des Gesamthaushalts. Seit Ende der 70er Jahre wurde dementsprechend die Forderung nach einer Anhebung des Anteils der Gemeinschaft am Mehrwertsteuer-Aufkommen der Mitgliedstaaten immer lauter, zumal der Beitritt Großbritanniens zusätzliche Komplikationen und Belastungen für das Gemeinschaftsbudget auslöste.[17]

Werner-Plan und Europäisches Währungssystem

Die wichtigste auf der Haager Konferenz getroffene Vereinbarung zur »Vertiefung« der Europäischen Gemeinschaft betraf das Projekt, zur Stärkung von Stabilität und Wachstum des Gemeinsamen Markts »im Laufe des Jahres 1970 einen Stufenplan für die Errichtung einer Wirtschafts- und Währungsunion auszuarbeiten«. Das Resultat war der sog. »Werner-Plan« vom Oktober 1970, der allerdings rasch im Interessendissens der Mitgliedstaaten und den Untiefen einer krisenhaften internationalen Wirtschaftsentwicklung steckenblieb. Aber eine zweite Initiative, die des »Europäischen Währungssystems« (EWS) von 1978/79, schuf einen konkreten Ansatz.

Die Haager Konferenz hatte nicht die Kommission, sondern den Ministerrat in der Formation der Wirtschafts- und Finanzminister (Ecofin-Rat), mit der Ausarbeitung eines Vorschlags beauftragt. Mit bemerkenswerter Zügigkeit wurden schon in den ersten Wochen des Jahres 1970 mehrere Pläne vorgelegt, in denen auf unterschiedliche Weise Prinzipien und Realisierungsmöglichkeiten für eine Wirtschafts- und Währungsunion entwickelt wurden: Pläne der Finanzminister der Bundesrepublik (Karl Schiller), Frankreichs (Giscard d'Estaing), Belgiens (Snoy et d'Oppuers) und Luxemburgs (Pierre Werner, gleichzeitig Ministerpräsident) sowie der Kommission (Barre). Am 6. März 1970 betraute der Ecofin-Rat einen Sachverständigen-Ausschuß unter Vorsitz Werners mit der Analyse der Pläne und der Erarbeitung eines zusammenfassenden Berichts. Am 20. März nahm der Werner-Ausschuß seine Arbeiten auf. Bereits am 9. Juni erstattete er einen Zwischenbericht, der vom Rat angenommen wurde. Der endgültige Bericht wurde am 17. Oktober 1970 vorgelegt.[18]

Der ›Werner-Bericht‹ entwickelte einen Plan für die Verwirklichung einer Wirtschafts- und Währungsunion der Gemeinschaft, der – den »auf der Haager Konferenz feierlich verkündeten Willen der Mitgliedstaaten vorausgesetzt« –, schon bis 1980 stufenweise umgesetzt werden könne. Ausreichende Fortschritte in der Konvergenz und später Vereinheitlichung der Wirtschaftspolitiken der Gemeinschaft würden es ermöglichen, eine Währungsunion zu schaffen, die in ihrer voll ausgebildeten

Form zwischen den EG-Staaten die vollständige und irreversible Konvertibilität der Währungen, die Beseitigung der Bandbreiten der Wechselkurse, die unwiderrufliche Festsetzung der Paritätsverhältnisse und die völlige Liberalisierung des Kapitalverkehrs bringen würde; sie könne »mit der Einführung einer einheitlichen Gemeinschaftswährung gekrönt« werden, was zwar nicht zwingend erforderlich, aber aus psychologischen und politischen Gründen ratsam sei. Wesentlich sei die parallele Harmonisierung von Wirtschaft und Währung: »Auf allen Gebieten sind die zu treffenden Maßnahmen interdependent, und sie werden sich gegenseitig verstärken.« In der Wirtschafts- und Währungsunion müßten die wichtigsten Entscheidungen auf Gemeinschaftsebene getroffen werden, dafür seien neue Befugnisse von der nationalen Ebene auf die Ebene der Gemeinschaft zu übertragen; dies wiederum setze eine progressive Entwicklung der politischen Zusammenarbeit voraus. »Die Wirtschafts- und Währungsunion erscheint somit als ein Ferment für die Entwicklung der politischen Union, ohne die sie auf die Dauer nicht bestehen kann.« Es sei an die Errichtung von zwei neuen Gemeinschaftsorganen zu denken: eines »wirtschaftspolitischen Entscheidungsgremiums«, das dem Europäischen Parlament verantwortlich sein müsse, und eines »gemeinschaftlichen Zentralbanksystems« nach dem Muster des Federal Reserve Systems der Vereinigten Staaten.

Der Endpunkt der voll entwickelten Wirtschafts- und Währungsunion, so der Plan, könne über drei Stufen erreicht werden, deren erste am 1. Januar 1971 beginnen und drei Jahre dauern solle; die erste Phase, in der der Ministerrat noch das zentrale Entscheidungsorgan bleibe, erfordere von den Mitgliedstaaten und der Gemeinschaft bereits bedeutende Anstrengungen an Koordinierung und Konsultation sowie neue Verfahren, Institutionenreformen und nicht zuletzt Änderungen der Gründungsverträge. In Angriff zu nehmen seien schon in dieser ersten Phase eine Festlegung gesamtwirtschaftlicher Orientierungsdaten, die Koordinierung der Konjunkturpolitik, der Geld- und Kreditpolitik, der Haushalts- und der Steuerpolitik, Übereinkünfte über eine gemeinsame Struktur- und Regionalpolitik, auch über eine Umwelt- und Verkehrspolitik, die Integration der Geld- und

Kapitalmärkte und die schrittweise Beseitigung der Kursschwankungen zwischen den Währungen der Mitgliedstaaten. Rechtzeitig vor dem Ende der ersten Stufe sollte eine Regierungskonferenz einberufen werden mit dem Ziel, im Lichte der Erfahrungen die erforderlichen Änderungen des Projekts zu beschließen. In einer zweiten Stufe, deren zeitliche Erstreckung noch zu bestimmen sei, sollten dann auf einer Reihe von Gebieten in zunehmend verbindlicheren Formen die in der ersten Stufe in Angriff genommenen Aktionen fortgeführt werden. Zur Verstärkung der innergemeinschaftlichen Bindungen auf währungspolitischem Gebiet sollte so bald wie möglich ein »Europäischer Fonds für währungspolitische Zusammenarbeit« (EFWZ) geschaffen werden, der ein Vorläufer des gemeinschaftlichen Zentralbanksystems der Endstufe sein würde.[19]

Der Werner-Plan bildet ein wegweisendes Dokument der europäischen Einigungspolitik, doch war ihm zu seiner Zeit kein Erfolg beschieden. Der Ministerrat konnte sich weder auf seiner Sitzung am 24. November noch auf der am 14. Dezember 1970 zur Annahme des Planes entschließen, obwohl er dessen Hauptelemente mit dem Zwischenbericht vom 9. Juni bereits gebilligt hatte. Hintergrund waren vor allem Spannungen zwischen »Ökonomisten« und »Monetaristen«: Pompidou war zwar wegen der Möglichkeiten einer europäischen Einbindung der D-Mark und einer Beendigung der Dollar-Dominanz an der Währungsunion interessiert, lehnte aber anders als Barre und Giscard d'Estaing die Verknüpfung mit einer Wirtschaftsunion ab, um – in gaullistischem Selbstverständnis – vorerst weiter Herr der Nationalökonomie bleiben zu können. Die Bundesregierung beharrte andererseits wenn schon nicht auf einer vorhergehenden, dann zumindest auf einer gleichzeitigen Verwirklichung der Wirtschafts- und der Währungsunion, weil sie, über die bei weitem größten Währungsreserven verfügend, nicht für die währungspolitischen Folgen einer befürchteten Wirtschaftspolitik der »leichten Hand« in den Partnerländern zu bezahlen gedachte. Pompidou wandte sich auch gegen die supranationalen Aspekte des Plans, die über eine verstärkte Zusammenarbeit hinausgingen und einen Sog zur politischen Integration auslösen konnten; ein automatischer Übergang von der ersten zur zweiten

Stufe kam für ihn daher nicht in Frage. Ein französisch-deutscher Kompromiß vom Februar 1971 sah schließlich vor, daß nur für die erste Stufe ein Maßnahmenkatalog ausgearbeitet und über neue Gemeinschaftsorgane nicht weiter gesprochen werden sollte. Auf dieser Grundlage beschloß der Ministerrat am 22. März 1971 das Programm einer zwischenstaatlichen Koordinierung der Haushalts-, Steuer-, Konjunktur- und Währungspolitiken in der ersten Stufe, die nunmehr vom 1. Juli 1971 bis zum 31. Dezember 1973 dauern sollte. Damit war der Werner-Plan stark abgeschwächt worden. Immerhin sollte zum 15. Juni 1971, zwecks Einstiegs in die Herstellung fester Paritäten zwischen den Währungen, deren Schwankungsbreite gegenüber dem Dollar von +/– 0,75 Prozent auf +/– 0,60 Prozent reduziert werden.[20]

Indessen verdorrte auch noch dieses zarte Pflänzchen im aufkommenden Sturm der Dollarkrise, deren Ursache die chronische Überbewertung des Dollar vor dem Hintergrund des seit dem Zweiten Weltkrieg kontinuierlich angewachsenen amerikanischen Zahlungsbilanzdefizits war. Sie löste im Frühjahr 1971 eine Flucht in europäische Währungen, insbesondere in die D-Mark aus, was die Bundesregierung schon am 5. Mai zur Schließung des deutschen Devisenmarkts zwang. Angesichts der weiterschwelenden Krise dekretierte US-Präsident Richard Nixon am 15. August 1971 die Aufhebung der Konvertierbarkeit des Dollar in Gold und die Verhängung einer Zusatzsteuer von 10 Prozent auf Importe in die USA. Damit brach das 1944 in Bretton Woods vereinbarte internationale Währungssystem, das auf festen Wechselkursen und der jederzeitigen Einlösegarantie aller Währungen in Gold oder Dollar beruhte, zusammen. Das europäische Währungsprojekt wurde davon in Mitleidenschaft gezogen.[21]

Denn anstatt auf die Dollarkrise mit einer gemeinsamen Haltung zu reagieren, ließen sich die sechs EG-Regierungen von ihr spalten. Angesichts des ungeklärten künftigen Außenwertes der US-Währung schlug die Bonner Bundesregierung vor, daß die Währungen der Sechs gleichermaßen ihre Anbindung an den Dollar aufgeben und ihm gegenüber gemeinsam »floaten« sollten, wodurch Inflation vermieden würde und die Paritäten untereinander erhalten blieben. Die französische Regierung empfahl dagegen – darin von der Europäischen Kommission bestärkt –, daß gegenüber dem Dollar feste Wechselkurse beibehalten werden sollten bei gleichzeitiger Einführung eines Kontrollmechanismus gegen unerwünschte Dollar-Zuflüsse. Von gemeinsamem Floaten befürchtete man in Paris eine Neubewertung der europäischen Währungen, die die heimische Wirtschaftsentwicklung belasten könnte. In Bonn stießen andererseits Devisenkontrollen, die den freien Kapitalverkehr behinderten, auf Ablehnung. Die Folge der separaten Umsetzung der divergierenden deutschen und französischen Konzeptionen war, daß der EG-Währungsraum in vier Zonen zerfiel: die Bundesrepublik floatete frei und nahm dabei eine Aufwertung der DM gegenüber den Partnerwährungen von 5 bis 10 Prozent in Kauf; der holländische Gulden und der belgische Franc floateten in gemeinsamem Verbund; Frankreich und Italien verfügten unterschiedliche Formen von Devisenkontrollen.[22]

Erst als sich im Dezember 1971 die USA zu einer offiziellen Abwertung des Dollar (um 7,89 Prozent) und zur Rücknahme der zusätzlichen Importsteuer bereitfanden (gegen die europäische Zustimmung zu einer neuen multilateralen Zollsenkungsrunde im Rahmen des GATT, der sog. »Tokio-Runde« (S. 189), wurde der Boden für eine Neuordnung des Währungssystems gefunden. Auf einer Tagung der Minister und Bankchefs der sogenannten »Zehnergruppe« (Belgien, Deutschland, Frankreich, Großbritannien, Italien, Japan, Kanada, Niederlande, Schweden, USA) in Washington am 17. und 18. Dezember 1971 wurden die Beendigung der Praxis des Floatens sowie eine Erweiterung der Schwankungsbreiten der Währungen im Rahmen des Internationalen Währungsfonds (IWF) von +/– 1 Prozent auf +/– 2,25 Prozent vereinbart. Dies schuf freilich neue Probleme: Da bei gegenläufigen Bewegungen zweier Währungen Bandbreiten von bis zu 9 Prozent drohten, befürchtete man in Brüssel negative Effekte für den Zusammenhalt des Gemeinsamen Markts; daher beschlossen die Sechs am 21. März 1972, unter Beteiligung der vier Beitrittsbewerber Großbritannien, Irland, Dänemark und Norwegen, untereinander die neuen IWF-Bandbreiten auf +/– 1,125 Prozent zu halbieren. Es war die Geburt der europäischen »Währungsschlange«, die sich für einige Zeit im doppelt so breiten »IWF-Tunnel« bewegte. Als mit der zweiten Dollarabwertung um 10 Prozent am 12. Februar 1973 die amerikanische Währung den Tunnel sprengte, wurde die europäische Schlange selbständig. Am 3. April 1973 wurde zudem schließlich der EFWZ (auch »Europäischer Währungsfonds« genannt) errichtet, womit die EG ihren Willen bekundete, das Ziel der Wirtschafts- und Währungsunion nicht aus den Augen zu verlieren. Indessen stieß auch dieser, aus der Krise geborene pragmatische Neuansatz bald an seine Grenzen. Schon 1972 verließ das britische Pfund die Schlange wieder, 1973 vermochte die Lira, 1974 und – nach zwischenzeitlicher Rückkehr – erneut 1976 der französische Franc sich nicht in den Bandbreiten der Schlange zu halten. Eine kleine D-Mark-Zone des konzertierten und begrenzten Floatens blieb übrig, der nur noch Deutschland, die Benelux-Staaten und Dänemark angehörten. Verschiedene Vorschläge für einen Neubeginn blieben in den Jahren 1974 bis 1976 erfolglos. Von freiem Kapitalverkehr, einer Konzertierung der Wirtschaftspolitiken oder solidarischer Stützung strauchelnder Währungen konnte zu dieser Zeit kaum ernsthaft die Rede sein, ganz zu schweigen von dem Zieldatum 1980 für die Verwirklichung einer Wirtschafts- und Währungsunion.[23]

Eine überzeugende Situation war dies nicht. Die 1973 hereingebrochene Ölkrise, die infolge einer Vervierfachung des Ölpreises zu weltweiter Inflation, Zahlungsbilanzdefiziten und Arbeitslosigkeit führte, die Rezession des Jahres 1975 und der anhaltende Verfall des Dollarwertes drängten nachdrücklich zu neuen Stabilisierungsbemühungen. Hinzu kam, daß das Schwanken der Paritäten zwischen den Gemeinschaftswährungen die GAP bedrohte: Wegen der gemeinsamen Agrarpreise sanken die Einkommen der Bauern in Aufwertungsländern wie Deutschland; die Folge war die Notwendigkeit der Vereinbarung von »Währungsausgleichsbeträgen« zugunsten der betroffenen Landwirtschaften, die bis in die 80er Jahre zusätzliche Spannungen schürten, vor allem im deutsch-französischen Verhältnis.[24]

Es war der britische Kommissionspräsident Roy Jenkins, der in einem Vortrag im (1976 gegründeten) Europäischen Hochschulinstitut in Florenz am 27. Oktober 1977 verbreiteten Überlegungen zu einer Wiederaufnahme des Projekts der Wirtschafts-

und Währungsunion die Richtung wies. Jenkins legte dabei den Akzent auf die Währungsunion, durch deren Realisierung nicht nur der EG-Währungsraum stabilisiert, sondern auch die Spekulation entmutigt, die Inflation verringert, die Investitionstätigkeit gestärkt und die Arbeitslosigkeit vermindert werden könnten.[25] Bei einem Besuch in Bonn am 28. Februar 1978 fand Jenkins bei Bundeskanzler Helmut Schmidt ähnliche Überlegungen; Präsident Giscard d'Estaing, Nachfolger Pompidous, mußte ebenfalls nicht lange von der Notwendigkeit eines Neuanlaufs zur Ordnung des EG-Währungsraums überzeugt werden. Ein Tandem Schmidt-Giscard erreichte auf der Tagung des Europäischen Rats in Kopenhagen am 8. April 1978 eine Grundsatzentscheidung zur Schaffung eines »Europäischen Währungssystems« (EWS), die auf dem Gipfeltreffen in Bremen am 6. Juli mit der Vereinbarung eines Zeitplans bekräftigt wurde. Formell beschlossen wurde die Errichtung des EWS auf der Tagung des Europäischen Rats am 4. und 5. Dezember 1978 in Brüssel. Die britische Regierung freilich verweigerte die Mitwirkung und zog es vor, das Pfund weiter frei floaten zu lassen. Irland und Italien machten erst mit, als zusätzliche EG-Leistungen für den Ausbau ihrer regionalen Infrastrukturen wenigstens partiell zugesagt worden waren. Frankreich machte überraschend noch seine Teilnahme von der Wiederabschaffung der von Deutschland durchgesetzten Währungsausgleichsbeträge für die Landwirtschaft abhängig. Hierüber wurde Anfang März eine prinzipielle Vereinbarung getroffen. Daraufhin konnte am 13. März 1979 schließlich das EWS in Aktion treten. [26]

Es beruhte auf drei Elementen: einer abstrakten Referenzwährung ECU (European Currency Unit/Europäische Währungseinheit; die Bezeichnung erinnerte auch an den vom 13. Jahrhundert bis 1803 geltenden französischen Ecu), einem neuen Wechselkurs- und Interventionssystem und verschiedenen Kredit- und Transaktionsmechanismen. Der Wert des ECU errechnete sich aus dem je nach Wirtschaftskraft der Mitgliedstaaten gewogenen Durchschnittswert aller neun EG-Währungen, die einen sogenannten »Währungskorb« bildeten. Mit 33 Prozent hatte die D-Mark den mit Abstand größten Anteil am Währungskorb, gefolgt vom französischen Franc (19,8 Prozent), dem britischen Pfund (13,4 Prozent), dem holländischen Gulden (10,5 Prozent), der Lira (9,5 Prozent), dem belgischen Franc (9,2 Prozent), der Dänenkrone (3,1 Prozent), dem irischen Pfund (1,15 Prozent) und dem luxemburgischen Franc (0,35 Prozent). Der ECU war nicht ein in Metall oder Papier ausgeprägtes und allgemein verfügbares Zahlungsmittel, sondern lediglich Bezugs- und Rechengröße im Wechselkurs- und Interventionssystem des EWS, bei der Abwicklung von Krediten und Transaktionen sowie in der Haushaltspolitik der EG. Das Wechselkurs- und Interventionssystem funktionierte mit Hilfe eines »Leitkursgitters«, in dem die EG-Währungen nach einem in ECU ausgedrückten Leitkurs jeweils bilateral zueinander in Bezug gesetzt wurden und in einer Bandbreite von +/– 2,25 Prozent nach oben und unten gegeneinander schwanken durften (+/– 6 Prozent für die italienische Lira). Erreichten die Marktkurse die Ober- oder Untergrenzen – was von einem aufgrund der Erfahrungen mit der Schlange neu konzipierten »Abweichungs-Indikator« frühzeitig angezeigt wurde –, mußten die Zentralbanken der betreffenden Länder mit Stützungskäufen oder -verkäufen am Devisenmarkt intervenieren, um die Kurse innerhalb der Bandbreite zu halten. Für solche Interventionen erhielten sie ECUs vom Europäischen Währungsfonds, bei dem jeder beteiligte Staat 20 Prozent seiner Gold- und Dollarreserven zu hinterlegen hatte; die 25 Milliarden ECU, mit denen dadurch der Fonds insgesamt gefüllt wurde, sollten Währungsspekulanten entmutigen.[27]

Während alle EG-Währungen stets in die Zusammensetzung des ECU-Währungskorbs eingingen, entzogen sich mehrere Mitgliedstaaten vorübergehend oder ganz der Teilnahme am Wechselkurs- und Interventionssystem des EWS. 1979 bis 1989 und dann wieder ab 1992 betraf dies England, nach ihrem Beitritt dann Griechenland, Portugal und Spanien, schließlich 1995 Schweden, und von 1992 bis 1996 auch Italien. Dessen ungeachtet wurde das EWS insgesamt bei all seinen Unvollkommenheiten ein großer Erfolg. Es erwies sich als ein Disziplinierungsinstrument, unter dem seit 1979 Währungsstabilität und seit Mitte der 1980er Jahre wirtschaftliches Wachstum zurückkehrten, wie sie seit 1972 nicht mehr bekannt gewesen waren, bei freilich häufigeren Interventionen durch die Zentralbanken und gelegentlichen Wechselkurs-Anpassungen. Der »Dooge-Bericht« von 1985 (S. 224) schrieb rückblickend dem Funktionieren des EWS das Verdienst zu, in krisenhafter Zeit die Einheit des Gemeinsamen Markts bewahrt, stabile Wechselkurse gesichert und die Grundlagen der Währungsidentität der Gemeinschaft gelegt zu haben. Gewiß war es auch eine wesentliche Voraussetzung für das Gelingen des Binnenmarkt-Projekts 1992. Und nicht zuletzt wurde es zur zuverlässigen Brücke zur eigentlichen Währungsunion: Das EWS funktionierte bis zum 31. Dezember 1998, erst dann wurde es durch die Festsetzung unwiderruflicher Wechselkurse für den Euro und durch einen neuen Wechselkursverbund zwischen Teilnehmerstaaten der Währungsunion und Nichtteilnehmern (EWS II) ersetzt (S. 291, 295).[28]

Konvergenz von Wirtschaftspolitiken

Der Weg zu einer Wirtschaftsunion, d. h. der Vertiefung des Gemeinsamen Markts mittels Harmonisierung der nationalen Wirtschaftspolitiken, erwies sich als eher noch beschwerlicher als der zur Währungsunion. Harmonisierung bedeutete, daß die Mitgliedstaaten zustimmten, ihre bis dahin autonom verantworteten und unterschiedlich strukturierten Nationalökonomien gemäß Artikel 103 bis 105 des EWG-Vertrags in wichtigen Bereichen einer übergeordneten europäischen Koordinierung zu unterwerfen: in der Konjunktur- und Haushaltspolitik etwa, der Steuer- und Kapitalmarktpolitik, der Struktur- und Regionalpolitik, der Verkehrs- und Sozialpolitik. Nicht erst seit dem Werner-Plan wurde das substantielle Wechselverhältnis zwischen Wirtschafts- und Währungsunion häufig beschworen, jedoch war die Bereitschaft der Regierungen, souveräne Gestaltungsmöglichkeiten im ökonomischen Bereich, die sich auch in nationalen Wahlergebnissen niederschlagen können, zugunsten einer europäischen Koordinierung aufzugeben, höchst unterschiedlich ausgeprägt. Dementsprechend bietet der Blick auf ökonomische Angleichungseffekte im Gemeinsamen Markt der 70er Jahre das heterogene Bild eines nur langsam in Gang kommenden und sich erst längerfristig auswirkenden Prozesses mit zunächst nur rudimentären Ergebnissen. In manchen Bereichen – Konjunktur, Haushalt, Steuern, Kapitalverkehr – war von solchen Effekten vorerst so gut wie gar nichts zu erkennen. In anderen Bereichen stellten sich durchaus erste Wirkungen infolge von Gemeinschaftsinitiativen ein, aber auch aufgrund von Rückwirkungen der Zollunion, der GAP sowie der internationalen Wirtschaftskrise.

Zudem geriet der integrierte Agrarbereich in Probleme. Zum Ende der 60er Jahre ging bei fast allen landwirtschaftlichen Erzeugnissen die Selbstversorgung im EWG-Raum in Überschußproduktion über. Die aufgrund der Preisgarantie ausufernden Agrarausgaben, die von Nettozahlern wie Deutschland und Italien, seit 1973 auch Großbritannien mit wachsendem Unmut beklagt wurden, zwangen zu Reformen, die naturgemäß, soweit sie auf Einsparungen abzielten, bei Betroffenen wie vor allem den Franzosen auf massiven Widerstand stießen. Verschiedene Reformvorschläge trafen sich in dem Grundsatz, Änderungen nur innerhalb des Systems der GAP vorzunehmen, dieses selbst aber nicht in Frage zu stellen. Schon im Dezember 1968 schlug Agrarkommissar Mansholt Maßnahmen vor, durch die Überschußproduktionen wie Butter und Zucker entmutigt, Mangelproduktionen wie Fleisch stimuliert und die Schließung unrentabler Betriebe (vor allem in Frankreich und Italien) gefördert werden sollten (sog. »Mansholt-Plan«). In den 70er und frühen 80er Jahren beschloß der Ministerrat Umstrukturierungsprogramme, Anpassungsmaßnahmen für Wein und Zucker, eine »Mitverantwortungsabgabe« für Milchprodukte, eine Quotierung der Getreideproduktion und direkte Einkommensbeihilfen für kleinere Erzeuger, ohne daß die Kostenentwicklung des Agrarmarkts überzeugend gebremst werden konnte. Seit Anfang der 80er Jahre wuchs die Einsicht, daß ein grundsätzlicheres Umsteuern wohl unumgänglich sein würde, daß beim Fehlen ökonomisch sinnvoller Absatzmöglichkeiten unbegrenzte Preis- und Interventionsgarantien der Gemeinschaft nicht mehr vertretbar, Angleichungen an die Weltmarktpreise unvermeidbar seien. Eine grundlegende Reform der GAP kam indessen erst 1992 zustande (S. 284).[29]

Immerhin entstand 20 Jahre nach der Schaffung des »Grünen Europa« das »Blaue Europa«: die gemeinsame Fischereipolitik.

In Anlehnung an das System der GAP regelten 1970 zwei Verordnungen über eine gemeinsame Marktorganisation für Fischereierzeugnisse und über die Einführung einer gemeinsamen Strukturpolitik für die Fischwirtschaft den freien und gleichen Zugang der Mitgliedstaaten zu den Fischgründen der Gemeinschaft. Die großen Fischfangnationen Großbritannien und Norwegen stellten in ihren Beitrittsverhandlungen (S. 183) die getroffene Regelung freilich in Frage und setzten eine Übergangsperiode von zehn Jahren durch, die genutzt werden sollte, um bis zum 31. Dezember 1982 ein modifiziertes System auszuarbeiten, das ihren Interessen besser entsprach. Darüber wurde von 1976 bis 1982 verhandelt; gleichzeitig tagte die UN-Seerechtskonferenz, bei der den Küstenstaaten vorgelagert eine 200 Seemeilen breite »ausschließliche Wirtschaftszone« mit genau umrissenen Rechten und Hoheitsbefugnissen eingerichtet wurde. Da sich die Festlegung von Fangquoten in den Wirtschaftszonen der Mitgliedstaaten als schwierig erwies, konnte erst am 25. Januar 1983 im Ministerrat eine neue Gemeinsame Fischereipolitik beschlossen werden, deren wichtigste Elemente die Festlegung der Gesamtfangmenge (für 1983 rund 1,3 Millionen Tonnen) und ihre dauerhafte Aufteilung auf die Mitgliedsländer waren. Danach erhielten Großbritannien einen Anteil von 36 Prozent, Dänemark von 24 Prozent, die Bundesrepublik und Frankreich von je 13 Prozent. Des weiteren wurden ein dreijähriges Hilfsprogramm für die Umstrukturierung der Fischereiflotten und Maßnahmen zur Erhaltung der Bestände vorgesehen sowie Abmachungen mit Drittländern über gegenseitige Fangrechte getroffen.[30]

Eine Industriepolitik, quasi als Gegenstück zur GAP, entwickelte sich vorerst nur als vage Möglichkeit. Kompetenzen hierfür begründeten der EGKS-Vertrag für den Kohle- und Stahlsektor und der Euratom-Vertrag für den Kernenergie-Bereich, nicht aber der EWG-Vertrag für die Wirtschaft allgemein. Die Gemeinschaft konnte daher, um die gewerbliche Wirtschaft insgesamt für den internationalen Wettbewerb zu stärken, in den 60er Jahren nur durch Bemühen um Koordinierung industriepolitischer Maßnahmen der Mitgliedstaaten oder durch die Überwachung der Wettbewerbsregeln des EWG-Vertrags (Kartellpolitik, Beihilfenkontrolle u. a.) tätig werden. 1970 stellte die Kommission eine gemeinschaftliche Industriepolitik und die Bildung eines europäischen Industrieraumes zur Diskussion. Ein Beschluß der Pariser Gipfelkonferenz vom Oktober 1972 beförderte in den folgenden Jahren die Realisierung multinationaler Industriestrukturen und die finanzielle Förderung des Strukturwandels in der EG. Dabei wirkten sich unterschiedliche Interessen der Mitgliedstaaten aus: Frankreich war für, die Bundesrepublik und Großbritannien waren eher gegen das Entstehen eines Brüsseler Industriedirigismus. Die internationale Wirtschaftskrise nach 1973 ließ freilich in manchen Fällen keine Alternative zu gemeinsamen Maßnahmen, etwa zur Stützung der notleidenden Schiffsbau-, Textil- und Lederindustrien. Das größte Industriemanagement der EG löste die sich in den 70er Jahren weiter verschärfende Stahlkrise aus. Im Rahmen des Montanunion-Vertrages dekretierte sie Produktionsbeschränkungen, verhandelte mit Drittstaaten über Importbegrenzungen und verkündete im Oktober 1980 zum ersten Mal das Bestehen einer »offensichtlichen Krise« gemäß Artikel 58 des EGKS-Vertrags, wodurch ihr ermöglicht wurde, den einzelnen Stahlunternehmen Erzeugungsquoten zuzuteilen.[31]

Ein industriepolitischer Impuls ging von der Technologiepolitik aus, die, auf der Haager Konferenz erörtert, im Oktober 1972 von den Staats- und Regierungschefs formell beschlossen und in einem Aktionsprogramm von 1974 präzisiert wurde. Eine Schlüsselrolle spielte darin die GFS der Euratom, deren Tätigkeitsfeld Ende der 60er Jahre auf die Spitzentechnologien im allgemeinen ausgeweitet worden war, die verstärkt Koordinierungsaufgaben übernahm und mit Drittstaaten und privaten Unternehmen zusammenarbeitete. Daraus resultierte das erste echte nach Gemeinschaftsrecht gegründete europäische Unternehmen JET (Joint European Torus), dessen Aufgabe die Entwicklung der kontrollierten thermonuklearen Fusion als Energiequelle der Zukunft war. Andere Gemeinschaftsprojekte betrafen die Einrichtung eines Europäischen Datenübermittlungsnetzes (Euronet), die Erforschung und Entwicklung nichtnuklearer Energiequellen (z.B. Solartechnik), Mikro- und Biotechnologie, Medizintechnik, Rohstoffverwertung und Umweltschutz. Das

Gemeinschaftsbudget für Forschung und Technologie belief sich freilich vorerst nur auf rund 2 Prozent der von den Mitgliedstaaten für diese Zwecke aufgewendeten Mittel.[32]

Das Bemühen, Fusionen zur Bildung »europaweiter« Unternehmen zu fördern, blieb zunächst ohne Erfolg, nicht zuletzt wegen der in der Bundesrepublik und den Niederlanden geforderten, in den anderen Mitgliedstaaten aber abgelehnten Mitbestimmung der Arbeitnehmer. Es entwickelten sich aber, namentlich in Bereichen der Spitzentechnologie, die die Regierungen eher in nationaler Regie zu halten trachteten, Kooperationen, an denen jeweils nur einige der EG-Staaten beteiligt waren, etwa das Airbus-Konsortium (Frankreich, Deutschland, Italien, Belgien), die Europäische Weltraumbehörde ESA (European Space Agency) und die beiden Unternehmen zur Uran-Anreicherung Urenco (Deutschland, Niederlande, Großbritannien) und Eurodif (Frankreich, Italien, Belgien, Spanien). Hinzu kamen wenige binationale Zusammenschlüsse: Royal Dutch Shell und Unilever (beide britisch-niederländisch) vor, Agfa-Gevaert (deutsch-belgisch) und Hoesch-Hoogovens (deutsch-niederländisch) nach Eröffnung des Gemeinsamen Markts. Gemeinschaftsweit operierten nur europäische Filialen multinationaler Unternehmen, deren Verwaltungszentralen zumeist in den USA lagen. Anzufügen bleibt, daß 1973 das Europäische Patentamt in München errichtet wurde (eine Initiative des Europarats), und daß 1975 die Gemeinschaft das Europäische Patent mit einheitlichen Wirkungen in allen Mitgliedstaaten einführte. Seit 1982 griff die Kommission Überlegungen auf, die vielen kleinen und mittleren Unternehmen (KMU) in der EG mit Hilfe finanzieller Anreize stärker in den Integrationsprozeß einzubeziehen.[33]

Vor dem Hintergrund der Ölkrise von 1973 schien sich vorübergehend eine gemeinsame Energiepolitik anzubahnen. Die schlagartige Verteuerung eines Energieträgers, von dem die EG-Staaten 1973 für ihre Energieversorgung zu 67 Prozent abhängig waren, führte acht der neun EG-Staaten dazu, sich an der Internationalen Energieagentur (IEA) zu beteiligen, die auf amerikanische Initiative im Rahmen der OECD in Paris eingerichtet wurde und den Ölverbraucherländern einen Krisenmechanismus für Versorgungsengpässe bot; nur Frankreich blieb außerhalb. 1974 beschloß der Ministerrat Maßnahmen zur Energieeinsparung, zur Verminderung der Abhängigkeit von Ölimporten, zur Anlage nationaler Ölreserven für 90 Tage und zur europäischen Koordinierung bei Versorgungsmängeln. Zudem wurde die Rückbesinnung auf die Kohlenutzung (im Rahmen der Montanunion) und auf den stärkeren Einsatz der Kernenergie (im Rahmen der Euratom) gefördert, mit dem Ergebnis, daß bis zu den frühen 80er Jahren der Anteil des Öls an der Energieversorgung der EG auf etwa 45 Prozent zurückging, bei zudem steigender Förderung von Nordseeöl. Mit der Entspannung der Versorgungslage schwand indessen das Interesse an einer gemeinsamen Energiepolitik wieder; eine nachhaltige europäische Strategie zu Investitionen in energiesparende Techniken, zu Diversifizierung der Versorgung und auch zum Verhältnis zu den OPEC-Staaten kam nicht zustande.[34]

Die Entwicklung einer gemeinsamen Verkehrspolitik blieb auch in den 70er und frühen 80er Jahren weit hinter den vertraglich vorgegebenen Möglichkeiten zurück. Nach der Erweiterung von 1973 begann die Gemeinschaft pragmatisch Einzelbeschlüsse zu fassen, durch die die Verkehrsentwicklung innerhalb der EG erleichtert und gefördert werden sollte; sie betrafen etwa den Ausbau der grenzüberschreitenden Verkehrswege, die Verbesserung der wirtschaftlichen Lage der Eisenbahnen, die Entwicklung des Verhältnisses von Schiene und Straße, die Erleichterung des interregionalen Linienflugverkehrs und die Erhöhung der Sicherheit im Schiffsverkehr. Auch gegenüber Drittstaaten trat die Gemeinschaft als Sachwalterin europäischer Verkehrsinteressen in Erscheinung. Die unterschiedlichen nationalen Interessen erlaubten indessen vorerst keinen »großen Wurf«, sondern nur einzelne Schritte zur Beseitigung der gröbsten Unstimmigkeiten und Hemmnisse. Immerhin beschloß der Ministerrat im März 1981 ein 10-Punkte-Programm, das den zunehmenden Stellenwert einer gemeinsamen Verkehrspolitik anzeigte. Dessen ungeachtet erhob das Europäische Parlament am 22. Januar 1983 vor dem Gerichtshof in Luxemburg eine Untätigkeitsklage, in der dem Rat vorgeworfen wurde, wichtige im EWG-Vertrag vorgesehene Entscheidungen zur Verwirklichung einer gemeinsamen Verkehrspolitik nicht rechtzeitig gefaßt zu haben. Am

22. Mai 1985 bestätigte das Gericht, daß die Klage zu Recht erhoben wurde, und leitete damit eine neue Entwicklung in der europäischen Verkehrspolitik ein.[35]

Die Regionalpolitik der Gemeinschaft, in den 60er Jahren in unsystematischen Ansätzen entwickelt (S. 118), erhielt 1975 eine etwas festere Grundlage mit der Errichtung des »Europäischen Fonds für Regionale Entwicklung« (EFRE). Hauptnutznießer des Fonds, zu dem Deutschland den größten Beitrag leistete, waren vor der 1981 einsetzenden Süderweiterung (S. 191) die Länder Italien, Großbritannien, Frankreich und Irland. Bezeichnend für die EG blieb weiter, auch unter dem EFRE, die unbefriedigende Koordinierung zwischen nationaler Projektentwicklung und europäischer Finanzierung. Die EG-Mittel wurden von den Empfängern zum Teil auch sachfremd, z. B. für allgemeine Infrastrukturmaßnahmen, verwendet. Aufs Ganze gesehen, begann der Umverteilungsmechanismus der Regionalpolitik aber gewiß zur Verringerung regionaler Unterschiede in der Gemeinschaft beizutragen.[36]

Eine in den Gründungsverträgen nicht vorgesehene Gemeinschaftspolitik entwickelte sich seit 1972 auf dem Gebiet des Umweltschutzes. In Aktionsprogrammen von 1973, 1977 und 1981, die von einem breiten Konsens der Mitgliedsregierungen getragen waren, entwickelte die EG die Ziele einer »präventiven europäischen Umweltpolitik«, mit der nationale Maßnahmen koordiniert und übergreifende europäische Maßnahmen ermöglicht werden sollten. Gegenstand der seit 1976 zahlreicher werdenden Richtlinien, die auf die Verringerung der Umweltbelastungen und eine rationellere Nutzung der natürlichen Ressourcen abzielten, waren vor allem die Reinhaltung der Luft, der Gewässerschutz, der Naturschutz, allgemein die Verbesserung der Lebensqualität. Die Umweltpolitik der EG wurde zu einem bescheidenen, aber krisenfesten Arbeitsbereich mit faßbaren Ergebnissen. Manche Nichtumsetzung von Umwelt-Richtlinien durch einzelne Mitgliedstaaten löste freilich Klagen der Kommission vor dem Europäischen Gerichtshof aus – wie in anderen Politikbereichen auch.[37]

Nach dem Pariser Gipfel vom Oktober 1972 gewann eine gemeinsame Sozialpolitik (S. 118) vermehrte Bedeutung. Mit einem

Aktionsprogramm vom Januar 1974 und mehreren Direktiven von 1975 wurden Mindeststandards für alle Arbeitnehmer in der EG postuliert, darunter die 40-Stunden-Woche, der vierwöchige bezahlte Urlaub und der gleichberechtigte Zugang zu Beschäftigungsmöglichkeiten. Der ESF wurde 1971 und 1977 reformiert und dabei den durch die Wirtschaftskrise veränderten Umständen angepaßt, namentlich der zunehmenden Arbeitslosigkeit im EG-Raum: Die eine Hälfte der – mäßig steigenden – Mittel des Fonds wurde fortan für die Verbesserung der Beschäftigungslage in benachteiligten Gebieten vorgesehen, die andere Hälfte für Maßnahmen der Berufsumschulung. Der Kampf gegen die Arbeitslosigkeit blieb im Kern Aufgabe der nationalen Wirtschaftspolitik, doch beteiligte sich die Gemeinschaft subsidiär, mit Mitteln des Fonds, an spezifischen Aktionen wie der Förderung der beruflichen Ausbildung und der Beschäftigung Jugendlicher. Im notleidenden Stahlsektor wurden zudem soziale Maßnahmen aufgrund des EGKS-Vertrags finanziert.[38]

Zu Beginn der 80er Jahre schärfte im übrigen eine neuerliche internationale Wirtschaftskrise den Blick für die Grenzen wirtschaftspolitischer Konvergenz. Die Errichtung neuer Handelsschranken und der verstärkte Einsatz von Subventionen zugunsten notleidender Branchen drohten das Erreichte zu gefährden. Auch mit Blick auf die amerikanische und japanische Konkurrenz schien es wichtig, durch ein systematischeres Vorgehen die wirtschaftliche Integration neu zu beleben. Im Juni 1981 kamen die Staats- und Regierungschefs überein, »daß konzertierte Anstrengungen zur Stärkung und zum Ausbau des freien Binnenmarkts« unternommen werden müßten. Anfang Dezember 1982 verfügten sie, daß das Ziel der vollen Herstellung der sog. »vier Freiheiten«, der Freizügigkeit im Waren-, Personen-, Dienstleistungs- und Kapitalverkehr in ein Dringlichkeitsprogramm aufgenommen wurde. Drei Wochen zuvor hatte die Kommission dem Ministerrat mitgeteilt, daß es darauf ankomme, »den europäischen Unternehmen die Gewißheit zu geben, daß ihre Tätigkeit sich in einem Wirtschaftsraum entwickeln kann, dessen Größe dem amerikanischen Markt vergleichbar und dem japanischen Markt klar überlegen ist. Eine ausreichend breite Basis bei der technologischen Entwicklung, bei der Finanzierung und beim Absatz ist unerläßlich, um sich gegenüber der internationalen Konkurrenz behaupten zu können.«[39]

Die ersten Erweiterungen der Gemeinschaft

Nach den Beschlüssen der Haager Konferenz kam es am 1. Januar 1973 zum ersten Erweiterungsschub der Gemeinschaft. Mit England, Irland und Dänemark stieg die Zahl der Mitglieder von sechs auf neun. Wenige Jahre später folgte dieser »Norderweiterung« eine »Süderweiterung«: Am 1. Januar 1981 wurde Griechenland das zehnte Mitglied, am 1. Januar 1986 erhöhten Spanien und Portugal die Zahl der Mitglieder auf zwölf.

Anders als beim ersten britischen Aufnahmegesuch von 1961/63 stimmte die Sechsergemeinschaft nun vor Beginn der Beitrittsverhandlungen mit den vier Antragstellern Großbritannien, Irland, Dänemark und Norwegen ihre Positionen in vollem Umfang untereinander ab, und nicht erst fallweise im Verlaufe der Verhandlungen. Man hatte aus der Langwierigkeit des früheren Verhandlungsprozesses gelernt. Das *acquis communautaire* mußten die Kandidaten natürlich ohne Abstriche übernehmen, und Anpassungsprobleme konnten nicht durch Änderungen des geltenden Regelwerkes, sondern nur durch zeitlich begrenzte Übergangsmaßnahmen gelöst werden. Weitere Positionsbestimmungen betrafen die Anpassung der Gemeinschaftsstrukturen an die vergrößerte Mitgliederzahl, das Verhältnis zu Commonwealth- und EFTA-Staaten sowie die Einbeziehung des britischen Pfundes in die geplante Währungsunion. Verhandlungsführer war wieder der amtierende Präsident des Ministerrats, der bei Bedarf die Leitung an einen Vertreter der Kommission delegieren konnte. Am 30. Juni 1970 wurden die Auffassungen der Gemeinschaft bekanntgegeben. Im Gegenzug entwickelten die Beitrittskandidaten ihre Vorstellungen. Am 21. Juli begannen in Brüssel die Verhandlungen mit der britischen, am 21. September parallel die mit den drei anderen Regierungen gemeinsam.[40]

Für die Verhandlungen mit Großbritannien, die rund 18 Monate dauerten, war es ein Vorteil, daß aufgrund der Unterhauswahlen vom 18. Juni 1970 das etwas unberechenbar gewordene

Labour-Kabinett Wilsons durch eine konservative Regierung unter Edward Heath, dem europafreundlichen Delegationsführer bei den früheren Verhandlungen, abgelöst wurde. Heath arbeitete ungeachtet einer zunehmenden Spaltung in der britischen Öffentlichkeit entschlossen auf den Beitritt hin, daher konnten viele, auch schwierigere, Fragen relativ unkompliziert erledigt werden. Probleme bereiteten wieder die präferenziellen Handelsverbindungen Englands mit dem Commonwealth, der britische Agrarmarkt im Verhältnis zur GAP, die Rolle des britischen Pfunds als Reservewährung sowie die Übergangsregelungen. Frankreich entwickelte sich neuerlich zum größten Bedenkenträger, so daß ein persönliches Treffen zwischen dem britischen Premierminister und dem französischen Staatspräsidenten am 20. und 21. Mai 1971 in Paris erforderlich war, um den positiven Ausgang der Verhandlungen sicherzustellen: Heath gab Pompidou zu verstehen, daß er dessen am Leitbild der Nationalstaaten orientierte Europakonzeption im wesentlichen teilte. In den Verhandlungen mit den drei anderen Beitrittskandidaten wurden viele Ergebnisse der Verhandlung mit Großbritannien *mutatis mutandis* übernommen, naturgemäß auch individuelle Regelungen vereinbart. Irland erreichte die Anerkennung seines allgemeinen Entwicklungsrückstands. Am 19. Januar 1972 empfahl die Kommission dem Ministerrat, aufgrund der Verhandlungsergebnisse die vier Beitrittsbewerber in die Gemeinschaft aufzunehmen: »Die Erweiterung wird es der Gemeinschaft ermöglichen, sich verstärkt an der Entwicklung der internationalen Beziehungen zu beteiligen und doch ihren inneren Zusammenhalt und ihre innere Dynamik zu bewahren.«[41]

Am 22. Januar 1972 war es soweit: In einem feierlichen Zeremoniell wurde in Brüssel von Vertretern der sechs Gründerstaaten und der vier Bewerberstaaten ein einziger Beitrittsvertrag unterzeichnet. Dem Vertrag zugeordnet waren Anhänge, Protokolle, Briefwechsel, Erklärungen sowie ein Beschluß des Rats zum Beitritt der vier Staaten zur EGKS. In dem umfangreichen Konvolut wurden die volle Übernahme des *acquis communautaire* durch die neuen Mitglieder sowie die erforderlichen Regelungen für eine fünfjährige Übergangszeit vereinbart; der Beitritt sollte am 1. Januar 1973 wirksam werden, bis dahin wurden die neuen Mitglieder bereits an den Entscheidungen der Gemeinschaft beteiligt; vom 1. Januar 1978 an sollte die vergrößerte Gemeinschaft »normal« funktionieren. Die Gemeinschaftsinstitutionen wurden der Vergrößerung der Mitgliederzahl angepaßt. Im Ministerrat stieg die Teilnehmerzahl von sechs auf zehn, eine neue Stimmengewichtung sah für Frankreich, Deutschland, Italien und Großbritannien je zehn, für Belgien und die Niederlande je fünf, für Dänemark, Irland und Norwegen je drei und für Luxemburg zwei Stimmen vor; 43 der 61 Gesamtstimmen bildeten die qualifizierte Mehrheit; bei Entscheidungen, die nicht aufgrund eines Vorschlags der Kommission getroffen wurden, mußten die 43 Stimmen aus mindestens sechs Staaten kommen. Nach dem Rückzug Norwegens betrug die qualifizierte Mehrheit 41 der nunmehr 58 Gesamtstimmen. Die Kommission sollte fortan aus 14 (ohne Norwegen 13) statt neun (S. 142) Kommissaren bestehen, je zwei für Frankreich, Deutschland, Italien und Großbritannien, für die übrigen Mitgliedstaaten je einer. Die Zahl der Abgeordneten des Europäischen Parlaments stieg von 142 auf 208 (ohne Norwegen 198), je 36 für die vier großen Staaten, je 14 für Belgien und die Niederlande, je zehn für Dänemark, Irland und Norwegen, sechs (wie bisher) für Luxemburg. Die Zahl der Richter des Europäischen Gerichtshofs stieg von sieben auf neun, die der Generalanwälte von zwei auf vier. Für den Wirtschafts- und Sozialausschuß von EWG und Euratom und den Beratenden Ausschuß der EGKS wurden entsprechende Anpassungen vorgesehen.[42]

Die Ratifizierung des Beitrittsvertrages durch die zehn Vertragspartner erfolgte zeitgerecht vor dem 1. Januar 1973. Die Parlamente der Gründerstaaten außer Frankreich stimmten mit großen Mehrheiten zu. In Frankreich erbrachte ein am 21. April 1972 angesetztes Referendum bei schwacher Beteiligung (53 Prozent) eine Mehrheit von 68 Prozent, was einer Zustimmungsquote von nur 36 Prozent aller Stimmberechtigten entsprach. In den Beitrittsländern lehnte Heath die Forderung der Opposition nach einem Referendum ab, weil ihm dafür angesichts der zunehmenden Europaskepsis unter seinen Landsleuten das Risiko unkalkulierbar erschien; der für die Ratifizierung erforderliche »Act of Parliament« wurde am 13. Juli 1972 im Unterhaus gegen die Stimmen der Labour-Opposition mit 301 zu 284 Stimmen angenommen. In Irland ergab sich in einer Volksabstimmung vom 10. Mai 1972 parteiübergreifend eine überwältigende Zustimmung von 83 Prozent der abgegebenen Stimmen. Erhoffte wirtschaftliche Vorteile, die Wirtschaftsunion mit England und Hoffnung auf eine Wiedervereinigung mit Nordirland waren vermutlich die Gründe. Auch in Dänemark erbrachte ein Referendum am 2. Oktober 1972 deutliche Zustimmung (56,7 Prozent der abgegebenen Stimmen), wofür gewiß auch die bestehenden wirtschaftlichen Verflechtungen mit Deutschland und England den Ausschlag gaben. Das unter dänischer Verwaltung stehende Grönland lehnte den Beitritt freilich ab, um später, seit 1979 mit einem Autonomie-Statut ausgestattet, in einem weiteren Referendum vom 21. Februar 1982 förmlich den Austritt aus der Gemeinschaft zu beschließen (mit Wirkung vom 1. Februar 1985, seitdem ist Grönland der EG als überseeisches Gebiet assoziiert). Der Paukenschlag kam aus Norwegen. Zunächst stimmten die Volksvertreter im Storting dem Beitritt mit einer Dreiviertelmehrheit zu, in einem nach der Verfassung nicht erforderlichen Referendum am 24. und 25. September 1972 wurde er dann aber mit 54 Prozent der abgegebenen Stimmen abgelehnt. Offenbar setzten sich hier diffuse Ängste von Traditionalisten, Pazifisten, Landwirten und Fischern vor der Eingliederung in einen unüberschaubaren EG-Block und vor der Konkurrenz der anderen Mitgliedstaaten durch. Somit erweiterte sich die Gemeinschaft am 1. Januar 1973 von sechs auf lediglich neun Mitglieder.[43]

Eine weitere Komplikation ergab sich, als am 28. Februar 1974 die Labour-Partei die Unterhauswahlen gewann. Harold Wilson kehrte nach Downing Street No. 10 zurück und stellte den EG-Beitritt seines Landes wieder in Frage. Er war Gefangener eines Beschlusses seiner Partei vom Oktober 1972, in dem die von Heath ausgehandelten Beitrittsbedingungen als unannehmbar verurteilt und für den Fall eines Wahlsiegs eine Revision angekündigt worden waren. Am 1. April 1974 forderte Außenminister James Callaghan im Ministerrat die acht Partner zu einer »grundsätzlichen Neuverhandlung« auf, deren Ergebnis der britischen Bevölkerung zur Abstimmung über den Verbleib Englands in der EG unterbreitet werden solle. Dies war nichts weniger als eine Erpressung, auf die die anderen Regierungen ungehalten, aber flexibel eingingen. Die Manöver der britischen Innenpolitik sollten die schwer genug erreichte Mitgliedschaft Großbritanniens nicht wieder gefährden dürfen. Monatelange Beratungen in Brüssel und zwischen den Hauptstädten führten auf den Gipfelkonferenzen der Staats- und Regierungschefs im Dezember 1974 in Paris und im März 1975 in Dublin zu begrenzten Zugeständnissen an London, durch die das *acquis communautaire* insgesamt nicht angetastet wurde: eine Absichtserklärung zur Überprüfung der GAP; eine Verlängerung der Übergangsregelung für den Import von Butter aus Neuseeland über den 31. Dezember 1977 hinaus; die Einrichtung – probeweise für sieben Jahre – eines »Europäischen Fonds für Regionale Entwicklung« (EFRE), mit dessen Hilfe die auf Großbritannien wegen seines hohen Agrarimports aus dem Commonwealth entfallenden besonderen Beitragsbelastungen kompensiert werden sollten;[44] die Freistellung der Grundversorgung der Briten von künftiger Mehrwertsteuer-Harmonisierung; die Schaffung eines »Korrekturmechanismus«, der für Mitgliedstaaten, die aufgrund eines groben Mißverhältnisses zwischen Beitragsleistungen und Rückflüssen aus dem EG-Haushalt in eine »unannehmbare Situation« gerieten, Rückerstattungen vorsah. Insgesamt hatte die Labour-Regierung damit, in den Worten von Roy Jenkins, »mit einem Maximum an Boshaftigkeit ein Minimum an Ergebnissen« erreicht. Wilson stellte das Resultat gleichwohl der britischen Öffentlichkeit als einen Sieg seiner Regierung vor, durch den das Verbleiben in der EG möglich werde. Das am 5. Juni 1975 angesetzte Referendum erbrachte, bei einer Wahlbeteiligung von 65,5 Prozent, eine proeuropäische Mehrheit von 67,2 Prozent. Großbritannien war damit endgültig in der Gemeinschaft angekommen; aber ein einfacher Partner würde es nicht sein.[45]

Der Beitritt Großbritanniens, Irlands und Dänemarks hatte zur Folge, daß die drei neuen EG-Mitgliedstaaten von ihren Ex-EFTA-Partnern Österreich, Schweiz, Schweden, Finnland, Island und Portugal schlagartig durch den Außenzoll der EG getrennt wurden, was in niemandes Interesse lag. Die Europäische Kommission verhandelte daher schon seit Dezember 1970 über die Herstellung besonderer Beziehungen zwischen der erweiterten EG und der Rest-EFTA. Das Ergebnis waren Freihandelsabkommen der EG mit jedem einzelnen der sechs verbleibenden EFTA-Staaten, die am 22. Juli 1972 in Brüssel unterzeichnet wurden und in den meisten Fällen zeitgerecht am 1. Januar 1973 in Kraft traten (für Island am 1. April 1973, für Finnland am 1. Januar 1974). Vereinbart wurde, daß die drei neuen EG-Mitglieder für gewerbliche Produkte prinzipiell den Freihandel mit ihren bisherigen Partnern fortführen konnten und daß die EG als Ganze sich nach einer viereinhalbjährigen Übergangsphase (acht Jahre für Island und Portugal) diesem Arrangement anschließen würde. Die Zollunion trat damit im Bereich der gewerblichen Güter quasi in Freihandel mit der geschrumpften Freihandelszone und nahm eine entsprechende Bresche im gemeinsamen Außenzoll hin. Für einzelne Produkte wurden Ausnahmen bzw. Übergangsregelungen vereinbart, und die Rest-EFTA verpflichtete sich zur Beachtung der Wettbewerbsregeln der EG. Der landwirtschaftliche Bereich blieb weitgehend ausgespart. Eine »Evolutivklausel« eröffnete den Staaten der Rest-EFTA (außer dem unter sowjetischem Einfluß stehenden Finnland) die Möglichkeit, mit der EG in Beratungen über eine Weiterentwicklung der Beziehungen einzutreten. Ein entsprechender Vertrag wurde auch mit Norwegen nach dessen Aufkündigung des EG-Beitritts abgeschlossen (Unterzeichnung am 16. April 1973, in Kraft ab 1. Juli 1973).[46]

Das Jahr 1973 sah so das Entstehen eines großen westeuropäischen Wirtschaftsraums. Neben der auf neun Mitglieder erweiterten EG und den Freihandelsarrangements mit den schließlich sieben Staaten der Rest-EFTA gab es die Assoziierungen mit Griechenland, der Türkei, Malta und Zypern, sowie einen präferenziellen Handelsvertrag mit dem Spanien Francos. Außerdem vergrößerte sich mit dem Beitritt Großbritanniens schlagartig die Zahl der überseeischen Länder und Hoheitsgebiete, die sich gemäß Artikel 131 bis 136 des EWG-Vertrags mit der EG assoziierten. Zu den Staaten der Konvention von Jaunde (S. 120) trat nun eine große Zahl anglophoner Länder Afrikas, der Karibik und des pazifischen Raums, die gemeinsam mit den Jaunde-Staaten ein neues, nunmehr 46 »AKP-Staaten« zusammenbindendes Kooperationsabkommen mit der EG aushandelten: die Konvention von

Lomé (28. Februar 1975, erneuert am 31. Oktober 1979). Darin sicherte die EG den AKP-Staaten eine Erweiterung der Entwicklungszusagen der Jaunde-Verträge zu; die zuckerexportierenden Staaten erhielten eine Absatzgarantie zu dem für EG-Produzenten geltenden Preis; das neue »Stabex«-System glich für mehr als 40 agrarische Erzeugnisse der AKP-Staaten sinkende Exporterlöse automatisch aus EG-Kassen aus und garantierte ihnen damit ein Mindesteinkommen. 1976/77 entwickelte die EG zudem ihre Mittelmeerpolitik durch Handels- und Kooperationsverträge mit den Staaten des Maghreb (Marokko, Algerien, Tunesien) und des Maschrik (Ägypten, Jordanien, Libanon, Syrien) sowie durch neue Verträge mit Israel, Malta und Zypern.[47]

Die Erweiterung und ihre Auswirkungen riefen die USA und einige der großen Commonwealth-Staaten auf den Plan, die die Vergrößerung der Zollunion, die Abkommen mit der Rest-EFTA, die Assoziierung der AKP-Staaten und die Präferenzverträge mit den Mittelmeerländern als Ausdruck eines Drittstaaten diskriminierenden und die Entfaltung des Welthandels behindernden Regionalismus der Europäer kritisierten. Verlangt wurde eine neue Zollsenkungsrunde im Rahmen des GATT, die Amerikaner forderten vor allem auch erleichterten Zugang zum europäischen Markt für ihre Agrarerzeugnisse. Am 21. September 1973 wurde in Tokio eine neue multilaterale Handelskonferenz eröffnet (zunächst »Nixon-Runde«, nach dem erzwungenen Rücktritt des amerikanischen Präsidenten im August 1975 »Tokio-Runde« genannt), in der die EG ihrerseits die Beseitigung nicht- und paratarifärer Handelshemmnisse durch die USA und Japan forderte. Die Verhandlungen führten am 12. April 1979 zur Unterzeichnung eines Welthandelsabkommens, das sowohl die gleichmäßige weitere Herabsetzung der Zölle auf Industrieprodukte um ein Drittel im Zeitraum von 1980 bis 1987 als auch die Rückführung von Zollprüfungen, Kontingentierungen, Lizenzierungen, Normierungen, Subventionierungen usw. vorsah. Im Agrarbereich mußten die USA indessen, bei wenigen Sonderregelungen, grundsätzlich die Mechanismen der EG-Landwirtschaftspolitik anerkennen. Brüssel stellte lediglich eine striktere Regelung bei der Gewährung von Ausfuhrbeihilfen in Aussicht.[48]

Eine Spätfolge des Beitritts Großbritanniens war an der Wende zu den 80er Jahren der Streit über die Höhe des britischen Haushaltsbeitrags. Nach dem Finanzreglement der Gemeinschaft hatte das Vereinigte Königreich wegen seiner unverändert hohen Agrarimporte aus den Commonwealth-Ländern beständig überproportionale Abschöpfungszahlungen abzuführen, dadurch stieg sein Anteil am EG-Haushalt nach Ablauf der fünfjährigen Übergangszeit auf über 20 Prozent und machte es zum größten Nettozahler der Gemeinschaft. Premierminister Wilson hatte das Problem in den »Neuverhandlungen« von 1974 und 1975 schon thematisiert. Nach dem Wahlsieg der konservativen Partei im Mai 1979 forderte die neue Premierministerin Margaret Thatcher energisch eine Reform des Finanzsystems mit dem Ziel einer Reduzierung der Agrarausgaben und des britischen Beitrags: »I want my money back.« Die am 29. und 30. Mai 1980 in Brüssel tagenden Staats- und Regierungschefs lehnten grundlegende Änderungen des Finanzsystems ab, beschlossen aber pragmatisch Zahlungserleichterung für London in den Jahren 1980 und 1981; gleichzeitig wurde die Kommission aufgefordert, einen Vorschlag für die dauerhafte Lösung des Problems zu erarbeiten. Die Kommission, präsidiert von Gaston Thorn, empfahl daraufhin in ihrem »Mandatsbericht« vom 24. Juni 1981 einige Modifizierungen des Finanzsystems, die es erlaubten, den britischen Nettobeitrag für eine begrenzte Zeit nach bestimmten Leistungsparametern zu senken. Indessen ergab sich im Ministerrat für diese Lösung keine Einigung, woraufhin Frau Thatcher im Frühjahr 1982 monatelang die Festlegung der gemeinsamen Agrarpreise für die Saison 1982/83 blockierte, um eine Senkung des britischen Beitrags auch für die Jahre nach 1981 durchzusetzen. Am 18. Mai 1982 legte der Ministerrat gegen das Votum des britischen Vertreters schließlich die Agrarpreise fest, und London lenkte ein, weil es soeben die Solidarität der Partner im Falkland-Konflikt benötigt hatte. Der Streit über die britische Forderung nach Beitragsermäßigung war damit aber nur verschoben. Er lähmte das europäische Arbeitsklima bis Juni 1984, als schließlich auf der Tagung des Europäischen Rats in Fontainebleau eine Regelung gelang (S. 222).[49]

Kaum waren die drei Nordländer Großbritannien, Irland und

Dänemark beigetreten, stellte sich die Frage einer Erweiterung der EG auch nach Süden. In Griechenland ersuchte, nach dem Sturz des seit 1967 herrschenden Obristenregimes im Juli 1974, die Regierung Karamanlis bereits im November desselben Jahres die EG um Fortentwicklung des Assoziierungsabkommens von 1961 zur vollen Mitgliedschaft; am 12. Juni 1975 wurde der offizielle Beitrittsantrag gestellt. In Portugal stellte in der Folge des von der »Nelken-Revolution« eingeleiteten Demokratisierungsprozesses der Jahre 1974 bis 1976 die Regierung Soares am 28. März 1977 einen Beitrittsantrag. Und nach dem Tode Francos im November 1975 und der Errichtung der konstitutionellen Monarchie unter König Juan Carlos beantragte am 27. Juli 1977 auch in Spanien die Regierung Suarez die Mitgliedschaft in der EG.[50]

Die Reaktionen der Neun auf die drei Beitrittsanträge waren grundsätzlich positiv, die Gesuche stießen aber auch auf Skepsis. Ein zweiter Erweiterungsschub war nach dem ersten kaum zu verweigern. Nach der Norderweiterung würde die Süderweiterung die EG geographisch besser austarieren. Die Aufnahme in die europäische Familie würde die jungen Demokratien in Griechenland und vor allem auf der iberischen Halbinsel gewiß konsolidieren helfen, nachdem die drei Staaten 1971, 1976 bzw. 1977 bereits in den Europarat aufgenommen worden waren. Andererseits gab es einen erheblichen wirtschaftlichen Entwicklungsrückstand aller drei Länder, der absehbar machte, daß grundlegende Strukturreformen erhebliche Finanzbeihilfen erforderten. Im Agrarbereich waren Anpassungen unausweichlich, um eine Überschwemmung des Gemeinsamen Markts mit mittelmeerischen Erzeugnissen wie Wein, Obst und Gemüse – die die Nordeuropäer begrüßten, die französischen und italienischen Landwirte aber fürchteten – zu verhindern. Im gewerblichen Sektor waren die zu großem Teil vor ausländischer Konkurrenz geschützten kleinen und mittleren Unternehmen der Beitrittskandidaten auf den Gemeinsamen Markt vorzubereiten, und in den ohnehin notleidenden Branchen der Stahlerzeugung, des Schiffsbaus und der Textilherstellung würde zusätzlich ungeliebte Konkurrenz entstehen. Auch die Freizügigkeit südeuropäischer Arbeitskräfte war angesichts zunehmender Arbeitslosigkeit im EG-Raum ein Problem. Und nicht zuletzt wurde befürchtet, daß durch eine Erweiterung auf zwölf Mitglieder die Gemeinschaft mit ihren Institutionen funktionsuntüchtig werden könnte. Angesichts dieser Sorgen war klar, daß nicht alle drei Beitrittskandidaten gleichzeitig aufgenommen werden könnten.

Als erstes wurden Verhandlungen mit Griechenland geführt. Die Kommission schlug zur Durchführung erforderlicher Wirtschaftsreformen zunächst eine den Beitritt vorbereitende Phase von unbestimmter Dauer vor, doch fand das griechische Drängen auf raschen Vollbeitritt die Fürsprache Deutschlands und Frankreichs. Die am 27. Juli 1976 eröffneten Verhandlungen führten am 28. Mai 1979 zur Unterzeichnung des Beitrittsvertrags.[51] Darin wurde eine Übergangszeit von fünf Jahren bis zur vollen Einbeziehung Griechenlands in die Zollunion und in die GAP vereinbart, sieben Jahre sollte die Übergangszeit dauern bis zur zollfreien Einfuhr von Tomaten und Pfirsichen in die Gemeinschaft sowie für die Freizügigkeit der Arbeitskräfte. Für einige agrarische Erzeugnisse wie Olivenöl wurden Griechenland besondere Beihilfen zugesagt. Zum Schutz seines Kapitalmarkts erhielt Athen das Sonderrecht, bei Bedarf zeitweilig den freien Kapitalverkehr einzuschränken. Die griechische Drachme sollte erst nach fünf Jahren in das EWS eingebunden werden, bis dahin wurde gewährleistet, daß die Beiträge Griechenlands zum EG-Haushalt geringer blieben als die Rückflüsse aus europäischen Kassen. In den EG-Organen erhielt Griechenland einen Kommissar, fünf Stimmenanteile im Ministerrat (qualifizierte Mehrheit fortan 45 von 63), 24 Abgeordnete im Europäischen Parlament und angemessene Vertretung in den übrigen Institutionen. Der Beitritt wurde nach der Ratifizierung wie vorgesehen am 1. Januar 1981 wirksam.

Kaum vollzogen, wurde der Beitritt nachträglich nochmals in Frage gestellt. Bei den Parlamentswahlen am 18. Oktober 1981 siegte die europakritische sozialistische Partei PASOK unter Andreas Papandreou, der im Wahlkampf ein Referendum über den Verbleib Griechenlands in der EG angekündigt hatte. Als Ministerpräsident erklärte Papandreou, auf das Referendum könne verzichtet werden, wenn Griechenland von der EG bestimmte Sonderrechte und zusätzliche Finanzhilfen zur Ingangsetzung eines Fünf-Jahres-Plans zur Modernisierung der griechischen Wirtschaft erhielte. Die Partner weigerten sich, Griechenland einen die Regeln des Gemeinsamen Markts durchbrechenden Sonderstatus einzuräumen, doch konnte die EG die schwierige Situation, die sich in den Jahren 1982 bis 1984 hinschleppte, durch die Auflegung von »Integrierten Mittelmeerprogrammen« (IMP), bereinigen, die im März 1985 beschlossen und über die Griechenland in einem Zeitraum von sieben Jahren zusätzliche Finanzhilfen in Höhe von zwei Milliarden ECU zur Modernisierung seiner Wirtschaft zur Verfügung gestellt wurden. Dabei wurde der Anschein einer Ausnahmeregelung vermieden, indem auch der italienische Mezzogiorno und französische Mittelmeergebiete in die Förderung durch die Programme einbezogen wurden.

Der Beitritt der beiden iberischen Länder dauerte nicht zuletzt deshalb etwas länger, weil er Probleme anderer Dimensionen aufwarf. Mit dem Beitritt Spaniens vergrößerte sich der Agrarsektor der EG um nicht weniger als ein Drittel, und Portugal war besonders rückständig. Andererseits war klar, daß nach ihrer demokratischen Wendung auch die beiden iberischen Länder eine historische Berufung zur Teilnahme am europäischen Einigungswerk hatten. Nicht zuletzt fanden die sozialistischen Regierungen in Madrid und Lissabon bei Präsident François Mitterrand politische Sympathien, ungeachtet des Protestes der Landwirte im französischen Südwesten.

Portugal nahm bereits seit 1973 am Freihandel zwischen der EG und den Staaten der Rest-EFTA teil und erhielt seit 1975 Brüsseler Finanzhilfen zur Modernisierung seiner Wirtschaft. Auch Spanien erhielt in den späten 70er Jahren Beihilfen. Die Beitrittsverhandlungen begannen am 17. Oktober 1978 mit Portugal und am 5. Februar 1979 mit Spanien. Sie verliefen weitgehend parallel und zogen sich lange hin, weil die Gemeinschaft vorab die Rahmenbedingungen für die Aufnahme der Länder zu verbessern trachtete: mit einer Neuordnung der Märkte für Obst, Gemüse, Olivenöl und Wein und mit einer signifikanten Anhebung des Gemeinschaftsbudgets mit Blick auf die steigenden Kosten der GAP. Die Beitrittsverträge mit beiden Staaten wurden schließlich am selben Tag, dem 12. Juni 1985, in Lissabon und Madrid unterzeichnet.[52] Für Spanien wurde eine Übergangszeit von sieben Jahren (zehn Jahre für den Stahlsektor) und für Portugal von zehn Jahren festgelegt. Nur ein Teil der großen spanischen Fischereiflotte erhielt Zugang zu den EG-Gewässern. Peseta und Escudo wurden in den Währungskorb ECU aufgenommen, das Leitkursgitter des EWS (S. 174) sollte jedoch erst zu einem späteren Zeitpunkt für beide Währungen verbindlich werden. Im großen ganzen sollte Portugal auf absehbare Zeit mehr Mittel aus EG-Kassen erhalten als es beitrug, für Spanien sollte das Verhältnis von Beiträgen und Rückflüssen in etwa ausgeglichen sein. In den Gemeinschaftsorganen erhielten Spanien zwei Kommissare, acht Stimmenanteile im Ministerrat, 60 Abgeordnete im Europäischen Parlament, Portugal einen Kommissar, fünf Stimmenanteile im Rat (die qualifizierte Mehrheit betrug danach 54 von 76), 24 Abgeordnete (in einem Parlament von nunmehr 518 Abgeordneten), und entsprechende Vertretungen im Europäischen Gerichtshof, im Rechnungshof und im Wirtschafts- und Sozialausschuß. Am 1. Januar 1986 wurde der Beitritt beider Staaten vollzogen. Mit ihnen kam ein neues dynamisches Element in die europäische Integration, auch der Anspruch natürlich, an ihren Chancen in gehöriger Weise teilzuhaben.

Die Europäische Politische Zusammenarbeit

Der von der Haager Konferenz eingesetzte »Davignon-Ausschuß« gab den Startschuß für die Herausbildung einer gemeinsamen Außenpolitik der EG, die über die Außenwirtschaftskompetenz, die die Gründungsverträge der Gemeinschaft verliehen hatten (S. 119), hinausführte. In seinem von der deutschen Bundesregierung mitgeprägten Bericht vom 20. Juli 1970 empfahl der Ausschuß, daß Europa auch im eigentlichen politischen Bereich nach außen mit einer Stimme sprechen und seine immer bedeutendere Rolle in der Welt aktiv wahrnehmen müsse. Als Weg dahin wurde nicht ein neuer Gemeinschaftsvertrag, sondern eine Zusammenarbeit der Regierungen mit dem Ziel der Abstimmung ihrer Außenpolitiken empfohlen, um »durch regelmäßige Unterrichtung und Konsultationen eine bessere gegenseitige Verständigung über die großen Probleme der internationalen Politik zu gewährleisten«, und um »die Harmonisierung der Standpunkte, die Abstimmung der Haltung und, wo dies möglich und wünschenswert erscheint, ein gemeinsames Vorgehen zu begünstigen und dadurch die Solidarität zu festigen«.[53]

Nach den früher gescheiterten Bemühungen im Zusammenhang mit EVG/EPG und den Fouchet-Plänen kam diesmal das Projekt der gemeinsamen Außenpolitik tatsächlich in Gang. Von den Außenministern am 27. Oktober 1970 und den Staats- und Regierungschefs am 19. und 20. Oktober 1972 beauftragt, erstattete der Ausschuß am 23. Juni 1973 in Kopenhagen einen zweiten Bericht, in dem die Verpflichtung jedes Mitgliedstaates postuliert wurde, in wichtigen Fragen der Außenpolitik »seine eigene Haltung nicht endgültig festzulegen, ohne seine Partner im Rahmen der politischen Zusammenarbeit konsultiert zu haben«; eine Pflicht, zu einer gemeinsamen Haltung zu gelangen, wurde nicht vorgesehen, sie konnte gewiß nach den Vorstellungen der Regierungen nur einstimmig festgelegt werden. Den außenpolitischen Teil des ›Berichts über die Europäische Union‹, den der belgische Ministerpräsident Leo Tindemans Ende 1975 vorlegte, lehnten die Regierungen allerdings am 29. und 30. November 1976 ab. Seine Empfehlungen, die außenpolitische Zusammenarbeit auf die Grundlage einer festen vertraglichen Verpflichtung der Mitgliedstaaten zu stellen, vor nationalen außenpolitischen Beschlüssen Konsultationen der Partner verbindlich zu machen, die Mitgliedstaaten zur Einigung auf einen gemeinsamen Standpunkt zu verpflichten und dabei das Mehrheitsvotum unter Inpflichtnahme der Minderheit anzuwenden, gingen ihnen zu weit. Stattdessen versicherten sie sich gegenseitig, die Möglichkeiten der intergouvernementalen Zusammenarbeit »optimal nutzen« zu wollen, um »bei der Ausübung ihrer Souveränität schrittweise eine Konvergenz herbeizuführen«. Fünf Jahre später, im Londoner ›Bericht über die Europäische Politische Zusammenarbeit‹ vom 13. Oktober 1981, waren sich die Außenminister einig, daß eine wirksamere Abstimmung im Bereich der Außenpolitik die Erweiterung des Instrumentariums erfordere, dessen Kernstück gleichwohl die Konsultation zwischen den Mitgliedern bleiben solle; auf Verlangen von drei Regierungen sollte aber künftig binnen 48 Stunden ein Außenminister-Treffen einberufen werden können, und die Kommission, deren Mitwirkung in den 70er Jahren lange Zeit auf Fragen, die in ihren Zuständigkeitsbereich fielen, begrenzt blieb, sollte fortan auf allen Ebenen voll beteiligt werden.[54]

Die »Europäische Politische Zusammenarbeit« (EPZ) als Methode der intergouvernementalen Zusammenführung der nationalen Außenpolitiken war nicht unumstritten. Die kleineren Staaten der Gemeinschaft hätten eine stärkere Vergemeinschaftung der Außenpolitik mit supranationalen Gremien präferiert, weil sie fürchteten, bei bloßer Regierungszusammenarbeit ins Schlepptau der Großen genommen zu werden. Tatsächlich begannen sich aber intergouvernementale Kooperationsmechanismen zu etablieren, auf verschiedenen Ebenen: Die Außenminister trafen sich seit 1970 zweimal, seit 1973 viermal jährlich, unabhängig von den Sitzungen des Ministerrats; die Errichtung des »Europäischen Rats« im Dezember 1974 (S. 207) eröffnete weitere Möglichkeiten außenpolitischer Abstimmung auf höchster Ebene. Die Ministertreffen wurden von einem »Politischen Komitee« vorbereitet, in dem die Politischen Direktoren der Außenministerien zuerst viermal jährlich zusammenkamen, seit 1973 »nach den aus der Intensivierung der Arbeit sich ergebenden Erfordernissen«. Vertreter der Europa-Abteilungen der Ministerien, »europäische Korrespondenten« und Expertengremien bildeten einen administrativen Rahmen. Einen gemeinsamen Unterbau in der von Frankreich 1972 vorgeschlagenen Form eines »Ständigen Sekretariats« erhielt die EPZ freilich vorerst nicht. Bei den Partnern Frankreichs wurden hier ungute Erinnerungen an die Fouchet-Pläne (S. 131) wach: Die französische Regierung wollte das Sekretariat in Paris, die anderen Regierungen wollten es, wenn überhaupt, in Brüssel angesiedelt sehen. Einvernehmen über die Befugnisse eines Sekretariats war auch nicht zu erzielen. Die ganze Last der Organisation der EPZ lag damit fürs erste bei den nationalen Außenministerien, besonders dem der turnusmäßig präsidierenden Ratsmacht, mit der Folge von Überforderung vor allem bei den kleineren präsidierenden Staaten sowie allgemein Mangel an Effizienz und Stetigkeit.[55]

Für eine Außenvertretung der EPZ gab es vorerst nur Ansätze. Diplomatische Aufgaben der Gemeinschaft in Drittländern übernahmen im Regelfall die Botschaften der Mitgliedstaaten, die sich, von dem Vertreter der in halbjährigem Wechsel präsidierenden Ratsmacht koordiniert, häufiger abstimmten. Eigenständige Außenvertretungen der EG entwickelten sich, argwöhnisch beäugt von den Mitgliedstaaten, nur zögerlich. Nach der Repräsentanz beim GATT in Genf (S. 119) richtete die Kommission 1972 eine Vertretung in Washington ein, der Delegationen in Ottawa und Tokio sowie 1974 bei der UNO (New York, Genf, Caracas) und der OECD (Paris) folgten. Bei den internationalen Organisationen vertrat im Idealfall der Repräsentant der jeweils präsidierenden Ratsmacht den gemeinsamen Standpunkt. In der protokollarischen Rangfolge wurden die Vertreter der EG am Ende der örtlichen Diplomatenliste geführt. Auf der anderen Seite nahm die Zahl der bei der EG akkreditierten Vertretungen von Drittstaaten – die Akkreditierung erfolgte seit den Luxemburger Beschlüssen von 1966 zugleich bei Kommission und Ministerrat – kräftig zu und stieg bis 1983 auf rund 120.[56]

Sachlich waren die außenpolitischen Aktionsmöglichkeiten der EG bis auf weiteres eng begrenzt. Nennenswerte Spielräume, wie es sie im Bereich der Außenwirtschaftspolitik gab, wo Zollunion und GAP regelmäßig für die Herstellung gemeinsamer Standpunkte sorgten, ergaben sich in den »eigentlichen« Bereichen der Außenpolitik nicht ohne weiteres, und ein Kernbereich wie die Verteidigung fiel als gemeinsames Betätigungsfeld zu dieser Zeit völlig aus. Den kleinsten gemeinsamen Nenner bildeten gemeinsame Deklarationen, deren Zahl immerhin steigende Tendenz aufwies: seit 1973 zum Konflikt im Nahen Osten, 1974 zum Zypern-Problem, 1978 zur Apartheid in Südafrika, 1980 zum Krieg zwischen Iran und Irak und zur Einführung des Kriegsrechts in Polen, wiederholt zu Verletzungen der Menschenrechte. Bis 1983 gab es jedoch kaum gemeinsame Aktionen; Ausnahmen bildeten 1980 die Verhängung eines Embargos auf Getreide und Lebensmittel gegen die Sowjetunion (wegen der Aggression gegen Afghanistan) und 1982 ein Waffenembargo gegen Argentinien im Falkland-Konflikt. Solche Aktivitäten machten die EG gewiß in keiner Weise zu einer internationalen

Großmacht, stützten aber vielleicht – wohl mehr als verdient – ihre Perzeption von außen als einheitliche Staatengruppe.[57]

Bemerkenswert war, daß die EPZ in den frühen 70er Jahren vorübergehend Distanz zu Washington auslöste, wo man sich über die verschiedenen europäischen Initiativen der frühen 70er Jahre zunehmend irritiert zeigte und die wachsende wirtschaftliche und politische Rivalität mit der EG bei gleichzeitiger Unausgewogenheit der beiderseitigen Militärlasten deutlicher verspürte. Auf die von der Washingtoner Administration aufgeworfene Frage nach Rolle und Funktion der EPZ im atlantischen Zusammenhang gab es in der EG zwei Antworten: die französische, nach der die EPZ die außenpolitische Manifestation des die Unabhängigkeit von Amerika anstrebenden »europäischen Europa« war, und die der meisten anderen Mitgliedsländer, die die EPZ überwiegend in der Solidarität des »atlantischen Europa« sahen und politische Konsultationen mit den USA für etwas Normales hielten. Die Frage wurde von US-Präsident Nixon und seinem Sicherheitsberater Henry Kissinger aufgeworfen, als diese parallel zum Disengagement in Vietnam die amerikanische Führungsrolle im atlantischen Raum neu zu befestigen suchten. Kissinger schlug am 23. April 1973 die Ausarbeitung einer »Neuen Atlantik-Charta« vor, um die »atlantische Partnerschaft« stärker zu beleben, und erklärte das Jahr 1973 zum »Jahr Europas«. Es war gewiß nicht geschickt, daß er dabei einen Unterschied zwischen den globalen Interessen und Verantwortlichkeiten der USA und den regionalen Interessen der Europäer machte. Frankreich, auch Großbritannien moderierten den Widerspruch: Am 23. Juli 1973 verständigten sich die neun Außenminister, daß es wichtig sei, den amerikanischen Vorstellungen eine Proklamation der Eigenständigkeit Europas entgegenzustellen. In einem grundlegenden »Dokument über die europäische Identität«, das nach mehrmonatiger Vorbereitung auf dem Gipfeltreffen in Kopenhagen am 14. und 15. Dezember 1973 verabschiedet wurde, erkannten die Staats- und Regierungschefs an, »daß es gegenwärtig keine Alternative zu der Sicherheit gibt, die die Kernwaffen der Vereinigten Staaten und die Präsenz der nordamerikanischen Streitkräfte in Europa gewährleisten«, doch müßten die Beziehungen Europas zu den USA auf der Basis der Gleichberechtigung stehen. »Sie berühren nicht die Entschlossenheit der Neun, als ein eigenständiges, unverwechselbares Ganzes aufzutreten.«[58]

Den Amerikanern ging es im Kern darum, daß sich die Europäer nicht angewöhnten, zunächst untereinander außenpolitische Abstimmungen vorzunehmen und erst danach die USA zu konsultieren. Ein solches Verhalten erschien in Washington um so aufreizender, als die vom Jom-Kippur-Krieg im Oktober 1973 ausgelöste Ölkrise das Auseinanderklaffen von Anspruch und Wirklichkeit einer europäischen Außenpolitik offenlegte, die im Ernstfall den Schutz Amerikas suchte. Inzwischen Außenminister geworden, schlug Kissinger am 10. Dezember 1973 vor, periodische Konferenzen der Politischen Direktoren der Außenministerien der Atlantischen Allianz einzurichten, wo wichtige Fragen zunächst mit den USA beraten werden sollten, ehe die Europäer eine gemeinsame Haltung für sich festlegten. Acht der neun Mitgliedsregierungen waren hierzu im Prinzip bereit, nicht aber Präsident Pompidou, der die Entscheidungsfreiheit der Europäer in den Vordergrund stellte. Auf einer Außenministerkonferenz in Schloß Gymnich bei Bonn kam es am 21. April 1974 zu einem Kompromiß: Transatlantische Konsultationen als Regelfall sollte es nicht geben, doch konnte der EG-Ratspräsident solche durchführen, wenn dies ein Mitgliedstaat verlangte und der Ministerrat es einmütig billigte. Auf einer Tagung des Atlantikrats in Ottawa am 19. Juni 1974 wurde die prinzipielle Unabhängigkeit der EPZ bekräftigt. Die amerikanische Diplomatie konnte natürlich weiter den Weg bilateraler Konsultationen mit einzelnen EG-Mitgliedstaaten beschreiten und tat dies auch. Die auf der Ottawa-Tagung schließlich unterzeichnete, inzwischen stark verwässerte »Neue Atlantik-Charta« brachte unter anderem Briten und Franzosen die Genugtuung, daß neben der Bekräftigung der amerikanischen Sicherheitsgarantien erstmals die französischen und britischen Nuklearstreitkräfte als Verstärkung der Atlantischen Allianz gewürdigt wurden. Als 1974 in kurzem zeitlichem Abstand in Großbritannien, Deutschland, Frankreich und den USA die Führungen wechselten, entspannte sich das transatlantische Verhältnis signifikant. Neue Spannungen waren aber in der Folgezeit nicht ausgeschlossen, etwa im wirtschaftlich-monetären Bereich oder im Zusammenhang mit einem Erdgas-Röhren-Geschäft der Europäer mit der Sowjetunion am Ende der 70er Jahre.[59]

Die EPZ suchte auch im Verhältnis zu den sozialistischen Staaten Osteuropas und zur Sowjetunion ihre Rolle, ungeachtet unterschiedlicher Interessen einzelner EG-Mitgliedstaaten. Nachdem die Sowjetunion Leonid Breschnews zwar fortfuhr, die politische Blockbildung in Westeuropa abzulehnen, aber immerhin 1972 den Gemeinsamen Markt als »Teil der realen Situation in Westeuropa« anerkannte, zeigte sich die EG interessiert, Handelsbeziehungen mit den einzelnen osteuropäischen Volksdemokratien zu entwickeln, doch lehnte sie eine Kontaktaufnahme mit dem Rat für gegenseitige Wirtschaftshilfe (RGW) als Ganzem ab. Zu einem beachtlichen Aktionsfeld der EPZ wurden die internationalen Entspannungsbemühungen im Rahmen der »Konferenz für Sicherheit und Zusammenarbeit in Europa« (KSZE). Schon das erste Treffen der EPZ-Außenminister am 19. November 1970 in München faßte eine eigenständige Beteiligung der Gemeinschaft an der heraufziehenden KSZE ins Auge. Seit März 1971 bereitete eine »Arbeitsgruppe KSZE« die Mitwirkung an der Konferenz vor und sorgte stetig für den »abgestimmten, konstruktiven Beitrag«, den die Staats- und Regierungschefs im Dezember 1972 in Paris vereinbarten. Zwischen Juli 1973 und Juli 1975 traten die Delegationen von 35 Staaten – alle west- und osteuropäischen außer Albanien sowie die Sowjetunion, die USA und Kanada – in Helsinki zusammen. In allen Phasen der Konferenz und der drei späteren, bis 1989 zusammenkommenden Folgekonferenzen vertraten die EG-Staaten jeweils einheitliche Positionen, ihr bevollmächtigter Sprecher war der turnusmäßige Präsident des Ministerrats, der in Wirtschaftsfragen von Vertretern der Kommission unterstützt wurde. Das geschlossene Auftreten der EG relativierte die Rolle der USA wie der Sowjetunion auf dieser »paneuropäischen« Konferenz und gab einen ersten Vorgeschmack von der starken internationalen Verhandlungsposition, die die Gemeinschaft einnehmen könnte, wenn sich eine wirkliche und stetige gemeinsame Außenpolitik organisieren ließe. Die Schlußakte der KSZE von Helsinki mit ihren vielfältigen Vereinbarungen über Sicherheit, wirtschaftliche Zusammenarbeit, Freizügigkeit und Menschenrechte wurde am 1. August 1975 von den Staats-

und Regierungschefs aller neun Mitgliedstaaten unterzeichnet, und der italienische Ministerpräsident Aldo Moro unterzeichnete zugleich als amtierender EG-Ratspräsident.[60]

Das Bemühen um eine gemeinsame Mittelmeerpolitik verlief weniger überzeugend. Mit den Ländern dieser Region unterhielt die Gemeinschaft bereits eine Vielzahl von Handels- und Assoziierungsabkommen, doch waren die Mitgliedsregierungen unterschiedlicher Auffassung gegenüber dem israelisch-palästinensischen Konflikt. Das gemeinsame Interesse an gesicherter Ölversorgung aus dem Nahen Osten führte dazu, daß am Ende des Krisenjahres 1973 von den Staats- und Regierungschefs in Kopenhagen Eckpunkte für eine gemeinsame Position markiert wurden, die eher Aufgeschlossenheit für den arabischen Standpunkt zeigte: Erhaltung eines Gleichgewichts zwischen den Interessen von Arabern und Israelis, Anerkennung der legitimen Rechte der Palästinenser, Eröffnung eines Dialogs zwischen der Gemeinschaft und den ölproduzierenden Staaten der Region. In der Folge fanden sich die Europäer durch die USA und Israel von den diplomatischen Bemühungen um die Regelung des Nahost-Konflikts ausgeschlossen und bahnten ihrerseits 1974 den »Euro-Arabischen Dialog« an. In diesem Dialog durfte allerdings auf amerikanischen Druck über Israel oder Öl nicht gesprochen werden, jedoch bot die EG 20 arabischen Staaten langfristige Zusammenarbeit insbesondere auf wirtschaftlichem, technischem und kulturellem Gebiet an. In der zweiten Hälfte der 70er Jahre legten Erklärungen des Europäischen Rats von London (29./30. Juni 1977) und von Venedig (12./13. Juni 1980) die grundsätzliche Haltung der Europäer gegenüber dem israelisch-arabischen Konflikt neuerlich fest: Anerkennung des Rechtes auf Existenz und Sicherheit für alle Staaten der Region einschließlich Israels, Anerkennung der legitimen Rechte des palästinensischen Volkes. Dies blieb jedoch abstrakte Deklaration, aus der kein konkretes EPZ-Engagement im Nahen Osten hervorging. In die 1981 und 1982 zusammengestellten multinationalen Friedenstruppen im Sinai und im Libanon entsandten nur einzelne EG-Mitgliedstaaten separate Kontingente: Großbritannien, Frankreich, Italien und (nur im Sinai) die Niederlande.[61]

Der Europäische Rat

Die Entwicklung der EPZ, auch die Bemühungen um die Wirtschafts- und Währungsunion zeigten, daß geordnete intergouvernementale Zusammenarbeit eine mögliche Ergänzung zur Gemeinschaftsmethode darstellte. Es lag nahe, den von der Haager Konferenz postulierten umfassenderen Übergang von einer mehr wirtschaftlich bestimmten zu einer politischen Gemeinschaft auf eben diese Weise anzugehen, zumal die in den Gründungsverträgen vorgesehenen Organe dafür nicht ausgelegt waren. In der Tat hatte der erste »Davignon-Bericht« von 1970 die Zusammenarbeit der Regierungen auf dem Gebiet der internationalen Politik nur als Einstieg in eine allgemeinere Verstärkung der politischen Zusammenarbeit der Mitgliedstaaten bezeichnet.

Mehrere Regierungen, unter ihnen die deutsche, sowie die Brüsseler Kommission und das Straßburger Parlament vertraten freilich die Ansicht, daß die Weiterentwicklung der Gemeinschaftsorgane die richtigere Methode für die Fortentwicklung zu einer politischen Integration sei. Die Kommission müsse größere Befugnisse erhalten, der Ministerrat zur generellen Anwendung des Mehrheitsvotums finden und das Parlament mehr Kompetenzen erhalten und direkt von den europäischen Bürgern gewählt werden. Vor allem die französische Regierung wandte sich jedoch, inzwischen nicht mehr ganz unerwartet, gegen die Überantwortung zentraler Souveränitätsbereiche der Mitgliedstaaten auf die Gemeinschaftsorgane: Nur die Staats- und Regierungschefs der Mitgliedstaaten höchstpersönlich könnten sich des Themas der politischen Einigung Europas annehmen. Nach dem Scheitern der Fouchet-Pläne hatte man in Paris indessen gelernt, daß die intergouvernementale Methode im Rahmen des europäischen Projekts nicht gegen die Gemeinschaftsorgane, sondern nur unter ihrer Mitwirkung Erfolg versprach. Pompidou präzisierte die französische Auffassung auf einer Pressekonferenz am 21. Januar 1971: Eine europäische Regierung könne nicht aus technischen Organen wie der Kommission hervorgehen, sondern nur aus der konföderalen Zusammenarbeit der Mitgliedsregierungen als der eigentlichen Inhaber der politischen Macht. Diese müsse auf höchster Ebene stattfinden und könne die Gemeinschaftsorgane einbeziehen. In der Diskussion der folgenden Monate fand diese Vorstellung, die auch eine Übergangslösung markieren konnte, bei den Partnern zunehmende Aufgeschlossenheit. Nach längeren Vorbereitungen lud Pompidou die Regierungschefs der Neun (einschließlich der drei Kandidaten) nebst Außen-, Wirtschafts- und Finanzministern zu einer Konferenz nach Paris ein, und dazu, nach einigem Zögern, auch den Kommissionspräsidenten Mansholt, der freilich an einem von den Regierungschefs separierten Tisch Platz nehmen sollte.[62]

Die Pariser Gipfelkonferenz vom 19. bis 21. Oktober 1972 entwickelte ein umfassendes Programm für das politische Europa. In der Schlußerklärung bekräftigten die sechs Staats- und Regierungschefs in einer feierlichen Präambel das demokratische Selbstverständnis der Gemeinschaft und unterstrichen ihren Willen zur Schaffung einer Wirtschafts- und Währungsunion, zur Sicherung der wirtschaftlichen Expansion, zur Hebung des Lebensstandards, zur Steigerung der Entwicklungshilfe, zur Förderung des Welthandels, zur Mitwirkung an einer Politik der Entspannung und des Friedens, zur Einnahme ihres Platzes in der Weltpolitik als eigenständiges Ganzes. Die Verwirklichung mehrerer Maßnahmen wurde mit festen Terminen angekündigt: Die Wirtschafts- und Währungsunion sollte bis zum 31. Dezember 1980 vollendet und ein Fonds für Regionalentwicklung bis Ende 1973 eingerichtet sein; bis zum gleichen Datum sollten Aktionsprogramme für Sozialpolitik, Industrie-, Wissenschafts- und Technologiepolitik und für Umweltpolitik erarbeitet werden. »In Kürze« sollte eine gemeinsame Energiepolitik Gestalt annehmen, bis Anfang 1973 ein Konzept zur Dynamisierung der Entwicklungshilfepolitik, bis Mitte 1973 ein solches für Verhandlungen über multilaterale Handelsbeziehungen. Die institutionellen Beziehungen innerhalb der Gemeinschaft sollten verbessert werden, insbesondere die zwischen Rat, Kommission und Parlament. Als »vornehmstes Ziel« setzten sich die Staats- und Regierungschefs schließlich, »vor dem Ende dieses Jahrzehnts in absoluter Einhaltung der bereits geschlossenen Verträge die Gesamtheit der Beziehungen der Mitgliedstaaten in eine Europäische Union umzuwandeln«; die Organe der Gemeinschaft sollten hierzu vor Ende 1975 einen Bericht ausarbeiten. Der Begriff

»Union« war offenbar von der gastgebenden französischen Seite bewußt als »delphische« Bezeichnung eingeführt worden. Damit wurde eine Festlegung auf »Föderation« oder »Konföderation« vermieden und zugleich der Eindruck erweckt, daß das neue Gebilde am Ende funktionieren werde.[63]

Die programmatischen Ankündigungen waren das eine, die Ausführung freilich das andere. Letztere litt gewiß auch unter der internationalen Krisenentwicklung. Wesentlicher war, daß es, als die Staats- und Regierungschefs wieder auseinander gegangen waren, keine Instanz gab, die sich der Umsetzung des schwungvoll vorgetragenen Fahrplans annehmen konnte. Die Gemeinschaftsorgane, die Kommission voran, hatten nicht die dafür erforderlichen neuen Kompetenzen erhalten. Es war der Zeitpunkt einer grundlegenden Erkenntnis: Für den Übergang von der wirtschaftlichen zur politischen Einigung Europas reichte es nicht aus, daß von den Staats- und Regierungschefs Impulse ausgingen; sie mußten sich auch, sofern sie nicht die supranationalen Organe für die neuen Aufgaben entsprechend stärkten, um die Ausführung kümmern. Nicht nur punktuell, sondern stetig hatten sich die Inhaber der nationalen Regierungsmacht mit dem europäischen Prozeß zu befassen, um ihn steuern zu können. Noch einmal fühlte sich Jean Monnet, nun 85jährig, herausgefordert. Offenkundig spürte er, daß die Methode der Delegation nationaler Kompetenzen auf supranationale Institutionen in zentralen Souveränitätsbereichen auf eine schwer überwindbare Grenze stieß. Im Spätsommer 1973 schlug er den drei zu der Zeit wichtigsten europäischen Politikern Heath, Brandt und Pompidou vor, daß sich die Staats- und Regierungschefs übergangsweise als »provisorische europäische Regierung« konstituieren sollten, um die Realisierung des Pariser Programms zu überwachen; sie sollten regelmäßig dreimal jährlich zusammentreten, um ihren Fachministern im Rate Weisungen zu erteilen, und um vor allem das Projekt einer »Europäischen Union« mit »endgültiger« europäischer Regierung und direkt gewähltem Parlament zu präzisieren und zu beschließen.[64]

Monnet traf offenkundig wieder einmal einen neuralgischen Punkt. Heath und Brandt stimmten seinen Überlegungen zu. Pompidou machte sich den Gedanken periodischer Zusammenkünfte zu eigen, allerdings nicht die Idee der Vorbereitung einer europäischen Regierung; auf einer Pressekonferenz am 27. September 1973 regte er regelmäßige Treffen zwischen den Staatsführungen an, um die politische Zusammenarbeit der Neun zu verstetigen. Nach dem Ausbruch des Jom-Kippur-Kriegs am 6. Oktober schlug er dringlicher am 31. Oktober ein erstes Treffen noch vor Ablauf des Jahres 1973 vor, damit die EG-Staaten auf Nahostkrise und drohendes Ölembargo gemeinsam reagieren könnten. Offenbar dachte er an eine kleine informelle Runde nur der neun Staats- und Regierungschefs »am Kamin«, wo alle wichtigen Fragen freimütig und ohne Tagesordnung und Schlußkommuniqué erörtert werden könnten. Indessen führten Sorgen der Kommission und der Regierungen kleinerer Staaten, dabei an den Rand gedrängt zu werden, und nicht zuletzt das Beharren der Außenminister auf Mitwirkung dann doch zur Vorbereitung einer großen Gipfelkonferenz. Sie fand am 14. und 15. Dezember 1973 in Kopenhagen statt. Und sie wurde zu einem Fehlschlag, denn hinsichtlich der Energiekrise und des israelisch-palästinensischen Konflikts traten tiefgreifende Divergenzen zwischen den neun Regierungen zutage. Wegen des Widerspruchs von Kommission und Parlament konnte nicht einmal die Periodizität von Gipfelkonferenzen festgeschrieben werden. In der Schlußerklärung hieß es lediglich, daß fortan Zusammenkünfte stattfinden sollten, »wenn sie aufgrund der Umstände zweckmäßig sind und wenn Impulse oder die nähere Bestimmung neuer Leitlinien für das europäische Einigungswerk notwendig erscheinen«. Der Mißerfolg der Konferenz wurde etwas verdeckt durch die Verabschiedung des »Dokuments über die europäische Identität« (S. 198) und eine nachdrückliche Bekräftigung des Programms der Pariser Konferenz vom Oktober 1972.[65]

Es bedurfte eines zweiten Anlaufs, und dieser wurde durch den fast gleichzeitigen Führungswechsel in Frankreich und der Bundesrepublik im Frühjahr 1974 möglich. Der Nachfolger des am 2. April im Amt verstorbenen Pompidou, Staatspräsident Giscard d'Estaing (seit 19. Mai), und der am 14. Mai Brandt als Bundeskanzler nachfolgende Helmut Schmidt setzten gemeinsam neue Akzente in der Europapolitik. Beide hatten bereits als Finanzminister ihres Landes gute persönliche Beziehungen geknüpft. Beide waren seit den späten 60er Jahren Mitglieder des Monnet-Komitees. Dessen Präsident, die günstige Konjunktur witternd, beeilte sich, beiden sein Projekt der provisorischen europäischen Regierung ans Herz zu legen. Mit Erfolg: Giscard versprach, die Initiative zu ergreifen, Schmidt, diese zu unterstützen.[66]

Die Haltung der beiden neuen Akteure zur europäischen Integration war freilich zunächst durchaus unterschiedlich. Giscard hatte schon in den sechziger Jahren seine europäische Überzeugung bekundet. Wie für de Gaulle und Pompidou blieben auch für ihn die Nationalstaaten Grundeinheiten der internationalen Politik, jedoch weniger absolut und mit einer europäischen Perspektive. Es galt die Zusammenarbeit der Staaten zu organisieren und dabei auch in zentralen Souveränitätsbereichen Konvergenz herzustellen; die Gemeinschaftsinstitutionen, ohne die das europäische Projekt nicht auf den Weg gekommen wäre, spielten für ihn als Koordinierungszentrale auch weiterhin eine wichtige Rolle, waren jedoch nicht die künftige europäische Regierung. Die Finalität der Europäischen Union sah er vielmehr in einer originären Verfassungsschöpfung, in der die intergouvernementale und die supranationale Methode miteinander kombiniert sein würden; die Unionsstruktur würde zwischen Konföderation und Föderation liegen, aber näher bei der Konföderation. Auch für Giscard sollte Frankreich in der Europäischen Union eine Führungsrolle übernehmen, die Union würde international unabhängig sein, sich jedoch nicht unbedingt gegen Amerika stellen. Die Europa-Konzeption Schmidts war dagegen zunächst weniger ausgeprägt. Seine Ablehnung der Römischen Verträge im Deutschen Bundestag lag weit zurück, und nicht erst seine von Herbert Wehner veranlaßte Mitgliedschaft im Monnet-Komitee seit 1968 hatte ihn für die europäische Thematik sensibilisiert. Aber sein Hauptinteresse galt zunächst noch globalen Lösungen der aktuellen Währungs- und Sicherheitsfragen. Sein pragmatischer Politikstil, der mit dem Giscards durchaus korrespondierte, ermöglichte meist rasche Verständigung in europäischen Fragen und begünstigte am Ende der 70er Jahre die gemeinsame Initiative für das EWS.[67]

Nach sorgfältiger Vorbereitung lud Giscard zu einem neuerlichen Gipfeltreffen der Neun am 9. und 10. Dezember 1974 nach Paris ein. Diesmal gelang der institutionelle Neubeginn. Neben einer Reihe von wirtschaftspolitischen Beschlüssen konnte die politische Zusammenarbeit auf eine formale Grundlage gestellt werden: »Da die internen Probleme, die der Aufbau Europas mit sich bringt, und die Probleme, die sich Europa von außen stellen, als Ganzes gesehen werden müssen, halten es die Regierungschefs für erforderlich, die Tätigkeiten der Gemeinschaften und die Arbeiten der Politischen Zusammenarbeit weiterzuentwikkeln und ihren Gesamtzusammenhang zu gewährleisten. Die Regierungschefs haben daher beschlossen, dreimal jährlich und sooft wie nötig mit den Außenministern als Rat der Gemeinschaft und im Rahmen der Politischen Zusammenarbeit zusammenzutreten.« Der »Europäische Rat« war geboren.[68]

Es war eine Etappe von kaum zu überschätzender Tragweite. Der mit den Gründungsverträgen geschaffenen Organstruktur der Gemeinschaft wurde eine neue Institution hinzugefügt, vorerst nicht durch Vertrag, sondern durch einfache Willensbekundung der Staats- und Regierungschefs. Diese konstituierten sich selbst als höchstes Organ der Gemeinschaft und damit faktisch als »provisorische europäische Regierung«, die alle Entscheidungen an sich ziehen und damit die weitere Entwicklung der EG steuern konnte. Der Europäische Rat verstand sich von Beginn an als den Gemeinschaftsinstitutionen komplementär, nicht entgegengesetzt. Da er nur punktuell tagte, mußte er sich auch auf die kontinuierliche Arbeit und den Sachverstand der Gemeinschaftsorgane stützen können, ohne diese duplizieren zu wollen. Der Europäische Rat bildete so die Synthese zwischen supranationaler und intergouvernementaler Organisation der Gemeinschaft. Seit März 1975 regelmäßig dreimal jährlich zusammentretend, beschrieb er selbst 1977 seine dreifache Aufgabenstellung: informeller und ganz weit gefaßter Gedankenaustausch; Beratungen mit dem Ziel förmlicher Beschlüsse über wichtige Fragen; Regelung von Fragen, die bei Beratungen auf einer niedrigeren Ebene offen geblieben sind.[69]

Die Entstehung des Europäischen Rats veränderte das gewachsene Institutionengefüge der Gemeinschaft. Tendenziell wurde die Rolle der bisherigen Organe gemindert. Der Ministerrat in der Besetzung der Außenminister (der »Allgemeine Rat«) wurde zwar mit einer neuen »impulsgebenden und koordinierenden Rolle betraut«, die die Vorbereitung der Tagungen des Europäischen Rats und die Ausführung seiner Beschlüsse umfaßte; er behielt auch, ebenso wie die anderen Fachministerräte, die bisherigen Entscheidungsbefugnisse, doch wurden diese insoweit eingeschränkt, als die Staats- und Regierungschefs Fragen, die ihnen wichtig erschienen, an sich ziehen konnten. Die Kommission wurde zwar in ihren Vertragsrechten ausdrücklich bestätigt; die faktische Richtlinienkompetenz des Europäischen Rats verminderte jedoch ihr Initiativrecht und seine Aufgabenzuweisungen an den Ministerrat ihre Durchführungskompetenz. Andererseits verlieh die Kooptation des Kommissionspräsidenten als – in den ersten Jahren minderes – Mitglied des Europäischen Rats der Kommission neues Gewicht, da sie so die Möglichkeit erhielt, auf höchster Ebene sachverständige Vorschläge zu machen und die politische Gesamtentwicklung mitzugestalten. Doch mußte der Kommissionspräsident auch, da er fortan vom Europäischen Rat benannt wurde, alsbald darauf achten, daß sich die Staats- und Regierungschefs nicht in die internen Angelegenheiten der Kommission einmischten. Das Europäische Parlament schien durch die Zusage der Staats- und Regierungschefs, die Abgeordneten künftig direkt wählen zu lassen und die Kompetenzen des Parlaments zu erweitern, aus der Pariser Konferenz gestärkt hervorzugehen. Faktisch wurde seine Rolle jedoch vorerst vermindert, da es aus dem Entscheidungskreis des Europäischen Rats ausgeklammert wurde. Vorschläge der Kommission an den Europäischen Rat wurden nicht, wie solche an den Ministerrat, dem Parlament zur Stellungnahme vorgelegt, der Europäische Rat hielt sich nicht an die festgelegten Haushalts- und Konzertierungsverfahren, eine Kontrollfunktion des Parlaments gegenüber dem Europäischen Rat wurde nicht anerkannt, und der Europäische Rat beriet und entschied auch über Fragen, die das Europäische Parlament betrafen, ohne es zu konsultieren. Auch die Rolle des Europäischen Gerichtshofs wurde vermindert, da der Europäische Rat politische Beschlüsse faßte, die nicht der richterlichen Kontrolle durch den Gerichtshof der EG unterworfen werden konnten.[70]

Die Gründung des Europäischen Rats wirkte sich natürlich auch auf die EPZ aus. Zwar arbeitete diese auch nach 1974 weiter nach den zuvor entwickelten Verfahren; aber da die Außenminister im Europäischen Rat mitwirkten, informierten sie die Staats- und Regierungschefs regelmäßig über die Tätigkeiten der EPZ, und die Chefs konnten nach Belieben einzelne Fragen aus Opportunitätsgründen an sich ziehen und Erklärungen dazu abgeben. Der Europäische Rat begann sich so als die Spitze der EPZ-Hierarchie zu etablieren, ohne sich aber auf die Arbeitsweise der EPZ mehr als nur punktuell auszuwirken. Die Tagungen des Europäischen Rats haben andererseits das EPZ-Verfahren allgemein stabilisiert und strahlten durch den Gedankenaustausch auf höchster Ebene auf die Meinungsbildung aus. »Der Europäische Rat hat insgesamt dazu beigetragen, sowohl den Konsens über die Struktur der EPZ zu festigen als auch die Regierungschefs gemeinsam in die inhaltliche Abstimmung und Meinungsbildung der EPZ einzubeziehen.«[71]

Die Gründung des Europäischen Rats, zuvor die Entwicklung der EPZ, dann die erste Direktwahl des Parlaments 1979 veränderten zusammengenommen das aus den Gründungsverträgen erwachsene Institutionengefüge der EG so stark, daß zunehmend Forderungen nach einer umfassenden politischen Neuordnung laut wurden. Der »Tindemans-Bericht« von 1975, der quasi parallel mit der Gründung des Europäischen Rats entstand, aber von diesem nicht angenommen wurde (S. 195), mahnte die Herstellung eines neuen institutionellen Gleichgewichts an, das die Erweiterung der exekutiven Befugnisse der Kommission, die Wahl des Kommissionspräsidenten durch das Parlament, die Direktwahl und die Ausweitung der Legislativrechte des Parlaments und auch eine Stärkung der Kompetenzen des Europäischen Gerichtshofs beinhalten müsse, zudem größere Effizienz der intergouvernementalen Zusammenarbeit durch bessere Koordinierung der Ministerräte und Generalisierung des Mehrheitsvotums sowie die Zuständigkeit der Gemeinschaftsorgane für eine gemeinsame Außen- und Sicherheitspolitik einschließlich der Schaffung eines Europäischen Rüstungsamtes. Kommissionspräsident Gaston Thorn schlug in seinem »Mandatsbericht« vom 24. Juni 1981 die Einberufung einer »neuen Messina-

Konferenz« vor, auf der die Regierungen die Römischen Verträge an die Erfordernisse des »Europas der zweiten Generation« anpassen könnten. 1983 machte die Kommission umfassende Vorschläge mit dem Ziel, die Entscheidungsmacht der Gemeinschaftsinstitutionen zu stärken, die Politische Zusammenarbeit nicht auf deren Kosten zu entwickeln, die Wesensverschiedenheit der Integrationsmethoden auf wirtschaftlichem und politischem Gebiet zu respektieren, die demokratische Grundlage durch abgestimmte Rechtsetzungsverfahren zwischen Parlament und Ministerrat zu festigen, Verwaltungsaufgaben vom Ministerrat auf die Kommission zu übertragen, im Ministerrat das Mehrheitsvotum in allen Fragen zur Regel zu machen, zu denen sich Kommission und Parlament befürwortend äußerten. Im November 1981 unterbreiteten die Außenminister der Bundesrepublik und Italiens, Hans-Dietrich Genscher und Emilio Colombo, gemeinsam dem Europäischen Parlament den Plan einer »Europäischen Akte«, in der in verbindlicher Form die Ausrichtung aller Entscheidungskreise der Gemeinschaft auf den Europäischen Rat hin vorgesehen wurde, dazu die Übertragung umfassender Beratungsbefugnisse an das Europäische Parlament, auch etwa über internationale Verträge, eine halbjährliche Berichtspflicht des Europäischen Rats gegenüber dem Parlament, die Aufwertung der Rolle des Präsidenten des Ministerrats, die Schaffung eines Sekretariats für die Politische Zusammenarbeit, bei Abstimmungen im Ministerrat schriftliche Begründungspflicht im Falle der Geltendmachung eines »vitalen Interesses«. Solche Vorschläge lösten auf vielen Seiten lebhafte Diskussion aus.[72]

Währenddessen hatte der Europäische Rat seit seinem ersten Zusammentreten in Dublin am 10. und 11. März 1975 längst seine Funktion als oberster Gestalter der europäischen Einigung übernommen. Zum zweiten Mal trafen sich die Staats- und Regierungschefs am 16. und 17. Juli 1975 in Brüssel, zum dritten Mal am 1. und 2. Dezember 1975 in Rom. Es entwickelte sich die Gewohnheit, jährlich dreimal zusammenzutreffen: je einmal in dem Mitgliedsland, das in halbjährigem Turnus die Präsidentschaft innehatte, und einmal in Brüssel. Mit den regelmäßigen Arbeitssitzungen der eigentlichen Inhaber der politischen Macht in der Gemeinschaft war eine Lenkungsinstanz geschaffen, die sich fortlaufend der wichtigsten Fragen des Einigungsprozesses annehmen konnte und sich durch eine hohe Entscheidungsproduktivität auch in den schwierigsten Fragen auszeichnete. Der Europäische Rat regelte etwa 1975 das Problem der britischen Forderung nach Neuverhandlungen, er traf 1976 die Beschlüsse zur Direktwahl des Parlaments, errichtete 1978 das EWS, moderierte die Diskussion über die britische Beitragsrückforderung, regelte dornige Fragen des Haushalts und äußerte sich als Stimme Europas zu wichtigen Fragen der internationalen Politik. Am 19. Juni 1983 verabschiedete er in Stuttgart, in Wiederaufnahme, wenngleich abschwächender Modifizierung des Genscher-Colombo-Plans, eine »Feierliche Deklaration zur Europäischen Union«, in der, diesmal ohne zeitliche Terminierung, erneut die Absicht der Staats- und Regierungschefs der inzwischen zehn Mitgliedstaaten bekräftigt wurde, »die Gesamtheit der Beziehungen zwischen ihren Staaten in eine Europäische Union umzuwandeln«. Auch wenn das Treffen in Athen im Dezember 1983 nicht zuletzt aufgrund einer problematischen griechischen Moderation einen spektakulären Rückschlag zu bringen schien – es war, auch mit dem Segen Monnets, *de facto* eine »vorläufige europäische Regierung« entstanden.[73]

Die Direktwahl des Parlaments

Die Einführung der Direktwahl des Europäischen Parlaments (EP) im Jahre 1979 bedeutete einen wichtigen Schritt zur »Demokratisierung« der Gemeinschaft. Die Gründungsverträge hatten die Ernennung der Abgeordneten aus der Mitte der nationalen Parlamente »nach einem von jedem Mitgliedstaat bestimmten Verfahren« vorgesehen, doch gingen sie davon aus, daß zu einem späteren Zeitpunkt »allgemeine unmittelbare Wahlen nach einem einheitlichen Verfahren in allen Mitgliedstaaten« vereinbart würden. Die Forderung nach Direktwahl, von der eine Stärkung der Legitimität und eine Erweiterung der Mitwirkungsmöglichkeiten des Europa-Parlaments erwartet wurde, zog sich als roter Faden durch die Diskussionen der 60er und frühen 70er Jahre. Mit der Umstellung des EG-Haushalts auf eigene Mittel wurde deren notwendige Kontrolle zu einem wichtigen Argument, das freilich in Frankreich auf Widerspruch stieß (S. 138, 164).[74]

Auf der Pariser Konferenz vom 9. und 10. Dezember 1974 öffneten die Staats- und Regierungschefs dann jedoch den Weg zu allgemeinen Wahlen zum Europa-Parlament und kündigten zudem eine Erweiterung seiner Kompetenzen an: als Kompensation für die Aufwertung der Rolle der Regierungen durch die Schaffung des Europäischen Rats. Am 12. und 13. Juli 1976 faßte der Europäische Rat in Brüssel die grundlegenden Direktwahl-Beschlüsse, namentlich legte er die auf die neun Mitgliedstaaten jeweils entfallende Anzahl von Abgeordnetenmandaten fest: je 81 für Frankreich, Deutschland, Italien und Großbritannien, 25 für die Niederlande, 24 für Belgien (je 12 für Flandern und Wallonien), 16 für Dänemark, 15 für Irland und 6 für Luxemburg, insgesamt 410 (gegenüber bis dahin 198). Es gelang jedoch nicht, ein einheitliches Wahlverfahren zu vereinbaren; jedem Mitgliedstaat blieb es freigestellt, die Europawahl nach eigenem Wahlrecht durchzuführen. Am 20. September 1976 verabschiedete der Ministerrat einstimmig den grundlegenden »Beschluß und Akt zur Einführung allgemeiner unmittelbarer Wahlen der Abgeordneten der Versammlung«.[75]

Im Vorfeld der schließlich für den 7. bis 10. Juni 1979 angesetzten ersten Europawahlen kam Bewegung in die Parteienlandschaft. Die meisten Parteien der Mitgliedstaaten gruppierten sich entschiedener als zuvor nach weltanschaulichen Affinitäten in europäischen Parteienbünden, die gemeinsame Wahlprogramme oder zumindest -plattformen formulierten. Schon im April 1974 schlossen sich elf sozialistische und sozialdemokratische Parteien der neun Mitgliedstaaten zum »Bund der Sozialdemokratischen Parteien der Europäischen Gemeinschaft« zusammen, einer lockeren Konföderation selbstbewußter nationaler Parteien, die sich als eine regionale Organisation der Sozialistischen Internationalen verstand. 13 liberale Parteien aus acht Ländern (außer Irland) bildeten im März 1976 eine Föderation »Europäischer liberaler Demokraten« (ELD). Die »Europäische Volkspartei« (EVP), zu der sich im April 1976 elf christdemokratische Parteien aus sieben Ländern (außer Großbritannien und Dänemark) zusammenschlossen, verstand sich als die erste wirkliche europäische Partei, bei der Einzelpersonen unmittelbar Mitglied werden konnten. Auch Splitterparteien der extremen Linken und der Umweltaktivisten nahmen gemeinsame Positionen ein. Nur wenige nationale Parteien blieben außerhalb der europäischen Parteienbünde, so die britischen Konservativen, die keinen Zugang zur EVP fanden und sich daher als »Europäische Demokraten« konstituierten. Isoliert blieben auch die französischen Gaullisten, die für die Europawahl als »Europäische Demokraten des Fortschritts« um Stimmen warben. Eine gemeinsame Wahlplattform der europäischen Kommunisten erwies sich wegen unüberbrückbarer Divergenzen zwischen den französischen und italienischen Parteien als unrealisierbar.[76]

Ungeachtet der transnationalen Parteienbünde wurde der erste Europawahlkampf hauptsächlich im je nationalen Rahmen mit nationalen Themen geführt, als zusätzliche Gelegenheit der Auseinandersetzung von Regierung und Opposition. Ob die grenzüberschreitenden Parteienformierungen zur Sensibilisierung der Wähler für das Europa-Thema beigetragen haben, insbesondere in den drei Ländern, in denen es kontrovers diskutiert wurde (Großbritannien, Dänemark und Frankreich), ist fraglich, ebenso ihre Wirkung auf die relativ gute Wahlbeteiligung von europaweit 62,4 Prozent. Freilich war die Wahlbeteiligung in den einzelnen Ländern sehr unterschiedlich: Dort, wo praktisch Wahlpflicht bestand, betrug sie um die 90 Prozent (Belgien, Luxemburg, Italien), in der Bundesrepublik 67,5 Prozent, Irland 63,6 Prozent, Frankreich 60,7 Prozent, Niederlande 57,8 Prozent, Dänemark 47,1 Prozent, Großbritannien lediglich 31,6 Prozent.[77]

Das Ergebnis der ersten Europawahlen bedeutete die Ablösung der vor 1979 bestehenden Mitte-Links-Ausrichtung des Straßburger Parlaments durch eine Mitte-Rechts-Orientierung. Die Parteienbünde des Wahlkampfes gruppierten sich nun in transnationalen Fraktionen. Die größte Fraktion bildeten die Sozialisten und Sozialdemokraten mit 115 Abgeordneten, die EVP-Fraktion bestand aus 109 Deputierten, doch konnte sie auf Sympathien der Europäischen Demokraten (63 Sitze) und der Europäischen Demokraten des Fortschritts (22 Sitze) rechnen. Die Liberalen Demokraten kamen auf 38, die Kommunisten auf

44 Abgeordnete, 19 Sitze entfielen auf fraktionslose und unabhängige Parlamentarier. Nach dem Beitritt Griechenlands 1981 kamen 24 Abgeordnete des Landes hinzu, davon zehn Sozialisten, acht christliche Demokraten, vier Kommunisten und zwei Unabhängige.[78]

Damit wurde das Europa-Parlament zum einzigen direkt von den Bürgern beauftragten und somit unmittelbar legitimierten Organ der EG. Als es sich am 17. Juli 1979 konstituierte, wählte es zu seiner ersten Präsidentin die französische UDF-Abgeordnete Simone Veil (EVP), die zum Januar 1982 einvernehmlich von dem niederländischen Sozialisten Pieter Dankert abgelöst wurde. Wie zuvor tagte das Parlament in Straßburg im Palais de l'Europe des Europarats, in der Regel jeden Monat für eine Woche. Die Sitzungen der Ausschüsse, dann auch der Fraktionen wurden wegen der Nähe zu Ministerrat und Kommission zunehmend nach Brüssel anberaumt. Da zudem die Verwaltung des Parlaments (Generalsekretariat) weiter in Luxemburg residierte, blieb es teilweise bei unbequemem Nomadentum der Europaabgeordneten und entsprechend zusätzlichen Belastungen, wogegen sie periodisch – und bis heute vergeblich – protestierten. Der Dolmetsch- und Übersetzungsdienst für die sechs, seit 1981 sieben Amtssprachen gestaltete sich im übrigen im Europäischen Parlament besonders aufwendig.[79]

Die Direktwahl veränderte den Charakter des Parlaments. Gegenüber den früher aus der Mitte der einzelstaatlichen Parlamente entsandten Deputierten verstärkte sie die Bindung der nunmehr direkt gewählten Abgeordneten an »nationale Interessen«, wenn Belange der heimischen Wählerschaft berührt wurden. Auch änderte sich das Verhältnis zwischen dem Europäischen Parlament und den Parlamenten der Mitgliedstaaten, die die nationalen Regierungen kontrollierten. Bis 1979 bildete das obligatorische Doppelmandat der aus der Mitte der einzelstaatlichen Parlamente nach Straßburg entsandten Abgeordneten eine organische Verbindung zwischen beiden Parlamenten. Von den direkt gewählten 410 Europa-Parlamentariern waren aber nur noch 125 gleichzeitig Mitglied ihres nationalen Parlaments, darunter kein einziger deutscher Abgeordneter; und der Anteil der Doppelmandate sollte mit jeder folgenden Europawahl kleiner werden. Damit drohte ein Abbrechen von Informationsaustausch und politischen Rückbindungen, dem die Parlamente der meisten Mitgliedstaaten durch die Errichtung besonderer Ausschüsse entgegenzuwirken suchten, die sich regelmäßig mit Rechtsetzungsvorhaben und anderen Fragen der europäischen Ebene beschäftigten; so errichtete der Deutsche Bundestag 1983 eine ständige »Europakommission«, die je zur Hälfte aus Mitgliedern des Bundestages und des Europäischen Parlaments zusammengesetzt war.[80]

Mit der ersten Direktwahl war keine Übertragung neuer Kompetenzen an das EP verbunden, doch suchten die Abgeordneten alsbald ihre neugewonnene Legitimation zu nutzen, um ihren Rang im Institutionengefüge aufzuwerten: als Stimme der europäischen Öffentlichkeit, als Gegengewicht zur Macht der Regierungen und zur Bürokratie, als Impulsgeber für die Fortentwicklung der Integration. Ein Ansatzpunkt war die alljährlich mitzuberatende Aufstellung des Haushalts der Gemeinschaft. Das Parlament suchte regelmäßig den Ministerrat zu Einsparungen im Agrarbudget zu bewegen, um Spielraum für nicht-obligatorische Ausgaben zu gewinnen: Regional-, Sozial-, Industrie- und Forschungspolitik. Erschwert wurden die Bemühungen des Parlaments durch das grundsätzliche Problem der Institutionenstruktur der EG: das Fehlen einer formellen europäischen Regierung, die sich zur Ausübung ihres Amtes auf eine parlamentarische Mehrheit stützen mußte.[81]

In geringem Maße konnte das Europa-Parlament seine Stellung gegenüber Kommission und Ministerrat entwickeln. Die Kommission akzeptierte, sich künftig nach ihrer Neukonstituierung dem Parlament mit einer programmatischen Erklärung des Kommissionspräsidenten vorzustellen. Eine Beteiligung des Parlaments an der Ernennung der Kommission lehnten die Regierungen allerdings ab. Die Kommission brachte häufiger dem Parlament ihre Vorschläge vor Einbringung in den Ministerrat zur Kenntnis und berücksichtigte die Stellungnahme des Europa-Parlaments. Anfragen der Parlamentarier veranlaßten die Kommission, ihre Haltung zu erläutern und zu begründen. Auch der Ministerrat erkannte ein Interpellationsrecht des gewählten Parlaments an und beantwortete dessen Auskunftsersuchen. Es wurde zur Gewohnheit, daß der Präsident des Ministerrats zu Beginn und Ende seines sechsmonatigen Amtsturnus dem Parlament Rede und Antwort stand.[82]

Die gewählten Abgeordneten empfanden diese insgesamt geringfügigen Ausweitungen ihrer Zuständigkeiten rasch als unbefriedigend und machten sich daran, die Machtfrage systematischer zu stellen. Auf Initiative des prominenten italienischen Abgeordneten Spinelli, des Föderalisten der ersten Stunde, setzte das Parlament einen Verfassungsausschuß ein mit dem Mandat, einen Vertrag zur Gründung einer Europäischen Union auszuarbeiten, in dem die Gründungsverträge und die Politische Zusammenarbeit zu einer Verfassung föderalen Charakters zusammengefaßt werden sollten. Das Ergebnis war ein Verfassungsentwurf, der am 14. Februar 1984 vom Europäischen Parlament mit großer Mehrheit verabschiedet wurde. Er sah vor, daß in einer künftigen Europäischen Union alle exekutiven Befugnisse auf die Kommission übergehen sollten. Der Europäische Rat sollte den Kommissionspräsidenten ernennen, der sodann die Kommission bildete. Die Kommission sollte danach ihr Programm dem Europäischen Parlament vorlegen, um von diesem formell eingesetzt zu werden. Das Parlament behielt das Recht, die Kommission abzusetzen. Die Legislative sollte im übrigen aus zwei Kammern bestehen, dem direkt gewählten Parlament und dem Rat der Union aus Vertretern der Mitgliedstaaten. Der Rat würde mit einfacher oder absoluter Mehrheit abstimmen; nach einer Übergangszeit von zehn Jahren sollte die Geltendmachung eines »vitalen Interesses« nicht mehr möglich sein. Für die Verteilung der Kompetenzen zwischen der europäischen und der nationalen Ebene würde das Subsidiaritätsprinzip gelten. Im Bereich der internationalen Politik sollte die Union die ausschließliche Befugnis für den Außenhandel und nach zehn Jahren auch für die Entwicklungshilfepolitik haben, nicht aber für die allgemeine Außen- und Sicherheitspolitik, die Gegenstand intergouvernementaler Zusammenarbeit bleiben sollte. Der beachtliche Entwurf sah also neben der supranationalen Methode auch die intergouvernementale Zusammenarbeit vor.[83]

Freilich blieb die Verfassungsinitiative des Parlaments rasch stecken. Ähnlich wie 1953 (S. 80) suchte es 1984 wieder eine Ratifikation notfalls an den Regierungen vorbei durch direkte Befassung der nationalen Parlamente zu erreichen. In den Regierungszentralen reagierte man ungnädig: Das Europäische Parlament solle seine Arbeit im Rahmen der Verträge tun, nicht aber sich eine verfassunggebende Rolle anmaßen. Auch die nationalen Parlamente reagierten ablehnend, das italienische ausgenommen. Was blieb, war die allgemeine Mahnung, daß mit der Fortentwicklung der europäischen Institutionen Ernst gemacht werden müßte.[84]

1984 fand die reguläre zweite Direktwahl zum Europäischen Parlament statt, und danach wieder 1989, 1994 und 1999. Dabei verschoben sich die parteipolitischen Kräfteverhältnisse zunächst stetig zugunsten der Mitte-Links-Fraktionen, 1999 schlug das Pendel allerdings in die entgegengesetzte Richtung zurück. Während die Wahlbeteiligung insgesamt zu wünschen übrig ließ, brachten Vertragsänderungen wie die Einheitliche Europäische Akte (1987), der Vertrag von Maastricht (1993), der Vertrag von Amsterdam (1999) und der Vertrag von Nizza (2003) einen zwar langsamen, aber kontinuierlichen Ausbau der Rechte des EP. Das relative Ausmaß der »Nicht-Beteiligung« des Parlaments an Entscheidungen der Gemeinschaft verringerte sich signifikant von über 70 Prozent 1958 hin zu rund 33 Prozent im Jahre 2003, mit weiter sinkender Tendenz. Auch die transnationalen Parteienstrukturen entwickelten sich seit den 80er Jahren weiter. Ein einheitliches Wahlrecht gibt es freilich bis heute nicht. Die Herstellung der deutschen Einheit veranlaßte den Europäischen Rat in Edinburgh im Dezember 1992, einen neuen Schlüssel für die nationale Aufteilung der Mandate im EP einzuführen. Dabei wurde dem größer gewordenen Deutschland eine höhere Zahl von Abgeordneten als den drei anderen großen Ländern, Frankreich, Großbritannien und Italien zuerkannt (99 zu je 87). In den 90er Jahren wurden in Straßburg und (schon vorher und konkurrierend) in Brüssel aufwendige neue Parlamentsgebäude errichtet und bezogen.[85]

Kapitel 6

Auf dem Wege zur Europäischen Union, 1984–1993

Zur Mitte der 1980er Jahre zog in den europäischen Integrationsprozeß eine neue Dynamik ein, die über eineinhalb Jahrzehnte anhalten sollte und insgesamt die Entwicklung auf eine neue Ebene führte. Den Hintergrund bildeten letzte Aufladungen der Ost-West-Spannung und ihre plötzliche Implosion in den Jahren 1989/90, ein langgezogener weltwirtschaftlicher Aufschwung und nicht zuletzt eine neue Intensität im deutsch-französischen Verhältnis, die eindrucksvoll auf der Tagung des Europäischen Rats in Fontainebleau am 25. und 26. Juni 1984 in Erscheinung trat. Mit der Einheitlichen Europäischen Akte wurden erstmals die Gründungsverträge substantiell amendiert. Das Binnenmarkt-Projekt gab das Signal zu einem Neuaufbruch, der die konkrete Inangriffnahme der Wirtschafts- und Währungsunion und auch der Politischen Union nach sich zog. Mit dem Vertrag von Maastricht 1991/93 wurde die Europäische Gemeinschaft zur Europäischen Union.

Ein deutsch-französischer Motor

Daß das deutsch-französische Verhältnis für das europäische Einigungswerk wesentlich war, konnte seit den Tagen Schumans, Adenauers und de Gaulles immer wieder registriert werden und war zu Beginn der 80er Jahre längst zu einem Axiom der Analyse europäischer Politik geworden. Zuletzt prägten, seit der zweiten Hälfte der 70er Jahre, Staatspräsident Giscard d'Estaing und Bundeskanzler Schmidt der außenpolitischen Zusammenarbeit der Gemeinschaft, der Konsolidierung des Europäischen Rats, der Einführung der Direktwahl des Europäischen Parlaments und der Gründung des EWS in pragmatischer Abstimmung den

Stempel auf. Im zweiten Halbjahr 1980, nach dem sowjetischen Einmarsch in Afghanistan, faßten sie sogar die Bildung einer deutsch-französischen Militärallianz ins Auge, als Kern einer westeuropäischen Streitmacht im Rahmen des atlantischen Bündnisses. Dieser ehrgeizige Plan blieb unausgeführt (und der Öffentlichkeit bis 1984 verborgen), weil seine beiden Protagonisten kurz darauf nacheinander ihre Ämter verloren: Im Juni 1981 mußte Giscard d'Estaing sein Amt an François Mitterrand abtreten, und am 1. Oktober 1982 wurde Schmidt als Bundeskanzler von Helmut Kohl abgelöst.[1]

Obwohl über die europäische Grundorientierung des neuen französischen Staatspräsidenten keine Zweifel bestehen konnten, deutete zunächst wenig darauf hin, daß sich mit ihm die enge deutsch-französische Partnerschaft fortsetzen ließe, geschweige denn, daß sie sich zu unvergleichlichen Höhen aufschwingen könnte. Im Gegenteil: Mitterrand hatte Giscard im Wahlkampf vorgehalten, zu eng mit Deutschland zusammenzuarbeiten, und suchte selbst zunächst die Annäherung an Großbritannien und andere europäische Regierungen. Das »Gemeinsame Programm« der französischen Linken, das auch Kommunisten in die Regierung brachte, enthielt kein überzeugendes Europakonzept, reduzierte Europa im wesentlichen zu einem Ergänzungsraum für die auf verstärkten Massenkonsum und Ausweitung des öffentlichen Sektors abgestellte französische Wirtschaftspolitik. Die neue Regierung schlug vor, mit einem wirtschafts- und sozialpolitischen Aktionsprogramm einen »großen europäischen Sozialraum« zu schaffen, was die Regierungschefs der Partnerländer, zu denen zunächst auch noch Schmidt gehörte, als überholte wohlfahrtsstaatliche Ideologie ablehnten. Die große Wende kam im März 1983, als Mitterrand mit Hilfe seines Finanzministers Jacques Delors zu der Einsicht kam, daß die sozialistische Politik Wirtschaft und Währung Frankreichs überforderte und es zum Verlassen des EWS und des Gemeinsamen Markts zwingen würde. Die Entscheidung für eine Austeritätspolitik nahm der französische Staatspräsident zum Ausgangspunkt für den Entschluß, sich an die Spitze der Fortentwicklung der europäischen Einigung zu stellen. Da inzwischen klar geworden war, daß ein Schulterschluß mit London schwerfiel, namentlich angesichts der kategorischen Forderung Thatchers nach Beitragsrabatt, brauchte Mitterrand für seinen Ehrgeiz, eine große europäische Politik zu führen, den Partner Deutschland: Die Grundrichtung der französischen Europapolitik für die gesamte übrige Zeit seiner Präsidentschaft bis 1995 war gefunden.[2]

Helmut Kohl brauchte er freilich nicht zu überzeugen. Der »Enkel« Adenauers, der sich selbst als »leidenschaftlichen Europäer« bezeichnete, war als gelernter Historiker von der geschichtlichen Notwendigkeit und der Herausforderung der europäischen Integration durchdrungen, die er sich unter eher föderalen Vorzeichen vorstellte. Die deutsch-französische Verständigung war, wie die Partnerschaft mit den USA, in seinem Verständnis eine wesentliche Voraussetzung für das Gelingen der Einigung, die sich auf die Werte der europäischen Zivilisation und Verläßlichkeit gegenüber der übrigen Welt gründen mußte. Die Weiterentwicklung der Integration erforderte langen Atem und mußte auf den verschiedenen Gebieten der Politik und Wirtschaft betrieben werden. Zu Anfang der 80er Jahre schienen Kohl die Entwicklung der EPZ und einer gemeinsamen Technologiepolitik sowie die Erweiterung der Parlamentsrechte von vorrangiger Dringlichkeit. Im übrigen blieb ein europäischer Zusammenschluß, der sich auf Westeuropa beschränkte, in seinen Augen ein Torso.[3]

Für zeitgenössische Beobachter überraschend kamen sich Mitterrand und Kohl, die »nicht füreinander geschaffen« schienen, frühzeitig politisch und auch persönlich näher. Schon bei einem Besuch des Bundeskanzlers im Elysée-Palast im Oktober 1982 entwickelte sich, ungeachtet ihrer unterschiedlichen Weltanschauung, spontane Sympathie. Am 23. Januar 1983 unterstützte Mitterrand den Kanzler (vor der Bundestagswahl am 6. März), als er im Bundestag der SPD und der deutschen Friedensbewegung wegen ihres Widerstandes gegen die »Nachrüstung« der NATO mit Mittelstreckenraketen als Gegengewicht gegen die sowjetische Aufstellung von SS 20-Raketen die Leviten las. Kohl revanchierte sich am 21. März, indem er die dritte Franc-Abwertung in Folge (um 2,5 Prozent) mit einer DM-Aufwertung um 5,5 Prozent flankierte, um das Verbleiben des Franc im EWS zu sichern. Auf der Tagung des Europäischen Rats in

Stuttgart im Juni 1983 wurde weitgehendes Einvernehmen erkennbar, besonders in der Frage einer möglichen Agrarreform sowie hinsichtlich einer aktiven Weiterbehandlung der Genscher-Colombo-Initiative (S. 210). Nach dem Stuttgarter Gipfel nahm die Häufigkeit von Begegnungen und Telefonaten zwischen dem Staatspräsidenten und dem Bundeskanzler sowie zwischen ihren Mitarbeitern – Teltschik, Bitterlich u. a. auf deutscher, Attali, Guigou u. a. auf französischer Seite – zu.[4]

Während der französischen EG-Präsidentschaft in der ersten Jahreshälfte 1984 entfaltete das Duo erstmals seine volle Wirkungskraft. Mitterrand war entschlossen, die sechs Monate zu nutzen, um das europäische Projekt in Bewegung zu bringen. Am 7. Februar sprach er in Den Haag von der »verlassenen Baustelle« Europa, die es wieder mit Leben zu erfüllen gelte, und in den folgenden Wochen von der notwendigen gemeinsamen Anstrengung zur Fortentwicklung der Gemeinschaft. Am 24. Mai schlug er im Straßburger Parlament vor, auf der Grundlage von dessen Verfassungsentwurf sowie der Feierlichen Stuttgarter Erklärung konkrete Schritte zur Realisierung der Politischen Union einzuleiten. Dabei müßten auch Bereiche europäisiert werden, die in den Gründungsverträgen nicht vorgesehen seien, wie das Erziehungswesen, das Gesundheitswesen, das Rechtswesen, die Sicherheit, der Kampf gegen den Terrorismus. Wenn sich einzelne Mitgliedstaaten an einem Neuanlauf nicht mit gleichem Engagement beteiligen wollten, dann müsse man ein »Europa mit mehreren Geschwindigkeiten« oder »mit veränderlicher Geometrie« akzeptieren, doch dürfe dabei die Gemeinschaftsstruktur nur ergänzt, in ihren zentralen Punkten aber nicht verändert werden.[5]

Kohl war es nur recht. Die Übereinstimmung der Partner zeigte sich am 28. Februar 1984 bei der Verabschiedung des ESPRIT-Programms, das den spektakulären Startschuß zu einer europäischen Technologiepolitik bildete, die durch eine nachdrückliche Kraftanstrengung den spitzentechnologischen Rückstand Europas gegenüber den USA und Japan vermindern helfen sollte. Sie bekundete sich auch bei der Behandlung verschiedener Fragen der Landwirtschafts- und Haushaltspolitik. Sie ermöglichte in der ersten Jahreshälfte 1984 bilaterale Vereinbarungen über den gemeinsamen Bau eines Kampfhubschraubers, über die

Intensivierung des deutsch-französischen Handels und über den schrittweisen Abbau der Grenzkontrollen zwischen Deutschland und Frankreich (den das »Schengener Abkommen« im Juni 1985 ausweiten sollte). Und der Gleichklang bewährte sich vor allem in der gemeinsamen Haltung gegenüber der enervierenden Forderung Thatchers nach Verminderung des EG-Beitrags Großbritanniens, die den Europäischen Rat in Brüssel am 19. und 20. März 1984 zum Scheitern brachte. Um auszuschließen, daß auch die folgende Tagung des Europäischen Rats in Fontainebleau am 25. und 26. Juni wegen der unnachgiebigen britischen Haltung in dieser Frage mit einem Mißerfolg endete, wurden zwischen Paris und Bonn umfassende Vorabsprachen getroffen, die offenbar für den äußersten Fall sogar vorsahen, daß mittels einer Konferenz zur Neugründung der EG Großbritannien der Stuhl vor die Tür gesetzt würde. Dies wurde in London anscheinend auch vertraulich zur Kenntnis gebracht.[6]

Nach solcher Vorbereitung gelangte der Gipfel von Fontainebleau zu einer Reihe von Beschlüssen, die insgesamt die britische Blockierung aufzulösen vermochten und den Weg in die Zukunft öffneten. Frau Thatcher akzeptierte angesichts des deutsch-französischen Schulterschlusses den Kompromiß, daß fortan die Nettozahlungen Großbritanniens um 66 Prozent ermäßigt würden; Deutschland und Frankreich übernahmen den Fehlbetrag zusätzlich zu ihren normalen Leistungen im Verhältnis zwei zu eins – das Prinzip gilt bis heute. Die dadurch in ihrer Nettozahler-Position zusätzlich belastete Bundesregierung bekräftigte danach nur höchst unwillig den schon im März vorbereiteten Beschluß, daß der Anteil des EG-Haushalts am nationalen Mehrwertsteueraufkommen zum 1. Januar 1986 von einem auf 1,4 Prozentpunkte erhöht wurde, um die GAP und neue Politikvorhaben zu finanzieren. Frankreich stimmte im Gegenzug zu, daß die Agrarausgaben durch mengenmäßige Quotierungen, vor allem der Milchprodukte, begrenzt und insgesamt die Ausgabendisziplin verbessert würden und daß die Beitrittsverhandlungen mit Spanien und Portugal, deren Konkurrenz von den französischen Bauern gefürchtet wurde, zügig abgeschlossen werden sollten. Ergebnisneutral war die deutsche Zustimmung zum endgültigen Abbau der Währungsausgleichsbeträge, da die deutschen Bauern durch Direktbeihilfen in gleicher Höhe zu entschädigen waren.[7]

Der Europäische Rat kündigte in Fontainebleau auch Maßnahmen zur Belebung der europäischen Wirtschaft an. Grundlegender noch war der auf Drängen Mitterrands gefaßte Beschluß, zwei Ausschüsse einzusetzen, denen die persönlichen Vertreter der Staats- und Regierungschefs angehören sollten. Ein Ausschuß sollte sich mit dem »Europa der Bürger« befassen, d.h. Maßnahmen der Gemeinschaft vorbereiten und koordinieren, »durch die ihre Identität gegenüber den europäischen Bürgern und der Welt gestärkt und gefördert wird und durch die sie an Prestige gewinnt«: etwa durch Erleichterungen im Personen- und Güterverkehr, die Herstellung der Gleichwertigkeit der Diplome und die Einführung gemeinschaftlicher Symbole wie europäischer Flagge und Hymne. Es zeigte sich rasch, daß die Aufgaben dieses Ausschusses, der von dem ehemaligen italienischen Europa-Abgeordneten Pietro Adonnino geleitete wurde, sich partiell mit dem Binnenmarkt-Projekt überschnitten. Bedeutender sollte der zweite »Ausschuß für institutionelle Fragen« werden. Sein Auftrag lautete, »Vorschläge zum besseren Funktionieren der europäischen Zusammenarbeit im Gemeinschaftsbereich wie auch im Bereich der Politischen Zusammenarbeit und in anderen Bereichen zu unterbreiten«. Bei der Einsetzung dieses Ausschusses wurde ausdrücklich an das «Vorbild des Spaak-Ausschusses« erinnert. Er sollte ohne irgendwelche Vorgaben Konzeptionen zu den Grundfragen der Gemeinschaft erarbeiten. Sein Vorsitzender wurde der irische Senator und ehemalige Außenminister James Dooge.[8]

Eine wichtige Entscheidung schloß sich einen Monat nach dem Gipfel von Fontainebleau an: die Ernennung des französischen Wirtschafts- und Finanzministers Jacques Delors zum Präsidenten der Europäischen Kommission, als Nachfolger des eher glücklosen Luxemburgers Gaston Thorn, zum 1.Januar 1985. Mit dieser von den meisten europäischen Regierungschefs sofort begrüßten Personalentscheidung betrat der Dritte die Szene, der in engstem Einvernehmen mit Mitterrand und Kohl ein Jahrzehnt lang die dynamische Entwicklung anführte, die vom Europäischen Rat in Fontainebleau ausgelöst wurde.[9]

Die Einheitliche Europäische Akte

Der »Dooge-Ausschuß«, der am 28. September 1984 mit seinen Arbeiten begann, leitete die erste große Revision der Gründungsverträge ein. Aufgrund des von ihm im März 1985 vorgelegten Berichts berief der Europäische Rat am 29. und 30. Juni 1985 eine Regierungskonferenz ein, die am 9. September 1985 in Luxemburg zusammentrat und mit bemerkenswerter Zügigkeit die »Einheitliche Europäische Akte« vorbereitete. Sie wurde bereits im Februar 1986 unterzeichnet und trat am 1. Juli 1987 in Kraft.

Der »Dooge-Bericht« ging davon aus, daß das Einigungswerk an einen entscheidenden Punkt gelangt sei. Einerseits befinde es sich in der Krise und weise große Mängel auf, andererseits werde der Konkurrenzdruck dritter Länder ständig schärfer. Es genüge nicht mehr, eine Liste der erforderlichen Maßnahmen aufzustellen, vielmehr müsse »Europa seinen Glauben an die eigene Größe wiederfinden« und den qualitativen Sprung einer Gesamtkonzeption wagen, die den Aufbau »einer echten politischen Einheit zwischen den europäischen Staaten, d. h. einer Europäischen Union« ins Auge fasse. Vorrangige Zielsetzungen müßten sein (1) die Schaffung eines homogenen Wirtschaftsraums durch die Vollendung des Gemeinsamen Markts, den Aufbau einer Technologiegemeinschaft, den Ausbau des EWS und die Aufbringung der erforderlichen Mittel, (2) die Förderung der »gemeinsamen Werte unserer Zivilisation« etwa durch die Verwirklichung eines europäischen Sozialraums und eines einheitlichen Rechtsraums, die Förderung der gemeinsamen kulturellen Werte, auch verbesserten Umweltschutz, schließlich (3) das Streben nach außenpolitischer Identität durch die Fortentwicklung der Politischen Zusammenarbeit und ihre Ausweitung auf den Bereich von Sicherheit und Verteidigung. Diese Zielsetzungen erforderten »leistungsfähigere demokratische Institutionen«: die weitestgehende Anwendung des Mehrheitsvotums im Ministerrat, die Verstärkung der Befugnisse der Kommission; die Stärkung der Rolle des Europäischen Parlaments durch effektive Beteiligung an Rechtsetzung und Haushalt sowie durch vermehrte Kontrollbefugnisse; eine Entlastung des Gerichtshofs von entbehrlichen Aufgaben und die Festigung seiner Rolle als Hüter der Verträge. Zur Einleitung entsprechender Reformen schlug der Ausschuß vor, »in naher Zukunft eine Konferenz der Vertreter der Regierungen der Mitgliedstaaten einzuberufen, die den Entwurf eines Vertrags über die Europäische Union aushandeln soll; bei diesen Verhandlungen wären der Besitzstand der Gemeinschaft, dieser Bericht und die Feierliche Deklaration von Stuttgart zur Europäischen Union zugrundezulegen, und man sollte sich von Geist und Methode des vom Europäischen Parlament verabschiedeten Vertragsentwurfs inspirieren lassen«.[10]

Der Bericht wurde vom Europäischen Rat in Brüssel am 29. und 30. März 1985 grundsätzlich angenommen, doch stieß die vorgeschlagene Einberufung einer Regierungskonferenz gemäß Artikel 236 des EWG-Vertrags auf Widerstand. Der Dooge-Bericht war keineswegs einmütig verfaßt worden; einzelne Ausschußmitglieder hatten zu verschiedenen Punkten Minderheitenvoten zu Protokoll gegeben, insbesondere die Vertreter Großbritanniens, Dänemarks und Griechenlands. Dementsprechend wurde noch Bedarf zu Konsultationen gesehen. Von italienischer, deutscher, französischer und britischer Seite wurden weitere Vorschläge unterbreitet, ohne daß aber zwischen April und Juni 1985 eine Einigung über das weitere Vorgehen in Sicht kam. Unter diesen Umständen entschloß sich die italienische Präsidentschaft unter Ministerpräsident Bettino Craxi und Außenminister Giulio Andreotti zu einem ungewöhnlichen Schritt. Auf dem Europäischen Rat in Mailand am 28. und 29. Juni 1985 ließ sie über die Einberufung einer Regierungskonferenz abstimmen – ein Vorgang, der gegen die hergebrachte Einstimmigkeitsregel im Europäischen Rat verstieß und Frau Thatcher und die Ministerpräsidenten Dänemarks und Griechenlands, Poul Schlüter und Papandreou, zu heftigem Protest veranlaßte. Sie konnten freilich wenig mehr tun als das die Konferenz befürwortende Votum der anderen sieben Mitgliedstaaten hinzunehmen und sich damit zu trösten, daß allenfalls bei Verfahrensfragen, nicht aber bei Vertragsänderungen die Einstimmigkeit umgangen werden konnte.[11]

Die Regierungskonferenz nahm am 9. September 1985 ihre Arbeit in Luxemburg auf, mit zwölf Delegationen, da auch die vier Monate später beitretenden Staaten Spanien und Portugal beteiligt wurden. Zwei Arbeitsgruppen wurden gebildet: ein aus den Politischen Direktoren der Außenministerien bestehender Politischer Ausschuß, der die Möglichkeiten und Fortentwicklung der außenpolitischen Zusammenarbeit untersuchen sollte, und ein Ausschuß für die Revision der Gemeinschaftsverträge, dem unter dem Vorsitz des Generalsekretärs im luxemburgischen Außenministerium Jean Dondelinger die ständigen Vertreter der Mitgliedstaaten bei den Gemeinschaften und der Generalsekretär der Kommission Emile Noël angehörten. Während die Arbeiten des Politischen Ausschusses relativ unproblematisch verliefen, ließen sich die des zweiten Ausschusses schwierig an, da Großbritannien, Dänemark und Griechenland Sinn und Notwendigkeit einer Vertragsrevision grundsätzlich in Frage stellten. Zur Lösung führte die – von Delors und Noël geschickt betriebene – Verknüpfung der angestrebten Vertragsänderungen mit dem in Mailand ebenfalls beschlossenen Binnenmarkt-Projekt, das Briten und Dänen faszinierte. Seine Verwirklichung würde viele Einzelmaßnahmen erfordern, die nicht gut sämtlich von der Einstimmigkeit im Ministerrat abhängig gemacht werden konnten und auch die verstärkte Einbeziehung des Europäischen Parlaments nahelegten (S. 232). Indem so die Vertragsrevision auch mit konkreten Wirtschaftsinteressen begründet wurde, ergaben sich Verhandlungsspielräume, die freilich nicht die Ausräumung aller Schwierigkeiten ermöglichten, wie der Europäische Rat in Luxemburg am 2. und 3. Dezember 1985 zeigte, wo die Ergebnisse der Regierungskonferenz beraten wurden. Die notwendigen Kompromisse führten am Ende zu einem wenig begeisternden Ergebnis, das Mitterrand gleichwohl euphemistisch als »Kompromiß des Fortschritts« bezeichnete. In den folgenden Wochen legten die Außenminister letzte Hand an die Texte. Sie entschieden, daß – wie von der Kommission vorgeschlagen – nicht zwei neue Verträge, sondern nur ein einziger geschlossen werden sollte, der die Abänderungen der Gründungsverträge und die Politische Zusammenarbeit in einem einheitlichen Rechtsrahmen zusammenführte. In Artikel 1 wurde den Europäischen Gemeinschaften und der EPZ das Ziel gewiesen, »gemeinsam zu konkreten Fortschritten auf dem Weg zur Europäischen Union beizutragen«.[12]

Die »Einheitliche Europäische Akte« (EEA) wurde in zwei Etappen unterzeichnet: am 17. Februar 1987 in Luxemburg von neun Mitgliedstaaten, und – in der Folge einer vom dänischen Parlament verursachten Verzögerung – am 28. Februar in Den Haag von den übrigen drei Staaten Dänemark, Italien und Griechenland. Die Ratifizierungen erfolgten in allen Ländern ohne Probleme, außer in Irland, wo das Oberste Gericht die Verfassungsmäßigkeit in Frage stellte und eine politische Kontroverse über die irische Neutralität eine Volksabstimmung erforderlich machte. Diese fand am 26. Mai 1987 statt und erbrachte, bei freilich schwacher Wahlbeteiligung, rund 70 Prozent Zustimmung. Daraufhin konnte die EEA am 1. Juli 1987 in Kraft treten.[13]

Ihrer Entstehung entsprechend bestand die EEA aus zwei Hauptteilen, den Bestimmungen zur Änderung der Gründungsverträge und den Bestimmungen über die Zusammenarbeit in der Außenpolitik. Vorangestellt waren »Gemeinsame Bestimmungen«, deren wichtigste die vertragliche Verankerung der seit mehr als einem Jahrzehnt arbeitenden und »unentbehrlich gewordenen« (Delors) Institution »Europäischer Rat« war. Als Gremium der Staats- und Regierungschefs und des Kommissionspräsidenten, die von den Außenministern und einem weiteren Mitglied der Kommission unterstützt wurden, sollte er »mindestens zweimal jährlich« zusammentreten. Seine Rolle und Funktion wurden freilich nicht präzisiert.[14]

Der erste Hauptteil der Akte bestand aus einer Liste von Bestimmungen, die den Wortlaut verschiedener Artikel oder Abschnitte vor allem des EWG-Vertrags änderten oder ergänzten; EGKS- und Euratom-Vertrag waren kaum betroffen. Den Anfang machten »Bestimmungen betreffend die Organe«, die vor allem auf verstärkte Effizienz der Entscheidungsprozesse zielten. Im Ministerrat wurde zur Verwirklichung des Binnenmarkts und zur Ingangsetzung neuer Politiken die Anwendung des qualifizierten Mehrheitsvotums erheblich ausgeweitet. Hinsichtlich des Binnenmarkts wurde Einstimmigkeit nur für die Bereiche Steuern, Freizügigkeit sowie Rechte und Interessen der Arbeitnehmer vorgesehen. Über die neuen Politiken sollte im Grundsätzlichen einstimmig, für die Umsetzung aber regelmäßig mit qualifizierter Mehrheit beschlossen werden. Die Kommission erhielt verstärkte

Befugnisse bei der Durchführung der Entscheidungen des Ministerrats. Dem Gerichtshof ordnete die EEA zu dessen Entlastung ein Gericht erster Instanz bei. Die Position des – nun auch im Vertrag so genannten – »Europäischen Parlaments« (EP) wurde gestärkt durch ein neues legislatives Verfahren der Zusammenarbeit: Bei Entscheidungen, die im Ministerrat mit qualifizierter Mehrheit getroffen wurden, sollte das Parlament fortan in einer Art zweiter Lesung Änderungsvorschläge einbringen können, die, sofern sie von der Kommission befürwortet wurden, vom Rat nur einstimmig zurückgewiesen werden konnten; ausgenommen von diesem Verfahren blieben Entscheidungen über Außenzölle, GAP, Verkehrsrecht und Dienstleistungs- und Kapitalverkehr sowie alle einstimmig getroffenen Ratsbeschlüsse; zu diesen wurde das Parlament lediglich konsultiert. Eine weitere Stärkung der Parlamentsrechte bestand darin, daß fortan die Aufnahme neuer Mitglieder und die Assoziierung von Drittländern von der Zustimmung des EP »mit der absoluten Mehrheit seiner Mitglieder« abhängig gemacht wurde.

Sodann wurden die Verträge durch eine Reihe von »Bestimmungen über die Grundlagen und die Politik der Gemeinschaft« abgeändert. Dazu gehörte insbesondere die Einfügung der Artikel 8 a-c in den EWG-Vertrag, mit denen die schrittweise Verwirklichung des Binnenmarkts bis zum 31. Dezember 1992 zu einem neuen Grundziel der Gemeinschaft wurde: »Der Binnenmarkt umfaßt einen Raum ohne Binnengrenzen, in dem der freie Verkehr von Waren, Personen, Dienstleistungen und Kapital gemäß den Bestimmungen dieses Vertrages gewährleistet ist.« Die Kommission sollte die erforderlichen Vorschläge unterbreiten, über die der Rat gemäß den neu festgelegten Verfahren zu entscheiden haben würde. Des weiteren erhielt die Gemeinschaft »währungspolitische Befugnisse«: Während das EWS Gegenstand intergouvernementaler Zusammenarbeit war, wurde nun für die Zukunft die Möglichkeit eröffnet, im Bereich der Währungszusammenarbeit Gemeinschaftsinstitutionen zu errichten.

Des weiteren wurden eine Reihe von Bestimmungen über Gemeinschaftspolitiken, die über die Gründungsverträge hinaus entwickelt oder seit den 70er Jahren neu konzipiert worden waren, nun in den EWG-Vertrag integriert. In die Sozialpolitik wurde als neues Ziel die Verbesserung der Arbeitsumwelt, d. h. die Angleichung des Schutzes der Sicherheit und Gesundheit der Arbeitnehmer eingeführt, außerdem eine neue Funktion der Kommission zur Vermittlung zwischen den sozialen Partnern auf europäischer Ebene. Auf Drängen der am wenigsten fortgeschrittenen Mitgliedstaaten (Irland, Griechenland, Spanien, Portugal) wurde die »Stärkung des wirtschaftlichen und sozialen Zusammenhalts« der Gemeinschaft Vertragsziel: die Förderung der harmonischen Entwicklung der Gemeinschaft als Ganzes durch Verringerung des Abstandes zwischen den verschiedenen Regionen und des Rückstands der am stärksten benachteiligten Gebiete. Hierzu sollten die Möglichkeiten der bestehenden Strukturfonds (EAGFL, ESF, EFRE) und der Europäischen Investitionsbank (EIB) entwickelt und koordiniert und nicht zuletzt die Volumina der diesen zur Verfügung gestellten Mittel vergrößert werden.[15] Um den inzwischen als dramatisch wahrgenommenen technologischen Rückstand Europas gegenüber den USA und Japan zu verringern, wurde als neue Gemeinschaftsaufgabe die Technologiepolitik in den Vertrag aufgenommen. Sie sollte es ermöglichen, die seit den frühen 70er Jahren geförderten Forschungs- und Entwicklungsprojekte im Bereich der Telekommunikation, der Biologie und vor allem der Informationstechnologie zu systematisieren. Unter der Zielsetzung, »die wissenschaftlichen und technischen Grundlagen der europäischen Industrie zu stärken und die Entwicklung ihrer Wettbewerbsfähigkeit zu fördern«, wurden Unternehmen, Forschungszentren und Hochschulen ermutigt, zusammenzuarbeiten und die neuen Möglichkeiten des Binnenmarkts voll zu nutzen. In mehrjährigen Forschungs-Rahmenprogrammen der Gemeinschaft sollten Ziele und Prioritäten festgelegt werden, nach denen spezifische Programme finanziell gefördert werden könnten. Vorgesehen wurde auch die Beteiligung der Gemeinschaft an nationalen und multinationalen Programmen und die Zusammenarbeit mit Drittstaaten und Internationalen Organisationen.[16] Auch der Umweltschutz, dem seit 1973 bereits mehrere Aktionsprogramme der Gemeinschaft gegolten hatten (S. 181), erhielt nun Verfassungsrang. Für die Finanzierung und Durchführung von Umweltmaßnahmen sollten allerdings vorrangig die nationalen Regierungen zuständig sein, die Gemeinschaft beschränkte sich auf subsidiäre Mitwirkung, wenn die Ziele »besser auf Gemeinschaftsebene erreicht werden können als auf der Ebene der einzelnen Mitgliedstaaten«.[17]

Im zweiten Hauptteil der EEA wurde die »Europäische Zusammenarbeit in der Außenpolitik« vertraglich verankert. Im wesentlichen wurden die in den »Davignon-Berichten« von 1970 und 1973, einem Bericht der Außenminister vom 13. Oktober 1971 sowie der Stuttgarter Deklaration von Juni 1983 vereinbarten Verfahren »und die Praktiken, die sich nach und nach zwischen den Mitgliedstaaten herausgebildet haben,« festgeschrieben: die Methode schrittweiser Annäherung der nationalen Standpunkte mit dem Ziel der Entwicklung und Festlegung gemeinsamer Grundsätze und Standpunkte; die Verpflichtung zu wechselseitiger Information und Konsultation vor Festlegung nationaler Standpunkte und die Berücksichtigung der Standpunkte der Partner; der Verzicht, »im Rahmen des Möglichen«, auf Behinderung der Herausbildung eines Konsenses und des gegebenenfalls daraus abgeleiteten gemeinsamen Handelns. Auch die lockere institutionelle Struktur der EPZ, die sich seit den frühen 70er Jahren entwikkelt hatte, wurde vertraglich fixiert: regelmäßige Treffen von Vertretern der Mitgliedstaaten auf verschiedenen Ebenen – viermal jährlich die Außenminister im Beisein eines Vertreters der Kommission, mindestens zweimal im Europäischen Rat, nach Bedarf im Politischen Komitee, in der Europäischen Korrespondentengruppe, in verschiedenen sonstigen Arbeitsgruppen. Die »Präsidentschaft«, identisch mit dem turnusmäßigen Vorsitz im Rat der Außenminister, war für die Koordinierung und Führung der Geschäfte der EPZ verantwortlich, insbesondere für die Einberufung und Durchführung der Zusammenkünfte. Zu ihrer Unterstützung war die einzige institutionelle Neuerung vorgesehen: In Brüssel wurde nun, angelehnt an die EPZ-Präsidentschaft, ein ständiges Sekretariat eingerichtet.

Die EEA postulierte ausdrücklich, daß die Außenwirtschaftspolitik der drei Gemeinschaften und die im Rahmen der EPZ vereinbarten Politiken »kohärent sein« müßten. Um dies sicherzustellen, wurde die volle Beteiligung der Kommission an der Arbeit der EPZ festgeschrieben. Das Europäische Parlament sollte an der EPZ durch regelmäßige Unterrichtung und die Berücksichtigung seiner Auffassungen beteiligt werden.[18]

Neu war schließlich die Ausweitung der EPZ auf den Bereich der Sicherheit. Aus den seit Beginn der 80er Jahre zunehmenden Spannungen in den amerikanisch-sowjetischen Beziehungen war verstärktes Interesse an einem sicherheitspolitischen Zusammenrücken in Europa und namentlich einer Reaktivierung der WEU erwachsen, das sich auch in bilateralen deutsch-französischen Abstimmungsbemühungen bekundete. Ohne daß dies näher konkretisiert wurde, hielten die Unterzeichner der EEA fest, »daß eine engere Zusammenarbeit in Fragen der europäischen Sicherheit geeignet ist, wesentlich zur Entwicklung einer außenpolitischen Identität Europas beizutragen. Sie sind zu einer stärkeren Koordinierung ihrer Standpunkte zu den politischen und wirtschaftlichen Aspekten der Sicherheit bereit.«[19]

Das Binnenmarkt-Projekt

Das in der EEA formulierte Ziel, bis Ende 1992 den europäischen »Binnenmarkt« zu verwirklichen, war nichts anderes als die Rückbesinnung auf das Herzstück der Gemeinschaft, auf ihre ursprüngliche, mit dem Eintritt in die »Endphase« 1970 keineswegs vollendete Aufgabe der Herstellung eines wirklich gemeinsamen Markts. Die Konzentration auf den Beitritt von sechs neuen Mitgliedern in den 70er und 80er Jahren und die Beschäftigung mit neuen Themen (Institutionenreform, Wirtschafts- und Währungsunion, Umwelt, Außenpolitik, Politische Union) hatte etwas in den Hintergrund treten lassen, daß gegenüber Zollabbau und GAP andere Ziele des EWG-Vertrages weit weniger engagiert und erfolgreich angegangen worden waren, namentlich die Herstellung der sogenannten »vier Freiheiten« durch die vollständige Beseitigung nichttarifärer Handelshemmnisse im Güterverkehr und die Herstellung des freien Personen-, Dienstleistungs- und Kapitalverkehrs.

Die Notwendigkeit, den Gemeinsamen Markt systematischer zu entwickeln, begann die europäische Diskussion unter dem Eindruck einer schwierigen internationalen Wirtschaftsentwicklung, auch eines offenkundigen technologischen Rückstands der EG gegenüber den USA und Japan seit 1979 zu beschäftigen. Seit 1982 wurde die Stärkung des Binnenmarkts zu einer Priorität der Gemeinschaftspolitik, und der Europäische Rat setzte einen eigens für den Binnenmarkt verantwortlichen Ministerrat ein. Eine Reihe von Einzelmaßnahmen wurden eingeleitet. Im Winter 1983/84 schufen massive Proteste europäischer Fernfahrer gegen die langwierigen Grenzkontrollen ein besonders augenfälliges Dringlichkeitsmoment.[20]

Es war das Verdienst der Kommission unter ihrem zum 1. Januar 1985 ernannten Präsidenten Jacques Delors, die Ansätze zu bündeln und operationalisierbar zu machen. Nach Sondierungen bei den Regierungen aller Mitgliedstaaten und Beitrittskandidaten in den Monaten vor seinem Amtsantritt schlug Delors in seinem dem Europäischen Parlament am 14. Januar 1985 vorgestellten Arbeitsprogramm vor, die Ziele des Gemeinsamen Markts durch den Abbau aller Schranken, die einem vollständigen Binnenmarkt noch im Weg stünden, endlich voll zu verwirklichen, und zwar bis Ende 1992. Dieses Datum wählte er aus zwei Gründen: Der Umfang des Vorhabens würde zwei vierjährige Amtsperioden der Kommission erfordern, und Ende 1992 würde – wie Anfang 1985 noch erwartet – für die neuen Mitglieder Spanien und Portugal die Übergangsperiode enden. Der mit der Binnenmarkt-Frage betraute britische Kommissar Lord Cockfield erarbeitete in den folgenden Wochen einen grundlegenden Siebenjahresplan, das »Weißbuch zur Vollendung des Binnenmarkts«, in dem ein Katalog von rund 300 Einzelmaßnahmen der Gemeinschaft vorgeschlagen wurde, durch deren Realisierung alle noch bestehenden Beschränkungen des freien Güter-, Personen-, Dienstleistungs- und Kapitalverkehrs zwischen den Mitgliedstaaten restlos abgebaut werden könnten und der große gemeinsame Wirtschaftsraum vollendet würde. Der Europäische Rat nahm das »Weißbuch« am 28. und 29. Juni 1985 in Mailand an und beauftragte die Kommission, die Umsetzung der Maßnahmen einzuleiten; in der gleichen Sitzung beschloß er die Einberufung der Regierungskonferenz, die zur EEA führen sollte.[21]

Damit war das Startsignal für eine Entwicklung gegeben, deren Dynamik alle Erwartungen übersteigen sollte, auch die Delors' selbst. Die Verknüpfung des Ziels mit einem festen Termin, die sich schon bei der Verwirklichung von Zollunion und GAP in den 60er Jahren und auch bei anderen EG-Vorhaben bewährt hatte, entfaltete erneut ihre mobilisierende Kraft. Angesichts der Untersuchungen des sog. Cecchini-Berichts, in dem von der Verwirklichung des Binnenmarkts ein zusätzliches Wachstum des Bruttosozialprodukts der Gemeinschaft von jährlich einem Prozent (etwa 220 Milliarden ECU) für sechs Jahre prognostiziert wurde, ließen sich Wirtschaft und Politik in den Mitgliedstaaten zu einer gelegentlich geradezu stürmisch wirkenden Aufbruchstimmung mitreißen. Begünstigt wurde die Entwicklung durch ein allmähliches Anziehen der Weltkonjunktur bei zurückgehenden Preisen für Öl und Rohstoffe. Für die Operationalisierung des Binnenmarkt-Programms war andererseits wesentlich, daß die EEA dafür einen festen rechtlichen Rahmen bot: Die Ausweitung des qualifizierten Mehrheitsvotums im Ministerrat und die erweiterten Durchführungsbefugnisse der Kommission ermöglichten eine zügige Realisierung der angekündigten Maßnahmen und schufen damit bei Unternehmern und Investoren neues Vertrauen in europäische Effizienz, Voraussetzung für die Beendigung von »Eurosklerose« und »Europessimismus«.[22]

Die Vorschläge der Kommission zu den Binnenmarkt-Maßnahmen wurden durchweg dem Ministerrat in Form von Direktiven zur Beschlußfassung vorgelegt, d. h. sie wurden (gemäß Artikel 189 des EWG-Vertrags) für die Mitgliedstaaten hinsichtlich der Zielsetzung verbindlich, doch blieb den innerstaatlichen Stellen die Wahl der Form und der Mittel überlassen. Diese Direktiven waren zumeist sehr detailliert, um den Interpretationsspielraum der Regierungen einzuengen, was naturgemäß auf den nationalen Ebenen Widerstand hervorrufen konnte. Der war gewiß mitverantwortlich dafür, daß, während die europäischen Organe zügig arbeiteten, die erforderliche Transformierung ihrer Richtlinien in nationales Recht sich als ein erhebliches Verzögerungsmoment des Binnenmarkt-Projekts entpuppte. Zum Stichtag 31. Dezember 1992 hatte der Rat von 282 Vorschlägen der Kommission 264 angenommen, davon hätten 213 in nationales Recht umgesetzt sein müssen. Tatsächlich lag die Erfüllungsquote darunter. Dänemark hatte mit 189 (88,7 Prozent) die meisten, Griechenland mit 150 (70,4 Prozent) die wenigsten Binnenmarkt-Beschlüsse in nationale Rechtsnormen transformiert. Deutschland und Frankreich blieben mit 164 (77 Prozent) bzw. 165 (77,5 Prozent) im Mittelfeld. Erst 95 EG-Vorschriften (45 Prozent) waren Ende 1992 in sämtlichen Mitgliedstaaten umgesetzt worden. Damit erwies sich das Binnenmarkt-Projekt als ein über das gesetzte Enddatum des 31. Dezember 1992 hinauswirkender Prozeß, der in der Tat bis heute nicht abgeschlossen ist. Gleichwohl erklärte der Europäische Rat in Edinburgh am 11. und 12. Dezember 1992 die Ziele des ›Weißbuches‹ für zu wesentlichen Teilen erfüllt oder auf den Weg gebracht. Die weitgehende Realisierung des enormen Gesetzgebungsprogramms wurde allgemein als großer Erfolg der Gemeinschaft empfunden.[23]

Nach der Nomenklatur des ›Weißbuches‹ betrafen die Maßnahmen zur Herstellung des Binnenmarkts den Abbau von drei Arten von Beschränkungen des freien Güter-, Personen-, Dienstleistungs- und Kapitalverkehrs: materielle Schranken, fiskalische Schranken und technische Schranken.

Der Abbau der »materiellen Schranken« zielte auf die Beseitigung der noch bestehenden Kontrollen von Gütern und Personen an den Binnengrenzen und die Verlegung der Überwachung an die Außengrenzen der Gemeinschaft. Im Güterverkehr ging es vor allem um die Erleichterung und Beschleunigung des Grenzübertritts, z. B. durch die Vereinheitlichung und Vereinfachung der Warenbegleitpapiere, die Verlagerung des Mehrwertsteuereinzugs von den Grenzen zu den inländischen Steuerbehörden, die Verlegung von Veterinär- und Pflanzenschutzkontrollen an Institutionen innerhalb des Herkunftslandes, wobei gemeinschaftsweit vereinheitlichte Normen einzuführen waren.[24]

Die Aufhebung der Personenkontrollen an den Binnengrenzen war problematischer, da sie vergleichbare Regeln der Mitgliedstaaten etwa im Bereich der Einwanderung, der Bekämpfung des Terrorismus, des Drogenhandels und des Kunst- und Antiquitätenhandels voraussetzte. Die unterschiedliche Gesetzgebung und politische Ausgangslage der Mitgliedstaaten zu koordinieren erforderte erheblichen Aufwand und Zeit; einige Mitgliedstaaten, vor allem Großbritannien, weigerten sich, auf

Personenkontrollen an den Grenzen zu verzichten. Unter diesen Umständen beschlossen Deutschland, Frankreich und die Benelux-Staaten mit dem »Schengener Übereinkommen« vom 14. Juni 1985 voranzugehen, in dem die weitgehende Abschaffung der Kontrollen im Personen- und auch im Straßengüterverkehr an den Binnengrenzen vorgesehen wurde. Das Abkommen sah auch eine Angleichung der Visabestimmungen für Reisende aus Drittländern vor, Verfahren zum Schutz des Asylrechts, die Bekämpfung der illegalen Einwanderung und die Bekämpfung des Drogenhandels und der grenzüberschreitenden Kriminalität durch verstärkte Zusammenarbeit zwischen den Zoll- und Polizeibehörden. Das Schengener Abkommen wurde durch ein Durchführungsabkommen vom 19. Juni 1990 fortentwickelt, dem auch Italien, Griechenland, Spanien und Portugal beitraten, nicht aber Großbritannien, Irland und Dänemark. Es sollte erst seit 1995 in Kraft treten, somit waren Ende 1992 alle Kontrollen noch in Kraft.[25]

Die Beseitigung »fiskalischer Schranken« zwischen den Mitgliedstaaten erwies sich als besonders langwierig und schwierig. Ihre Notwendigkeit ergab sich aus der unterschiedlichen Höhe der indirekten Steuern, insbesondere der Mehrwertsteuer auf Waren und Dienstleistungen sowie der Verbrauchssteuern auf Tabak, Alkohol und Mineralöl, die das Niveau der Preise verzerrte und Grenzkontrollen gegen Schmuggel erforderte. Die Kommission bemühte sich um eine Harmonisierung der Steuersätze, die aber nicht recht vorankam. Im Oktober 1992 konnte für die Mehrwertsteuer ein »Mindestnormalsatz« von 15 Prozent und ein »reduzierter Satz« von 5 Prozent vereinbart werden, sowie bis 1997 eine schrittweise Annäherung; erst für die Zeit nach 1997 wurde eine endgültige Angleichung vorgesehen. Auch in Bemühungen um die Harmonisierung der Besteuerung von Kapitalerträgen zeichneten sich bis 1992 noch kaum Fortschritte ab.[26]

Die »technischen Schranken« beruhten auf der Unterschiedlichkeit der in den Mitgliedstaaten geltenden Gesetze und Vorschriften und nicht zuletzt der technischen Normen. Ihr Abbau bildete den bei weitem größten Teil des Regelungsbedarfs und somit das Kernanliegen des Binnenmarkt-Projekts. Technische

Schranken eines freien Warenverkehrs bildeten etwa die zahllosen verschiedenen Vorschriften in den Mitgliedstaaten über Produktionsstandards, Verbraucherschutz (Sicherheitsanforderungen, Gesundheitsschutz) und Umweltschutz. Einen Weg zu ihrer Neutralisierung hatte ein Urteil des Europäischen Gerichtshofs von 1979 über die Vermarktung des französischen »Cassis-de-Dijon«-Likörs gewiesen, an das sich die Kommission mit der Proklamation des Prinzips der gegenseitigen Anerkennung der nationalen Warenproduktion anlehnte: »Jedes Erzeugnis, das in einem Mitgliedstaat rechtmäßig hergestellt und in den Handel gebracht wird, muß grundsätzlich in den anderen Mitgliedstaaten gehandelt werden«, vorbehaltlich allein der Gewährleistung des Verbraucherschutzes und des lauteren Handelsverkehrs. Durch diesen neuen Grundsatz der gegenseitigen Anerkennung der Erzeugnisse wurde das Gebot der europäischen Angleichung der Rechts- und Verwaltungsvorschriften gemäß Artikel 100 des EWG-Vertrags, dessen Umsetzung sich als äußerst mühevoll erwiesen hatte, entscheidend relativiert, der Binnenmarkt-Prozeß dadurch entlastet. Für technische Geräte brachte der seit 1985 von der Kommission eingeführte »neue Ansatz« zur Harmonisierung und Normierung erhebliche Vereinfachungen und Effizienzgewinne. Dieses Verfahren beinhaltete, daß die Arbeit von Kommission und Rat auf die Festlegung grundlegender Sicherheits- und Gesundheitsanforderungen und Mindeststandards im Verbraucherschutz beschränkt und dadurch entlastet wurde, während die Angleichungen im technischen Detail durch europäische Normungsausschüsse – in denen die nationalen Normungsinstitute zusammenarbeiteten – zu regeln und zu kontrollieren waren. Das Ergebnis war die schrittweise Ersetzung der nationalen Normen durch Europanormen.[27]

Technische Schranken bildeten auch die unterschiedlichen Formen nationaler Wettbewerbs- und Kartellpolitiken, deren Angleichung über die Fortentwicklung der entsprechenden Vorschriften des EWG-Vertrags versucht wurde. 1989 erließ der Rat nach längerer Vorbereitung die »Verordnung über die Kontrolle von Unternehmenszusammenschlüssen« (Fusionskontrolle), mit der der Kommission die exklusive Befugnis übertragen wurde, darüber zu befinden, ob Zusammenschlüsse oder Beteiligungen von gemeinschaftsweiter Bedeutung mit dem Gemeinsamen Markt vereinbar waren oder nicht. Zur Förderung effektiver Geschäftsbeziehungen im Gemeinschaftsraum bei unterschiedlichen nationalen Rahmenbedingungen wurde schon 1985 eine Verordnung erlassen über die Bildung einer »Europäischen Wirtschaftlichen Interessenvereinigung«, der rund 350 Gruppierungen von Klein-, Mittel- und Großunternehmen beitraten. Vorschläge der Kommission zur Schaffung des Status einer Europäischen Aktiengesellschaft (SE = societas europea) kamen vorerst (bis 2001) wegen des ungelösten Problems der Mitbestimmung der Arbeitnehmer nicht voran. Der freie Kapitalverkehr wurde zum 1. Juli 1990 hergestellt, im Zusammenhang mit dem Projekt der Wirtschafts- und Währungsunion (S. 243). Im Bereich des Banken- und Versicherungswesens wurde bis 1993 die Freiheit der Bankenniederlassung erreicht, die auf der gegenseitigen Anerkennung der aufsichtsrechtlichen Vorschriften im Herkunftsland fußt. Geringe praktische Effekte wurden vorerst in dem Bemühen erzielt, die nationalen Abschottungen des öffentlichen Auftragswesens aufzubrechen, das mehr als 11 Prozent des Bruttosozialprodukts der Gemeinschaft betraf. Immerhin wurden durch eine Reihe von Richtlinien Aufträge staatlicher Behörden oder von der öffentlichen Hand beherrschter oder konzessionierter Betriebe für Bauten, Lieferungen und Dienstleistungen für den gemeinschaftsweiten Wettbewerb geöffnet; die größeren Aufträge waren fortan im Amtsblatt der EG auszuschreiben.[28]

Auch die verbliebenen Einschränkungen der Berufsausübung im gemeinsamen Wirtschaftsraum bildeten technische Schranken, namentlich in freien und akademischen Berufen und im öffentlichen Dienst, wo die Vergleichbarkeit der Ausbildung und damit der Abschlußdiplome vorauszusetzen war, nachdem die Freizügigkeit für Arbeitnehmer und Unternehmer schon in den 60er Jahren hergestellt worden war (S. 117). Für Ärzte, Apotheker, Anwälte und Architekten waren in den 70er und frühen 80er Jahren erste Vereinbarungen getroffen worden. Im Januar 1989 verabschiedete der Rat eine Richtlinie zur allgemeinen gegenseitigen Anerkennung der Diplome, sofern sie nach einem mindestens dreijährigen Regelstudium erworben wurden. In den folgenden Jahren folgten Richtlinien zu beruflichen Befähigungsnachweisen, zur Beseitigung von Verwaltungshürden und zur Öffnung des öffentlichen Dienstes für Angehörige anderer Mitgliedstaaten. Die Umsetzung erfolgte in den einzelnen Mitgliedstaaten mit unterschiedlicher Zügigkeit, besonders zäh im Bereich des öffentlichen Dienstes. Die Kommission wurde auch zur Förderung der Mobilität von Wissenschaftlern, Akademikern und Studenten aktiv (»Erasmus«-Programm 1987). Mit Wirkung vom 1. Juli 1992 wurde das EG-weite Aufenthaltsrecht auf Studenten, Rentner und Nicht-Berufstätige und ihre Familienangehörigen ausgedehnt, allerdings mit dem Vorbehalt, daß sie dem Aufnahmeland nicht wirtschaftlich zur Last fielen.[29]

Der Binnenmarkt-Prozeß wurde im übrigen von der Bereinigung von drei offenen Problemfeldern flankiert: GAP-Krise, Rückwirkungen auf die Strukturpolitik und zusätzlicher Finanzbedarf. Die Bündelung der drei Themenkreise im »Delors-I-Paket« und dessen Annahme durch den Europäischen Rat in Brüssel am 11. und 12. Februar 1988 war eine wesentliche Voraussetzung für das Gelingen des Binnenmarkt-Programms. Hinsichtlich der GAP, die ungeachtet vorangegangener Stabilisierungsbeschlüsse weiter durch Überschußproduktion und steigende Marktordnungskosten gekennzeichnet war, wurde eine Zwischenlösung erzielt, die eine tendenzielle Begrenzung der Agrarausgaben erwarten ließ und auf die grundlegende Reform des Jahres 1992 vorauswies: Abkehr vom System der garantierten Preise ohne Mengenbegrenzung, Orientierung der Gemeinschaftspreise am niedrigeren Weltmarktniveau, Förderung von Flächenstillegungen, als Ausgleich direkte Einkommensbeihilfen für die Landwirte. Das zweite zu lösende Problem ergab sich aus der Drohung der weniger entwickelten Mittelmeerländer der EG – die nach dem Beitritt Spaniens und Portugals über eine Sperrminorität im Ministerrat verfügten –, dem Binnenmarkt-Projekt nur dann zuzustimmen, wenn ihnen die Mittel zur Anpassung ihrer Wirtschaftsstrukturen an den im Binnenmarkt voraussichtlich härter werdenden Wettbewerb an die Hand gegeben würden. Das Ergebnis war eine Reform der Strukturfonds (EAGFL, EFRE, ESF) mit sofortiger Verdoppelung ihrer Mittelausstattung, durch die – in den Worten Delors' –, ein »veritabler Marshall-Plan« des Nordens für den Süden der Gemeinschaft auf den Weg gebracht wurde. Hierdurch, und wegen der erforderlichen Finanzierung der anderen in der EEA vorgesehenen neuen Gemeinschaftspolitiken, entstand als das dritte Problem zusätzlicher Finanzbedarf der Gemeinschaft, den der Kommissionspräsident den Staats- und Regierungschefs in Form einer »Finanziellen Vorausschau« für fünf Jahre präzisierte. Auf deren Grundlage beschloß der Brüsseler Gipfel eine Budgetreform, die für die Einnahmen der Gemeinschaft eine Obergrenze festlegte, die von 1,15 Prozent des kumulierten Bruttosozialprodukts der zwölf Mitgliedstaaten für den Haushalt 1988 auf 1,2 Prozent für den Haushalt 1992 anstieg, was schon für 1988 eine Anhebung der Mittelausstattung der Gemeinschaft um 20 Prozent (auf rund 45 Milliarden Ecu) bedeutete. Soweit künftig der Finanzbedarf der EG nicht durch die bisherigen Einnahmequellen (Zölle, Abschöpfungen, Mehrwertsteueranteil von 1,4 Prozentpunkten) gedeckt werden könnte, sollte eine neue vierte Einnahmequelle herangezogen werden, die sich anteilig am Bruttosozialprodukt der Mitgliedstaaten orientierte. Von den so erweiterten Ausgabenspielräumen sollten neben den Strukturfonds vor allem das Budget für Forschung und Technologie und die Entwicklungshilfe profitieren.[30]

Das Binnenmarkt-Projekt wurde so von flankierenden Maßnahmen in benachbarten Bereichen gestützt. Umgekehrt sprang die von ihm ausgelöste Dynamik auf andere Felder des Einigungsprozesses über und versetzte diese verstärkt in Bewegung, so etwa die Projekte der Wirtschafts- und Währungsunion, der gemeinsamen Außen- und Sicherheitspolitik, der Politischen Union. Das Binnenmarkt-Projekt erwies sich so als das eigentliche, das ausstrahlende Kraftzentrum eines Aufbruchs der Gemeinschaft zu neuen Ufern.

Auftakt zur Wirtschafts- und Währungsunion

An die Seite des Binnenmarkt-Prozesses trat seit 1988 das Projekt der Währungsunion. Daß die Herstellung des großen Wirtschaftsraums eine logische Entsprechung in einer einheitlichen Währung finden müsse, war eine alte Forderung, die die europäische Einigung seit den späten 50er Jahren begleitete (S. 118). Sie erhielt im Kontext des Binnenmarkts zusätzliche Plausibilität.

Eine Währungsunion erschien nun als die folgerichtige Fortentwicklung des 1979 errichteten EWS (S. 173), das die Schwankungen der Wechselkurse zu begrenzen, aber trotz zusätzlicher Maßnahmen nicht endgültig zu stabilisieren vermochte: Nicht alle EG-Mitglieder nahmen am EWS voll teil, mangelhafte Haushaltsdisziplin in einzelnen Staaten machte Änderungen der Paritäten erforderlich (ein Dutzend zwischen 1979 und 1990), Schwankungen des Dollarkurses deckten die Heterogenität der europäischen Währungen gegeneinander auf und akzentuierten das bestehende Zinsgefälle.[31]

In der Sicht der Partner Deutschlands, mit einer gewissen Ausnahme der Niederlande, wurde in den 80er Jahren ein zweites Argument immer wichtiger: Das EWS verstärkte die Verschiebung der europäischen Währungsverhältnisse zugunsten der harten D-Mark, an die die Länder mit schwächeren Währungen ihre Paritäten zunehmend wie an eine Leitwährung anknüpften. Westeuropa wurde tendenziell zum D-Mark-Raum. Die Präponderanz der deutschen Währung bewirkte, wegen der Auswirkungen auf die Zinssätze, eine asymmetrische Lastenverteilung, die insbesondere Frankreich, aber auch Italien unbedingt durch die Schaffung einer gemeinsamen europäischen Währung beenden wollten; sie würde für sie gleichberechtigte Teilhabe an der Währungsmacht bedeuten. Naturgemäß entsprach dies nicht ohne weiteres der deutschen Interessenlage. Als die französische Regierung in den Jahren 1983–1986 begann, die Ansätze der frühen 70er Jahre wieder aufzunehmen und auf die Schaffung einer europäischen Währung zu drängen, stieß dies in der Bonner Regierung, und namentlich bei Bundeskanzler Kohl persönlich, zunächst auf ausgeprägte Zurückhaltung.[32]

Denn es war natürlich die Frage, warum die erfolgreiche, deutschen Wiederaufbau und Leistungskraft symbolisierende D-Mark zugunsten einer europäischen Währung aufgegeben werden sollte, an der sich lauter schwächere Währungen beteiligen würden. Nicht nur die Bundesbank unter Karl Otto Pöhl, das Finanzministerium unter Gerhard Stoltenberg und renommierte Wirtschaftswissenschaftler sahen in einem solchen Vorhaben große Gefahren für die seit dem Zweiten Weltkrieg in Deutschland aufgebaute Stabilitätskultur; auch die übergroße Mehrheit der deutschen Bevölkerung stand nun – anders als zu Beginn der 70er Jahre – der Preisgabe der D-Mark für eine wahrscheinlich weichere europäische Währung ablehnend gegenüber. Das mußte auch die deutsche Politik berücksichtigen. Andererseits konnte es im Kern der Sache keine Unklarheit geben. Europäische Überzeugungen, die seit den 50er Jahren zum Grundbestand der internationalen Orientierung der Bundesrepublik, auch zu ihrer Identität gehörten, konnten vor der Chance, eine Währungsunion zu erreichen, nicht ohne weiteres halt- oder kehrtmachen. Dementsprechend taktierte der Europäer Kohl höchst vorsichtig: Es galt, die Probleme, die »unsere Freunde« mit der starken DM hatten, zu lösen, andererseits erforderte die Unpopularität einer Entscheidung gegen die eigenen Währungsinteressen jedenfalls auf den politischen Führungsebenen der Bundesrepublik einen möglichst breiten Konsens. Dieser wurde erreicht, weil alle deutschen Parteien grundsätzlich der Perspektive einer Währungsunion zustimmten, und weil die Kompliziertheit und Unüberschaubarkeit der Materie es erschwerte, daß eine schlagkräftige Lobby in Wirtschaft, Wissenschaft oder Medien erstand, die eine effektive Mobilisierung der Bevölkerung hätte auslösen können. Unter diesen Umständen wurde in Deutschland jahrelang weniger über die fundamentale Frage der D-Mark-Preisgabe selbst diskutiert als vielmehr über den Bedingungsrahmen, in dem diese akzeptiert werden könnte.[33]

Kohl signalisierte Mitterrand seit 1986 grundsätzliche Aufgeschlossenheit für die Schaffung einer gemeinsamen Währung. Seit Ende 1987 begann in der Europäischen Kommission und in mehreren Mitgliedsregierungen eine ernsthaftere Beschäftigung mit dem Thema. Von verschiedenen Seiten wurden Vorschläge entwickelt, so von den Finanzministern Balladur (Frankreich), Amato (Italien) und Stoltenberg (Bundesrepublik), vor allem von Bundesaußenminister Genscher, der den französischen Wünschen nach Beendigung der D-Mark-Präponderanz in Europa weit entgegenging und vorschlug, einen »Rat der Weisen« zu berufen, der Prinzipien zur Schaffung eines EG-Währungsraumes mit einer Europäischen Zentralbank erarbeiten sollte.

Anfang Juni 1988 einigten sich Kohl und Mitterrand auf ein Paket: Der Präsident würde die von Bonn angestrebte Liberalisierung des Kapitalverkehrs unterstützen, Kohl die von Paris gewünschte Harmonisierung der Zinsbesteuerung und zügige Vorarbeiten zur Realisierung einer Wirtschafts- und Währungsunion. Der Europäische Rat in Hannover am 27. und 28. Juni 1988 beschloß mit nachdrücklicher Befürwortung des vorsitzenden Bundeskanzlers, einen Studienausschuß einzusetzen: Unter dem Vorsitz des Kommissionspräsidenten Delors sollten die Präsidenten bzw. Gouverneure der nationalen Zentralbanken sowie ein weiteres Kommissionsmitglied zusammen mit drei Sachverständigen »die konkreten Etappen zur Verwirklichung der Wirtschafts- und Währungsunion« konzipieren.[34]

Der »Delors-Ausschuß«, der im Winter 1988/89 arbeitete, orientierte sich stark an dem Werner-Plan des Jahres 1970 (S. 167); Delors selbst hatte diesen seinerzeit als Berater des Ministerpräsidenten Chaban-Delmas unterstützt. Der nunmehr im April 1989 vorgelegte »Delors-Bericht« verwies darauf, daß in einem vervollständigten Binnenmarkt der Waren- und Kapitalverkehr nicht mehr von den Mitgliedstaaten kontrolliert werden könnte; um währungspolitische Verzerrungen zu verhindern, sei es notwendig, die nationalen Wirtschaftspolitiken stärker zu koordinieren und die Währungen zu vereinheitlichen. Die Mitgliedstaaten würden dann die Währungssouveränität gemeinsam ausüben, sie könnten auf zusätzliches Wachstum und stabile Preise rechnen, dem Dollarraum gestärkt entgegentreten, die europäische Integration entscheidend voranbringen. Drei Stufen wurden vorgeschlagen. In einer ersten, die noch keine Vertragsrevision erforderte, sollte der Binnenmarkt vollendet, die Koordinierung der Wirtschaftspolitiken und die Währungszusammenarbeit verstärkt und die Beteiligung aller Mitgliedstaaten am Wechselkursmechanismus des EWS hergestellt werden. Auf dieser Stufe sollte ein Vertrag zur Schaffung einer Wirtschafts- und Währungsunion (WWU) ausgehandelt werden, dessen Annahme durch die Mitgliedsregierungen die Voraussetzung für den Beginn der zweiten Stufe bilden würde. Diese war als Übergangsphase konzipiert, in der ein europäisches Zentralbankensystem vorbereitet werden sollte. Die dritte Stufe würde dann die

Übertragung großer Teile der nationalen Wirtschafts- und Währungskompetenzen auf die Gemeinschaftsinstitutionen, die Festlegung unwiderruflich fester Wechselkurse und, wenn möglich, eine europäische Währung bringen. Ein Terminplan wurde freilich nicht beigegeben.[35]

Weiterführende Beschlüsse wurden vom Europäischen Rat in Madrid am 26. und 27. Juni 1989 gefaßt. Er nahm den Delors-Plan als Grundlage für die schrittweise Verwirklichung einer Wirtschafts- und Währungsunion an, unter ausdrücklichem Hinweis auf das Erfordernis der »Parallelität zwischen wirtschaftlichen und währungspolitischen Aspekten«. Der Beginn der ersten Stufe wurde auf den 1. Juli 1990 festgesetzt, die befugten Gremien (Allgemeiner und Ecofin-Rat, Kommission, Ausschuß der Zentralbankpräsidenten, Währungsausschuß) sollten die erforderlichen Maßnahmen einleiten. Außerdem sollte die Einberufung einer Regierungskonferenz vorbereitet werden, die zusammentreten sollte, sobald die erste Stufe begonnen habe, und die über die Festlegung der anschließenden Stufen befinden würde.[36]

Als Maßnahmen zur Vorbereitung des Eintritts in die erste Stufe wurden in der Folgezeit die Liberalisierung des Kapitalverkehrs (ebenfalls zum 1. Juli 1990) und der Bankenniederlassung beschlossen (S. 237) und die Überwachung der Währungspolitik in den Mitgliedstaaten durch den Ministerrat verstärkt. Großbritannien trat nunmehr dem Wechselkursmechanismus des EWS bei. Mit der Vorbereitung der Einberufung der Regierungskonferenz wurde ein Ausschuß betraut, der in Paris unter dem Vorsitz der Europaberaterin Mitterrands, Elisabeth Guigou, tagte – Frankreich hatte im zweiten Halbjahr 1989 die EG-Präsidentschaft inne. Dem Ausschuß gehörten aus jedem Mitgliedstaat je ein Vertreter des Außen- und des Finanzministeriums an. Sein Bericht, in dem eine Reihe von technischen, institutionellen und politischen Aspekten der Währungsunion für die künftige Regierungskonferenz aufbereitet wurden, wurde vom Europäischen Rat in Straßburg am 8. und 9. Dezember 1989 angenommen. Über das Datum für den Beginn der Regierungskonferenz befanden die Staats- und Regierungschefs in Straßburg selbst. Die französische Präsidentschaft drängte auf einen möglichst frühen

Termin, doch der Bundeskanzler hatte es weniger eilig: Keinesfalls sollte das Thema der D-Mark-Preisgabe vor der für Ende 1990 vorgesehenen Bundestagswahl (sie fand am 2. Dezember statt) hochgespielt werden. Am Vorabend des Straßburger Gipfels stimmte Kohl lediglich zu, daß die Regierungskonferenz vor Ende 1990 unter der dann amtierenden italienischen Präsidentschaft einberufen werden könne, aber eben erst nach der Bundestagswahl. Diese Zusage erfolgte unter dem Druck der Erwartungen der europäischen Partner nach dem Fall der Berliner Mauer, daß die Bundesregierung die innerdeutsche Entwicklung in den europäischen Einigungsprozeß einbette. Die anlaufende Wiedervereinigung erzeugte hier also terminlichen Druck und Beschleunigungswirkung für ein Projekt, das längst auf dem Wege war.[37]

Andererseits verstärkten die Umwälzungen in Ost- und Mitteleuropa die Bereitschaft auch der Bundesregierung, das Projekt der Wirtschafts- und Währungsunion voranzutreiben. Offenkundig erkannte Kohl in dem zur Entwicklungsreife gelangten Vorhaben die historische Chance, sich als Kanzler nicht nur der deutschen, sondern zugleich auch der europäischen Einigung zu profilieren. Das WWU-Projekt konnte gegenüber den besorgten Nachbarn als konkreter Beleg dafür dienen, daß die Vereinigung Deutschlands als Teil des sich unwiderruflich vereinigenden Europas erfolgen würde. Seit Dezember 1989 erlangte es für die Bundesregierung, unter der strategischen Leitung des Bundeskanzlers persönlich, hohe Priorität. Dadurch wurde ein nunmehr gleichlaufendes deutsch-französisches Interesse an der Schaffung einer gemeinsamen Währung begründet, das die weitere Entwicklung prägen sollte.[38]

Während des Jahres 1990 wurde die Regierungskonferenz auf europäischer Ebene ebenso wie in bilateralen deutsch-französischen Zusammenkünften vorbereitet. Dabei zeigte sich rasch, daß die Bundesrepublik grundsätzlich in der Vorhand war und Bedingungen stellen konnte, weil die Partner den größeren Erfolg der seit dem Weltkrieg in Westdeutschland betriebenen Wirtschaftspolitik anerkennen mußten; das Königsopfer der Preisgabe der D-Mark war für sie nur zu deutschen Konditionen zu erhalten. Zu diesen gehörte, daß, solange es weder eine Politische Union noch eine voll integrierte Wirtschaft gab, der Übergang zu einer stabilen gemeinsamen Währung durch feste Regeln, objektive Kriterien und eine von politischen Einflüssen unabhängige Zentralbank gesichert werden müßte. Der Europäische Rat in Dublin am 25. und 26. Juni 1990 legte den Beginn der Regierungskonferenz auf Mitte Dezember 1990 fest, der Europäische Rat in Rom am 27. und 28. Oktober 1990 (Rom I) den Beginn der zweiten Stufe auf den 1. Januar 1994. Dabei ging Frau Thatcher auf Distanz zum Endziel der gemeinsamen Währung. Gleichzeitig mit den Regierungsverhandlungen über die WWU begann am 15. Dezember 1990, im unmittelbaren Anschluß an den Europäischen Rat in Rom am 14. und 15. Dezember (Rom II), die Arbeit einer zweiten Regierungskonferenz zur Vorbereitung eines Vertrages über die Politische Union (S. 253). Wenige Wochen zuvor hatten in Deutschland die Wiedervereinigung (3. Oktober) und die Bundestagswahl (2. Dezember) stattgefunden.[39]

Die WWU-Regierungskonferenz tagte das ganze Jahr 1991 über, zunächst unter luxemburgischer, dann unter niederländischer Präsidentschaft. Elfmal trat sie auf ministerieller Ebene zusammen, mehr als doppelt so häufig auf der Ebene beamteter Vertreter. Dreimal befaßte sich der Ecofin-Rat mit der Materie. Der Ausschuß der Zentralbankpräsidenten erarbeitete Statuten für eine Europäische Zentralbank, das System der Zentralbanken und ein Europäisches Währungsinstitut. Daneben fanden zahlreiche bilaterale Konsultationen statt, namentlich deutsch-französische Verhandlungen, die zum Teil geheim waren. Auf der Regierungskonferenz selbst wurden von verschiedenen Delegationen Positionspapiere und Vertragsentwürfe vorgelegt. In den vielschichtigen Verhandlungen konnte die deutsche Delegation, vertreten durch das Finanzministerium (Finanzminister Theo Waigel, Staatssekretär Horst Köhler) und der Bundesbank (Vizepräsident Hans Tietmeyer) unter der Losung, daß die europäische Währung mindestens so stark sein müsse wie die D-Mark, ihre wesentlichen Anliegen durchsetzen: Die Vereinbarung von Stabilitätskriterien für Wirtschaft, Haushalt und Preise, die Anwendung objektiver Konvergenzkriterien beim Übergang zur zweiten und dritten Stufe, die Konzeption einer unabhängigen Zentralbank nach dem Muster der Bundesbank. Frankreich konnte sich mit dem Plan einer Wirtschaftsregierung, die als politische Instanz der Zentralbank beigeordnet werden sollte, nicht durchsetzen, auch nicht die britische Regierung mit dem Vorschlag der Schaffung lediglich einer europäischen Parallelwährung neben den nationalen Währungen. Großbritannien und Dänemark stimmten am Ende dem Stufenplan zur gemeinsamen Währung nur unter dem Vorbehalt zu, daß für sie der Eintritt in die dritte Stufe eine neue Entscheidung voraussetzte. Die Verhandlungen wurden erst auf dem Europäischen Rat in Maastricht am 9. und 10. Dezember 1991, an dem ausnahmsweise die Finanzminister teilnahmen, abgeschlossen. Mit der Festlegung des 1. Januar 1999 als spätesten Termin für den Eintritt in die dritte Stufe wurde der WWU-Prozeß unwiderruflich.[40]

Das Ergebnis waren die Vereinbarungen über die Schaffung einer Wirtschafts- und Währungsunion, die als neuer Titel VI in den dritten Teil des EWG-Vertrages integriert und damit Element der »ersten Säule« des Maastricht-Vertrages wurden.[41] Gleichwohl wurden für die Realisierung der WWU, die tief in die Souveränität der Mitgliedstaaten eingriff, die Zuständigkeiten der Organe in besonderer Weise festgelegt: Alle Entscheidungsmacht lag beim Ecofin-Rat bzw. beim Europäischen Rat; die Kommission wurde an den Rand gedrängt, indem sie statt Vorschlägen im Prinzip nur unverbindliche Empfehlungen unterbreiten können sollte, das Parlament war auf beratende Stellungnahmen beschränkt. Die in Artikel 2 des EWG-Vertrags benannten Aufgaben der Gemeinschaft wurden auf das Ziel der Errichtung der WWU ausgeweitet, unter besonderer Hervorhebung des wirtschaftlichen und sozialen Zusammenhalts. Die zu treffenden Maßnahmen wurden in zwei Gruppen zusammengefaßt: Wirtschaftspolitik und Währungspolitik.

Für die Wirtschaftspolitik blieb jeder Mitgliedstaat selbst zuständig, sie hatte sich jedoch an den Grundsätzen der Stabilität, Ausgewogenheit, Nachhaltigkeit und Konvergenz der Wirtschaftsentwicklung in der Gemeinschaft zu orientieren. Als allgemeine Richtschnur sollte eine vom Europäischen Rat bestätigte Empfehlung des Ecofin-Rats für die Grundzüge der Wirtschaftspolitik der Mitgliedstaaten und der Gemeinschaft dienen, deren Beachtung nach einem multilateralen Verfahren kontrolliert wurde. Nicht zuletzt sollten gemeinsame Regeln beachtet werden, die zur Haushaltsdisziplin verpflichteten und auf die Vermeidung »übermäßiger öffentlicher Defizite« abzielten. Hierzu überwachte die Kommission die Entwicklung der Haushaltslage und des öffentlichen Schuldenstands in den Mitgliedstaaten im Hinblick darauf, ob (a) innerhalb eines Haushaltjahres das Verhältnis des geplanten oder tatsächlichen öffentlichen Defizits zum Bruttoinlandsprodukt 3 Prozent überschreiten und ob (b) das Verhältnis des öffentlichen Gesamtschuldenstands zum Bruttoinlandsprodukt über 60 Prozent hinausgehen würde. Wenn die Kommission ein übermäßiges Defizit feststellte, konnte der Rat mit qualifizierter Mehrheit an den betreffenden Mitgliedstaat Empfehlungen richten, deren Nichtbeachtung die Verhängung von Sanktionen auslöste: Auflagen für die Emission von Schuldverschreibungen und Wertpapieren, Sperrung von Darlehen der EIB, Einforderung einer unverzinslichen Einlage, Geldbußen. Umgekehrt konnte ein Mitgliedstaat, der aufgrund von Umständen, die sich seiner Kontrolle entzogen, in außergewöhnliche Schwierigkeiten geriet, finanziellen Beistand der Gemeinschaft erhalten.

Wichtigstes Ziel der Währungspolitik wurde die Gewährleistung der Preisstabilität. Von den drei Stufen zur Verwirklichung der WWU hatte die erste, durch die Liberalisierung des Kapitalverkehrs und makro-ökonomische Konvergenz gekennzeichnete, bereits am 1. Juli 1990 begonnen. Die zweite Stufe sollte ab 1. Januar 1994 die Übergangsphase einleiten, in der die Wirtschaftsunion im wesentlichen vollendet und die Bedingungen für den Eintritt in die dritte Stufe geschaffen würden, die der gemeinsamen Währung. In der zweiten Stufe sollten die Zusammenarbeit zwischen den nationalen Zentralbanken und die Koordinierung der Geldpolitiken der Mitgliedstaaten durch ein »Europäisches Währungsinstitut« (EWI) unterstützt werden, das das Funktionieren des EWS überwachen, die Aufgaben des EFWZ übernehmen und die Verwendung und Entwicklung des ECU fördern sollte. Das EWI, geführt von einem aus einem Präsidenten und den Leitern der nationalen Zentralbanken bestehenden Rat, sollte sich auch der technischen Aspekte des Übergangs zur dritten Stufe annehmen. Während der zweiten Stufe galten die Bestimmungen des EWG-Vertrags über das Verfahren bei Schwierigkeiten in der Zahlungsbilanz eines Mitgliedstaates unverändert weiter: Der Ministerrat würde in solchem Falle auf Empfehlung der Kommission die erforderlichen Maßnahmen beschließen.

Der Eintritt in die dritte Stufe sollte spätestens am 31. Dezember 1996 mit der qualifizierten Mehrheit des Rats der Staats- und Regierungschefs beschlossen werden, sofern eine Mehrheit der Mitgliedstaaten die »Konvergenzkriterien« für die Einführung einer einheitlichen Währung erfüllte: Preisstabilität, öffentliche Haushaltslage ohne übermäßiges Defizit, Einhaltung der Bandbreiten des EWS, akzeptables Niveau der langfristigen Zinssätze. Auch ohne eine solche Mehrheit sollte der Übergang zur gemeinsamen Währung auf jeden Fall spätestens zum 1. Januar 1999 erfolgen, wobei Mitgliedstaaten, die die Voraussetzungen noch nicht erfüllten, Ausnahmeregelungen gewährt werden konnten. Unmittelbar nach dem Beschluß über den Beginn der dritten Stufe, spätestens aber nach dem 1. Juli 1998, sollte eine Europäische Zentralbank (EZB) errichtet werden und die Aufgaben des EWI in sich aufnehmen. Die EZB und die – ebenfalls von den Regierungen unabhängigen – nationalen Zentralbanken würden dann das »Europäische System der Zentralbanken« (ESZB) konstituieren, geleitet vom Direktorium der EZB und den Präsidenten der nationalen Zentralbanken. Die Tätigkeit der nationalen Zentralbanken und die währungspolitische Souveränität der Mitgliedstaaten würden damit dem ESZB und der EZB unterstellt werden. Die Entscheidung über den Übergang zur gemeinsamen Währung sollte vom Ecofin-Rat getroffen werden, indem er auf Vorschlag der Kommission und nach Anhörung der EZB unwiderruflich die Umrechnungskurse gegeneinander und im Verhältnis zum ECU festlegte. Um eine gleichgerichtete Entwicklung der Wirtschaftspolitik und der Währungspolitik der Gemeinschaft zu fördern, sollte der Präsident der EZB regelmäßig an den Sitzungen des Ecofin-Rats teilnehmen, und dessen Präsident an den Sitzungen des EZB-Direktoriums.

1989 und die Politische Union

Die mittel- und osteuropäischen Umwälzungen der Jahre 1989 und 1990, namentlich die nach dem Fall der Berliner Mauer nicht mehr aufzuhaltende deutsche Wiedervereinigung, haben das Vorhaben der Wirtschafts- und Währungsunion, das bereits auf dem Wege war, beschleunigt und politisch aufgewertet. Auch die Perspektive einer Politischen Union bestand vor den Ereignissen des Spätjahres 1989 (S. 127, 202) und wurde nicht zuletzt von deutscher Seite schließlich auch als notwendiger Rahmen für die WWU angemahnt. Aber ohne die stürmische Entwicklung der deutschen Frage hätte sich die Perspektive gewiß 1990/91 nicht zu einem konkreten Projekt verdichtet. Darin spiegelte sich zu diesem Zeitpunkt das – unterschiedlich gelagerte – Interesse der Bundesrepublik wie ihrer Nachbarn, die Vergrößerung Deutschlands europäisch zu verankern.

Bundeskanzler Kohl regte am 27. November 1989 in einem Schreiben an Staatspräsident Mitterrand an, daß angesichts der Veränderungen in der Mitte und im Osten Europas über die geplante WWU hinaus die Schaffung einer Politischen Union angestrebt werden sollte. Mitterrand war zu diesem Zeitpunkt, in Vorbereitung des Straßburger Gipfels, vor allem an einer deutschen Terminzusage für den Beginn der Regierungskonferenz für die WWU interessiert, zudem von dem tags darauf verkündeten 10-Punkte-Plan Kohls für Deutschland aufs unangenehmste überrascht. Am 1. Dezember antwortete er, eine Politische Union sei gewiß wünschenswert, aber nicht vorrangig.[42] Erst einige Wochen später, Mitte Februar 1990, zeigte er sich aufgeschlossener. Zu dieser Zeit begann die Perspektive eines engeren politischen Zusammenschlusses auch anderenorts Gestalt anzunehmen, namentlich in der belgischen und italienischen Regierung und im Europäischen Parlament. Nach dem klaren Votum der DDR-Bürger für die Vereinigung mit der Bundesrepublik in den Volkskammer-Wahlen am 18. März 1990, das den zaudernden französischen Staatspräsidenten die Unvermeidbarkeit des Wiedervereinigungsprozesses erkennen ließ, verständigten Kohl und Mitterrand sich, die Initiative zu ergreifen: Ihr gemeinsamer Brief an den amtierenden irischen EG-Präsidenten Charles

Haughey unter dem Datum des 18. April wurde zum Startschuß für das Projekt der Politischen Union. Angesichts der tiefgreifenden Umwälzungen in Europa, unter Berücksichtigung der Herstellung des Binnenmarkts und der Verwirklichung der WWU sei es notwendig, so die Autoren, den politischen Aufbau des Europas der Zwölf im Sinne der EEA zu beschleunigen. Noch vor Ende 1990 sollte eine Regierungskonferenz für die Erarbeitung eines Vertrages über eine Politische Union einberufen werden. Es gehe vor allem um die Verwirklichung von vier Zielen: »die demokratische Legitimation der Union zu verstärken; ihre Institutionen effizienter auszugestalten; die Einheit und die Kohärenz der Aktion der Union in den Bereichen der Wirtschaft, der Währung und der Politik sicherzustellen; eine gemeinsame Außen- und Sicherheitspolitik festzulegen und in die Tat umzusetzen«.[43]

Auf der Sondertagung des Europäischen Rats in Dublin am 28. April 1990 (Dublin I), auf der auch der Beschluß gefaßt wurde, mit juristischem Vollzug der Wiedervereinigung die ehemalige DDR ohne Umschweife als Teil Deutschlands in die Gemeinschaft zu integrieren, wurde die deutsch-französische Initiative allgemein begrüßt. Freilich bekundete die britische Premierministerin, unter dänischer und portugiesischer Zustimmung, Sorge vor unitarischen Tendenzen der europäischen Einigung. Delors gab andererseits zu bedenken, daß ein neuer Vertrag über die Politische Union das institutionelle Gleichgewicht der Gemeinschaft stören könnte und es daher besser sei, im Rahmen der bestehenden Verträge den Institutionen zusätzliche Befugnisse zu übertragen. Gleichwohl wurde aufgrund von Vorarbeiten der Außenminister vom Europäischen Rat in Dublin am 25. und 26. Juni 1990 (Dublin II) beschlossen, eine weitere Regierungskonferenz einzuberufen mit dem Ziel einer »Umwandlung der Gemeinschaft von einer hauptsächlich auf der wirtschaftlichen Integration und der politischen Zusammenarbeit beruhenden Einrichtung in eine Union mit politischem Charakter, die auch eine gemeinsame Außen- und Sicherheitspolitik umfaßt«. Diese Konferenz solle Mitte Dezember 1990 zusammentreten und parallel mit der Regierungskonferenz für die WWU ihre Arbeiten so rasch abschließen, daß vor Ende 1992 – dem Datum der

Vollendung des Binnenmarkts – der Vertrag von den Mitgliedstaaten in Kraft gesetzt werden könnte.[44]

Es war an der italienischen Präsidentschaft in der zweiten Jahreshälfte 1990, die Diskussion über den Inhalt des politischen Unionsprojekts zu moderieren und den Auftrag an die Regierungskonferenz zu präzisieren. Ob und inwieweit Gemeinschaftsbefugnisse auf Kosten mitgliedstaatlicher Souveränität ausgeweitet werden könnten, wurde unterschiedlich bewertet. Die Überlegungen zu einer gemeinsamen Außen- und Sicherheitspolitik standen vor dem Hintergrund des Golfkonflikts mit dem Irak. Es zeigte sich auch rasch, daß es unrealistisch war, eine gemeinsame Außen- und Sicherheitspolitik mit der Außenwirtschaftskompetenz der Gemeinschaft zusammenzuführen. Eine Ausweitung der Rechte des Europäischen Parlaments hatte die Sorgen der nationalen Parlamente vor einer Aushöhlung ihrer jeweiligen Zuständigkeiten zu berücksichtigen. Vor allem die Südländer waren an der Einbeziehung der Sozialpolitik und des wirtschaftlichen und sozialen Zusammenhalts in den Zielkatalog der Politischen Union interessiert. Der außerordentliche Europäische Rat in Rom am 27. und 28. Oktober 1990 kam schließlich, unter anderem wegen abweichender Auffassungen der Thatcher-Regierung, über allgemein gehaltene Schlußfolgerungen nicht hinaus.[45]

Einen entscheidenden Impuls erhielt das Vorhaben durch einen neuerlichen deutsch-französischen Vorstoß. Am 6. Dezember 1990 entwickelten Kohl und Mitterrand in einem gemeinsamen Schreiben an den amtierenden EG-Präsidenten Andreotti genauere Vorstellungen über »die Grundlagen und die Strukturen einer starken und solidarischen Politischen Union, die bürgernah ist und entschlossen den Weg geht, der ihrer föderalen Berufung entspricht«. Sie schlugen vor, die Kompetenzen der Gemeinschaft in der Umweltpolitik, der Gesundheit, der Sozial- und Energiepolitik, der Forschung und Technologie sowie im Verbraucherschutz zu erweitern und Bereiche wie Einwanderung, Sichtvermerkspolitik, Asylrecht, Drogenbekämpfung und -prävention sowie den Kampf gegen die internationale organisierte Kriminalität in den Rahmen der Union einzubeziehen. Die demokratische Legitimität solle durch die – vom spanischen Ministerpräsidenten González angeregte – Einführung einer europäischen Staatsbürgerschaft, durch eine echte legislative Mitentscheidungsbefugnis des Europäischen Parlaments und dessen Mitwirkung bei der Ernennung des Kommissionspräsidenten und der gesamten Kommission gestärkt werden. Die Interessen der nationalen Parlamente sowie der Regionen sollten berücksichtigt werden. Um die Effizienz der Union zu steigern, sei es vor allem wichtig, die Rolle und die Aufgaben des Europäischen Rats als des auf Dauer höchsten europäischen Gremiums zu bestätigen und zu erweitern. »Er übt die Funktion des Schiedsrichters, Garanten und Impulsgebers für die kohärente Vertiefung der Integration auf dem Wege zur Europäischen Union aus. Er entscheidet über neue Bereiche der Zusammenarbeit und legt die wesentlichen Orientierungen und Leitlinien für die wichtigsten Tätigkeitsbereiche der Union fest, insbesondere für die Gemeinsame Außen- und Sicherheitspolitik.« Im Ministerrat sollte über Gemeinschaftsmaterien regelmäßig – von wenigen Ausnahmen abgesehen – mit qualifizierter Mehrheit abgestimmt werden, über Fragen der Außen- und Sicherheitspolitik einstimmig, wobei Mehrheitsentscheidungen vereinbart werden könnten und Enthaltungen der Annahme nicht entgegenstehen sollten. Zur Perspektive einer Gemeinsamen Außen- und Sicherheitspolitik machten Kohl und Mitterrand ausführliche Darlegungen, die die weitere Entwicklung prägen sollten. Sie sollte sich auf alle Bereiche erstrecken, wobei der Europäische Rat vorrangige Bereiche für ein gemeinsames Vorgehen festlegen können sollte, z. B. die Beziehungen zur Sowjetunion, zu den Ländern Mittel- und Südosteuropas und zu den Anrainern des Mittelmeeres, den KSZE-Prozeß, die Abrüstungsverhandlungen. Die Politische Union sollte auch eine »echte gemeinsame Sicherheitspolitik« umfassen, wobei der WEU (S. 81) eine zentrale Funktion zufallen könne. Die NATO werde durch die Schaffung eines europäischen Pfeilers in ihrer Mitte gestärkt werden.[46]

Als wenige Tage später, am 14. und 15. Dezember 1990, der Europäische Rat in Rom (Rom II) über den endgültigen Arbeitsauftrag für die Regierungskonferenz beriet, wurden die meisten, aber nicht alle deutsch-französischen Vorschläge übernommen. Diskussionen gab es hinsichtlich der Rolle des Europäischen

Rats, der Ausweitung des Mehrheitsvotums im Ministerrat, der Sicherheitspolitik und des Verhältnisses zur WEU. Bestätigt wurde der Terminplan: Zusammentritt der Regierungskonferenz am 15. Dezember als Konferenz der Außenminister unter Beiziehung des Kommissionspräsidenten, gleichzeitig mit der von den Finanzministern geleiteten Regierungskonferenz für die WWU; parallele, von den Außenministern abgestimmte Arbeit der beiden Regierungskonferenzen; rascher gemeinsamer Abschluß der Arbeiten, so daß ein neuer Vertrag noch vor Ende 1992 ratifiziert sein könnte.[47]

Die Regierungskonferenz über die Politische Union tagte das ganze Jahr 1991 über, nun vor dem Hintergrund der sich entwikkelnden Jugoslawien-Krise. Konnte die WWU-Konferenz sich auf fortgeschrittene Vorarbeiten stützen, so hatte die politische Konferenz eine Fülle verschiedenartiger Fragestellungen neu zu entwickeln und zu entscheiden. Zahlreiche Vorschläge aus den Mitgliedstaaten, seitens der Kommission und des Parlaments waren zu prüfen. Neuralgische Punkte waren die Abstimmungsmodalitäten im Rat für die verschiedenen neuen Politikbereiche, die künftige Rolle des Parlaments, auch die Forderung der Südländer, für vermutete Sonderbelastungen im Gefolge der Wirtschafts- und Währungsunion eine Kompensation in Form eines neuen Kohäsionsfonds zu erhalten. Kühn war der Vorschlag der Kommission, das Legislativverfahren neu zu ordnen: Grundsätzliche Rechtsetzung sollte danach fortan im Wege eines Verfahrens der Mitentscheidung zwischen Ministerrat und Parlament erfolgen, Durchführungsverordnungen in die alleinige Kompetenz der Kommission bzw. der nationalen Regierungen fallen (sogenannte »Hierarchie der Normen«). Mit solcher Entmachtung des Ministerrats mochten sich die Regierungen freilich nicht anfreunden. Des weiteren wurde geklärt, daß keinesfalls die Gemeinsame Außen- und Sicherheitspolitik mit der Außenwirtschaftspolitik der EG vergemeinschaftet werden sollte. Der Vorschlag einer gemeinsamen Sicherheitspolitik unter Heranziehung der WEU, von Kohl und Mitterrand im Februar und Oktober 1991 weiter ausgearbeitet, löste besonders auf britischer und niederländischer Seite Bedenken hinsichtlich der Vereinbarkeit mit der Atlantischen Allianz aus, die durch die Anerkennung einer künftigen europäischen Verteidigungsidentität durch einen NATO-Gipfel in Rom am 7. und 8. November 1991 nur partiell ausgeräumt werden konnten.[48]

Die luxemburgische Präsidentschaft des ersten Halbjahres 1991 legte am 17. April einen Vertragsentwurf vor, in dem die bestehenden Gemeinschaften und die vorgesehenen neuen Bereiche einer Politischen Union zusammengeführt wurden. Die vorgeschlagene Struktur des Vertrags evozierte das Bild eines griechischen »Tempels mit drei Säulen«, die von einem Giebel mit der Inschrift »Europäische Union« überspannt wurden. Die erste Säule war die wichtigste: die der Europäischen Gemeinschaft, welche die Gemeinschaftsverträge und die darin integrierten neuen Bereiche umfaßte, auch die künftige WWU und die Bestimmungen über die Unionsbürgerschaft. Die beiden anderen Säulen bildeten die Gemeinsame Außen- und Sicherheitspolitik und die Zusammenarbeit in den Bereichen Justiz und Inneres, die vorerst Gegenstand der zwischenstaatlichen Zusammenarbeit blieben, im Zuge der schrittweisen Verwirklichung einer »Union mit föderaler Berufung« aber vielleicht zu einem späteren Zeitpunkt ebenfalls vergemeinschaftet werden könnten. Dieser Vertragsentwurf wurde vom Europäischen Rat in Luxemburg am 28. und 29. Juni 1991 als Grundlage für die weiteren Beratungen angenommen, wobei freilich Belgien, die Niederlande, Griechenland und die Kommission die Aufspaltung in getrennte Säulen kritisierten und Delors von »organisierter Schizophrenie« sprach. Die niederländische Präsidentschaft der zweiten Jahreshälfte 1991 suchte im September mit einem Gegenentwurf das Prinzip eines einheitlichen Gemeinschaftsrahmens zur Anerkennung zu bringen: Danach sollte der EWG-Vertrag lediglich um die neuen Bereiche und Befugnisse erweitert werden, was sich bildhaft als »Baum mit mehreren Ästen« darstellen ließ. Dieser niederländische Vertragsentwurf traf auf britischen, französischen und dänischen Widerstand, während Deutschland, Italien und Spanien es bei folgenloser Sympathiebekundung beließen. Er kam vor allem zu spät. Am 30. September bestätigten die Außenminister den schon im Juni angenommenen Luxemburger Entwurf.[49]

Letzte Kompromisse waren vom Europäischen Rat in Maastricht am 9. und 10. Dezember 1991 selbst zu schließen, als er die Ergebnisse der beiden Regierungskonferenzen zum »Vertrag über die Europäische Union« zusammenfügte. Die britische Regierung unter Premierminister John Major weigerte sich, den Weg einer europäischen Sozialpolitik, den eine im Dezember 1989 verabschiedete Sozialcharta vorgezeichnet hatte, mitzugehen, verwehrte den Partnern aber nicht, dem Vertrag ein zu elft geschlossenes »Abkommen über die Sozialpolitik« anzuhängen. Hinsichtlich der Sicherheitspolitik war der Auffassungsunterschied zu glätten, ob das Ziel eine »gemeinsame Verteidigungspolitik« (so, mehr atlantisch orientiert, Großbritannien, Niederlande, Dänemark und Portugal) oder eine »gemeinsame Verteidigung« (so, mit Betonung der europäischen Identität, Deutschland, Frankreich, Belgien, Luxemburg, Spanien und Griechenland) sein sollte. Das Ergebnis war die gewundene Bekundung, daß »auf längere Sicht« eine gemeinsame Verteidigungspolitik festgelegt werden solle, die »zu gegebener Zeit« zu einer gemeinsamen Verteidigung führen könnte. Bis zuletzt wurde gefeilscht, in welchen Politikbereichen im Ministerrat mit qualifizierter Mehrheit abgestimmt werden sollte; Deutschland bestand auf Einstimmigkeit in den Bereichen Industrie und Kultur, Spanien bei Forschung und Umwelt. Es ergab sich Übereinstimmung darüber, daß in außenpolitischen Fragen jedenfalls nur mit Einstimmigkeit entschieden werden sollte, soweit der Rat nicht für Durchführungsmaßnahmen Mehrheitsentscheidungen zuließ. Die Formulierung »föderale Berufung« des Luxemburger Entwurfs wurde, als »zentralisierend« interpretiert, nach heftiger britischer Polemik gegen das »F-word« gestrichen. Die Bundesrepublik mußte sich zufriedengeben, daß ihre Forderung nach Harmonisierung der Einwanderungspolitik nur zu der Vereinbarung einer einheitlichen Visa-Politik führte. Hier, wie auch in anderen Fragen, bekundete sich eine verborgene britisch-französische Interessengemeinschaft, die die volle Realisierung der deutschen Vorstellungen hemmte. Die Bundesregierung nahm es hin, weil für sie inzwischen die Entscheidung über die Unwiderruflichkeit des Prozesses zur Wirtschafts- und Währungsunion die höchste Priorität hatte.[50]

Das Vertragswerk, das die »Europäische Union« begründete,

wurde am 10. Dezember 1991 in Maastricht von den Staats- und Regierungschefs paraphiert. Es waren noch juristische Feinarbeiten und Übersetzungen zu leisten, ehe der Text in endgültiger Form vorlag. Unterzeichnet wurde er daher offiziell erst am 7. Februar 1992, ebenfalls in Maastricht, von den Außen- und Finanzministern. In Kraft trat er am 1. November 1993.

Der Vertrag von Maastricht

Der »Vertrag über die Europäische Union« (EUV) präsentierte sich als ein umfangreicher und sperriger Mantelvertrag mit über 300 Artikeln, 17 Protokollen und 33 Erklärungen. Er änderte und ergänzte die drei Gründungsverträge und die EEA. Indem lediglich die geänderten Bestimmungen zusammengestellt wurden, erschloß sich sein Gehalt zunächst nur durch umständlichen Vergleich mit den früheren Vertragstexten. Die zahllosen im Vorfeld geschlossenen Kompromisse zwischen mehr föderal und mehr konföderal ausgerichteten Interessen erzeugten zudem ein hohes Maß an inhaltlicher Komplexität. Der Vertrag war in vier Hauptteile gegliedert: (1) Gemeinsame und Schluß-Bestimmungen, (2) Bestimmungen zur Änderung der Gründungsverträge von EWG, EGKS und Euratom, (3) Bestimmungen über die Gemeinsame Außen- und Sicherheitspolitik, (4) Bestimmungen über die Zusammenarbeit in den Bereichen Justiz und Inneres.[51]

Die Gemeinsamen und Schluß-Bestimmungen (Artikel A–F, L–S) konstituierten die »Europäische Union« und charakterisierten sie als »eine neue Stufe bei der Verwirklichung einer immer engeren Union der Völker Europas«. Grundlage der Union bildeten »die Europäischen Gemeinschaften, ergänzt durch die mit diesem Vertrag eingeführten Politiken und Formen der Zusammenarbeit«. Ihre Aufgabe sei es, »die Beziehungen zwischen den Mitgliedstaaten sowie zwischen ihren Völkern kohärent und solidarisch zu gestalten«. Ihre Ziele seien wirtschaftliche und soziale Stabilität, insbesondere durch Schaffung eines Raumes ohne Binnengrenzen und einer Wirtschafts- und Währungsunion, internationale Identität insbesondere durch eine Gemeinsame Außen- und Sicherheitspolitik, eine Unionsbürgerschaft, enge Zusammenarbeit in den Bereichen Justiz und Inneres, die Wahrung des gemeinschaftlichen Besitzstandes und seine Weiterentwicklung. Die Union achte die nationale Identität ihrer demokratisch verfaßten Mitgliedstaaten sowie die Grundrechte gemäß der Europäischen Menschenrechtskonvention von 1950 und den gemeinsamen Verfassungsüberlieferungen der Mitgliedstaaten.

Um die Kohärenz und Kontinuität der Maßnahmen, die der gemeinschaftlichen wie der intergouvernementalen Methode verpflichtet seien, zu gewährleisten, gab sich die Union einen einheitlichen institutionellen Rahmen. Dieser werde insbesondere gewährleistet durch den Europäischen Rat, der der Union die für ihre Entwicklung erforderlichen Impulse geben und die allgemeinen politischen Zielvorstellungen festlegen werde. Die anderen Organe – Parlament, Ministerrat, Kommission, Gerichtshof – übten ihre Befugnisse nach Maßgabe und im Sinne der Verträge aus. Der Allgemeine Ministerrat wurde befugtes Entscheidungsorgan für alle Angelegenheiten der Union, der gemeinschaftlichen wie der intergouvernementalen, seine Zweiteilung in einen Rat der Gemeinschaft und einen Rat der Politischen Zusammenarbeit (EPZ) hatte ein Ende; nur die Abstimmungsverfahren blieben verschieden. Ebenso wurden der Ausschuß der Ständigen Vertreter (AStV) und das Generalsekretariat des Rats mit allen Angelegenheiten der Union befaßt. Dasselbe galt für die Kommission, die nur in Gemeinschaftsangelegenheiten weiter das Vorschlagsmonopol hatte, in den Bereichen der intergouvernementalen Zusammenarbeit aber nur ein begrenztes Initiativrecht. Die Rechte des Parlaments wurden in den Gemeinschaftsangelegenheiten gestärkt, in den anderen Bereichen sollte es nur beratende Funktion haben. Der Europäische Gerichtshof blieb Hüter der Gemeinschaftsverträge; für die gemeinsame Außen- und Sicherheitspolitik und für die Zusammenarbeit in den Bereichen Justiz und Inneres erhielt er indessen keinerlei Zuständigkeit, es sei denn, daß Entscheidungen in diesen Bereichen gegen die Gemeinschaftsverträge verstießen.

Die Änderung der Gemeinschaftsverträge (Artikel G, H, I), mit der die »erste Säule« errichtet wurde, betraf im wesentlichen den EWG-Vertrag, der wegen der neuen nicht-wirtschaftlichen Erweiterungen nun in »EG-Vertrag« umbenannt wurde. EGKS-

und Euratom-Vertrag bestanden fort und wurden nur insoweit geändert, wie es die Kompatibilität mit dem neuen EG-Vertrag erforderte. In diesen wurden neben der Wirtschafts- und Währungsunion eine Reihe von neuen Aufgabenbereichen integriert: Unionsbürgerschaft, Bildung, Kultur, Gesundheitswesen, Verbraucherschutz, Sozialpolitik. Europa wuchs über den Wirtschaftsbereich hinaus in den weiten Raum des Politischen. Manche der neuen Zuständigkeiten hatten eine Vorgeschichte in Gestalt praktischer Maßnahmen, die früher gemäß Artikel 235 des EWG-Vertrags eingeleitet worden waren (S. 181, 228).

Um zu verhindern, daß die Erweiterung der Gemeinschaftskompetenzen Brüsseler Regelungswut auslöste oder gar die Richtung zu einem europäischen Superstaat eröffnete, wurde gleichzeitig eine Schranke gesetzt: »In den Bereichen, die nicht in ihre ausschließliche Zuständigkeit fallen, wird die Gemeinschaft nach dem Subsidiaritätsprinzip nur tätig, sofern und soweit die Ziele der in Betracht gezogenen Maßnahmen auf Ebene der Mitgliedstaaten nicht ausreichend erreicht werden können und daher wegen ihres Umfangs oder ihrer Wirkungen besser auf Gemeinschaftsebene erreicht werden können.« (Artikel 3b). Die Entscheidungen sollten möglichst bürgernah fallen, wobei im Einzelfall naturgemäß Abgrenzungsprobleme entstehen konnten. Ein wichtiges Anwendungsgebiet des Subsidiaritätsprinzips wurden die Bereiche »gemischter Kompetenz«, in denen die Gemeinschaft nationale Maßnahmen der Mitgliedstaaten ergänzen kann.[52]

Im neuen EG-Vertrag erfuhren wesentliche Teile keinerlei Änderung, z. B. Zollunion, GAP, Verkehrspolitik, Wettbewerbspolitik und – weiter als Fehlanzeige – Energiepolitik. In anderen Bereichen wurden Kompetenzen ausgeweitet, die die Gemeinschaft zum Teil erst durch die EEA erhalten hatte. Hierzu gehörte die Stärkung des wirtschaftlichen und sozialen Zusammenhalts, für die zusätzlich zu den bereits bestehenden Strukturfonds ein neuer »Kohäsionsfonds« geschaffen wurde; aus diesem konnten Mitgliedstaaten, deren Bruttosozialprodukt pro Kopf 90 Prozent des Gemeinschaftsdurchschnitts unterschritt, unter der Voraussetzung währungspolitischen Wohlverhaltens Mittel zur Finanzierung von Umwelt- und Verkehrsprojekten erhalten

(Nutznießer wurden zunächst Griechenland, Spanien, Portugal, Irland). Die Förderung der Forschung und technologischen Entwicklung wurde, bei einer Vereinfachung der Verfahren, neu geordnet. Der Stellenwert der Umweltpolitik wurde erhöht, indem fortan bei der Festlegung und Durchführung anderer Gemeinschaftspolitiken die Erfordernisse des Umweltschutzes einbezogen werden sollten. Die Verhandlungsverfahren der Außenhandelspolitik der Gemeinschaft wurden gestrafft.

Der Gemeinschaft wurden neben der Wirtschafts- und Währungspolitik eine Reihe von weiteren Tätigkeitsbereichen neu zugewiesen. Die Schaffung einer »Unionsbürgerschaft«, die die Staatsbürgerschaft in einem Mitgliedstaat ergänzt, sollte die europäische Identität stärken. Sie verlieh den Unionsbürgern das Recht, sich im Hoheitsgebiet der Mitgliedstaaten frei zu bewegen und aufzuhalten, ohne eine »Wirtschaftstätigkeit« als Grund angeben zu müssen, das aktive und passive Wahlrecht bei Kommunal- und Europawahlen im Wohnsitzland, das Petitionsrecht beim Europäischen Parlament und seinem – neu eingesetzten – Bürgerbeauftragten (Ombudsmann), in Drittländern bei Bedarf diplomatischen und konsularischen Schutz durch die Vertreter der Mitgliedstaaten. Hinsichtlich des allgemeinen und beruflichen Bildungswesens unterstützte die Gemeinschaft fortan die Tätigkeit der Mitgliedstaaten sowie die Zusammenarbeit zwischen ihnen unter der Zielsetzung, die europäische Dimension bewußter zu machen und Mobilität, Informations- und Erfahrungsaustausch zu befördern. Auch die Kultur wurde ein Tätigkeitsfeld der EG: Die Gemeinschaft sollte künftig dazu beitragen, neben der Entfaltung der nationalen und regionalen Kulturen das gemeinsame kulturelle Erbe zur Geltung zu bringen und in dieser Hinsicht die Zusammenarbeit zwischen den Mitgliedstaaten zu fördern; die Aktivität in diesem Bereich wurde indessen u. a. durch britische und deutsche Vorbehalte (in Deutschland wegen der Kulturhoheit der Länder) gehemmt. Eine neue Kompetenz im Gesundheitswesen galt der Förderung der Zusammenarbeit zwischen den Mitgliedstaaten zur Sicherstellung eines hohen Gesundheitsniveaus, insbesondere zur Prävention von Krankheiten und der Drogenabhängigkeit; damit war, auch wenn die von Deutschland befürwortete Harmonisierung der nationalen Gesundheitssysteme sich als unrealistisch erwies, immerhin fortan der Gesundheitsschutz in allen übrigen Politiken der Gemeinschaft zu beachten. Auch der Verbraucherschutz wurde in den Rang einer Gemeinschaftspolitik erhoben. Ziele wurden die Angleichung der Rechts- und Verwaltungsvorschriften der Mitgliedstaaten sowie die Ergänzung der nationalen Verbraucherschutzpolitiken durch spezifische Gemeinschaftsaktionen.

Des weiteren sollte die Gemeinschaft fortan zum Auf- und Ausbau transeuropäischer Netze in den Bereichen der Verkehrs-, Telekommunikations- und Energie-Infrastruktur beitragen, um dadurch die Vollendung des Binnenmarkts zu befördern; besondere Beachtung sollten dabei der Interoperabilität der einzelstaatlichen Netze, dem Zugang zu ihnen und der Anbindung der geographischen Randgebiete gelten. Auch eine gemeinsame Industriepolitik mit den Zielsetzungen, die Anpassung der Unternehmen an strukturelle Veränderungen, ein für Initiative und Kooperation günstiges Umfeld und die Optimierung des technologischen Potentials zu fördern, wurde als Gemeinschaftsaufgabe im Vertrag verankert; allerdings verhinderte das Patt zwischen marktwirtschaftlich (Deutschland, Großbritannien, Niederlande, Dänemark) und interventionistisch (Frankreich, Italien, Belgien) orientierten Mitgliedsländern, daß wirksame Kompetenzen und Verfahren auf die europäische Ebene übertragen wurden. Die Gemeinschaftsbefugnisse in der Sozialpolitik wurden in dem besonderen Protokoll festgehalten, dem Großbritannien nicht beigetreten war: Arbeitsschutz, Arbeitsbedingungen, Chancengleichheit der Geschlechter, Mitbestimmung, berufliche Eingliederung, Abschluß von Vereinbarungen der Sozialpartner auf Gemeinschaftsebene. Schließlich erhielt die Gemeinschaft die neue Kompetenz zur Förderung der Entwicklungszusammenarbeit mit den von den AKP- und Mittelmeer-Abkommen nicht erfaßten Entwicklungsländern, in Ergänzung der Entwicklungspolitiken der einzelnen Mitgliedstaaten.

Das Institutionengefüge der Gemeinschaft sollte effizienter und demokratischer werden. Im Ministerrat wurde die Anwendung des qualifizierten Mehrheitsvotums ausgeweitet: Nicht mehr nur bei Entscheidungen über Binnenmarkt-Maßnahmen, sondern auch bei Beschlüssen im Rahmen der neuen Gemeinschaftspolitiken wurde es vorgesehen. Die Rolle der Kommission wurde im gleichen Maße aufgewertet: Bei ihren Vorschlägen an den Rat mußte sie weniger vorab nach Kompromissen suchen, um Einstimmigkeit im Ministerrat zu erreichen. Ihre Amtszeit wurde von vier auf fünf Jahre verlängert, um einen Gleichlauf mit der Legislaturperiode des Europäischen Parlaments herzustellen. Allerdings erlangte sie nicht die angestrebte Generalkompetenz für die Durchführung der gemeinschaftlichen Legislativakte. Aber ihre Legitimität wurde durch die Mitwirkung des Europäischen Parlaments bei ihrer Investitur erhöht.

Das Europa-Parlament wurde, gefördert vor allem von Deutschland, Italien und den Benelux-Staaten, nach dem Vertrag zum Hauptnutznießer der Institutionenreform. Seine Kontrollfunktion gegenüber der Kommission wurde fortentwickelt: Künftig war es vor der Benennung des Kommissionspräsidenten durch die Mitgliedsregierungen von diesen zu hören; die Mitglieder der Kommission, die von den Regierungen in Konsultation mit dem designierten Präsidenten benannt würden, hatten sich sodann als Kollegium einem Zustimmungsvotum des Parlaments zu stellen; das bestehende Recht der vorzeitigen Abberufung der Kommission durch Mißtrauensantrag blieb unberührt. Ein mit der Kommission geteiltes legislatives Initiativrecht erlangte das Parlament zwar nicht, wohl aber konnte es fortan Initiativen anregen: Mit der Mehrheit seiner Mitglieder konnte es »die Kommission auffordern, geeignete Vorschläge zu Fragen zu unterbreiten, die nach seiner Auffassung die Ausarbeitung eines Gemeinschaftsakts zur Durchführung dieses Vertrages erfordern«.

Das Bemühen des Parlaments um Beteiligung an den Entscheidungen des Ministerrats hatte partiellen Erfolg. Zum einen führte es zur Ausweitung der beiden mit der EEA neu eingeführten Parlamentsrechte: des Zustimmungsrechts (nun auch hinsichtlich der Freizügigkeit der Unionsbürger und der Regelungen für die Strukturfonds) und des Verfahrens der Zusammenarbeit (ausgeweitet auf Verkehr, Sozialfonds, berufliche Bildung, transeuropäische Netze, Entwicklungszusammenarbeit). Zum anderen wurde für bestimmte Bereiche (Binnenmarktpolitik, neue Politiken) das seit langem geforderte legislative Mitentscheidungsverfahren eingeführt. Danach kann das Parlament einen vom Rate zur Entscheidung gestellten Vorschlag der Kommission binnen drei Monaten billigen, abändern oder ablehnen. Bei Billigung kommt die Entscheidung zustande, bei Abänderungsvorschlägen dann, wenn der Ministerrat diese übernimmt. Ansonsten findet ein Vermittlungsverfahren in einem von Rat und Parlament paritätisch besetzten Vermittlungsausschuß statt, der mit der qualifizierten Mehrheit der Vertreter des Rats und der Mehrheit der Vertreter des Parlaments einen gemeinsamen Vorschlag vorlegt. Des weiteren erhielt das Parlament neue Mitwirkungsbefugnisse für Haushalt und Finanzen sowie das Recht, zur Prüfung vermuteter Verstöße gegen das Gemeinschaftsrecht oder von Mißständen bei dessen Anwendung einen Untersuchungsausschuß einzusetzen.

Auch bei anderen Gemeinschaftsinstitutionen gab es Fortentwicklungen. Der Europäische Gerichtshof erhielt die Befugnis, Zwangsgelder gegen Mitgliedstaaten zu verhängen, die gegen Verpflichtungen aus dem Vertrag verstießen. Der Rechnungshof, der 1975 im Gefolge der Schaffung des Systems der Eigenmittel errichtet worden war, wurde formell als fünftes Gemeinschaftsorgan in den Vertrag aufgenommen und mit verstärkten Haushaltskontroll-Befugnissen ausgestattet. Der Wirtschafts- und Sozialausschuß erhielt die Befugnis, von sich aus Stellungnahmen abzugeben, die er für zweckmäßig hielt, außerdem erhielt er erweiterte Konsultationsrechte gegenüber Rat und Kommission. Ein – vor allem auf deutschen Wunsch – neu errichteter Ausschuß der Regionen, der Vertreter der regionalen und lokalen Gebietskörperschaften zusammenführte, sollte in den ihn betreffenden Fällen von Rat oder Kommission gehört werden und konnte auch von sich aus Stellungnahmen abgeben.

Die »zweite Säule« des Maastricht-Vertrags bildete die »Gemeinsame Außen- und Sicherheitspolitik« (GASP, Artikel J-J 11). Sie war intergouvernemental organisiert und ersetzte die durch die EEA institutionalisierte EPZ. Gegenüber dieser brachte die GASP Konkretisierung und Fortentwicklung. Als Ziele wurden benannt »die Wahrung der gemeinsamen Werte, der grundlegenden Interessen und der Unabhängigkeit der Union«, sowie die Wahrung des Friedens und die Förderung der internationalen Zusammenarbeit. War es in der EEA um die »politischen und wirtschaftlichen Aspekte der Sicherheit« gegangen, so stand nun die »Stärkung der Sicherheit der Union und ihrer Mitgliedstaaten in allen ihren Formen« im Blick.

Zur Erreichung der Ziele wurden zwei Verfahren vorgesehen: (1) regelmäßige Zusammenarbeit der Mitgliedstaaten durch gegenseitige Unterrichtung und Abstimmung und durch die Festlegung »gemeinsamer Standpunkte« in außen- und sicherheitspolitischen Fragen von allgemeiner Bedeutung, und (2) die Durchführung »gemeinsamer Aktionen« in den Bereichen, in denen wichtige gemeinsame Interessen der Mitgliedstaaten bestehen. Alle Entscheidungen waren, auf der Grundlage der vom Europäischen Rat bestimmten Gesetze und allgemeinen Leitlinien, vom Rate zu treffen, der auch Ziele und Mittel festlegte; er entschied grundsätzlich einstimmig, konnte aber bei der Festlegung gemeinsamer Aktivitäten beschließen, daß Durchführungsbeschlüsse mit qualifizierter Mehrheit gefaßt werden konnten. Um Vetos zu vermeiden, sollten die Mitgliedstaaten »bei Entscheidungen, die Einstimmigkeit erfordern, soweit wie möglich davon absehen, die Einstimmigkeit zu verhindern, sofern eine qualifizierte Mehrheit für die betreffende Entscheidung besteht«. Ein aus den Politischen Direktoren der nationalen Außenministerien bestehendes Politisches Komitee, das Teil der Organisation des Rats wurde und diesem neben dem AStV zuarbeitete, sollte kontinuierlich die internationale Lage verfolgen, Stellungnahmen erarbeiten und die Durchführung vereinbarter Politiken überwachen. Die Kommission wurde an den Arbeiten der GASP »in vollem Umfang« beteiligt, hatte hier allerdings nur eingeschränktes Initiativrecht. Das Parlament spielte nur eine Nebenrolle (Konsultationsrecht), der Europäische Gerichtshof war nicht zu befassen.

Für die Außenvertretung der Union war der in sechsmonatigem Turnus wechselnde »Vorsitz« des Rats zuständig. Er war auch für die Durchführung der gemeinsamen Aktionen verantwortlich. Dabei sollte er unterstützt werden von dem Mitgliedstaat, der den vorhergehenden Vorsitz innehatte, und dem, der den nachfolgenden wahrnehmen würde: die sog. »Troika«. Die in internationalen Organisationen oder Konferenzen, insbesondere im UN-Sicherheitsrat vertretenen Mitgliedstaaten sollten die dort nicht vertretenen unterrichten und sich für die Standpunkte und Interessen der Union einsetzen. Solange die EU keine eigenen diplomatischen Vertretungen in Drittländern unterhielt, sollte dort die Einhaltung und Umsetzung der gemeinsamen Standpunkte und Aktionen weiter durch Koordinierung der Vertretungen der Mitgliedstaaten und der Delegationen der Kommission gewährleistet werden.

Die gemeinsame Sicherheitspolitik sollte, weit gefaßt, sämtliche Fragen der Sicherheit und Verteidigung der Union umfassen. Die WEU, »die integraler Bestandteil der Europäischen Union sein wird«, wurde ersucht, die »Entscheidungen und Aktionen der Union, die verteidigungspolitische Bezüge haben«, auszuarbeiten und durchzuführen. Der Zusammenarbeit von EU und WEU sollten praktische Regelungen zwischen den beiderseitigen Räten, Sekretariaten und parlamentarischen Versammlungen sowie regelmäßiger Informationsaustausch und Konsultation dienen. Dem Vertrag war eine Erklärung über die künftige Rolle der WEU im Verhältnis zu EU und NATO beigefügt. Die drei EU-Mitglieder, die nicht Mitglieder der WEU waren (Dänemark, Griechenland, Irland), wurden zum Beitritt, die übrigen europäischen NATO-Staaten zur assoziierten Mitgliedschaft eingeladen. Der besondere Charakter der Sicherheits- und Verteidigungspolitik einiger Mitgliedstaaten (z. B. der Atommächte Frankreich und Großbritannien), die Verpflichtungen aus dem NATO-Vertrag und die Vereinbarkeit mit der Sicherheits- und Verteidigungspolitik der NATO sollten beachtet werden.[53]

Die »dritte Säule« des Maastricht-Vertrags bildete die »Zusammenarbeit in den Bereichen Justiz und Inneres« (Artikel K-K9). Die Abschaffung der Kontrollen im Binnenraum erforderte eine systematischere Angleichung der Kontrollen an den Außengrenzen der Gemeinschaft und eine verstärkte zwischenstaatliche Kooperation auf polizeilicher und justizieller Ebene. Als Angelegenheiten gemeinsamen Interesses wurden genannt die Asylpolitik, die Vorschriften für das Überschreiten der Außengrenzen, die Einwanderungspolitik, die Bekämpfung der Drogenabhängigkeit und des internationalen Betrugs, die justizielle Zusammenarbeit in Zivil- und Strafsachen, die Zusammenarbeit im Zollwesen und die polizeiliche Zusammenarbeit, für die – auf deutsche Initiative – der Aufbau einer Europäischen Polizeibehörde (Europol) ins Auge gefaßt wurde. Indessen behielten die Mitgliedstaaten die Verantwortlichkeit für die Aufrechterhaltung ihrer öffentlichen Ordnung und inneren Sicherheit. Die zentrale Rolle bei der intergouvernementalen Zusammenarbeit spielte auch hier der Ministerrat, der auf der Grundlage von Informationsaustausch und Konsultation der Mitgliedstaaten mit Einstimmigkeit gemeinsame Standpunkte (auch gegenüber anderen Internationalen Organisationen) festlegen und gemeinsame Maßnahmen beschließen konnte; dabei konnte er auch festlegen, daß Durchführungsbeschlüsse mit qualifizierter Mehrheit getroffen werden konnten. Die Arbeiten des Rats wurden von einem aus hohen Beamten bestehenden Koordinierungsausschuß vorbereitet. Die Kommission erhielt auch hier nur ein eingeschränktes Initiativ- und keinerlei Durchführungsrecht, das Parlament sollte konsultiert, der Gerichtshof im Prinzip nicht befaßt werden.

Die Ratifizierung des Maastricht-Vertrages, für die nach den langen Verhandlungen und Kompromissen, und in der Hochstimmung des Dezembers 1991, keine besonderen Schwierigkeiten mehr erwartet wurden, sollte sich dann doch noch zum Drama entwickeln. Denn wohl stimmte das Europäische Parlament, wenn auch unter mürrischer Aufzählung von Vertragsdefiziten, am 7. April 1992 zu, und die Wähler bzw. Parlamentarier von acht der zwölf Mitgliedstaaten ratifizierten zwischen dem 17. Juni und dem 15. Dezember 1992 mit durchweg großen Mehrheiten, zum Teil nach vorher erforderlichen Verfassungsänderungen; aber in Dänemark, Frankreich, Deutschland und Großbritannien gab es ernste Komplikationen.[54]

Als erste lehnten die Dänen in einer Volksabstimmung am 2. Juni 1992 den Vertrag mit 50,7 Prozent gegen 49,3 Prozent der abgegebenen Stimmen ab; damit war er, wenn dies nicht revidiert werden konnte, bereits gescheitert. Der Ministerrat entschied zwei Tage später, daß gleichwohl die Mitgliedstaaten mit ihrer Ratifikation fortfahren sollten. Um ein Haar wären die Franzosen den Dänen gefolgt: in einem von Mitterrand angesetzten Referendum, das verfassungsmäßig nicht erforderlich war, stimmten sie am 20. September mit nur 51,04 Prozent der abgegebenen Stimmen für das Inkrafttreten des Vertrages. Die Folgen eines französischen »Nein« für das europäische Einigungswerk wären nicht auszudenken gewesen.[55]

In der deutschen Öffentlichkeit, wo es wegen der beabsichtigten Preisgabe der D-Mark, der unveränderten Nettozahlerposition in Brüssel und des befremdlichen Mißtrauens der Nachbarn gegenüber dem wiedervereinigten Deutschland rumorte, wäre ein entsprechender Volksentscheid vermutlich ebenfalls unkalkulierbar geworden – das Grundgesetz verhinderte dies. Statt dessen stimmte der Bundestag, nachdem mit der Einfügung des neuen Artikels 23 in das Grundgesetz dessen Anschluß an den EUV hergestellt war, am 2. Dezember 1992 mit 543 gegen 17 Stimmen bei acht Enthaltungen zu, danach einstimmig am 18. Dezember auch der Bundesrat. Allerdings verzögerte sich danach die Hinterlegung der Ratifikationsurkunde, weil aufgrund einer Verfassungsbeschwerde eine Entscheidung des Bundesverfassungsgerichts über die Konformität des EUV mit dem Grundgesetz abzuwarten war. Erst als Karlsruhe am 12. Oktober 1993 die Vereinbarkeit unter den gegebenen Voraussetzungen bestätigte, konnte der Vertrag von Maastricht – mit zehnmonatiger Verspätung – am 1. November 1993 in Kraft treten.[56]

Denn in der Zwischenzeit hatten, recht mühselig, auch die anderen Probleme ausgeräumt werden können. Um bei einer erneuten Volksabstimmung die dänische Zustimmung zu erhalten, war der Europäische Rat zwar nicht bereit, in Nachverhandlungen über den Vertrag einzutreten, wohl aber traf er in Edinburgh am 11. und 12. Dezember 1992 besondere Absprachen, die »ausschließlich für Dänemark gelten« sollten, »nicht aber für andere jetzige oder künftige Mitgliedstaaten«: Dänemark würde nicht die Unionsbürgerschaft einführen, sich nicht an der dritten Stufe der WWU beteiligen, in der WEU nur durch einen Beobachter vertreten sein und im Bereich Justiz und Inneres ausdrücklich nur im Rahmen seiner Verfassung mit den Partnern zusammenarbeiten. Nach diesen Zugeständnissen stimmte das dänische Volk in einem zweiten Referendum am 18. Mai 1993 dem Vertrag mit 56,8 Prozent der abgegebenen Stimmen schließlich doch noch zu. Zwei Tage später gab, nach 15monatiger Verschleppung, auch das britische Unterhaus mit 229 zu 112 Stimmen bei weitgehender Enthaltung der Labour-Abgeordneten grünes Licht: Die Regierung Major hatte nach dem knappen Ausgang der Unterhauswahlen vom April 1992, dem Scheitern der ersten dänischen Volksabstimmung und dem knappen Ausgang des französischen Referendums die britische Zustimmung von der dänischen abhängig gemacht.[57]

Die vor allem durch das erste dänische Referendum ausgelöste Ratifizierungskrise der Jahre 1992/93 erwies sich als eine Zäsur im Selbstverständnis der Gemeinschaft. In den langen Monaten der Unsicherheit über die Zukunft des Vertrages wurde bewußter als zuvor, in wie hohem Maße das Projekt der europäischen Einigung von Anfang an eine Sache von Eliten, von Politikern, Beamten und Technokraten war, und daß die Masse der Bürger es anscheinend mit lediglich beipflichtendem und streckenweise interesselosem Unverständnis begleitete. Es wurde deutlich, daß weitere Fortschritte davon abhingen, daß beim Übergang von einer wirtschaftlichen zu einer politischen Union die Bürger stärker beteiligt wurden, durch mehr Information und Erläuterung, durch verständlichere Texte und Verfahren, durch mehr Transparenz. Selbstkritisch räumte Delors ein, daß das Vertragswerk von Maastricht »in der Gleichgültigkeit der Völker« entstanden sei. Schlechten Gewissens rühmten Kommission und Mitgliedsregierungen plötzlich die demokratisierende Wirkung des Subsidiaritätsprinzips, das vor der Ratifizierungskrise unter eher vertragssystematischen Aspekten betrachtet worden war. Mehr Bürgernähe wurde so zu einem zentralen Thema der folgenden Jahre.[58]

Kapitel 7

Die Europäische Union an der Schwelle zum 21. Jahrhundert, 1993–2003

Im Jahrzehnt nach Maastricht machte der Auf- und Ausbau der Union beachtliche Fortschritte, stieß aber auch allenthalben an Grenzen. 1995 traten drei neue Mitglieder bei. Die rechtlichen Grundlagen der Union wurden fortentwickelt durch die beiden Reformverträge von Amsterdam (1999) und Nizza (2003), an die sich eine umfassende Verfassungsdebatte anschloß. Das Zusammenwachsen zu einem einheitlichen Wirtschaftsraum kam erheblich voran, erwies sich aber auch als ein zäher, längst nicht abgeschlossener Prozeß. Die Realisierung der WWU führte die europäische Einigung auf einen vorläufigen Höhepunkt und machte die EU zur globalen Währungsmacht. Mit dem großen Wirtschaftsraum entstand zugleich ein politischer Rahmen, der den Bürgern Europas zunehmend die übernationale Dimension erschloß. Die EU vermochte auch ihre außen- und sicherheitspolitische Position erheblich zu entwickeln, vorerst freilich vor allem auf dem Papier. Die in Gang gekommene Erweiterung der EU nach Mittel- und Osteuropa wird zu ihrer größten Herausforderung im beginnenden 21. Jahrhundert.

Die vierte Erweiterung

Zum 1. Januar 1995 erweiterte sich die Union von 12 auf 15 Mitgliedstaaten: Die drei EFTA-Staaten Österreich, Schweden und Finnland wurden aufgenommen. Diese vierte Erweiterung war in hohem Maße eine Folge der Schaffung des Binnenmarkts. Dessen weitreichende Regelungen legten zunächst eine Fortschreibung der 1972/73 geschlossenen Freihandelsabkommen mit den verbliebenen EFTA-Staaten (inzwischen sieben: Österreich, Schweden, Finnland, Island, Norwegen, Schweiz, Liechtenstein) nahe, und zwar im beiderseitigen Wirtschaftsinteresse, das sich bereits seit 1984 in einem intensivierten EG-EFTA-Dialog, dem sog. »Luxemburg-Prozeß«, bekundet hatte. Verhandlungen, die im Frühjahr 1989 begannen, endeten mit dem Vertrag von Porto vom 2. Mai 1992, mit dem die zwölf EG-Staaten und die sieben EFTA-Staaten sich zu einem »Europäischen Wirtschaftsraum« (EWR) zusammenschlossen, der über 380 Millionen Einwohner umfaßte. Er brachte eine weitgehende Assoziierung der Wirtschaft der EFTA-Staaten an die EG: Die EFTA-Staaten übernahmen rund 80 Prozent der für den Binnenmarkt relevanten Vorschriften, so daß im EWR binnenmarktähnliche Verhältnisse herrschten; ausgeschlossen waren nur Landwirtschaft und Fischerei, für die besondere bilaterale Vereinbarungen geschlossen wurden. Freilich traten die EFTA-Staaten nicht der Zollunion bei, und wegen des Fehlens einer gemeinsamen Außenhandelsregelung blieben auf der EG-Seite Grenzkontrollen erhalten. Mit der Durchführung des EWR-Vertrages wurden paritätisch besetzte Gremien betraut. Die Ratifizierung des Vertrags verlief planmäßig, nur die Schweiz scherte nach einer negativ verlaufenen Volksabstimmung vom 6. Dezember 1992 wieder aus. Danach trat der Vertrag am 1. Januar 1994 in Kraft. [1]

Indessen hatte der EWR zu dieser Zeit bereits einen Teil seines Sinnes wieder verloren, weil vier der EFTA-Staaten sich frühzeitig entschlossen, nicht nur die Regeln des Binnenmarkts zu übernehmen, sondern auch an den Entscheidungen darüber teilhaben zu wollen und den vollen Beitritt zur EG anzustreben: Österreich, Schweden und Finnland, für die das Ende des Kalten Krieges das bis dahin wirksame Beitrittshindernis ihrer Neutralität relativierte, sowie Norwegen, das nach dem 1972 gescheiterten ersten Beitrittsgesuch nunmehr gegenüber den skandinavischen Nachbarn nicht zurückbleiben wollte. Österreich stellte den Aufnahmeantrag schon am 17. Juni 1989, Schweden am 1. Juni 1991, Finnland am 18. März und Norwegen am 25. November 1992. Auch die Schweiz stellte im übrigen am 20. Mai 1992 einen Beitrittsantrag, der nach dem negativen Ausgang des EWR-Referendums nicht weiter verfolgt, aber auch nicht formell zurückgezogen wurde. Die Bewerbungen der vier demokratisch verfaßten Länder mit gutem Wirtschaftspotential stießen bei den Zwölf überwiegend auf positive Resonanz, lösten aber nun erstmals auch die grundsätzliche Überlegung aus, ob nicht vor einer Erweiterung auf 16 Mitgliedstaaten das Institutionengefüge der Gemeinschaft, das für sechs Mitglieder geschaffen worden war, für den größeren Kreis reformiert werden müsse. Ehe freilich dieses wichtige Thema ernsthaft angegangen werden konnte, geriet die Ratifizierung des Maastricht-Vertrages vorübergehend in die Krise. Die Gemeinschaft entschloß sich daher, die Frage der Institutionenreform zunächst zurückzustellen und mit der Erweiterung die Flucht nach vorn anzutreten. [2]

Die Beitrittsverhandlungen, wieder unter Führung des Ministerrats, begannen am 1. Februar 1993 mit Österreich, am 5. April mit Schweden, Finnland und Norwegen. Die (übliche) Grundbedingung an die Kandidaten war die volle Übernahme des Besitzstandes der Gemeinschaft sowie des Unionsvertrages. Die Verhandlungen wurden zügig geführt, wobei sich Deutschland besonders am Beitritt Österreichs, Großbritannien und Dänemark an dem der drei skandinavischen Staaten interessiert zeigten. Es gab wenig Schwierigkeiten, zeitraubend waren allerdings die Themen WWU, Landwirtschaft und Fischerei. Die vier Kandidatenländer erreichten, daß sie erst 1998 volle Beitrags- und damit Nettozahler wurden, Österreich konnte eine längerfristige Begrenzung des Lkw-Verkehrs durch die Alpen durchsetzen, Schweden und Finnland erhielten für eine Übergangszeit erhöhte Beihilfen für ihre Landwirtschaften, Norwegen die Zusage eines dreijährigen Privilegs für den Fischfang. Auch die Vertretung der künftigen Mitglieder in den Gemeinschaftsorganen erwies sich als unproblematisch (S. 326), freilich mit einer Ausnahme: Die Festlegung der künftigen Sperrminorität im Ministerrat löste vorübergehend EG-internen Streit zwischen Nord- und Südländern aus, den die Außenminister durch den »Kompromiß von Ioannina« am 27. März 1994 beendeten: Im Regelfall sollten 27 von 90 gewogenen Stimmen einen mit qualifizierter Mehrheit zu fassenden Beschluß verhindern, unter besonderen Umständen aber auch schon 23. Eine weitere Komplikation ergab sich aus der seit der EEA geforderten Zustimmung des Parlaments zu den Beitritten, welches nun die Bedingung stellte, daß zuvor die Gemeinschaftsinstitutionen reformiert werden müßten. Diese Auflage ließ wegen der im Juni

1994 anstehenden Neuwahlen zum Europa-Parlament erhebliche Verzögerungen befürchten. Unter unziemlich großem Druck der Mitgliedsregierungen gab das Parlament die Vorbedingung auf und billigte am 6. Mai 1994 das Ergebnis der am 30. März abgeschlossenen Verhandlungen. Die Beitrittsverträge konnten so bei dem Europäischen Rat in Korfu am 24. und 25. Juni 1994 unterzeichnet werden. Mit dem Beitritt zum 1. Januar 1995 wurde eine neue Kommission unter dem luxemburgischen Ministerpräsidenten Jacques Santer gebildet. Jacques Delors verließ nach zehnjähriger Tätigkeit die europäische Bühne.[3]

Die Ratifizierung der Verträge bescherte dann allerdings noch ein Déjà-vu-Erlebnis: Während sich in allen zwölf Mitgliedstaaten und in Österreich, Finnland und Schweden klare bzw. ausreichende Mehrheiten für den Beitritt ergaben, lehnten die Norweger ihn in einer Volksabstimmung vom 28. November 1994 wie schon 1972 ab. Die Union erweiterte sich so zum 1. Januar 1995 nur von 12 auf 15 Mitgliedstaaten mit 370 Millionen Einwohnern und einem Territorium von 3,2 Millionen Quadratkilometern. Schwedisch und Finnisch wurden elfte bzw. zwölfte Amtssprache. Nur noch drei Staaten bildeten nun die Ergänzung des EWR: Island, das zum Schutz seiner Fischgründe vor den Flotten der EU-Staaten keinen Beitrittsantrag gestellt hatte, Liechtenstein, das dem Rückzug der Schweiz nicht gefolgt war, und eben Norwegen.[4]

Die Verfassungsentwicklung der Union

Nach dem Maastricht-Vertrag bildeten die Verträge von Amsterdam und Nizza zwei weitere wichtige Etappen in der Verfassungsentwicklung der Union. Hinzu kamen einige Maßnahmen ohne Änderung der Verträge. Eine umfassende Verfassungsreform wurde von dem zwischen März 2002 und Juni 2003 arbeitenden »Konvent« vorbereitet.

Der Vertrag von Amsterdam, verabschiedet vom Europäischen Rat (mit nunmehr 15 Mitgliedern) am 16. und 17. Juni 1997, offiziell unterzeichnet am 2. Oktober 1997, war eine Fortschreibung des Vertrages von Maastricht, die in diesem bereits vorgesehen war: Eine Regierungskonferenz sollte ab 1996 eine Reihe von Bestimmungen des Maastricht-Vertrages im Lichte der bis dahin gemachten Erfahrungen überprüfen (Artikel N). Zur Vorbereitung dieser Regierungskonferenz setzte der Europäische Rat in Korfu am 24. und 25. Juni 1994 eine »Reflexionsgruppe« ein, der Vertreter der Außenministerien und der Kommission sowie zwei Vertreter des Europäischen Parlaments (Elisabeth Guigou/SPE und Elmar Brok/EVP) angehörten und die von dem Staatssekretär im spanischen Europaministerium Carlos Westendorp geleitet wurde. Sie trat erstmals am 2. Juni 1995, dem 40. Jahrestag der Messina-Konferenz, in Taormina zusammen und erarbeitete, auch auf der Grundlage von Reformvorschlägen der Gemeinschaftsorgane, einen Bericht, der am 5. Dezember 1995 vorgelegt wurde. Darin wurde für die Regierungskonferenz eine dreifache Aufgabenstellung vorgeschlagen: (1) Europa den Bürgern näher zu bringen, (2) die Handlungsfähigkeit der Union nach außen zu stärken, (3) die Organstruktur der Union auf eine Osterweiterung vorzubereiten.[5]

Der Europäische Rat in Madrid am 15. und 16. Dezember 1995 bezeichnete die Vorschläge der Reflexionsgruppe »als gute Grundlage für die Arbeiten der Konferenz«. Am 29. März 1996 wurde diese in Turin eröffnet. Sie setzte sich aus Vertretern der Außenministerien und der Kommission zusammen, während das Parlament zwar nicht offiziell beteiligt, aber immerhin regelmäßig informiert wurde und Stellung nehmen konnte. Neues Bemühen um mehr Bürgernähe bekundete sich in der Einbeziehung von Parteien, Interessenverbänden, Hochschullehrern und Medien in die Diskussion, dementsprechend erreichten die Arbeiten der Konferenz die Öffentlichkeit besser als 1991/92, doch war der politische Ertrag geringer. Diskutiert wurde unter anderem, ob und inwieweit es einer Gruppe von Staaten, die rascher als andere gemeinsame Integrationsziele erreichen wollten, ermöglicht werden könne voranzuschreiten: Begriffe wie Flexibilität, Kerneuropa, Europa der verschiedenen Geschwindigkeiten, Europa à la carte, differenzierte Integration, verstärkte Zusammenarbeit machten die Runde. Die britische Position stellte sich mit dem Kabinettswechsel von Major zu Tony Blair am 1. Mai 1997 kooperativer dar. Frankreich unter der neuen Linksregierung Lionel Jospins (seit Juni 1997) und die skandinavischen Staaten suchten die soziale Kompetenz der Union zu entwickeln, die neutralen Staaten zeigten sich zurückhaltend hinsichtlich eines Ausbaus der GASP, die kleineren Staaten achteten darauf, daß sich ihr politisches Gewicht bei einer Reform der Gemeinschaftsinstitutionen nicht verminderte. Die zu schließenden Kompromisse trugen nicht unbedingt zur Effizienzsteigerung bei. Wichtige Fragen mußten die Staats- und Regierungschefs im Europäischen Rat in Amsterdam selbst noch entscheiden.[6]

Der Vertrag von Amsterdam schrieb die vom Maastricht-Vertrag geprägte Säulenstruktur fort: erneut in Form eines Mantelvertrages wurden der EUV und der neue EG-Vertrag in vielen Punkten geändert und ergänzt, angehängt wurden 13 Protokolle und 59 Erklärungen. Da wieder nur die geänderten Bestimmungen zusammengestellt wurden, war Transparenz zunächst kaum gegeben, obwohl – bzw. zumal – gleichzeitig punktuelle Vereinfachungen durch Streichung überholter Bestimmungen und eine neue Numerierung aller Artikel vorgenommen wurden.[7]

Zu den materiellen Bestimmungen des Vertrages gehörte die Überführung eines Teils der Maastricht-Bestimmungen über »Justiz und Inneres« (dritte Säule) von der intergouvernementalen Zusammenarbeit in die Vergemeinschaftung (erste Säule); dies betraf insbesondere die Visa-, Asyl- und Einwanderungspolitik, die Betrugsbekämpfung und die Zusammenarbeit im Zollwesen. Die gemeinsame Polizeibehörde Europol sollte mit weiteren Befugnissen ausgestattet werden. Der außerhalb der Gemeinschaft erreichte »Schengen-Besitzstand« über den freien Personenverkehr und den Abbau bzw. die Vereinheitlichung der Grenzkontrollen wurde in den EU-Rahmen einbezogen, teils in die Bestimmungen der ersten, teils in die der dritten Säule; Großbritannien und Irland stellten allerdings klar, daß sie weiter an Grenzkontrollen festhielten. Der Vertrag wandte sich auch den Beziehungen zwischen der Union und den Bürgern zu. Auf Betreiben Frankreichs wurde ein neues Kapitel über Beschäftigungspolitik aufgenommen, nach dem freilich Brüssel nur Leitlinien vorgeben sollte, während konkrete Maßnahmen in nationaler Regie verblieben. Dem neuen Ziel der Schaffung eines »Raums der Freiheit, der Sicherheit und des Rechts« waren auch neue Bestimmungen zur Gesundheits-, Umwelt-, und Verbraucherschutzpolitik verpflichtet. Das »Sozialprotokoll« des Maastricht-Vertrags wurde in den EG-Vertrag integriert, nachdem Premierminister Blair die britische Enthaltung aufgegeben hatte. Neu war auch, daß die Achtung der Grund- und Menschenrechte nicht nur künftigen Beitrittskandidaten zur Auflage gemacht wurde, sondern daß die Nichtachtung durch Mitglieder ebenfalls mit Sanktionen belegt werden konnte, die freilich nicht bis zum Ausschluß aus der Union gingen. Auch die GASP (zweite Säule) wurde fortentwickelt, durch Vorkehrungen für gemeinsame Strategien, die Schaffung des Amtes eines europäischen Beauftragten (Hohen Vertreters) sowie einer neuen GASP-Abteilung im Ratssekretariat; sie blieb aber prinzipiell Gegenstand zwischenstaatlicher Zusammenarbeit und damit einstimmiger Beschlußfassung (S. 307).

Die Gemeinschaftsinstitutionen (erste Säule) wurden ebenfalls fortentwickelt. Zwar kam die Ausweitung des Mehrheitsvotums im Ministerrat auch wegen deutscher Bedenken nicht recht voran, wohl aber wurde das legislative Mitentscheidungsverfahren des Parlaments auf fast alle Mehrheitsentscheidungen des Rats außer Agrarpolitik und Wettbewerbspolitik ausgedehnt. Das Parlament sollte zudem fortan bei der Benennung des Kommissionspräsidenten nicht mehr nur gehört werden, sondern ausdrücklich zustimmen müssen; mit Blick auf künftige Erweiterungen wurde eine Abgeordnetenhöchstzahl von 700 festgesetzt; zwischen Europäischem Parlament und nationalen Parlamenten sollte die Zusammenarbeit verstärkt werden. In der Kommission wurde, in partieller Abkehr vom Kollegialprinzip, die Rolle des Präsidenten gegenüber den anderen Kommissaren durch neue Kompetenzen gestärkt. Der Ausschuß der Regionen erhielt einen eigenen administrativen Unterbau und wurde dem Wirtschafts- und Sozialausschuß gleichgestellt.

Die Perzeption des Amsterdamer Vertrags wurde indessen allgemein von zwei Enttäuschungen geprägt. Zum einen kam die Reform der Entscheidungsstrukturen in Vorbereitung der Osterweiterung nicht zustande. Dabei ging es zum einen um die Festlegung der künftigen Höchstzahl der Kommissare (1997 waren es 20), da eine ungebremste Aufblähung der Kommission ihre Arbeitsfähigkeit berühren mußte; und zum anderen waren die Stimmengewichte im Ministerrat einer größeren Mitgliederzahl anzupassen, auch um zu verhindern, daß eine Koalition kleinerer Staaten die bevölkerungsmäßig, wirtschaftlich und politisch bedeutenderen Großen überstimmen konnte. Die Staaten, die über zwei Kommissare verfügten (Deutschland, Frankreich, Großbritannien, Italien, Spanien), konnten sich vorstellen, einen von ihnen aufzugeben, doch die kleineren Staaten wollten »ihren« Kommissar nicht verlieren; die Großen befürchteten andererseits als Folge der Erweiterung um eine Vielzahl kleinerer Staaten ständige Blockierungen im Rat. Vorerst erwies sich nur eine Vertagung dieser dornigen Fragen als möglich, die in einem Protokoll präzisiert wurde: »Vom Zeitpunkt des Inkrafttretens der ersten Erweiterung der Union an gehört der Kommission [...] ein Staatsangehöriger je Mitgliedstaat an, sofern zu diesem Zeitpunkt die Stimmenwägung im Rat – sei es durch Neuwägung oder durch Einführung einer doppelten Mehrheit – in einer für alle Mitgliedstaaten annehmbaren Weise geändert worden ist.« Damit wurde nicht die Erweiterung von vorheriger Institutionenreform, sondern umgekehrt diese von jener abhängig gemacht. Die Regierungen Belgiens, Frankreichs und Italiens sahen sich daher zu der Klarstellung veranlaßt, daß die »Stärkung der Organe [...] eine unerläßliche Voraussetzung für den Abschluß der ersten Beitrittsverhandlungen« sei.[8]

Die zweite Enttäuschung betraf die sogenannte »Avantgarde«: Im Vertrag wurde zwar vorgesehen, daß eine Mehrheit der Mitgliedstaaten untereinander eine »verstärkte Zusammenarbeit« begründen und dadurch zur Vorhut der Integration werden konnte (wie z.B. bei Schengen und Währungsunion); vor allem wegen britischer Bedenken wurde aber diese Möglichkeit auf Angelegenheiten der ersten und dritten Säule beschränkt, galt also nicht für die GASP; sie wurde zudem von derart strengen Voraussetzungen abhängig gemacht, daß sie allenfalls in besonderen Ausnahmefällen zu realisieren war; und sie unterlag dem Veto jedes einzelnen Mitgliedstaates. Immerhin öffnete die Aufnahme von Bestimmungen über die »verstärkte Zusammenarbeit« in den Vertrag der Integration eine zusätzliche Entwicklungsperspektive.[9]

Der Vertrag von Nizza, die dritte große Etappe der Verfassungsentwicklung der Union seit Maastricht, sollte vor allem die drei »leftovers« des Amsterdamer Vertrags im Hinblick auf die Osterweiterung regeln: Größe und Zusammensetzung der Kommission und Stimmenwägung sowie Ausweitung der Mehrheitsentscheidungen im Ministerrat. Nach dem Inkrafttreten des Amsterdamer Vertrags am 1. Mai 1999 beschloß der Europäische Rat in Köln am 3. und 4. Juni, für Anfang 2000 eine Regierungskonferenz zur Behandlung dieser Fragen einzuberufen und die Ergebnisse möglichst bis Ende 2000 zu verabschieden, damit ab Ende 2002 neue Mitglieder aufgenommen werden könnten. Die am 14. Februar 2000 unter portugiesischem Vorsitz eröffnete Regierungskonferenz erhielt vom Europäischen Rat in Feira (19./20. Juni 2000) als vierte Aufgabe noch die Überprüfung der Amsterdamer Bestimmungen über die »verstärkte Zusammenarbeit« zugewiesen. Nach 30 Sitzungen der Konferenz und einem Sondergipfel in Biarritz am 13. und 14. Oktober 2000 zeichnete sich ab, daß es schwerer als erwartet wurde, in den wesentlichen Punkten zu einvernehmlichen Regelungen zu kommen, und daß die Staats- und Regierungschefs diese höchstpersönlich finden mußten.[10]

Denn die Neuausrichtung der europäischen Institutionen auf eine stark vergrößerte Mitgliederzahl warf für jeden der 15 Unionsstaaten Macht-, Geld- und Statusfragen auf, die für seine künftige Stellung von höchster Relevanz waren. Auf der bisher längsten Tagung des Europäischen Rats in Nizza vom 7. bis 11. Dezember 2000 prallten dann auch nationale Interessen heftigst aufeinander, wobei die vom französischen Vorsitz (Präsident Jacques Chirac) durchgesetzte Gleichheit der Stimmengewichte der großen Vier im Ministerrat entgegen nachdrücklichen Ansprüchen auf eine Höhergewichtung des deutschen Anteils besonders hohe Wellen schlug. Am Ende erschöpfender und teils chaotischer Tag- und Nachtsitzungen standen Kompromisse und Kompensationen, die nicht unbedingt logisch oder rechtlich nachvollziehbar waren und deren genauer Inhalt in manchen Fällen erst noch im nachhinein rekonstruiert werden mußte, ehe am 26. Februar 2001 der Vertrag von Nizza offiziell von den Außenministern unterzeichnet werden konnte. Die danach insgesamt unproblematische Ratifizierung wurde nur durch ein negativ verlaufenes Referendum in Irland vom 7. Juni 2001 kompliziert, doch konnte der Vertrag nach einem zweiten irischen Referendum am 19. Oktober 2002 (62,9 Prozent Zustimmung bei 48,9 Prozent Wahlbeteiligung) schließlich zum 1. Februar 2003 in Kraft treten.[11]

Es handelte sich um einen weiteren Mantelvertrag, der die Struktur der Verträge von Maastricht und Amsterdam fortführte, EUV und EG-Vertrag in einer Reihe von Punkten änderte und mit vier Protokollen und 27 neuen Erklärungen die Transparenz der Rechtsgrundlagen der Union nicht unbedingt verbesserte. Aber immerhin wurde institutionell ihre Fähigkeit zur Aufnahme von bis zu zwölf neuen Mitgliedern hergestellt.[12] Die entsprechenden Regelungen bildeten den gemeinsamen Standpunkt der 15 Unionsmitglieder in den Verhandlungen mit den – vorher konsultierten – Bewerbern. Danach wird von der 2004 beginnenden Wahlperiode an eine neue Sitzverteilung im Europäischen Parlament vorgenommen; die Höchstzahl der Abgeordneten für 27 Mitgliedstaaten wird auf 732 angehoben. Ab dem 1. Januar 2005 erfolgt eine veränderte Stimmengewichtung der Mitgliedstaaten im Rat, wobei der Stimmenanteil der vier großen Staaten Deutschland, Frankreich, Großbritannien und Italien, besonders aber der Spaniens, im Verhältnis zu dem der mittleren und kleineren Staaten angehoben wird (S. 326); zugleich wird als qualifizierte Mehrheit eine dreifache Mehrheit eingeführt; diese umfaßt (1) je nach Stand der Beitritte 71,3 bis 73,4 Prozent der gewichteten Stimmen, (2) die Mehrheit der Mitgliedstaaten und (3) die Vertretung von mindestens 62 Prozent der Gesamtbevölkerung der Union (letzteres vor allem auf deutschen Wunsch). Ebenfalls ab dem 1. Januar 2005, nach Ablauf der Amtszeit der Kommission unter Romano Prodi, ändert sich die Zusammensetzung der Kommission: Alle Mitgliedstaaten benennen von da an nur noch einen Kommissar, doch soll ab dem 27. Mitgliedstaat die Zahl der Kommissare unter der Zahl der Mitgliedstaaten liegen; die Kommissionsmitglieder werden dann »auf der Grundlage einer gleichberechtigten Rotation« ausgewählt, die der Rat zuvor noch einstimmig festlegen muß. Der Vertrag stärkte im übrigen die Stellung des Kommissionspräsidenten weiter: Er konnte fortan einzelne Kommissare zum Rücktritt zwingen sowie Vizepräsidenten ernennen und ihnen bestimmte Leitungs- und Koordinierungsaufgaben übertragen. Neu festgelegt wurden auch die Zusammensetzung und Stimmengewichtung im Wirtschafts- und Sozialausschuß und im Ausschuß der Regionen. Nicht zuletzt wurden auch die beiden Gerichte der EU – EuGH und Gericht erster Instanz – durch neue Satzungen instand gesetzt, auf den mit der Osterweiterung absehbar anwachsenden Entscheidungsbedarf angemessen reagieren zu können.

Weitere Regelungen des Vertrages betrafen die Ausdehnung von Mehrheitsbeschlüssen im Rat um gut zwei Dutzend neue Sachgebiete, dazu gehören ab dem 1. Januar 2004 die Einwanderungspolitik und ab dem 1. Januar 2007 (d. h. nach der Verabschiedung der Finanziellen Vorausschau für 2007 bis 2013) Entscheidungen zu den Strukturfonds der EU. Eine Ausdehnung des Mitentscheidungsverfahrens erfolgte nur in Ansätzen. Auch unter dem Vertrag von Nizza blieben noch 72 Politikbereiche und Einzelbestimmungen dem Einstimmigkeitszwang unterworfen, neben der GASP insbesondere auf den Feldern Justiz und Inneres, Steuern und Soziales, Gemeinsame Handelspolitik und Kultur.[13] Die Möglichkeit der »verstärkten Zusammenarbeit« einer Gruppe von Mitgliedstaaten wurde gegenüber dem Vertrag von Amsterdam erleichtert: Sie wurde in begrenztem Maße auf die GASP ausgeweitet; einzelne Staaten können kein Veto mehr einlegen, das Quorum für die »Avantgarde« beträgt ungeachtet der Gesamtzahl der Mitgliedstaaten acht Teilnehmer.[14] Die Möglichkeit einer Sanktionierung der Nichtachtung von Menschenrechten und Grundfreiheiten durch einzelne Mitgliedstaaten wurde aufgrund von Sorgen über die Bildung der ÖVP/FPÖ-Koalition in Österreich im Februar 2000 fortentwickelt: Fortan sollte nicht mehr »eine schwerwiegende und anhaltende Verletzung« der Wertegrundlagen der EU, sondern schon »die eindeutige Gefahr einer schwerwiegenden Verletzung« der Feststellung durch den Europäischen Rat unterliegen und vom Rat durch Mehrheitsbeschluß geahndet werden können.[15] In einem besonderen Protokoll wurde im Hinblick auf das Auslaufen des EGKS-Vertrages nach 50 Jahren (am 23. Juli 2002) geregelt, daß das zu diesem Zeitpunkt verbleibende Vermögen der Montanunion zur Errichtung eines »Forschungsfonds für Kohle und Stahl« verwendet werden sollte, aus dem auf Antrag Forschungsprogramme der Kohle- und Stahlindustrie der EU gefördert werden könnten.[16]

Einigen Glanz erhielt der Europäische Rat in Nizza durch die öffentliche Unterzeichnung und feierliche Erklärung der »Charta der Grundrechte der Europäischen Union«. Unter der Zielsetzung, die auf der Ebene der Union geltenden Grundrechte zusammenzufassen und dadurch sichtbarer zu machen, hatte der Europäische Rat in Köln am 3. und 4. Juni 1999 die Einberufung eines »Konvents« initiiert, der sich, unter der Leitung des ehemaligen Bundespräsidenten Roman Herzog, aus insgesamt 53 Vertretern der Mitgliedsregierungen, der Kommission, des Europäischen Parlaments und der nationalen Parlamente zusammensetzte. Der Konvent sichtete zwischen Dezember 1999 und September 2000 die europäischen Grundrechtsquellen und legte am 2. Oktober 2000 den Entwurf der Charta vor, einen 54 Artikel umfassenden Katalog von der Würde des Menschen über die Grundfreiheiten und sozialen Grundrechte bis zu den bürgerlichen Freiheiten. Die Beschreibung der Wertegemeinschaft der EU wurde in Nizza von den Staats- und Regierungschefs allerdings nur proklamiert, noch nicht als Element einer europäischen Verfassung in den Vertrag integriert, und erhielt daher vorerst nicht den Status von Gemeinschaftsrecht. Sie wirkte aber durchaus sogleich als Selbstbindung der EU-Organe.[17]

Das Hauptergebnis der Konferenz von Nizza war, daß sie, ungeachtet der schwierigen Begleitumstände, die formalen Voraussetzungen für die Aufnahme einer größeren Zahl neuer Mitglieder schuf. Sie öffnete aber darüber hinaus auch einen Weg in die Zukunft. In einer »Erklärung zur Zukunft der Union«, die auf eine deutsch-italienische Initiative zurückging, wurden die Etappen für einen »Post-Nizza-Prozeß« skizziert. Danach galt das Jahr 2001 der Einleitung einer »eingehenderen und breiter angelegten« Verfassungsdebatte mit dem Ziel, die Union den Bürgern näherzubringen; daran sollten alle gesellschaftlichen und politischen Gruppen in den Mitgliedstaaten sowie die Kommission und das Europäische Parlament beteiligt werden. Unter anderem sollten die folgenden vier Fragen behandelt werden: genauere

Abgrenzung der Zuständigkeiten zwischen Union und Mitgliedstaaten nach dem Subsidiaritätsprinzip, Status der Grundrechtecharta, mehr Transparenz und Verständlichkeit der Verträge, Rolle der nationalen Parlamente in der Architektur Europas. Der Europäische Rat in Laeken am 14. und 15. Dezember 2001 zog eine Zwischenbilanz und beschloß, erneut einen »Konvent« einzusetzen »zur Prüfung der wesentlichen Fragen, welche die künftige Entwicklung der Union aufwirft«. Der Konvent trat unter der Leitung des ehemaligen französischen Staatspräsidenten Giscard d'Estaing und seiner beiden Vizepräsidenten, dem früheren italienischen Außenminister Giuliano Amato und dem ehemaligen belgischen Ministerpräsidenten Jean-Luc Dehaene, am 28. Februar 2002 in Brüssel zusammen. Er bestand, ähnlich dem erfolgreichen Vorbild des Grundrechtekonvents, aus 15 Regierungsvertretern (darunter in einer zweiten Phase mehrere Außenminister), 30 Vertretern der nationalen Parlamente (zwei je Mitgliedstaat), 16 Mitgliedern des Europäischen Parlaments und zwei Vertretern der Kommission; die Bewerberländer sowie Beobachter aus anderen europäischen Institutionen wurden an den Beratungen beteiligt. Die Arbeiten des Konvents wurden im Frühsommer 2003 mit dem Entwurf eines Vertrages über eine europäische Verfassung abgeschlossen, in dem die über ein halbes Jahrhundert vielgestaltig gewachsenen Strukturen des europäischen Projekts erheblich vereinfacht und fortentwickelt und in eine Ordnung »aus einem Guß« verschmolzen wurden. Der Entwurf wurde am 20. Juni 2003 dem Europäischen Rat in Thessaloniki überreicht und bildete den Ausgangspunkt für eine Regierungskonferenz, die Mitte Oktober 2003 zusammentrat und die endgültigen Beschlüsse fassen sollte.[18]

Parallel zur Arbeit des Konvents beschloß der Europäische Rat sukzessive eine Reihe von Maßnahmen, um die Effizienz und Transparenz der Arbeit des Europäischen Rats, des Rats »Allgemeine Angelegenheiten« und der übrigen Ratsformationen sowie des Vorsitzes im Rat vor der Osterweiterung zu stärken. Bereits der Europäische Rat in Köln im Juni 1999 hatte zu entsprechenden Vorschlägen aufgefordert, die auf den Gipfeltreffen in Helsinki (Dezember 1999), Göteborg (Juni 2001) und Laeken (Dezember 2001) beraten und vom Europäischen Rat in Sevilla am 21. und 22. Juni 2002 verabschiedet wurden. Danach sollte sich der Europäische Rat fortan grundsätzlich viermal pro Jahr treffen, zweimal pro Halbjahr, und unter außergewöhnlichen Umständen zusätzlich zu einer außerordentlichen Tagung. Der »Rat Allgemeine Angelegenheiten« hieß fortan »Rat Allgemeine Angelegenheiten und Außenbeziehungen«. Der Europäische Rat würde alljährlich ein Strategieprogramm für die jeweils folgenden drei Jahre erlassen, der Allgemeine Rat auf dessen Grundlage im Dezember jeden Jahres ein operatives Programm erarbeiten. Weitere Maßnahmen, die in Aktionspläne einmünden sollten, betrafen die Verwaltungsvereinfachung und die Verbesserung des Regelungsumfeldes und der Qualität der Rechtsvorschriften. [19]

Die Integration der Wirtschaft

Das Zusammenwachsen der EU zu einem einheitlichen Wirtschaftsraum kam im Jahrzehnt nach Maastricht erheblich voran, erwies sich aber als ein zäher Prozeß, der wegen divergierender Interessen und Politiken der Mitgliedstaaten auf Hindernisse und Grenzen stieß und dessen Vollendung nicht absehbar war.

Die Binnenmarkt-Richtlinien waren zwar bereits 1993 zu erheblichen Teilen von den Mitgliedstaaten umgesetzt worden, doch gab es manche Rückstände, die seit 1997 von der Kommission in einem zweimal jährlich erscheinenden »Binnenmarktanzeiger« dokumentiert wurden. Der Europäische Rat in Barcelona im März 2002 stellte fest, daß das zu diesem Zeitpunkt erwartete Umsetzungsziel von 98,5 Prozent lediglich von sieben Staaten erreicht worden war. Als neues Umsetzungsziel wurden 100 Prozent bis Juli 2003 angestrebt. Es zeigte sich auch, daß die Umsetzung der Richtlinien häufig Interpretationsspielräume eröffnete, die neue Unterschiede zwischen den Mitgliedstaaten begründen konnten. Auch stieß etwa das Prinzip der wechselseitigen Anerkennung der nationalen Warenproduktion auf lokale oder regionale Sonderinteressen, die den Wettbewerb verzerrten. Die Kommission blieb gefordert, neben der Überwachung der Umsetzung der Binnenmarkt-Richtlinien darüber hinaus noch bestehende materielle, fiskalische und technische Schranken des freien Personen-, Güter-, Dienstleistungs- und Kapitalverkehrs zu identifizieren und ihre Beseitigung vorzuschlagen, nicht zuletzt das Wettbewerbsrecht anzuwenden.[20]

Die Wirkung des Binnenmarkts im ersten Jahrzehnt nach 1992 ließ sich gewiß ablesen an der stärkeren Entwicklung des Binnen- und Außenhandels der EU, der Verstärkung auswärtiger Investitionstätigkeiten und der generellen Stabilisierung der Preise und Steigerung der Löhne im Gemeinschaftsraum. Nach Berechnungen der Kommission entstanden in diesem Zeitraum aufgrund des Binnenmarkts 2,5 Millionen zusätzliche Arbeitsplätze.[21] Wichtige Impulse erhielt der Verkehrsbereich. Die gemeinsame Verkehrspolitik, die nach dem EWG-Vertrag schon 1970 hätte verwirklicht sein sollen, aber bis weit in die 80er Jahre hinein wegen divergierender nationaler Ordnungspolitiken nicht recht vom Fleck kam (S. 180), wurde in den 90er Jahren von der Notwendigkeit, im Raum ohne Binnengrenzen Personen und Güter reibungslos zu befördern, quasi erzwungen. 73 Binnenmarkt-Richtlinien galten der Herstellung des »gemeinsamen Verkehrsmarkts«, der Liberalisierung und Harmonisierung des Verkehrs zu Lande (Straße, Schiene, Binnenwasserstraßen), zur See und in der Luft. Der Schaffung des europäischen Verkehrsraums mit »auf Dauer tragbarer Mobilität« bei niedrigen Kosten und Umweltverträglichkeit dienten die Herstellung der Dienstleistungsfreiheit für Straßenverkehrsunternehmer, Binnenschiffer, Fluggesellschaften und Seereeder, die Harmonisierung der nationalen Vorschriften im EU-Gebiet und die Orientierung an privatwirtschaftlicher und dem Wettbewerb verpflichteter Unternehmenstätigkeit. Als schwierig erwies sich freilich die Herstellung der Dienstleistungsfreiheit für die Beförderungsleistungen der Eisenbahnen, da der angestrebte diskriminierungsfreie Zugang zur Eisenbahninfrastruktur (durch Trennung von Schiene und Bahnbetrieb) fest verankerte nationale Eisenbahntraditionen in Frage stellte. Im Rahmen des Auf- und Ausbaus »transeuropäischer Netze« förderte die Gemeinschaft, in Erwartung eines bis 2006 sich stark ausweitenden Personen- und Güterverkehrs, insbesondere den grenzüberschreitenden Verbund nationaler Verkehrsnetze, den Ausbau der Schienenwege vor allem für den Hochgeschwindigkeitsverkehr und für Alpentunnel, nicht zuletzt die

Entwicklung von Telematiksystemen und Satellitennavigation (Start des »Galileo«-Projekts, in Konkurrenz zum amerikanischen GPS, im Mai 2003) auch zur Vermeidung von Staus auf den Straßen und besserer Planung von Reisen und Güterversand. Als verkehrspolitische Richtschnur dient ein Weißbuch der Kommission mit Projektionen für die Jahre 2001 bis 2010.[22]

Bewegung brachte der Binnenmarkt auch in die bis dahin im jeweils nationalen Rahmen definierte Energiepolitik, indem er die Rahmenbedingungen für eine Liberalisierung und Harmonisierung der Energiewirtschaften der Mitgliedstaaten schuf. Für eine EU-weite Koordinierung, für die der Amsterdamer Vertrag rechtliche Grundlagen legte, wurden zunächst im Bereich der leitungsabhängigen Energien Strom und Gas zwischen zentralistisch (z. B. Frankreich) und dezentral (z. B. Deutschland) organisierten Energiewirtschaften erste Vereinbarungen geschlossen, die zugelassenen Kunden und Anbietern europaweiten Markt-(Netz-)Zugang ermöglichten. In der Folge entschloß sich die Mehrheit der Mitgliedstaaten zur völligen (Deutschland, Großbritannien) oder zumindestens über das von der EG geforderte Maß hinausgehenden (Italien, Schweden, Dänemark, Spanien, Österreich) Liberalisierung ihrer nationalen Strom- und Gasmärkte, was ebenso wie die internationale Wettbewerbsentwicklung die Kommission veranlaßte, eine völlige Liberalisierung bis 2005 vorzuschlagen (Ratsbeschluß vom Juni 2003, der die freie Wahl der Strom- und Gaslieferanten für Unternehmen zum 1. Juli 2004, für Private zum 1. Juli 2007 vorsieht).[23] Liberalisierende, harmonisierende und stimulierende Wirkungen entfaltete der Binnenmarkt auch für die Industriepolitik, die Forschungs- und Technologiepolitik (Forschungsrahmenprogramme, Initiative »Europäischer Forschungsraum«), die Telekommunikation, die Bildungspolitik und weitere wirtschaftsrelevante Bereiche. Dagegen blieben die Defizite bei der Umsetzung und Anwendung der Binnenmarkt-Richtlinien im öffentlichen Auftragswesen groß, hier bemühte sich die Kommission, durch zusätzliche Vorschläge wenigstens eine begrenzte Öffnung zu erreichen.[24]

Nicht wesentlich voran kam die Harmonisierung der Steuern, die, als grundlegend für nationale Haushalte und Wirtschaftsstrukturen, einstimmige Ratsbeschlüsse voraussetzt. Die Mehrwertsteuersätze der Mitgliedstaaten lagen, ungeachtet der Absichtserklärung von 1992 (S. 235), im Jahre 2002 weiter in einer Spannbreite von 15 Prozent (Luxemburg) bis 25 Prozent (Dänemark, Schweden). Bemühungen um eine Annäherung der Verbrauchssteuern für Alkohol, Tabak und besonders Mineralöl hatten kaum Erfolg. Im Bereich der Unternehmensbesteuerung sollte ein am 1. Januar 1998 für zunächst fünf Jahre eingeführter freiwilliger Verhaltenskodex die Begünstigung von Gebietsfremden unterbinden. Eine vom Europäischen Rat in Helsinki im Dezember 1999 eingesetzte »Hochrangige Gruppe« erarbeitete Vorschläge zur einheitlichen Besteuerung von Kapitalerträgen, die allerdings u. a. vom »Steuerparadies« Luxemburg abgelehnt wurden, weil Drittstaaten wie die Schweiz und die USA nicht in die Regelung einbezogen werden konnten. Der Rat wollte zunächst bis Ende 2002 eine Richtlinie über die einheitliche Zinsbesteuerung verabschieden, erreicht werden konnte aber lediglich der Kompromiß, daß zwölf EU-Staaten, darunter Deutschland, vom 1. Januar 2005 an ein automatisches Informationssystem über alle Zinseinkünfte der Gebietsfremden einführen würden; nur Belgien, Luxemburg und Österreich dürften dann vorerst an ihrem Bankgeheimnis festhalten, sofern sie dafür eine Quellensteuer erheben, die von 2005 an zunächst 15 Prozent, von 2008 an 20 Prozent und von 2011 an 35 Prozent betragen soll. Im übrigen ist der Sinn weitergehender Annäherungen der nationalen Steuersysteme, vor allem im Bereich der direkten Steuern (für die eine EU-Kompetenz nicht besteht), umstritten, da der Steuerwettbewerb zwischen den Mitgliedstaaten auch als effizienzsteigernd gilt.[25]

Der einheitliche Agrarraum und die Fortführung der GAP wurden durch eine grundlegende Reform von 1992 und eine weitere von 1999 vorerst gesichert. Ständig wachsende Überschußproduktion und steigende Marktordnungskosten als Ergebnis eines Systems, das hohe Garantiepreise für unbegrenzte Produktionsmengen bei zudem großen technischen Fortschritten vorsah, machten eine grundsätzliche Wende der Agrarpolitik, wie sie bereits seit 1988 eingeleitet wurde (S. 238), unausweichlich. Den Kern der vom Rat im Mai 1992 beschlossenen Kursänderung bildeten die schrittweise Senkung aller Interventionspreise und die gleichzeitige Begrenzung der Produktion durch Erzeugungsquoten und Flächenstillegungen; zum Ausgleich wurden den betroffenen Landwirten direkte Einkommensbeihilfen gezahlt, die aus Brüsseler Sicht billiger kamen und effizienter wirkten als Preisstützung und Lagerhaltung, die aber auch mit zusätzlich flankierenden Maßnahmen Einkommenseinbußen der Bauern nicht verhinderten und zudem, indem diese sich als Empfänger öffentlicher Leistungen abgewertet fühlten, deren berufliches Selbstverständnis in Frage stellten. Im Zusammenhang mit der »Agenda 2000« wurde die Reform der GAP 1999 für den Zeitraum 2000 bis 2006 weitergeführt: Für Getreide etwa wurde eine schrittweise Senkung des Interventionspreises um weitere 15 Prozent beschlossen (nachdem im Zeitraum 1993 bis 1999 bereits eine Senkung von 33 Prozent erfolgt war), ebenso eine Stillegung von weiteren 10 Prozent der Anbaufläche (nach 15 Prozent in den vorangegangenen sieben Jahren); gleichzeitig wurden die Ausgleichszahlungen an die Bauern von 54 Euro pro Tonne auf 63 Euro angehoben. Für Milch, Rindfleisch und andere Produkte wurden analoge Regelungen getroffen. Die Ausgleichszahlungen sorgten freilich dafür, daß die Agrarausgaben der EU sich nicht verminderten, sondern fast unverändert mit rund 50 Prozent des Haushalts zu Buche schlugen (für den Zeitraum 2000 bis 2006 wurden 307 Milliarden Euro in den Etat eingestellt). Der deutsche Vorschlag von 1998, für die Direktzahlungen eine Ko-Finanzierung aus den nationalen Haushalten einzuführen, wurde von den Nettoempfängerländern, insbesondere Frankreich, kompromißlos zurückgewiesen. Erreicht wurde lediglich, daß ein Teil (bis 20 Prozent) der Brüsseler Ausgleichszahlungen nach freiem Ermessen der Mitgliedstaaten zur Förderung des ländlichen Raumes einschließlich ökologischer Maßnahmen umfunktioniert werden konnte, sofern eine Ko-Finanzierung der Mitgliedstaaten in gleicher Höhe erfolgte; der Umfang solcher Umschichtungen wurde danach weiter diskutiert. Im übrigen profitierte die landwirtschaftliche Strukturförderung zugunsten entwicklungsfähiger Betriebe und umweltgerechter Wirtschaftsweise, die seit 1972 aus der Abteilung »Ausrichtung« des EAGFL finanziert wurde, von der 1988 vorgenommenen Reform der Strukturfonds (S. 238).[26]

Die Gemeinschaft hatte zudem in ihrer Agrarpolitik auch auf internationale Rahmenbedingungen Rücksicht zu nehmen. Die Bemühungen um eine Liberalisierung des Weltagrarhandels im Rahmen der Uruguay-Runde des GATT (1986–1994) und der Verhandlungen im Rahmen der WTO (seit 1999) zwangen die EU zu einigen Zugeständnissen an die Agrarexport-Interessen der USA, die zwischen den Mitgliedstaaten umstritten waren: Verminderung der Marktstützung (außer Direktzahlungen an Landwirte in Verbindung mit mengenbegrenzenden Maßnahmen), der Exporterstattungen und der Anbaufläche für Ölsaaten sowie partielle Öffnung des Markts für Erzeuger aus Drittländern. Im Gegenzug konnte die EU das Modell der »multifunktionalen Landwirtschaft« auf die internationale Agenda setzen: Nicht nur die Nahrungsmittelproduktion, sondern auch weitere ökologische und soziale Leistungen für den ländlichen Raum sollten beachtenswert und schutzbedürftig sein.[27]

Hinsichtlich der gemeinsamen Fischereipolitik wurden im Dezember 2002, gegen die Stimmen Deutschlands und Schwedens, eine Reihe von Maßnahmen beschlossen: Modifizierung der Fangquoten, Ausgleichszahlungen an das Fischereigewerbe und Streichung von Beihilfen für die Fischereiflotten zur Anpassung an die zurückgehende Ergiebigkeit der Meereswirtschaft.[28]

Dem wirtschaftlichen und sozialen Zusammenhalt der Union sollte die Fortentwicklung der Regional- und Strukturpolitik mit dem Ziel einer Angleichung der unterschiedlichen Wirtschafts- und Lebensverhältnisse dienen. Mit dem »Delors II-Paket« vom Februar 1992 wurden die Fördermittel für die bestehenden Strukturfonds EFRE, ESF und EAGFL nochmals erheblich ausgeweitet und um den neu errichteten Kohäsionsfonds ergänzt: Betrugen die Mittel für den 5-Jahres-Zeitraum 1988 bis 1992, progressiv gestaffelt, insgesamt knapp 57 Milliarden ECU, so wurden für den folgenden 7-Jahres-Zeitraum 1993 bis 1999 rund 152 Milliarden ECU vorgesehen. Der Auftrieb für die Entwicklung der Wirtschaft der hauptbegünstigten Mittelmeerländer, Irlands und Ostdeutschlands, der von den Zuwendungen ausging, war so klar erkennbar, daß Mitte 1999 – im Zusammenhang mit der Verabschiedung der »Agenda 2000« (S. 288) – für den 7-Jahres-Zeitraum 2000 bis 2006 ein drittes Förderpaket mit einem

Gesamtvolumen von nunmehr 195 Milliarden Euro verabschiedet wurde. Die Strukturpolitik wurde dabei nur noch an drei Zielsetzungen orientiert: Ziel 1 »Förderung von Regionen mit Entwicklungsrückstand« (Regionen mit weniger als 75 Prozent des Unions-Durchschnitts oder mit dünner Besiedlung), das rund 70 Prozent der Mittel band; Ziel 2 »Unterstützung der Umstellung von Gebieten mit besonderen Strukturproblemen« (11,5 Prozent); Ziel 3 »Förderung der Bildungs-, Ausbildungs- und Beschäftigungspolitik« (12,3 Prozent). Die – subsidiär gewährten – Aufwendungen für die regionale Strukturentwicklung machten damit rund 35 Prozent des EU-Haushalts aus, doch ging die degressive Staffelung der Fördermittel ab 2001 von einem Auslaufen dieser Form der Unterstützung nach Erreichen des Ziels einer hinreichenden Annäherung der Lebensverhältnisse in den Mitgliedstaaten aus. Dies dürfte allerdings für den folgenden Zeitraum ab 2007 nach Auffassung der Empfängerländer noch nicht der Fall sein. Die Frage stellt sich ganz neu und verstärkt mit dem Beitritt einer Reihe von mittel- und osteuropäischen Staaten, durch den sich das durchschnittliche BIP pro Kopf im Gemeinschaftsraum erheblich vermindert, so daß eine Reihe der bisherigen Ziel-1-Regionen aus dieser Kategorie herausfallen, z. B. auch die neuen Bundesländer. Für Anpassungsmaßnahmen in den osteuropäischen Beitrittsländern wurden für den Zeitraum 2000 bis 2006 separat über 40 Milliarden Euro vorgesehen, zusätzlich sollten zwei neue Strukturfonds (ISPA, SAPARD) dort mit zusammen über zehn Milliarden Euro »Vorbeitrittsbeihilfen« für Umwelt-, Verkehrsinfrastruktur- und Agrarprojekte finanzieren.[29]

Wesentliche Grundbedingung für die Fortführung und Vertiefung der wirtschaftlichen Integration war die Verstetigung des Finanzrahmens der Union. Nach der mit dem Delors I-Paket von 1988 eingeleiteten mehrjährigen Budgetplanung beschloß der Europäische Rat in Edinburgh im Dezember 1992 eine zweite, nunmehr sieben Jahre umfassende Finanzielle Vorausschau für die Jahre 1993 bis 1999 (Delors-II-Paket). Danach stieg die Einnahmen-Obergrenze der Gemeinschaft von 1,2 Prozent des Bruttosozialprodukts der Mitgliedstaaten schrittweise auf 1,27 Prozent an, was das jährliche Budgetvolumen zwischen

1993 und 1999 von 69 auf 84 Milliarden ECU anwachsen ließ. Ab 1994 sollte der Mehrwertsteuer-Anteil an der Aufbringung von 1,4 auf 1 Prozentpunkt herabgesetzt, dafür der am Bruttosozialprodukt ausgerichtete Finanzbeitrag der Mitgliedstaaten entsprechend angehoben werden. Mit der »Agenda 2000« wurde seit 1997, mit Blick auf die bevorstehende Osterweiterung, eine dritte Finanzielle Vorausschau für die Jahre 2000 bis 2006 vorbereitet; auf einem Sondergipfel in Berlin im März 1999 wurde sie verabschiedet. Darin wurde die Einnahmen-Obergrenze bei 1,27 Prozent des kumulierten Bruttosozialprodukts verstetigt, das Haushaltsvolumen wurde von 92 Milliarden Euro in 2000 auf 107 Milliarden Euro in 2006 veranschlagt. Durch leichte Verschiebungen zwischen den Ausgabenblöcken ergaben sich einige – wenn auch möglicherweise nicht ausreichende – Spielräume zur Finanzierung der Osterweiterung. Ab 2002 änderte sich erneut die Zusammensetzung der Eigenmittelquellen, der Anteil der Mehrwertsteuer wurde für die Jahre 2002 und 2003 auf 0,75 Prozentpunkte verringert, ab 2004 auf 0,5; der Ausgleich erfolgte durch die Erhöhung der BSP-Eigenmittel, die dadurch zur dominierenden Einnahmenquelle wurden. Mit dieser Änderung wurde eine gewisse Entlastung der Nettozahler Deutschland, Niederlande, Österreich und Schweden erreicht, die aber von diesen keineswegs als ausreichend empfunden wurde. Großbritannien behielt seinen 1984 erreichten Beitragsrabatt von zwei Dritteln seiner Nettozahlungen (ca. 3 bis 4 Milliarden Euro, S. 222) und wurde dadurch schon 2002 zum Nettoempfänger. Insgesamt blieb, was man bedauern mag, der EU-Haushalt wesentlich ein Subventionshaushalt: Mehr als 45 Prozent sind für Agrarsubventionen, mehr als 35 Prozent für Strukturbeihilfen festgeschrieben, erstere bis wenigstens 2006, letztere bis mindestens 2013! Durch diese Ausgabenstruktur wird die Möglichkeit behindert, europäische Politikfelder aktiver zu entwickeln. Verschiedentlich wird in diesem Zusammenhang auf den relativ bescheidenen – und vielleicht in der Tat viel zu geringen – Umfang des EU-Haushalts insgesamt hingewiesen: die jährlichen Ausgaben der Gemeinschaft betragen lediglich 2,4 Prozent der kumulierten Ausgaben der Mitgliedstaaten.[30]

Eine gemeinsame Währung

Nach dem Inkrafttreten des Maastricht-Vertrages am 1. November 1993 wurde die Wirtschafts- und Währungsunion planmäßig realisiert. Dies geschah vor dem Hintergrund erheblicher Spannungen im internationalen Wirtschafts- und Währungsgefüge, aber in einem insgesamt durchaus nicht ungünstigen konjunkturellen Umfeld. Die Einführung des Euro Anfang 1999 als virtuelle Währung, seit 1. Januar 2002 als alleiniges Zahlungsmittel in zwölf Mitgliedstaaten markierte fürs erste den Höhepunkt der europäischen Integrationsgeschichte.

Die zweite Stufe der WWU begann wie vorgesehen am 1. Januar 1994. Sie sollte die Voraussetzungen für die dritte Stufe, die der gemeinsamen Währung schaffen, mit Hilfe des neu errichteten EWI und durch die Ingangsetzung von Koordinierungs- und Überwachungsverfahren, die die Konvergenz der Wirtschaftspolitiken der Mitgliedstaaten befördern sollten. Das EWI wurde, als Tribut an die deutsche Bereitschaft zur Preisgabe der D-Mark, in Frankfurt am Main errichtet, auch wurde Frankfurt zum Sitzort für die künftige EZB bestimmt (Oktober 1993). Das EWI wurde zunächst geleitet von dem belgischen Baron Alexandre Lamfalussy, dem ehemaligen Präsidenten der Bank für Internationalen Zahlungsausgleich (BIZ) in Basel und Mitglied des Delors-Ausschusses; am 1. Juli 1997 wurde er von dem vormaligen holländischen Zentralbankchef Wim Duisenberg abgelöst. Aufgabe des EWI war die Koordinierung der – vorerst noch unabhängigen – Geldpolitiken der Mitgliedstaaten sowie die Vorbereitung der Errichtung des ESZB und der Einführung einer gemeinsamen Währung. Eine für diese hinreichende Konvergenz der nationalen Wirtschaftspolitiken setzte in den teilnehmenden Staaten ökonomische Mindeststandards voraus, die nach dem Maastricht-Vertrag mit fünf Kriterien zu messen waren: (1) Preisstabilität, belegt durch eine niedrige Inflationsrate, die höchstens um 1,5 Prozentpunkte über der Inflationsrate der drei preisstabilsten Mitgliedstaaten liegen durfte; (2) ein jährliches Haushaltsdefizit unter 3 Prozent des Bruttoinlandsprodukts (BIP); (3) ein öffentlicher Gesamtschuldenstand von unter 60 Prozent des BIP; (4) ein niedriger langfristiger Nominalzins, der höchstens um 2 Prozentpunkte über dem Satz der drei preisstabilsten Mitgliedstaaten liegen durfte; (5) Einhaltung der Bandbreiten des Wechselkursmechanismus des EWS ohne starke Spannungen seit mindestens zwei Jahren. Nur die Mitgliedstaaten, die diese Kriterien erfüllten, sollten an der Einführung der gemeinsamen Währung teilnehmen können.[31]

Die Ausgangslage war 1994 keineswegs überzeugend. Die Haushaltsdefizite der Mitgliedstaaten pendelten im Durchschnitt um 6 Prozent, der öffentliche Schuldenstand über 70 Prozent des BIP. Nur in Irland und Luxemburg wurde kein übermäßiges öffentliches Defizit festgestellt. Auch waren 1995, nachdem schon 1993 Währungsturbulenzen die Ausweitung der Schwankungsbreite im EWS-Wechselkursmechanismus von +/– 2,25 Prozent auf +/– 15 Prozent erzwungen hatten, neuerliche Abwertungen von Peseta und Escudo und ein Schwächeanfall des französischen Franc gegenüber der D-Mark zu verzeichnen. Zur Erfüllung der Maastricht-Kriterien gab es für die meisten Mitgliedstaaten viel zu tun. Im Verlaufe des Jahres 1995 wurde klar, daß die dritte Stufe keinesfalls vor dem 1. Januar 1999, dem vertraglich letztmöglichen Datum erreicht werden konnte. Alle Mitgliedsregierungen begannen, sich an diesem Datum zu orientieren, leiteten – mit unterschiedlich erforderlichem Aufwand – Austeritätsmaßnahmen ein, durch die öffentliche Defizite, Inflationsraten und Zinssätze in die Nähe der Konvergenzkriterien gebracht werden sollten. Im Vorfeld der gemeinsamen Währung wurde so ein heilsamer mehrjähriger Stabilisierungsdruck auf die nationalen Wirtschaftspolitiken ausgelöst, der Opfer verlangte und auch Widerspruch auslöste. *Per saldo* hat die Vorbereitung auf die gemeinsame Währung, wenn auch zum Teil durch statistische Kunstgriffe, eine beachtliche Stabilitätskultur in den EU-Staaten befördert.[32]

Die erforderlichen Entscheidungen über Art und Verfahren des Übergangs zur einheitlichen Währung wurden mit Unterstützung der Kommission von den Staats- und Regierungschefs persönlich getroffen. Der Europäische Rat in Madrid am 15. und 16. Dezember 1995 verabschiedete den Zeitplan: Anfang 1998 Feststellung der Teilnehmerstaaten auf der Grundlage der konsolidierten Wirtschaftsdaten des Jahres 1997, danach unwiderrufliche Festlegung der Wechselkurse zwischen den nationalen Währungen und Errichtung der EZB; am 1. Januar 1999 Start der gemeinsamen Währung im Rechnungswesen und im Zahlungsverkehr, spätestens ab 1. Januar 2002 Verwendung der neuen Banknoten und Münzen zunächst parallel mit den nationalen Währungen. Die Staats- und Regierungschefs stimmten in Madrid auch grundsätzlich dem von Finanzminister Waigel nachdrücklich vertretenen deutschen Anliegen zu, daß öffentliche Defizite nicht nur vor, sondern auch nach der Einführung der einheitlichen Währung vermieden werden müßten und dauerhafte Haushaltsdisziplin der Teilnehmerregierungen dementsprechend durch einen zusätzlichen »Stabilitätspakt« sicherzustellen sei. Schließlich erhielt die künftige Einheitswährung in Madrid ihre Taufe: Nicht Ecu, Florin oder Franken/Franc, sondern – nach lebhaften Diskussionen, auf Vorschlag des spanischen Ministerpräsidenten Felipe González – »Euro« sollte sie heißen, unterteilt in »Cents«, was in allen Sprachen der Union verstanden wird.[33]

Weitere Beschlüsse faßte ein Jahr später der Europäische Rat in Dublin (13./14. Dezember 1996). Die Entwürfe für die künftigen Euro-Banknoten und Münzen, die der EWI-Rat auf der Basis eines offenen Gestaltungswettbewerbs ausgewählt hatte, nahmen die Staats- und Regierungschefs in Dublin freilich nur zur Kenntnis, um sie im Juni 1997 in Amsterdam zu verabschieden. Das von der Kommission vorgeschlagene Logo – ein halbrundes E mit zwei Querstrichen: € – wurde dagegen von Politik und Wirtschaft unverzüglich übernommen. Wichtig war die Klärung des Verhältnisses zwischen den Staaten, die 1999 als erste den Euro einführen (den »ins«), und denen, die nicht oder erst später teilnehmen würden (den »pre-ins« bzw. »outs«, zu denen seit Maastricht Großbritannien und Dänemark gehörten). Im Interesse stabiler Währungsrelationen zwischen beiden Gruppen sollte mit Beginn der dritten Stufe das EWS durch ein »EWS II« ersetzt werden, d. h. einen Mechanismus, der die nichtteilnehmenden EU-Währungen in einer Schwankungsbreite von +/– 15 Prozent an den Euro anknüpfte. Dänemark stimmte dieser im Juni 1997 in Amsterdam präzisierten Regelung zu (sogar zu einer reduzierten Schwankungsbreite von +/– 2,25 Prozent), nicht aber Großbritannien und das ebenfalls auf Distanz gehende Schweden. Des weiteren wurde in Dublin der »Stabilitäts- und Wachstumspakt« (das Wort »Wachstum« wurde auf Forderung Chiracs ergänzt) grundsätzlich beschlossen und in zwei Verordnungen und einer Ratsentschließung im Sommer 1997 präzisiert: »Ins« wie »pre-ins« wurden verpflichtet, auch nach Einführung der gemeinsamen Währung das jährliche Haushaltsdefizit dauerhaft unter 3 Prozent zu halten und darüber hinaus mittelfristig »einen nahezu ausgeglichenen oder einen Überschuß ausweisenden Haushalt« zu erreichen; bei Überschreiten der 3 Prozent-Grenze wurden finanzielle Sanktionen vorgesehen, die allerdings nicht – wie von Deutschland gewünscht – automatisch eintreten, sondern (wie von Frankreich und seinen mediterranen Nachbarn verlangt) aufgrund einer politischen Bewertung im Ministerrat beschlossen werden sollten. Strafausschließende »außergewöhnliche Ereignisse« für ein übermäßiges Defizit wurden nur bei einer Rezession von mehr als 2 Prozent des BIP ohne weiteres anerkannt, bei einem Rückgang der Wirtschaftsleistung zwischen 0,75 Prozent und 2 Prozent konnten besondere Gründe im Einzelfall akzeptiert werden, bei weniger als 0,75 Prozent Rezession gab es keine mildernden Umstände. Vor der Verhängung von Sanktionen würde der Rat den betreffenden Staaten Empfehlungen zur Abhilfe zuleiten. Als Sanktion wurde eine unverzinsliche Einlage des betreffenden Mitgliedstaates bei der Kommission vorgesehen, deren Höhe von dem Ausmaß des Überschreitens der Defizitgrenze abhängig war und ein Maximum von 0,5 Prozent des BIP nicht überschreiten sollte. War das übermäßige Defizit nicht binnen zwei Jahren korrigiert, würde die Einlage in eine Geldbuße umgewandelt.[34]

Schon 1996 begann sich Widerspruch gegen die zum Teil rigorosen Stabilisierungsmaßnahmen zur rechtzeitigen Erfüllung der Konvergenzkriterien zu formieren. Namentlich die neue sozialistische Regierung Frankreichs (seit Juni 1997) forderte, daß im Vordergrund der europäischen Bemühungen vor allem Verbesserungen der sozialen Verhältnisse der Arbeitnehmer und die Verringerung der Arbeitslosigkeit stehen müßten, auch sei die Beteiligung der europäischen Südländer von Anfang an sicherzustellen. Die besonders von der Regierung Kohl ausgehende Ablehnung einer Aufweichung der Stabilitätskriterien führte auf dem Europäischen Rat in Amsterdam im Juni 1997 zu einem Kompromiß: Der verbindliche »Stabilitäts- und Wachstumspakt« wurde ohne Änderungen verabschiedet, gleichzeitig wurde eine zu nichts verpflichtende Resolution über Wachstum und Beschäftigung angenommen. Auf einem »Beschäftigungsgipfel« in Luxemburg am 21. und 22. November 1997 wurde jedoch zusätzlich ein »koordiniertes Beschäftigungsprogramm« beschlossen, welches vorsah, daß der Rat alljährlich gemeinsame Leitlinien für die nationalen Beschäftigungspolitiken und konkrete Ziele festlegte und die EIB sich der Förderung der Beschäftigung in kleinen und mittleren Unternehmen annahm. Auf den Gipfeln von Cardiff (Juni 1998) und Wien (Dezember 1998) wurde über die Umsetzung dieser Leitlinien in nationale Aktionsprogramme beraten, auf dem Kölner Gipfel am 2. und 4. Juni 1999 ein Beschäftigungspakt beschlossen, in dem alle beschäftigungspolitischen Maßnahmen der Union zu einem umfassenden Konzept zusammengeführt wurden. Die von Anfang an weiterhin geäußerte Skepsis hinsichtlich der Wirksamkeit europäischer Programme für den Abbau der Arbeitslosigkeit wich deshalb aber keineswegs.[35]

Die Regierung Jospin brachte auch das Thema einer »europäischen Wirtschaftsregierung« als eines politischen Korrektivs zur EZB wieder auf die Tagesordnung. Auch hier kam es wegen der vor allem von Bonn geäußerten Sorge über die Stabilität der gemeinsamen Währung auf dem Europäischen Rat in Luxemburg im Dezember 1997 zu einem Kompromiß: Die sogenannte »Euro-11-Gruppe« (entsprechend den vorläufigen 11 Euro-Ländern) wurde eingerichtet, in der die Wirtschafts- bzw. Finanzminister der prospektiven WWU-Teilnehmerländer informell über Fragen beraten konnten, »die im Zusammenhang mit ihrer gemeinsam getragenen Verantwortung für die gemeinsame Währung stehen«. Es war kein entscheidungsbefugtes Gremium, zu seinen Sitzungen konnten auch Vertreter der Kommission und der EZB geladen werden. Es sollte im Prinzip weder die Unabhängigkeit der EZB noch das alleinige Recht des Ecofin-Rats zur Formulierung und Verabschiedung der Grundzüge der Wirtschaftspolitik antasten. Frankreich bemühte sich jedoch, die

Rolle der »Euro-X-Gruppe« im politischen Prozeß aufzuwerten.[36]

Am 14. Oktober 1997 hatte die Kommission eine Bestandsaufnahme veröffentlicht, die auch Sachkenner überraschte: Von den zwölf Staaten, die von Anfang an der Euro-Zone anzugehören wünschten, wurden elf als ausreichend vorbereitet angesehen! Dieses Ergebnis verhinderte gewiß eine Nord-Süd-Spaltung der EU. Es wurde am 25. März 1998 vom EWI bestätigt und von einem Sondergipfel der Staats- und Regierungschefs in Brüssel vom 1. bis 3. Mai verabschiedet: Belgien, Deutschland, Finnland, Frankreich, Italien, Irland, Luxemburg, die Niederlande, Österreich, Portugal und Spanien erfüllten die Bedingungen, um ab 1. Januar 1999 gemeinsam die neue Währung einzuführen. In allen elf Ländern begann sich die Stimmung nach dieser Entscheidung zugunsten des Euro zu drehen, auch in der besonders skeptischen deutschen Bevölkerung, und die Parlamente stimmten dem Beitritt zur Währungsunion mit durchweg großen Mehrheiten zu (der Bundestag am 23. April mit 575 Stimmen gegen 35 der PDS bei 5 Enthaltungen). »Euroland« kündigte sich damit als ein imposanter Währungsraum an, dem zunächst 291 der 374 Millionen Einwohnern der EU angehörten, die fast 20 Prozent des globalen BIP und Handels repräsentierten. Griechenland erfüllte noch nicht die Kriterien, wünschte aber ab 2001 beizutreten. Schweden erfüllte nicht das Wechselkurskriterium, wünschte aber auch selbst vorerst abzuwarten. Großbritannien und Dänemark kündigten für einen späteren Zeitpunkt Volksabstimmungen an, der britische Premierminister Blair nannte das Jahr 2002, später einen Zeitpunkt nach Juni 2003; am 9. Juni 2003 lehnte die Londoner Regierung die Teilnahme mit volkswirtschaftlicher Begründung vorerst ab.[37]

Der Europäische Rat in Brüssel vom 1. bis 3. Mai 1998 stellte, im Zusammenwirken mit dem Ecofin-Rat, auch die übrigen Weichen. Er bestätigte auf deutschen Wunsch nochmals, daß nach dem Übergang zum Euro in den Teilnehmerstaaten die Haushaltskonsolidierung fortgesetzt werden solle. Er legte auch unwiderruflich feste Wechselkurse der elf Währungen untereinander fest, um bis zum 1. Januar 1999 der Währungsspekulation keine Chance mehr zu lassen. Überschattet wurde der Gipfel freilich von einem unwürdigen Gerangel um die Besetzung der ersten Präsidentschaft der EZB. Während 14 Regierungen den seit Juli 1997 amtierenden EWI-Präsidenten Duisenberg, der als Garant für die Stabilität der neuen Währung galt, als ersten EZB-Präsidenten favorisierten, bestand der französische Staatschef Chirac auf der Ernennung des Gouverneurs der Banque de France, Jean-Claude Trichet, die er als Gegenforderung für die französische Zustimmung zum Sitzort der EZB in Deutschland geltend machte – 1993 war diese Zustimmung für Präsident Mitterrand allerdings ein Tribut an die deutsche Preisgabe der D-Mark gewesen. Der viel kritisierte, auch dementierte Kompromiß, der nur um den Preis einer Verschiebung der Euro-Einführung zum 1. Januar 1999 hätte ausgeschlagen werden können, bestand in der informellen Vereinbarung, daß Duisenberg zwar zum ersten Präsidenten der EZB ernannt wurde, sich aber innerhalb seiner achtjährigen Amtsperiode unter Berufung auf sein Alter zugunsten Trichets zurückziehen würde (dies erfolgte Anfang November 2003). Auch die Benennung der übrigen Mitglieder des EZB-Direktoriums entwickelte sich zum Gegenstand heftigsten Tauziehens. Immerhin konnte die EZB am 1. Juni 1998 ihre Arbeit in Frankfurt aufnehmen, unter Inkorporierung des EWI, und am 30. Juni konstituierte sich das ESZB. Schon am 4. Juni begann die »Euro-11-Gruppe« über vertretbare und unvertretbare Defizitgrenzen zu beraten und zu streiten.[38]

Am 31. Dezember 1998 wurden die Wechselkurse gegenüber dem Euro festgelegt (1 € = 1,95583 DM), so daß wie vorgesehen am 1. Januar 1999 mit der Einführung der gemeinsamen Währung, vorerst als Verrechnungs- und Buchgeld auf den Wertpapiermärkten und im Zahlungsverkehr, die dritte Stufe der WWU beginnen konnte. Elf europäische Regierungen traten, unter allmählich vernehmlicherem Beifall einer Mehrheit der Bürger, ihre Souveränität in der Geld- und Währungspolitik an die unabhängige EZB ab. Das fast 20 Jahre alte EWS wurde *ipso facto* aufgelöst bzw. in das EWS II übergeleitet. Bis zur Bargeldeinführung blieb eine dreijährige Probezeit, in der insgesamt ein günstiges konjunkturelles Umfeld herrschte, ohne daß dies freilich vorsorglich, für den Fall eines Konjunktureinbruchs, zu merklichem Abbau der Haushaltsdefizite genutzt wurde. Die EZB schlug einen Stabilitätskurs ein, der sich am Leitbild der deutschen Bundesbank orientierte; im Oktober 1998 definierte sie die Preisstabilität als eine unter zwei Prozent bleibende jährliche Inflationsrate; die Leitzinsen veränderte sie nur sehr zurückhaltend und stabilitätsorientiert. Die EZB mußte sich bald jedoch auch gegen Versuche der politischen Beeinflussung zur Wehr setzen, die vornehmlich von Frankreich ausgingen und unter anderem über die Euro-X-Gruppe vorgetragen wurden. Beunruhigend verlief zunächst die Entwicklung des Außenwertes des Euro, vermutlich verursacht durch die unterschiedliche Wirtschaftsdynamik in den USA und Europa, sowie das vorläufige Fehlen einer europäischen Verfassung: In der Spitze verlor der Euro gegenüber dem Dollar zeitweise bis zu 30 Prozent seines Wertes (von 1,18 bis auf 0,8252 Dollar), dadurch vorübergehend auch an »Image« in der europäischen und internationalen Öffentlichkeit, wenngleich die ökonomischen Auswirkungen von Paritätsänderungen als gering galten. Die dänischen Bürger lehnten in einem Referendum im September 2000 den Beitritt zur Eurozone ab, indessen wurde am 1. Januar 2001 in Griechenland die gemeinsame Währung eingeführt. Zwölf Regierungen und die EZB bereiteten sich 2001 intensiv auf den zum 1. Januar 2002 bevorstehenden Bargeldumtausch vor: in Deutschland »Starter-Paket« für die Bürger ab 17. Dezember 2001 und Umtauschphase für die D-Mark bis Ende Februar 2002, danach zeitlich unbegrenzte Einlösung bei den nationalen Zentralbanken.[39]

2002 war das historische erste Jahr des Euro als Zahlungsmittel in den Händen der Bürger. Die Reibungslosigkeit, mit der die gemeinsame Währung eingeführt wurde und in Umlauf kam, kann gewiß als großer Erfolg verbucht werden. Der Euro-Raum erwies sich auch vorerst, ungeachtet einer zunächst »gefühlten« Teuerung bei Gütern des täglichen Verbrauchs (»Teuro«), als eine Zone der Preisstabilität, in der nun ein integrierter und höchst effizienter Kapitalmarkt existierte. Auch international holte der Euro allmählich gegenüber dem Dollar wieder auf. Sorgenvoll mußte allerdings stimmen, daß in einer schwächer werdenden Konjunkturentwicklung der Stabilitätspakt aufgrund der Haushaltsdefizite der großen Länder Deutschland, Frankreich und Italien sowie Portugals zunehmend in Gefahr geriet; die »automatischen Stabilisatoren« eines »atmenden Haushalts« wurden zunehmend einer – auch von Kommissionspräsident Romano Prodi (im Amt seit Mitte 1999) leichtfertig gespeisten – Diskussion über mögliche Flexibilität des Drei-Prozent-Kriteriums ausgesetzt. Das mittelfristig gesetzte Ziel eines nahezu ausgeglichenen oder einen Überschuß ausweisenden Haushalts bis spätestens 2004 dehnte sich unter diesen Umständen zunächst bis 2006 mit der Tendenz, sich schließlich ganz zu verflüchtigen. Dies waren, nicht zuletzt angesichts der – wegen der alternden Bevölkerung – zunehmenden Unbezahlbarkeit der Sozialsysteme Alarmzeichen erster Ordnung. Auch Neigungen zur politischen Einflußnahme auf die Tätigkeit der EZB nahmen zu. Die mögliche Rolle eines französischen EZB-Präsidenten muß unter diesen Vorzeichen nachdenklich stimmen.[40]

Das Europa der Bürger

Mit dem Maastricht-Vertrag wurde auch das Bewußtsein dafür geschärft, daß die europäische Einigung sich nicht auf die Wirtschaft reduziert, sondern letztlich, im Sinne des Artikels 2 des EG-Vertrags, dem Wohlergehen der Menschen dienen soll. Mit der Entstehung des wirtschaftlichen Großraums zeichnete sich zugleich ein neu dimensionierter politischer Raum ab, in dem auch gesellschaftliche Entwicklungen zunehmend übernationalen Gegebenheiten folgten. In der seit 1995 rund 374 Millionen Einwohner umfassenden Gemeinschaft mußte den Menschen ermöglicht werden, sich europäisch zu orientieren, zu identifizieren, zu entfalten und frei und sicher zu leben. Die europäischen Organe und die Regierungen der Mitgliedstaaten waren gemeinsam dafür verantwortlich, daß die erforderlichen Maßnahmen auf den Weg gebracht wurden, um mit der Auflösung der Binnengrenzen schrittweise auch das Europa der Bürger zu verwirklichen.

Das grundsätzliche Bewußtsein für diesen Sachverhalt gab es natürlich auch schon früher. Seit den Anfängen der Gemeinschaft und verstärkt seit 1974 waren europäische Bürgerrechte entwickelt worden. Ein Meilenstein war die Einführung der Direktwahl der Europa-Abgeordneten in den späten 70er Jahren gewesen, mit der eine direkte Repräsentierung der Bürger auf europäischer Ebene und damit ein schrittweiser Abbau des demokratischen Defizits in der EG eingeleitet wurde (S. 211). Die mit dem Maastricht-Vertrag 1993 geschaffene Unionsbürgerschaft (S. 259) für alle Staatsangehörigen der Mitgliedstaaten eröffnete mit den an sie geknüpften Rechten Voraussetzungen für eine bessere Einbeziehung der Bürger in den Prozeß der Europäischen Integration und für ihre verstärkte Identifizierung mit ihm. Die Grundrechtecharta von 2000 (S. 279) umriß einen umfassenden Schutz der Menschenrechte und Grundfreiheiten im EU-Raum, zu denen auch soziale Rechte gehörten.

Nach Maastricht wurden in verschiedenen Politikfeldern verstärkt Regelungen mit grenzüberschreitender Wirkung getroffen, die darauf abzielten, allen Bürgern der Union vergleichbare Lebensqualität und soziale Sicherheit zu gewährleisten. Dabei wurde durchweg das Subsidiaritätsprinzip angewendet, nach dem die Union nur ergänzend zur Politik der Mitgliedstaaten tätig wird. Ungeachtet unterschiedlicher Produktionsstrukturen und Konsumgewohnheiten in den Mitgliedstaaten soll etwa ein gleichmäßig hohes Niveau des Gesundheits-, Verbraucher- und Umweltschutzes hergestellt werden – alle Gemeinschaftspolitiken sind diesem Ziel verpflichtet (Artikel 152, 153, 174 des EG-Vertrags). Eine »Gesundheitspolitische Strategie 2001–2006« der Kommission sieht unter anderem europäische Programme zur Prävention und Bekämpfung von Aids, Krebs, Drogen, Rauchen und Antibiotika-Resistenz sowie gemeinsame Ursachenforschung über weitverbreitete schwere Krankheiten und nicht zuletzt europaweite Informationskampagnen vor.[41] Eine europäische Verbraucherschutzpolitik will mittels einheitlicher Handelsvorschriften und Produkt- und Lebensmittelanforderungen Gesundheit und Sicherheit der Konsumenten in allen Teilen der EU schützen; vor dem Hintergrund des BSE-Skandals wurde 2001, auf der Grundlage eines Weißbuches der Kommission, eine »Europäische Behörde für Lebensmittelsicherheit« eingerichtet.[42] In der Umweltpolitik wurde die weitere Verbesserung der Luft-, Wasser- und Bodenqualität, des Ressourcenverbrauchs, des Artenschutzes und der Abfallbeseitigung im gesamten EU-Raum angestrebt. Die Errichtung einer »Europäischen Umweltagentur« in Kopenhagen 1993 hat allerdings an der unterschiedlichen Ausprägung der Vollzugsbereitschaft in den Mitgliedstaaten wenig ändern können. Das »Sechste umweltpolitische Aktionsprogramm (2001–2010)« legt den Akzent unter anderem auf die Verbesserung der Umweltstandards in den osteuropäischen Beitrittsländern, die Bekämpfung des Klimawandels (Kyoto-Protokoll, Emissions-Handel) und die Umweltgefährdungen für die menschliche Gesundheit.[43] Vermehrte sozialpolitische Koordination auf europäischer Ebene soll dem Wohlergehen der Bürger als Arbeitnehmer dienen: Seit den späten 80er Jahren hat, in Ergänzung nationaler Sozialpolitiken, die Förderung der Beschäftigung, der Arbeitsbedingungen, des Sozialschutzes, der Aus- und Fortbildung, der Bekämpfung von Ausgrenzungen mittels europäischer Programme zunehmende Dynamik entwickelt. Der Europäische Rat in Lissabon (23./24. März 2000) proklamierte als »neues strategisches Ziel für das kommende Jahrzehnt [...], die Union zum wettbewerbsfähigsten und dynamischsten wissensbasierten Wirtschaftsraum der Welt zu machen – einem Wirtschaftsraum, der fähig ist, ein dauerhaftes Wirtschaftswachstum mit mehr und besseren Arbeitsplätzen und einem größeren sozialen Zusammenhalt zu erzielen«. Die daraufhin von Kommission und Parlament erarbeitete und im Dezember 2000 vom Europäischen Rat in Nizza verabschiedete »Europäische Sozialagenda« für die Jahre 2000 bis 2005 faßte die sozialpolitischen Aktivitäten und Perspektiven der Gemeinschaft programmatisch zusammen und richtete sie nicht mehr nur an der Arbeitswelt, sondern an den Lebensbedingungen der Bürger insgesamt aus.[44]

Der Verbesserung von Chancen zur persönlichen Entfaltung der Bürger unter europäischen Vorzeichen dienen bildungs- und kulturpolitische Aktivitäten der EG. Die Förderung der allgemeinen und beruflichen Bildung, schon seit den 60er Jahren schrittweise entwickelt, soll einen »europäischen Mehrwert« zu den Politiken der Mitgliedstaaten bereitstellen, die aber für die Lehrinhalte und die Gestaltung der Bildungssysteme weiterhin verantwortlich bleiben. Mit der »Lissabonner Strategie« hat die europäische Bildungspolitik neue Impulse und eine Aufwertung als Teil der »europäischen Beschäftigungsstrategie« erfahren. Gefördert wird auch die Anerkennung von Berufs- und Hochschulabschlüssen in einem »Europäischen Bildungsraum« (»Bologna-Prozeß« seit 1999), ein wichtiges Instrument sind distributive Aktionsprogramme, deren erstes das seit 1987 angelaufene Erasmus-Programm zur Förderung der Mobilität von Studenten und Dozenten und zur Zusammenarbeit europäischer Hochschulen war (bis 2002 nahmen über eine Million Personen daran teil). Das 1994/95 aufgelegte Nachfolgeprogramm »Sokrates« ist für seine zweite Phase (2000–2006) mit einem Budget von 1,85 Milliarden Euro ausgestattet. Die berufliche Bildung wird mit dem Programm »Leonardo da Vinci« gefördert, hinzu kommen weitere Programme (z. B. »Tempus«) sowie Aktionsprogramme zur Förderung der Jugendarbeit und des Jugendaustausches sowie des elektronischen Lernens (»e-learning«).[45] Im Bereich der Kultur ergänzte die Tätigkeit der EU die der Mitgliedstaaten, des Europarats und zahlreicher europäischer Netzwerke und privater Verbände; sie fördert mit Initiativen und Pilotprogrammen (»Kulturhauptstadt Europas«, Rahmenprogramm »Kultur 2000«) Projekte mit speziell europäischer Dimension. Im Vordergrund stehen die Verbesserung des Wissens um die Kultur und Geschichte der Völker Europas, die Unterstützung des künstlerischen Schaffens und des Kulturaustausches, die Erhaltung des gemeinsamen Erbes und die Förderung des kulturellen Dialogs sowie der Zusammenarbeit mit Drittländern. Der bürgernahe und grenzüberschreitende Charakter der Kultur soll in besonderer Weise dazu beitragen, rational wie emotional die europäische Identität der Bürger zu begründen.[46]

Die systematischere Entwicklung einer europäischen Innenpolitik, die insbesondere wegen der Notwendigkeit einer Absicherung des freien Personenverkehrs im Schengen-Raum nach innen und außen geboten war, wurde vom Amsterdamer Vertrag eingeleitet. Der dort in Zusammenfassung neuer vertraglich fixierter Tätigkeitsbereiche angekündigte »schrittweise Aufbau eines Raums der Freiheit, der Sicherheit und des Rechts« sollte binnen fünf Jahren ab Inkrafttreten des Vertrags (d. h. bis zum 1. Mai 2004) durch konkrete Regelungen realisiert werden. Konzeptionelle Eckpunkte hierfür wurden in einem von Kommission und Rat erarbeiteten Wiener Aktionsplan vom Dezember 1998 entwickelt. Auf einer Sondertagung des Europäischen Rats in Tampere (Finnland) am 15. und 16. Oktober 1999 wurde dann ein grundlegendes Aktionsprogramm beschlossen.[47]

Darin setzten die Staats- und Regierungschefs »als absolut prioritären Punkt der politischen Agenda« das Ziel, nach Binnenmarkt, Wirtschafts-, Währungs-, und Außenpolitik nunmehr auch die innere Politik zu ordnen und im Interesse der europäischen Bürger darauf hinzuarbeiten, »daß Freiheit, die das Recht auf Freizügigkeit in der gesamten Union beinhaltet, in einem Rahmen der Sicherheit und des Rechts in Anspruch genommen werden kann, der für alle zugänglich ist«. Die EU solle ein offener, sicherer und solidarischer politischer Raum sein. Hierzu gehöre die Schaffung eines »echten europäischen Rechtsraums«: Der durch komplexe und zum Teil unvereinbare Rechtsordnungen und Verwaltungssysteme der Mitgliedstaaten behinderte unionsweite Zugang zum Recht sollte durch bessere Information, vereinheitlichte Formulare und konkrete Hilfe bei grenzüberschreitenden Rechtssachen erleichtert werden; die justizielle Zusammenarbeit sowohl in Zivil- als auch in Strafsachen sollte dem Grundsatz der gegenseitigen Anerkennung gerichtlicher Entscheidungen folgen; die zivilrechtlichen Vorschriften der Mitgliedstaaten sollten schrittweise angeglichen werden. Flankiert werden müsse der freie Personenverkehr durch geeignete »Zugangspolitiken«, d. h. eine aktive Asyl- und Migrationspolitik, die folgende Elemente enthalten sollte: partnerschaftliches Verhältnis der Union zu den Herkunftsländern, um durch eine Verbesserung der dortigen Lebensverhältnisse die Hauptursachen für Migration abbauen zu helfen; einheitliches europäisches Asylsystem, das, gestützt auf die Genfer Flüchtlingskonvention von 1951, sicherstelle daß verfolgte Personen aufgenommen und geschützt würden; gerechte Behandlung von Drittstaatsangehörigen, die sich mehr als drei Monate rechtmäßig im EU-Gebiet aufhalten – ihnen sollten ohne jede Diskriminierung vergleichbare Rechte und Pflichten wie EU-Bürgern zuerkannt werden, nach längerem Aufenthalt gegebenenfalls auch die Staatsangehörigkeit des betreffenden Mitgliedstaates; möglichst effiziente Überwachung und Steuerung der Migrationsströme zur Absicherung der legalen und Unterbindung der illegalen Einwanderung, einschließlich der Schleuserkriminalität, mittels aktiver

Visapolitik, technischer Unterstützung der Kontrollbehörden an den EU-Außengrenzen und besserer Abstimmung mit den Herkunftsländern zur »Rückübernahme«. Schließlich entwarfen die Staats- und Regierungschefs in Tampere Strategien zur Prävention und Bekämpfung aller Erscheinungsformen der Kriminalität, unionsweit und grenzüberschreitend. Hierzu sollten die Behörden der Mitgliedstaaten intensiver zusammenarbeiten, etwa durch die Einrichtung gemeinsamer Ermittlungsteams zur Bekämpfung des Drogen- und Menschenhandels und des Terrorismus, durch die Schaffung einer operativen Task-Force der europäischen Polizeichefs sowie einer europäischen Polizeiakademie zur Schulung hochrangiger Polizeibeamter, durch den Ausbau von Europol, die Einrichtung einer neuen Stelle »Eurojust« zur unionsweiten Koordinierung der Arbeit von Staatsanwälten, Richtern und Polizeibeamten, durch Vereinbarungen über Rechtshilfe und Normen, nicht zuletzt durch besondere Maßnahmen zur Bekämpfung der Geldwäsche.[48]

Im März 2000 veröffentlichte die Kommission erstmals einen »Fortschrittsanzeiger«, der seitdem halbjährlich den Stand der Umsetzung der verschiedenen Teile des Programms von Tampere angibt und helfen sollte, den engen Amsterdamer Zeitplan bis Mai 2004 einzuhalten. Auf dem Gipfel von Laeken im Dezember 2001 wurde der Stand der Umsetzung erstmals evaluiert. Die Ergebnisse waren nicht überwältigend, auch Mitte 2003 noch nicht. Zur Asyl-, Visa- und Einwanderungspolitik waren Maßnahmen erst ansatzweise auf den Weg gebracht. Ein im September 2000 errichteter, bis 2004 aufzufüllender europäischer Flüchtlingsfonds sollte die Integration von Flüchtlingen im Gastland und gegebenenfalls die Rückkehr in ihre Heimat unterstützen. Im Dezember 2000 trat eine »Eurodac«-Verordnung in Kraft, auf deren Grundlage seit Januar 2003 Fingerabdrücke von Asylbewerbern und illegalen Einwanderern digital erfaßt und zur Abgleichung zentral gespeichert werden. Verschiedene Maßnahmen, deren Ergänzung und beschleunigte Realisierung vom Europäischen Rat in Sevilla im Juni 2002 angemahnt wurden, betrafen gemeinsame Standards für die Anerkennung und Aufnahme von Asylbewerbern, die Verbesserung der Kontrollen an den Außengrenzen, auch den Seegrenzen und insbesondere der

»Mittelmeergrenze« sowie Rückübernahmeabkommen mit den Herkunftsländern. Ein umfassendes europäisches Asyl- und Flüchtlingsrecht sollte bis 2004 entwickelt werden. Für kurzzeitig legal Einreisende wurde durch eine Verordnung vom März 2001 die Visumspflichtigkeit geregelt; die Vereinheitlichung und Fälschungssicherheit der Visa, bereits zwischen den Schengen-Staaten grundsätzlich vereinbart, wurde mit Wirkung vom Januar 2003 umgesetzt. Recht begrenzt blieben, trotz mancher Richtlinien-Entwürfe der Kommission, die Fortschritte bei der Vereinheitlichung des den legalen Langzeitaufenthalt (mehr als drei Monate) von Drittstaatsangehörigen regelnden Einwanderungsrechts, da hier die Mitgliedstaaten gemäß Artikel 63 Abs. 4 (neu) des EG-Vertrags grundsätzlich das Recht auf eigene nationale Regelungen behalten, soweit diese mit dem europäischen und internationalen Recht vereinbar sind.[49]

Auch die justizielle und polizeiliche Zusammenarbeit im Europa der Bürger kam nur zögerlich voran. In den Bereichen des Zivil-, Handels- und Familienrechts wurden Maßnahmen zur Harmonisierung der gegenseitigen Anerkennung von Rechtsverhältnissen und Verfahren eingeleitet. Im strafrechtlichen Bereich wurden einheitliche Definitionen, die Errichtung eines europäischen Netzes für Kriminalprävention (Mai 2001), der die »beschleunigte Auslieferung« fortentwickelnde »Europäische Haftbefehl« (beschlossen im Juni 2002, in Kraft ab Januar 2004) und Mindeststandards beim Opferschutz (März 2001) vereinbart. Einigen Schwung erhielten Kriminalitätsbekämpfung, Strafverfolgung, Zusammenarbeit bei Polizei und Zoll durch die Errichtung einer neuen Generaldirektion »Justiz und Inneres« unter dem portugiesischen Kommissar António Vitorino im September 1999. Die Prävention und Bekämpfung der organisierten Kriminalität, der Schutz gegen Geldfälschung, Geldwäsche und Kreditkartenbetrug wurden verstärkt, eine europäische Strategie zur Drogenbekämpfung 2000 bis 2004 wurde auf den Weg gebracht. Nach dem 11. September 2001 wurden in einem Aktionsplan vom 21. September von den Organen der EU mehr als 80 Einzelmaßnahmen zur Bekämpfung des internationalen Terrorismus beschlossen. Das Europäische Polizeiamt (Europol) nahm am 1. Juli 1999 in vollem Umfang seine Tätigkeit in Den

Haag auf; gestützt auf eine europäische Datenbank und in Zusammenarbeit mit den Kriminalämtern der Mitgliedstaaten sowie Drittländern erfuhr es in der Folgezeit eine stetige Ausweitung seiner Befugnisse. Die operative Task-Force der europäischen Polizeichefs trat seit April 2000 in halbjährigem Turnus zusammen, 2001 wurde die Europäische Polizeiakademie (EPA) errichtet. »Eurojust« wurde am 6. Dezember 2001 eingerichtet und nahm am 29. April 2003 die Arbeit auf, in Verbindung mit der Schaffung eines europäischen justiziellen Netzes. Zusätzlich wurde die Diskussion über die Einrichtung einer europäischen Staatsanwaltschaft aufgenommen.[50]

Die außenpolitische Dimension

Die Union konnte im Jahrzehnt nach Maastricht auch ihre internationale Position festigen. Die traditionellen Bereiche gemeinschaftlicher Außenwirtschafts-, Assoziierungs- und Entwicklungspolitik wurden fortentwickelt. Komplexer gestaltete sich die Suche der EU nach ihrer Rolle als politischer Akteur auf der internationalen Bühne: Der Aufbau der »Gemeinsamen Außen- und Sicherheitspolitik« (GASP) seit 1993, einer » Europäischen Sicherheits- und Verteidigungspolitik« (ESVP) seit 1998 kam ein gutes Stück voran, war aber 2003 noch längst nicht abgeschlossen.

In der Außenwirtschaftspolitik baute die Gemeinschaft ihren Rang als eine der führenden Handelsmächte der Welt aus. Mit Hilfe des umfangreichen Instrumentariums, das die Kommission im Zusammenwirken mit dem Rat orchestriert, wurde das dichte Netzwerk internationaler Wirtschaftsbeziehungen fortgesponnen, in dem sechs Prozent der Weltbevölkerung 20 Prozent des Welthandels bestreiten. Zur Absicherung des Binnenmarkts nach außen wurden neue Aus- und Einfuhrregelungen getroffen, Schutzmaßnahmen ergriffen und Handelssanktionen beschlossen, wobei internationale Spannungen nicht ausblieben, etwa über die EG-Bananenmarkt-Ordnung und den Handel mit hormonbehandeltem Rindfleisch aus den USA. Bei der Aushandlung neuer Verträge mit Drittstaaten und internationalen Organisationen sowie im Rahmen der Welthandelsorganisation

GATT konnte die EG ihr Gewicht vorteilhaft einbringen, namentlich gegenüber den USA. Nach dem Abschluß der sog. »Uruguay-Runde« (1986–1994), in der die Gemeinschaft gegen Konzessionen in der Agrarpolitik erwünschte Handelsliberalisierungen sowie erste Vereinbarungen zum Schutz des geistigen Eigentums erreichen konnte, wurde seit 1999 im Rahmen der GATT-Nachfolgeorganisation WTO eine »Milleniums-Runde« vorbereitet. Auf der Tagesordnung für diese neue Welthandelskonferenz, die die EU bereits mit ihren Beitrittskandidaten abstimmte, standen unter anderem der verbilligte Zugang von Entwicklungsländern zu Medikamenten, die Eliminierung aller Exportsubventionen im Agrarbereich und die stärkere Berücksichtigung von Wettbewerb, Investitionen, Umweltregeln und sozialen Standards.[51]

Die Assoziierungspolitik, die der Vorbereitung auf eine EU-Mitgliedschaft dient oder eine Kompensation für die Nichtmitgliedschaft bildet, sowie die Kooperations- und Entwicklungspolitik erfuhren erweiterte Ausrichtungen. Eine neue Form der Assoziierung führte der EWR-Vertrag von 1992 ein, mit dem die beteiligten EFTA-Staaten weitgehend die binnenmarktrechtlichen Regelungen der EG übernahmen (S. 269). Die »Europa-Abkommen« mit zehn mittel- und osteuropäischen Staaten (geschlossen 1991–96) sollten die in diesen ablaufenden Transformationsprozesse im Sinne einer »Heranführungsstrategie« an die EU unterstützen (S. 315); ähnliches galt für Stabilisierungs- und Assoziierungsabkommen mit Mazedonien und Kroatien (2001). Partnerschafts- und Kooperationsabkommen mit Rußland (1997), der Ukraine (1998) und anderen GUS-Staaten eröffneten dagegen ebensowenig Beitrittsperspektiven wie neue Assoziierungsabkommen im Rahmen der euro-mediterranen Partnerschaft: mit Jordanien 1997, der PLO (für die palästinensische Autonomiebehörde) 1997, Tunesien 1998, Marokko 2000, Israel 2000, Ägypten 2001; gleiches galt für Verhandlungen mit Algerien, Libanon und Syrien. Mit der seit 1963 assoziierten Türkei wurde 1996 eine Zollunion vereinbart.[52] Darüber hinaus entwikkelte sich eine spezielle Abkommenspolitik der EG gegenüber ost- und südostasiatischen sowie lateinamerikanischen Ländern, die erhebliche Entwicklungshilfe-Komponenten enthält. Die

Partnerschaft mit den AKP-Staaten, wie sie in den neunziger Jahren im Zeichen des Lomé-IV-Abkommens (1990–2000) voranschritt, wurde durch ein am 13. Juni 2000 in Cotonou (Benin) mit 77 Staaten Afrikas, der Karibik und des Pazifik für 20 Jahre geschlossenes Abkommen neu ausgerichtet, in dessen Rahmen die Bildung von regionalen Entwicklungspartnerschaften besonders gefördert wird (in Kraft seit 1. April 2003). Die internationalen Abkommen der 90er Jahre enthielten im übrigen zunehmend eine »Konditionalitätsklausel«, die die Vertragserfüllung der EU von der Einhaltung demokratischer Grundsätze und der Menschenrechte seitens der Partner abhängig machte: Die EU verstand sich nicht mehr nur als Wirtschaftspartner der Welt, sondern auch als global agierende Wertegemeinschaft.[53]

Die im Maastricht-Vertrag projektierte GASP war dagegen in wesentlichen Teilen erst noch zu entwickeln, wobei sich, nachdem der Kalte Krieg nun vorüber war, zähe nationale Beharrungstendenzen zeigten. In der Organstruktur war die GASP die Domäne des Rats und namentlich seines Generalsekretariats, dem neben dem Politischen Komitee und dem AStV auch das EPZ-Sekretariat schrittweise eingegliedert wurde. Manche Gegebenheit begrenzte die Effizienz: unkoordinierte Beratungs-Zuordnungen, eine Konkurrenzhaltung der Kommission, eine Scheu des Rats vor möglichen Mehrheits-Abstimmungen, die tendenzielle Überlastung des Ratsvorsitzes sowie das Fehlen eines angemessenen diplomatischen Instrumentariums.[54] Die Entwicklung einer gemeinsamen Sicherheitspolitik wurde bis 1998 durch das ungeklärte Verhältnis von EU und WEU gehemmt: Während Deutschland, Frankreich und Italien die volle Integration der WEU in die EU befürworteten, plädierten Großbritannien (aus Sorge vor einer Schwächung der NATO) und ebenso die neutralen Mitglieder dafür, die »verteidigungspolitische Komponente« der EU durch einfache Zusammenarbeit mit einer autonomen WEU herzustellen. Der Kompromiß bestand in organisatorischen Annäherungen und vermehrter Zusammenarbeit: Zum einen wurden der WEU-Hauptsitz von London nach Brüssel verlegt, die Rotation der Präsidentschaften synchronisiert, die WEU ausgebaut und die Arbeitsbeziehungen auf allen Ebenen vermehrt; zum anderen wurde der WEU im Krisenfall die operative Führung von Streitkräften der EU-Mitgliedstaaten im Rahmen der sog. »Petersberg-Aufgaben« (19. Juni 1992) anvertraut: »Humanitäre Aufgaben und Rettungseinsätze, friedenserhaltende Maßnahmen, Kampfeinsätze bei der Krisenbewältigung einschließlich Maßnahmen zur Herbeiführung des Friedens.« Auch wurde die Deckungsgleichheit der Mitgliedschaften hergestellt: Griechenland trat der WEU 1995 als zehntes Vollmitglied bei, die Neutralen Irland, Österreich, Finnland und Schweden sowie das NATO-Mitglied Dänemark wurden »Beobachter«. NATO und USA verfolgten die Bemühungen um eine »Europäische Sicherheits- und Verteidigungsidentität« (ESVI) mit Argwohn, erkannten sie aber seit 1994 prinzipiell als durchaus hilfreich an.[55]

Die außenpolitische Aktivität der EU blieb in den Jahren 1993 bis 1998 hinter dem mit der GASP verknüpften internationalen Gestaltungsanspruch weit zurück. Mit einer zunehmenden Zahl gemeinsamer Standpunkte, Erklärungen und Demarchen, mit denen internationale Fragen auch außerhalb Europas aufgegriffen wurden (z. B. Naher und Mittlerer Osten, Südafrika, Rußland, China, Korea, Ostafrika) sowie durch Besuchsdiplomatie wurde zwar eine beachtliche Allgegenwart der europäischen Stimme konstituiert, aber die »Deklarationspolitik« wurde kaum von »gemeinsamen Aktionen« untermauert; es gab lediglich Gesten wie Wahlbeobachtung und technische Hilfsmaßnahmen. Leistungen wurden auch hier zunehmend an die Bedingungen der Einhaltung demokratischer Standards, der Achtung der Menschenrechte, regionaler Kooperation und der Erfüllung internationaler Verpflichtungen geknüpft. Die internationale Schwäche der EU wurde unübersehbar anläßlich der »vor der Haustür« ablaufenden Tragödie des zerfallenden Jugoslawien; UNO, OSZE, NATO, USA, Frankreich und Großbritannien hießen die Akteure, nicht aber EU. Militärmittel der WEU wurden von ihr kaum in Anspruch genommen, auch sah sich die WEU bei ihren Operationen nur begrenzt handlungsfähig, solange sie nicht auf Mittel der NATO zurückgreifen konnte.[56]

Der Amsterdamer Vertrag bemühte sich um Heilung der Mängel. Der Europäische Rat erhielt, in Fortschreibung seiner Leitlinienkompetenz, die ausdrückliche Befugnis zur Festlegung gemeinsamer außen- und sicherheitspolitischer Strategien. Im Rat wurden für die GASP zwei neue Abstimmungsmodi vorgesehen: die Möglichkeit der »konstruktiven Enthaltung«, nach der einzelne Mitgliedstaaten (maximal ein Drittel der gewogenen Stimmen) sich enthalten konnten, ohne dadurch das Zustandekommen eines Beschlusses zu verhindern und an ihn gebunden zu sein; und das generelle Mehrheitsvotum für Durchführungsbeschlüsse, jedoch ergänzt durch das Vetorecht »aus wichtigen Gründen der nationalen Politik« – der außervertragliche Luxemburger Kompromiß von 1966 ließ grüßen! Der Rat erhielt eine neuartige Kompetenz zum Abschluß internationaler Verträge (Artikel 24 des EU-Vertrags). Sein Generalsekretariat bekam einen konzeptionellen Unterbau in Gestalt einer »Strategieplanungs- und Frühwarneinheit«, die kontinuierlich internationale Vorgänge und Entwicklungen überwachen und analysieren, die außen- und sicherheitspolitischen Interessen der EU evaluieren und politische Optionen für den Rat vorbereiten sollte; dabei sollte sie »angemessen« mit der Kommission zusammenarbeiten, »damit die vollständige Kohärenz mit der Außenwirtschafts- und Entwicklungspolitik der Union gewährleistet ist«. Des weiteren wurde die Stelle eines »Hohen Vertreters für die GASP« geschaffen, um – wie vor allem von Frankreich gewünscht – der europäischen Außenpolitik ein »Gesicht« zu geben. Das neue Amt wurde allerdings nicht an der Spitze der EU etabliert, sondern mit der nachgeordneten Position des Generalsekretärs des Rats zusammengelegt; damit waren Rivalitäten mit dem Ratspräsidenten und dem mit auswärtigen Angelegenheiten betrauten Kommissionsmitglied nicht auszuschließen, und nach außen hin konnte der diffuse Eindruck einer »neuen Troika« entstehen. Die Finanzierung der GASP wurde durch die Einrichtung eines gesonderten Budgets vereinfacht. Für eine gemeinsame Sicherheitspolitik bot der Amsterdamer Vertrag allerdings wenig Neues: die »Möglichkeit einer Integration der WEU in die Union« wurde dem Europäischen Rat anheimgestellt; die EU »ersuchte« fortan nicht mehr um operative Unterstützung der WEU, sondern nahm sie zur Durchführung der – nun vertragsmäßig verankerten – Petersberg-Aufgaben »in Anspruch«.[57]

Plötzlich wurde im Herbst 1998, in der Zeit zwischen Unterzeichnung und Inkrafttreten des Amsterdamer Vertrages, die GASP von einer überraschenden Dynamik erfaßt: Mit für den europäischen Einigungsprozeß ganz untypischer »Lichtgeschwindigkeit« (Solana) kam eine gemeinsame »Europäische Sicherheits- und Verteidigungspolitik« (ESVP) in Fahrt. Ursachen für den entschlossenen Aufbruch zur sicherheitspolitischen Integration waren die demütigende Erfahrung des Versagens der EU gegenüber den Vorgängen in Jugoslawien und das Heraufziehen des Kosovo-Konflikts, aber ebenso eine Kehrtwende der britischen Politik im Vorfeld der Einführung des Euro. Premierminister Blair sprach sich auf einem informellen EU-Gipfel im österreichischen Pörtschach im Oktober 1998 für den Aufbau glaubwürdiger und einsatzfähiger europäischer Krisenreaktionskräfte aus, um die EU für den Fall zu wappnen, daß die USA einmal zum Entsatz nicht mehr bereit sein würden; dabei schloß er die volle Eingliederung der WEU in die EU nicht länger aus. Am 4. Dezember 1998 bekräftigten Blair und der französische Staatspräsident Chirac in Saint-Malo gemeinsam die Entschlossenheit, der EU international eine autonome militärische Handlungsfähigkeit zu verschaffen. Wenige Tage später reagierte die amerikanische Regierung auf die Ankündigung einer europäischen Verteidigungskapazität grundsätzlich positiv, freilich unter der dreifachen Bedingung, daß es keine Abkoppelung von der NATO, keine Duplizierung der NATO-Strukturen und keine Diskriminierung von NATO-Mitgliedern, die nicht der EU angehörten, geben dürfe (»no decoupling, no duplication, no discrimination«).[58]

In zahlreichen Beratungen auf europäischer Ebene, zwischen einzelnen EU-Staaten und mit Drittstaaten, vor allem aber auf den Tagungen des Europäischen Rats in Köln (3./4. Juni 1999), Helsinki (10./11. Dezember 1999) und Feira (18.–20. Juni 2000) und schließlich in Nizza (7.–11. Dezember 2000) wurde das letzte große Integrationsprojekt vorangebracht: die gemeinsame Verteidigungspolitik. Die Grundlage bildete die nach dem britischen Beidrehen nun mögliche Verschmelzung der WEU mit der EU, die freilich nicht mit der Auflösung der WEU einherging, sondern mit ihrer Entkernung: Die EU inkorporierte sich die operative Krisenbewältigungsfunktion der WEU und damit die

Verfügungsgewalt über die ganze Palette militärischer Mittel und Instrumente; sie erhielt so die Fähigkeit, in Reaktion auf internationale Krisen eigenständig militärische und nicht-militärische Operationen einzuleiten und durchzuführen und »das gesamte Spektrum der Petersberg-Aufgaben« zu bewältigen. Das Institut für Sicherheitsstudien und das Satellitenzentrum der WEU wurden zu Agenturen der EU, WEU-Missionen, z. B. ein multilateraler Polizeiberaterstab in Albanien, von der EU übernommen. Insoweit hatte die WEU mit dem ersten Halbjahr 2001 »ihren Zweck erfüllt«, sie blieb aber formal, und personell drastisch reduziert, als Restorganisation erhalten, die sich nur noch Fragen des Artikels V des WEU-Vertrages (kollektive Sicherheit) widmet und gemäß Artikel IX die sicherheitspolitische Diskussion mit ihrer Parlamentarischen Versammlung pflegt, welche weiterhin zweimal jährlich in Paris zusammentritt.[59]

Um ihre Fähigkeit zur militärischen Krisenbewältigung konkret herzustellen, ging die EU daran, eine eigene Streitmacht zu konzipieren. Das im Dezember 1999 in Helsinki beschlossene und danach regelmäßig bestätigte Planziel lautete, bis zum Jahre 2003 eine Eingreiftruppe von bis zu 60 000 Mann Bodentruppen zuzüglich 30 000 Marine- und Luftwaffensoldaten (mit 100 Schiffen und 450 Kampfflugzeugen) aufzubieten, die binnen 60 Tagen verlegbar sein sollten – auch auf große Entfernungen – und in der Lage wären, für mindestens ein Jahr die Petersberg-Aufgaben in ihrer ganzen Bandbreite wahrzunehmen. Mit den erforderlichen Reserven bedeutete dies die virtuelle Verfügung der EU über eine Armee von 150 000 Soldaten nebst technischer und logistischer Ausrüstung. Sie sollte sich »im Rahmen der freiwilligen Zusammenarbeit« aus Abstellungen der Mitgliedstaaten »auf der Grundlage souveräner Beschlüsse« rekrutieren: Es handelte sich also um eine Ad-hoc-Koalitionsstreitmacht, nicht um eine integrierte und ständige Armee nach dem Muster des früheren EVG-Projekts. Deutschland stellte im November 2000 in Aussicht, 20 Prozent der Streitkräfte (18 000 Aktive und 12 000 Reserven) beizutragen. Alle Mitgliedstaaten übernahmen die Verpflichtung, ihre nationalen Streitkräfte und Hauptquartiere so zu entwickeln, daß sie bei Bedarf für militärische Interventionen der EU geeignet und verfügbar sein würden. Daneben wurde auch die Fähigkeit zum nicht-militärischen Krisenmanagement entwickelt. Auf dem Gipfel in Feira im Juni 2000 verpflichteten sich die Mitgliedstaaten, bis 2003 im Rahmen einer freiwilligen Zusammenarbeit bis zu 5000 Polizeibeamte für zivile Einsätze in Krisengebieten bereitzustellen; davon sollen 1000 Beamte binnen 30 Tagen verlegbar sein. Im Mai 2002 wurde zudem die Bereitstellung von über 280 Richtern und Staatsanwälten beschlossen. Ziele sollten die Stärkung und Substitution lokaler Polizeikräfte, die Stärkung bzw. Wiederherstellung des Gerichts- und Strafvollzugswesens sowie der Zivilverwaltung und des Zivilschutzes in den betreffenden Krisengebieten sein, auch in synergetischer Ergänzung einer militärischen Intervention. Alle Maßnahmen sollten grundsätzlich mit entsprechenden Aktionen der UN, der OSZE, des Europarats und gegebenenfalls weiterer Organisationen und dritter Staaten koordiniert werden.[60]

Die Beschlußfassung über ESVP-Maßnahmen erfolgt im Rat »Allgemeine Angelegenheiten« – der bei Bedarf die nationalen Verteidigungsminister hinzuziehen kann – nach den im Amsterdamer Vertrag für die GASP festgelegten Verfahren (Artikel 23 des EU-Vertrags). Für die ESVP wurden die GASP-Strukturen im Rat ausgebaut. Als Exekutivzentrum wurde das Politische Komitee zum »Politischen und Sicherheitspolitischen Komitee« (PSK) erweitert, bestehend aus hohen Beamten oder Botschaftern der Mitgliedstaaten. Das PSK wurde, unter Beteiligung der Kommission und des AStV, für die kontinuierliche Bearbeitung aller GASP- und ESVP-Angelegenheiten federführend, bei einer militärischen Operation soll es die politische Kontrolle und strategische Leitung wahrnehmen. Ihm arbeitet ein aus den nationalen Stabschefs bestehender Militärausschuß zu, der auch militärische Leitvorgaben für einen Militärstab festlegt; dieser stellt seinerseits militärisches Fachwissen bereit und befaßt sich mit Lageanalysen, strategischer Planung und Identifizierung der nationalen und multinationalen Streitkräfte. Auch ein »Ausschuß für nicht-militärische Aspekte der Krisenbewältigung«, dessen Führung zunächst die Kommission beanspruchte, wurde im Rat angesiedelt.[61]

Am 1. November 1999 wurde erstmals das Amt des »Generalsekretärs des Rates und Hohen Vertreters für die GASP« besetzt;

der Amtsinhaber, der Spanier Javier Solana, übernahm Ende 2000 in Personalunion auch das Amt des Generalsekretärs der WEU, zuvor war er Generalsekretär der NATO gewesen. Aufgrund des persönlichen Ansehens Solanas und der Leitungsfunktion über die gesamte GASP/ESVP-Ratsorganisation, sowie der Verantwortung für die Entsendung von EU-Sonderbotschaftern in Krisengebiete erfuhr das Amt rasch eine starke Aufwertung im EU-Institutionengefüge. Dazu trug ein konstruktives Arbeitsverhältnis Solanas mit dem für außenpolitische Angelegenheiten zuständigen Mitglied der Kommission, Christopher Patten, nicht unerheblich bei. Gegenüber den halbjährlich wechselnden Ratspräsidenten wurde der für fünf Jahre ernannte »Hohe Vertreter« rasch zu einem stabilisierenden Element und zur Identifikationsfigur der GASP.[62]

Im Verhältnis zur NATO nimmt die EU für ihre Sicherheits- und Verteidigungspolitik eine uneingeschränkte Beschlußfassungsautonomie in Anspruch, soweit nicht die Atlantische Allianz als Ganzes involviert ist. Von dieser Position aus strebte sie umfassende Konsultationen und Zusammenarbeit mit der NATO an, in Anknüpfung an zahlreiche kooperative Kontakte zwischen beiden Organisationen, die sich in den vorangegangenen Jahren ungeachtet mancher Spannungen bereits entwickelt hatten: wechselseitige Teilnahme an Gremienberatungen, gemeinsame Ratstagungen, Austausch vertraulicher Informationen, Zugang zu Kommunikationssystemen, mitgliedschaftliche Vertretung bei beiden Organisationen unter »doppelten Hüten«, Planung gemeinsamer »Alliierter Streitkräfte« und Missionen. Darüber hinaus forderte die EU nach ihren im Kosovo-Konflikt zutage getretenen Ausstattungsmängeln für operative Maßnahmen den gesicherten Rückgriff auf die Planungskapazitäten, die Mittel und die Fähigkeiten der NATO, was von dieser im April 1999 grundsätzlich zugesichert wurde. Ende Dezember 2002 kam hierzu eine Vereinbarung zustande, die am 14. März 2003 unterzeichnet wurde. Soweit sich danach die EU von Hilfsleistungen der NATO abhängig macht, haben die USA automatisch ein Mitspracherecht. Die EU gewährleistet auch den ihr noch nicht angehörenden europäischen NATO-Partnern (in 2003 Norwegen, Island, Türkei, Polen, Ungarn, Tschechische

Republik) Dialog, Konsultation und Kooperation in allen ESVP-Angelegenheiten sowie die Beteiligung an militärischen und zivilen Krisenbewältigungsmaßnahmen. Auch die nicht der NATO angehörenden Bewerberländer für den EU-Beitritt (insgesamt neun) sowie – auf einer anderen Ebene – Rußland wurden zur Beteiligung an der ESVP eingeladen. Einen Störfaktor bildete die Haltung der Türkei, die als NATO-Mitglied verschiedentlich ihre erforderliche Zustimmung zum Zugang der EU zu Kapazitäten der NATO als Hebel benutzte, um ihrer angestrebten EU-Mitgliedschaft näherzukommen.[63]

GASP und ESVP sind in voller Entwicklung. Mit einer stetig wachsenden Zahl gemeinsamer Standpunkte, Erklärungen, auch Aktionen, ihren internationalen Demarchen und Besuchsprogrammen ist die EU zunehmend in allen Teilen der Welt als »kollektiver Akteur« präsent, mit aktiven Strategien gegenüber dem Nahen und Mittleren Osten, Asien, Afrika, dem Mittelmeerraum, Lateinamerika sowie Rußland und den GUS-Staaten. Im transatlantischen Bereich haben sich Dialog und Kooperation nach den Terroranschlägen am 11. September 2001 zunächst verdichtet, ungeachtet fortbestehender Spannungen mit den USA in den verschiedensten Fragen (Kyoto-Protokoll, Internationaler Strafgerichtshof, amerikanisches Raketenabwehrprogramm etc.). Der Europäische Rat in Laeken hat im Dezember 2001 grundsätzlich die Einsatzbereitschaft der ESVP erklärt, wenn auch zunächst nur für Operationen im unteren Spektrum der Petersberg-Aufgaben und für Polizeiaktionen. Am 1. März 2003 hat die EU in Ablösung einer UN-Mission in Mazedonien mit 395 Polizeibeamten aus allen 15 Mitgliedstaaten ihre erste zivile Krisenbewältigungsmission aufgenommen, die bis Ende 2005 terminiert wurde; am 31. März 2003 wurde die Friedensmission »Allied Harmony« der NATO durch den ersten jemals von der EU geführten Militäreinsatz »Concordia« abgelöst (mit 345 Soldaten, davon etwa 70 aus Deutschland), als Test für die eventuelle Übernahme der bedeutend größeren internationalen Friedenstruppe in Bosnien-Herzegowina (Sfor) mit 12 000 Soldaten. Dessen ungeachtet ist die EU von dem erklärten Ziel, auf der internationalen Bühne autonom und einheitlich agieren und Krisen eigenverantwortlich entschärfen zu können, noch um einiges entfernt. Auch der Hohe Vertreter hat die einheitliche Außendarstellung der GASP zunächst nicht herstellen können. Die Möglichkeiten einer Optimierung sind zahlreich: mehr Bereitschaft der Mitgliedstaaten zur Preisgabe außen- und sicherheitspolitischer Kernsouveränität, weiterer Ausbau und Effektivierung der GASP-Organstruktur, eine breitere europäische Legitimierung der GASP, die Bereitschaft der Mitgliedstaaten, angemessene nationale Verteidigungshaushalte zu finanzieren, eine bessere Abstimmung bei Rüstung und Ausrüstung (Vorschlag einer »Europäischen Rüstungsagentur« und eines europäischen Rüstungsmarkts), insgesamt Ausbau der ESVP zu einer »Europäischen Sicherheits- und Verteidigungsunion« mit gemeinsamer Verteidigungspolitik. Im Verfassungsentwurf des Europäischen Konvents (S. 280) wird die Errichtung des Amtes eines Europäischen Außenministers vorgeschlagen, der vom Europäischen Rat ernannt würde und auch Mitglied der Kommission wäre. In der Irak-Krise des Frühjahrs 2003 zeigte sich freilich, daß unterschiedliche Interessen der Mitgliedstaaten der ESVP eine Grenze setzen können; dabei wurden die transatlantischen Beziehungen erheblichen Belastungen ausgesetzt.[64]

Die Osterweiterung

Zur größten Herausforderung der EU an der Schwelle zum 21. Jahrhundert wurde die Aufgabe, eine größere Zahl von mittel- und osteuropäischen (MOE-) Ländern zu integrieren. Nach dem Zusammenbruch der kommunistischen Herrschaft in den Jahren 1989–1991 hatten die Europäer in Ost und West ein gleiches Interesse, die mehr als 40jährige Spaltung des Kontinents zügig zu beenden: die EU, um nicht die einmalige historische Gelegenheit verstreichen zu lassen, das ganze Europa zusammenzufügen; die Osteuropäer, um Anschluß an das Wohlstandsniveau des Westens sowie Sicherheit zu finden.

Hauptattraktionspol der MOE-Staaten war von Anfang an die EU, erst in zweiter Linie die Sicherheitsstruktur von NATO und KSZE. Schon 1988, vor dem Beginn der Umwälzungen in Mittel- und Osteuropa, hatte die EG begonnen, auf der Grundlage eines Rahmenabkommens mit dem Rat für Gegenseitige Wirtschaftshilfe (RGW) mit einzelnen seiner Mitglieder Handelsverträge begrenzten Zuschnitts zu schließen, so mit Ungarn, der Tschechoslowakei, Polen, der Sowjetunion, Bulgarien, auch der DDR, die später so genannten »Abkommen der ersten Generation«. Seit Herbst 1989 koordinierte die EG namens eines Konsortiums von 24 westlichen Staaten das PHARE-Programm, mit dem zunächst in Polen und Ungarn, seit Mai 1990 in allen MOE-Ländern der politische und wirtschaftliche Reformprozeß unterstützt werden sollte. Die EIB und die im April 1991 gegründete Europäische Bank für Wiederaufbau und Entwicklung (Osteuropabank) in London stellten zusätzlich Kredite für produktive Investitionen in Osteuropa bereit. Zwischen 1991 und 1996 schloß die EG/EU dann sukzessive mit den zehn Staaten Polen, Ungarn, Tschechien, Slowakei, Rumänien, Bulgarien, Estland, Lettland, Litauen und Slowenien Assoziierungsverträge ab, die »Europa-Abkommen« oder »Abkommen der zweiten Generation«; sie sollten durch eine asymmetrische Liberalisierung des Handels die politische und wirtschaftliche Zusammenarbeit und die Industriegüterproduktion in den MOE-Staaten stimulieren, auch im Hinblick auf eine spätere Beitrittsperspektive. Rußland erhielt, quasi als Dringlichkeitshilfe, ein Kooperationsabkommen (ohne Beitrittsperspektive), auch mit den GUS-Staaten nahm die EG/EU seit 1992 sukzessive Beziehungen auf.[65]

Der eigentliche Startschuß zur Osterweiterung fiel bei der Zusammenkunft der Staats- und Regierungschefs in Kopenhagen am 21. und 22. Juni 1993. Der Europäische Rat beschloß, »daß die assoziierten mittel- und osteuropäischen Länder, die dies wünschen, Mitglieder der Europäischen Union werden können«, sobald sie in der Lage seien, den aus einer Mitgliedschaft erwachsenden Verpflichtungen nachzukommen; Voraussetzungen hierfür seien (1) eine institutionelle Stabilität als Garantie für demokratische und rechtsstaatliche Ordnung, für die Wahrung der Menschenrechte und den Minderheitenschutz, (2) eine funktionsfähige Marktwirtschaft und die Fähigkeit, dem Wettbewerbsdruck und den Marktkräften innerhalb der Union standzuhalten, und (3) die Übernahme der Ziele der Politischen Union und der Wirtschafts- und Währungsunion. Indirekt ermuntert stellten Ungarn und Polen 1994 einen Aufnahmeantrag, die Slowakei, die drei baltischen Staaten und Bulgarien 1995, Tschechien, Slowenien und Rumänien 1996. Drei andere Beitrittsgesuche warteten in Brüssel schon seit längerer Zeit auf ihre Erledigung: ein Antrag der Türkei von 1987 und Anträge Zyperns und Maltas von 1990. Der Europäische Rat in Essen am 9. und 10. Dezember 1994 beschloß eine finanziell unterfütterte »Heranführungsstrategie«, mit der den beitrittswilligen Ländern in einem »strukturierten Dialog« geholfen werden sollte, sich auf die Übernahme des gemeinschaftlichen Besitzstandes und die Integration in den Binnenmarkt vorzubereiten. Ein Jahr später nannte der Europäische Rat in Madrid (15./16. Dezember 1995) indirekt erstmals einen möglichen Termin für die Aufnahme von Beitrittsverhandlungen mit den MOE-Staaten: gleichzeitig mit den Verhandlungen mit Malta und Zypern, die sechs Monate nach dem Ende der Regierungskonferenz zur Revision des Maastricht-Vertrages beginnen sollten.[66]

Nach eingehender Prüfung der politischen und wirtschaftlichen Strukturen aller Bewerberländer kam die Kommission in ihrer »Agenda 2000« vom 16. Juli 1997 zu dem Schluß, daß neben Zypern fünf MOE-Staaten der Erfüllung der in Kopenhagen definierten Beitrittskriterien hinreichend nahekamen: Ungarn, Polen, Estland, Tschechien und Slowenien (Malta hatte im Oktober 1996 nach einem Regierungswechsel seinen Aufnahmeantrag vorübergehend ausgesetzt). Der Europäische Rat in Luxemburg am 12. und 13. Dezember 1997 beschloß daraufhin, mit diesen sechs Bewerberländern Beitrittsverhandlungen aufzunehmen, jedoch zugleich die übrigen Bewerber in einen »inklusiven« Erweiterungsprozeß bereits mit einzubeziehen: Als Rahmen hierfür wurde eine »Europa-Konferenz« eingerichtet, zu der zweimal jährlich die 15 EU-Mitgliedstaaten und alle Bewerber (einschließlich der Türkei) zusammentreten sollten, einmal auf der Ebene der Staats- und Regierungschefs und einmal auf der der Außenminister. Die Europa-Konferenz als »ein der politischen Konsultation dienendes multilaterales Gremium« trat erstmals am 12. März 1998 in London zusammen und danach regelmäßig im Halbjahresrhythmus, wobei der Teilnehmerkreis schrittweise auch auf die Schweiz und die verbleibenden EFTA-Länder sowie auf die Ukraine, Moldawien, Kroatien und Mazedonien ausgedehnt wurde.[67]

Die Beitrittsverhandlungen mit den designierten sechs Bewerberländern begannen am 31. März 1998 in Brüssel. Für die EU verhandelte wieder der Rat, die Kommission assistierte. Zunächst wurde mehrere Monate lang eine gemeinsame Bestandsaufnahme des voluminös gewordenen *acquis communautaire* vorgenommen; ein Gebirge von 20 000 Rechtsakten auf 80 000 Seiten des Amtsblattes der EG war zu durchleuchten. Den Bewerbern wurden die kurz- und mittelfristigen Maßnahmen erläutert, die sie vor einem Beitritt umzusetzen haben würden und die in 31 Kapitel gegliedert waren – vom freien Warenverkehr über die Landwirtschaft, den Verkehr, die Bildung und Ausbildung bis zur Finanzkontrolle und den Institutionen. Zur Unterstützung der Bewerber stellte die EU in »Beitrittspartnerschaften« insgesamt 21,4 Milliarden Euro an »Vorbeitrittshilfen« bereit. Die eigentlichen Verhandlungen in sechs getrennten Regierungskonferenzen auf Ministerebene begannen am 10. November 1998. Parallel wurden allerdings auch bereits – seit April 1998 – mit den anderen Bewerbern Vorgespräche geführt: mit der Slowakei, Lettland, Litauen, Bulgarien, Rumänien, sowie seit Ende 1998 mit Malta, das sein früheres Beitrittsgesuch reaktivierte. Im November 1998 kam die Kommission unter ihrem Präsidenten Jacques Santer zu dem Schluß, daß bei gleichbleibenden Fortschritten gegebenenfalls Malta, Lettland und Litauen, vielleicht auch die Slowakei zu den sechs Vorreiterländern würden aufschließen können.[68]

Zusätzliche Schubkraft baute sich seit Mitte 1999 auf. Die nach dem Rücktritt der kompromittierten Santer-Kommission neu amtierende Kommission unter Führung Prodis betrat die Bühne mit der volltönenden Empfehlung einer »Großerweiterung« als der besten Methode, »Frieden und Sicherheit, Demokratie und Rechtsstaatlichkeit, Wachstum und Wohlstandschancen für ganz Europa« zu erreichen; gleichzeitig wurden die Erweiterungs-Kompetenzen in der Kommission durch Schaffung einer neuen Generaldirektion und des Amtes eines ausschließlich für die Beziehungen zu den 13 Kandidatenländern zuständigen Erweiterungs-Kommissars (Günter Verheugen) zentralisiert.

Auf einer anderen Ebene stärkte zu dieser Zeit die uneingeschränkt EU- und NATO-konforme Politik Rumäniens und Bulgariens während der Kosovo-Krise die Bereitschaft der EU, zur Belohnung auch mit diesen beiden wirtschaftlich besonders rückständigen Ländern in Beitrittsverhandlungen einzutreten; dies war ein schwerwiegender Kurswechsel, mit dem der Beitrittsprozeß politisiert und das wirtschaftliche Kopenhagener Kriterium in den Hintergrund gedrängt wurde. Am 13. Oktober 1999 legte die Kommission einen »Fortschrittsbericht« über den Stand der Vorbereitungen in den Bewerberländern vor, in dem allen außer der Türkei die Erfüllung der politischen Beitrittskriterien bescheinigt wurde: Sie seien trotz punktueller Defizite vor allem in den Bereichen Institutionen, Verwaltung und Justiz sämtlich auf dem Weg zu robusten und stabilen Demokratien. Die wirtschaftlichen Kriterien erfüllten allerdings vorerst nur Malta und Zypern, bei den Bemühungen um die Umsetzung des gemeinschaftlichen Besitzstandes gab es große Unterschiede. Ungeachtet dieses Befundes beschloß der Europäische Rat in Helsinki am 10. und 11. Dezember 1999, neben Malta auch Lettland, Litauen, die Slowakei, Rumänien und Bulgarien zu Beitrittsverhandlungen einzuladen. Der Kreis der Beitrittskandidaten vergrößerte sich damit schlagartig von sechs auf zwölf. Vereinbart wurde auch, daß der Beitritt Zyperns nicht von der vorherigen Wiedervereinigung der griechischen und türkischen Inselteile abhängig gemacht werden sollte. Der 13. Bewerber, die Türkei, erhielt den Status eines den übrigen gleichgestellten Kandidaten, der aber wegen unzureichender politischer Qualifikation vorerst nicht in die Verhandlungen einbezogen wurde.[69]

In den Beitrittsverhandlungen mit den sechs neuen Kandidaten der »Helsinki-Gruppe«, die am 15. Februar 2000 begannen, wurde sogleich zur Aufholjagd gegenüber den seit knapp zwei Jahren laufenden Verhandlungen mit der »Luxemburg-Gruppe« geblasen. Der von der EU nun in den Vordergrund gestellte Grundsatz der »Differenzierung«, der die Beitrittsreife jedes einzelnen Bewerbers von dessen realen Fortschritten bei der Erledigung der 31 Verhandlungskapitel abhängig machte, führte tendenziell dazu, daß die Nachzügler zu den Vorreitern aufschlossen. Der Europäische Rat in Nizza im Dezember 2000 ging von einem gleichzeitigen Beitritt von sechs bis zehn neuen Mitgliedern aus und peilte als Zieldatum das Jahr 2004 an: Ende 2002, wenn die EU ihre Aufnahmefähigkeit hergestellt haben würde (mit der voraussichtlichen Ratifizierung des Nizza-Vertrages) sollten die Verhandlungen mit den beitrittsfähigen Ländern abgeschlossen werden, und die neuen Mitgliedstaaten sollten schon an den Wahlen zum Europäischen Parlament im Juni 2004 teilnehmen können. Der Europäische Rat in Göteborg (15./16. Juni 2001) präzisierte diesen Zeitplan.[70]

In den folgenden Monaten kamen die Verhandlungen insgesamt zügig voran. Es zeigten sich allerdings deutliche Unterschiede in der wirtschaftlichen Beitrittsreife der einzelnen Bewerberländer, vor allem erwies sich, daß Rumänien und Bulgarien doch zu rückständig waren, um für eine erste Beitrittswelle in Frage zu kommen. In einem Fortschrittsbericht vom November 2001 bescheinigte die Kommission aber den übrigen zehn Bewerberländern, daß sie inzwischen funktionierende Marktwirtschaften geworden seien. Nach der periodischen Würdigung der Beitrittsvorbereitungen in Laeken (Dezember 2001) und Sevilla (Juni 2002) stimmte der Europäische Rat schließlich am 24. und 25. Oktober 2002 in Brüssel »den Ergebnissen und Empfehlungen der Kommission zu, die besagen, daß Zypern, die Tschechische Republik, Estland, Ungarn, Lettland, Litauen, Malta, Polen, die Slowakische Republik und Slowenien die politischen Kriterien erfüllen und in der Lage sein werden, ab dem Beginn des Jahres 2004 die wirtschaftlichen Kriterien zu erfüllen und die mit der Mitgliedschaft verbundenen Pflichten wahrzunehmen«.[71]

Zu diesem Zeitpunkt waren in den Verhandlungen wesentliche Ergebnisse erzielt worden. Für die volle Übernahme des *acquis communautaire* räumte die EU den künftigen Mitgliedstaaten zahlreiche Übergangsregelungen für Zeiträume zwischen drei und zwölf Jahren ein, so in den Bereichen Wettbewerb, Beihilfen, Steuern, Verkehr und Umwelt. Für den Warenverkehr, für den die Europa-Abkommen bereits Freihandelsregelungen realisiert hatten, waren nur noch wenige Übergangsregelungen erforderlich, so etwa für Arzneimittel. Im Dienstleistungsverkehr sollten Übergangsfristen bis 2007 auf Garantien für Bankeinlagen und Investorenschutz gelten. Vom freien Kapitalverkehr wurde in den meisten Beitrittsländern (nicht freilich in den Baltischen Staaten und in Slowenien) der Erwerb von Agrar- und Forstland für gewerbliche und private Zwecke durch EU-Ausländer für sieben Jahre ausgenommen, in Polen für zwölf Jahre; für den Erwerb von Zweitwohnsitzen gilt überwiegend eine Übergangsfrist von fünf Jahren. Einige »alte Mitgliedstaaten«, insbesondere Deutschland und Österreich, beharrten zum Schutz ihrer Arbeitsmärkte namentlich in Grenzregionen auf einer Übergangsfrist von bis zu sieben Jahren bis zur Herstellung der vollen Freizügigkeit der Arbeitnehmer aus den neuen Mitgliedstaaten. Daraufhin vereinbarten einige der MOE-Staaten auch untereinander solche Einschränkungen. Nach der Übergangsfrist wird der Grundsatz der Gemeinschaftspräferenz gelten, nach dem MOE-Arbeitnehmer gegenüber Arbeitskräften aus Drittländern bevorzugt beschäftigt werden. Den Schengen-Besitzstand werden die neuen Mitgliedstaaten erst zu einem späteren Zeitpunkt übernehmen (aufgrund eines einstimmigen Ratsbeschlusses), bis dahin bleiben Kontrollen an den künftigen neuen Binnengrenzen bestehen. Für die erforderliche verstärkte Sicherung der neuen gemeinsamen Außengrenzen gewährt die EU angemessene Unterstützung. Die Umsetzung aller Vereinbarungen sollte sechs Monate vor dem Beitrittstermin aufgrund eines Berichts der Kommission vom Rat und vom Europäischen Parlament überprüft werden, auch nach dem Beitritt wird die Einhaltung der vertraglichen Verpflichtungen weiter überwacht.[72]

Die dornigsten Verhandlungskapitel wurden erst vom Europäischen Rat in Kopenhagen am 12. und 13. Dezember 2002 geschlossen: die von den neuen Mitgliedern erwarteten Finanztransfers im Zeitraum 2004 bis 2006, für die die EU schließlich bis zu 40,744 Milliarden Euro zusagte. Für die Landwirtschaft suchten die MOE-Regierungen Mittel, die für die ländliche Strukturentwicklung vorgesehen waren, möglichst weit zu Direktbeihilfen für die Landwirte umzuschichten, obwohl diese Beihilfen, die als Kompensation für Preiseinbußen gezahlt werden, ihnen aufgrund ihrer niedrigen Ausgangspreise eigentlich gar nicht zustanden; am Ende wurden für das Jahr 2004 anteilig 25 Prozent des Beihilfeniveaus der alten Mitgliedstaaten zugestanden, die bis 2013 schrittweise auf 100 Prozent steigen sollen.

Die Strukturpolitik in den neuen Mitgliedsländern soll zu 33 Prozent aus den Kohäsionsfonds der EU finanziert werden (in den dieser Vereinbarung widerstrebenden vier »alten« Kohäsionsländern geschieht dies nur zu 15 Prozent, bei 85 Prozent Kofinanzierungsanteil). Die neuen Mitgliedstaaten werden von Anfang an in vollem Umfang am Eigenmittelsystem zur Finanzierung der Ausgaben der EU beteiligt, erhalten aber für 2004 bis 2006 einen Ausgleich für Nettobeitrags-Überschüsse. Die Transferzahlungen der EU sollen insgesamt 4 Prozent des Bruttosozialprodukts der neuen Mitgliedstaaten nicht übersteigen.[73]

Mit diesen letzten Regelungen wurde in Kopenhagen der historische Durchbruch der Erweiterung der EU von 15 auf 25 Mitglieder erreicht. Der Beitrittsvertrag, schon seit März 2002 von einer Ratsgruppe vorbereitet, wurde, nach der am 9. April 2003 erfolgten Zustimmung des Europa-Parlaments, als ein einziges Gesamtdokument von den 15 alten und den zehn neuen Mitgliedern am 16. April 2003 in Athen feierlich unterzeichnet. Nach einer zeitgerechten Ratifizierung durch alle 25 Staaten wird der Beitritt zum 1. Mai 2004 effektiv. Die Kommission wird zu diesem Datum entsprechend erweitert. Die neuen Mitglieder nehmen an der Europawahl im Juni 2004 sowie bereits an der ab Oktober 2003 tagenden Regierungskonferenz teil, die über die Mitte 2003 vorgelegten Empfehlungen des Verfassungskonvents entscheidet. Sofern nicht rechtzeitig eine politische Vereinigung Zyperns erfolgt, wird die Anwendung des Vertrags auf den türkischen Nordteil der Insel bis auf weiteres ausgesetzt (die Vereinigungsbemühungen sind im März 2003 vorerst gescheitert). Die Verhandlungen mit Bulgarien und Rumänien werden mit dem Ziel eines Beitritts im Jahre 2007 fortgesetzt. Mit der Türkei sollen Beitrittsverhandlungen »ohne Verzug« aufgenommen werden, wenn der Europäische Rat im Dezember 2004 »auf der Grundlage eines Berichts und einer Empfehlung der Kommission« entscheidet, »daß die Türkei die politischen Kriterien von Kopenhagen erfüllt«. Bis dahin erhält sie erheblich erweiterte »finanzielle Heranführungshilfe«. Mit Rußland war im übrigen vor dem Kopenhagener Gipfel bereits eine besondere Regelung des Transits zu seiner durch die Osterweiterung entstehenden Enklave Kaliningrad (Königsberg) vereinbart worden.[74]

Mit der Osterweiterung wird aus der seit über einem halben Jahrhundert voranschreitenden »westeuropäischen« die volle »europäische« Einigung. Dieses welthistorische Ereignis stellt gleichwohl wegen des gewaltigen Wirtschafts- und Wohlstandsgefälles zwischen Ost und West für die 15 alten EU-Staaten eine beispiellose Herausforderung dar, deren Massivität eher verdrängt wird. Hohes Tempo des Beitrittsprozesses und politischer Rabatt für die Kandidaten waren wohl unausweichlich. Bereits 2000 kam indessen eine im Auftrag der Kommission erstellte Studie zu dem Ergebnis, daß die großen Einkommensunterschiede zwischen der alten EU und den MOE-Ländern über Jahrzehnte bestehen bleiben werden, auch bei tiefgreifenden Wirtschaftsreformen in diesen Ländern, und daß mit dauerhaft hohen Transferzahlungen der West- an die Osteuropäer gerechnet werden muß, die deutlich über die in der Agenda 2000 beschlossenen Mittel hinausgehen. Der Handel mit den MOE-Staaten wird spürbaren Einfluß auf Löhne und Beschäftigung in den westlichen EU-Ländern haben, am meisten in den Grenzländern Österreich, Deutschland, Griechenland, Italien und Finnland. Branchenspezifisch werden flächendeckende Beschäftigungseinbußen in der alten EU erwartet, etwa in der Textil- und Schuhindustrie und in der Bauwirtschaft. Nach der Herstellung voller Freizügigkeit wird mit einer jährlichen Zuwanderung aus den MOE-Ländern in der Größenordnung von 335 000 Personen gerechnet. Beunruhigend ist zudem, daß in diesen Ländern wegen unbefriedigender Effizienz von Regierung und Verwaltung die Absorptionsfähigkeit für EU-Transferleistungen für lange Zeit begrenzt bleiben wird, und nicht zuletzt, daß die alte EU und ihre Gesellschaften für eine derartige Herausforderung weder wirtschaftlich, noch politisch und institutionell, und auch nicht mental ausreichend vorbereitet erscheinen. Die alte EU hat ihre Hausaufgaben zur Aufnahme von zehn und mehr neuen Mitgliedern nur äußerst minimalistisch gemacht. Eine Finalitätsdebatte ist überfällig.[75]

Auf mittlere Sicht zeichnen sich weitere Beitrittsgesuche ab, deren Realisierung die Herausforderung noch vergrößern würde. Den Ländern des »westlichen Balkan«, mit denen seit den späten 90er Jahren »Stabilisierungs- und Assoziierungsabkommen« geschlossen wurden, wurde seit Dezember 2002 von höchster EU-Stelle ein »Recht auf Mitgliedschaft« zugesprochen: Albanien, Bosnien-Herzegowina, Serbien und Montenegro, Kroatien und Mazedonien. Der Europäische Rat bekräftigte im Juni 2003 in Thessaloniki seine Entschlossenheit, die europäische Perspektive dieser Staaten zu unterstützen. Bereits im Februar 2003 stellte Kroatien ein Beitrittsgesuch, und Mazedonien kündigte eines an. Hohes Beitrittsinteresse wird seit mehreren Jahren von Moldawien und der Ukraine bekundet, was indessen in der EU bisher lediglich das Bewußtsein für die Probleme der neuen direkten Nachbarschaften geschärft hat. Unproblematisch – politisch wie wirtschaftlich – dürfte ein Beitritt der verbliebenen EFTA-Staaten Island, Norwegen und Liechtenstein werden, auch der – vorerst freilich wenig wahrscheinliche – der Schweiz.[76]

Ein Problem eigener Art bildet die Perspektive einer Mitgliedschaft der Türkei. Die intensive und kontroverse Erörterung in allen EU-Ländern über ihre Zugehörigkeit zu Europa unter historischen, geographischen und kulturellen Gesichtspunkten zeigt an, daß Grundfragen der europäischen Identität berührt werden. Eine privilegierte Partnerschaft unterhalb der Beitrittsebene wird diskutiert. Unter den gegenwärtigen Bedingungen würde ein EU-Vollbeitritt der Türkei gewiß in vielen Hinsichten eine Verlagerung des bisherigen Schwerpunkts der Europäischen Integration bedeuten.[77]

Ausblick

Zeit für eine kurze Zwischenbilanz aus der Sicht des Jahrs 2003. Der Blick zurück unterstreicht die historische Bedeutung der Vertragsunterzeichnung in Rom am 25. März 1957. Das große europäische Einigungsprojekt kam damals endgültig auf den Weg. Die hochgesteckten Erwartungen der Gründungsväter wurden insgesamt erreicht, ja übertroffen: Es entstand ein weitgehend liberalisierter ökonomischer Großraum mit Integration der Landwirtschaft, tendenzieller Harmonisierung der Wirtschaftspolitiken und sogar einer gemeinsamen Währung. Die Entstehung eines politischen Großraums, der West- und Osteuropa erstmals zusammenfaßt und sich über eine gemeinsame Verfassung definiert, scheint nahe gerückt, und damit die volle Ausbildung einer Rechts- und Wertegemeinschaft. Auch die Chance einer sukzessiven Annäherung der Lebensverhältnisse und sozialen Bedingungen in allen Teilen der Europäischen Union ist offenbar gegeben, ebenso die der schrittweisen Angleichung weiter Teile der nationalen Innenpolitiken. Die mögliche Perspektive einer gemeinsamen Außen- und Sicherheitspolitik nährt die Erwartung, daß das handelspolitische Schwergewicht Europas zu globalem internationalem Gewicht, vergleichbar dem der USA, mutieren könnte. Vor allem: Die Gewohnheit des institutionalisierten Zusammenarbeitens und Zusammenlebens hat einen Krieg zwischen EU-Staaten undenkbar werden lassen. Die Blickrichtung nach vorn, etwa mit dem Horizont des nächsten Jahrzehnts, kann ebenfalls durchaus optimistisch stimmen: Pflöcke wurden bereits eingeschlagen, die die Verstetigung und weitere Entfaltung des europäischen Projekts zu präformieren scheinen. Die mobilisierende Kraft des Einigungsprojekts auch über Krisen und Phasen der Stagnation hinweg war und ist erstaunlich. Das Ende des Kalten Krieges scheint sie kaum gemindert zu haben.

Andererseits lauern offenkundig Probleme und Gefahren. Die mangelnde Klarheit über Finalität und geographische Grenzen der Union muß bedenklich stimmen, auch die fehlende Verständigung über eine endgültige politische Struktur »sui generis«. Delors bemerkte 1997, daß Mitte der 80er Jahre mit der EEA die Kommission ein letztes Mal die »Schlacht gegen die Säulen« gewonnen habe, supranationale gegen intergouvernementale Lösungen habe durchbringen können; danach sei das seit der Montanunion gepflegte Prinzip der Integration stetig zugunsten der souveränen Entscheidungsmacht der Regierungen zurückgedrängt worden.[1] Nicht nur in den Kernbereichen der inneren und äußeren Handlungsfähigkeit der Mitgliedstaaten, auch in vielen Politikfeldern kündigt sich neues Partikularinteresse an, nicht zuletzt vor dem Hintergrund der Osterweiterung; die Weichen scheinen, auch im Verfassungsentwurf des Konvents, eher auf »kooperative« als auf »föderale« Verfahren gestellt. Die Aufnahme eines Sezessionsrechts in den Entwurf muß betroffen machen. Auch der Streit um die Finanzen, besonders mit Blick auf erforderliche Neuregelungen der Agrar- und der Strukturpolitik ist vorprogrammiert. Das Auftauchen neuer nationaler Egoismen, die der wirtschaftlichen Stagnation zu entkommen suchen, könnte mit dem Stabilitätspakt selbst die große Errungenschaft der Wirtschafts- und Währungsunion wieder in Gefahr bringen. Die weitgehende Ausblendung der ökonomischen Belastungen, die mit der Osterweiterung auf die westeuropäischen Gesellschaften zukommen, muß beunruhigen. Gleichwohl erscheint die Gefahr eines Auseinanderbrechens der EU wegen der inzwischen gewachsenen Interessenverflechtungen unwirklich. Die über die Medien, die Bildungssysteme, den Tourismus sich allmählich bildende europäische Öffentlichkeit setzt abseits der Politik ihre eigenen demokratischen Maßstäbe. Die Ausbildung einer europäischen Identität, die komplementär an die Seite der nationalen Identitäten tritt, wird freilich ihre Zeit brauchen. Viel wird davon abhängen, ob und in welchem Maß die Bürger und die politisch Verantwortlichen den Willen und das Engagement aufbringen, den Weg zu einem »immer engeren Zusammenschluß der europäischen Völker« weiterzugehen.

Anlage: Stimmengewichtungen bei Entscheidungen im Ministerrat

	1952 (EGKS)	**1957** (EWG, Euratom)	**1973** (EG-9)	**1981** (EG-10)	**1986** (EG-12)	**1995** (EU-15)	**1.5.2004** (EU-25)	**1.1.2005**[1] (EU-25, Nizza-Vertrag)
Belgien	1	2	5	5	5	5	5	12
Deutschland	1	4	10	10	10	10	10	29
Frankreich	1	4	10	10	10	10	10	29
Italien	1	4	10	10	10	10	10	29
Luxemburg	1	1	2	2	2	2	2	4
Niederlande	1	2	5	5	5	5	5	13
Dänemark			3	3	3	3	3	7
Irland			3	3	3	3	3	7
Vereinigtes Königreich			10	10	10	10	10	29
Griechenland				5	5	5	5	12
Portugal					5	5	5	12
Spanien					8	8	8	27
Finnland						3	3	7
Österreich						4	4	10
Schweden						4	4	10
Estland							3	4
Lettland							3	4
Litauen							3	7
Malta							2	3
Polen							8	27
Tschechische Republik							5	12
Slowenien							3	4
Slowakei							3	7
Ungarn							5	12
Zypern							2	4
Gesamtstimmen	6	17	58	63	76	87	124	321
Qualifizierte Mehrheit	4[2]	12[3]	41[3]	45[3]	54[3]	62[3]	88[3]	232[3] + Mehrheit d. Mitgl.[4]

1 Im Falle des Beitritts von Rumänien und Bulgarien erhalten diese 14 resp. 10 Stimmen (qualifizierte Mehrheit danach: 258 von 345 Stimmen). Die Stimmen der übrigen Mitglieder verändern sich nach diesen Beitritten nicht.

2 Davon 1 Mitgliedstaat, der mindestens ein Sechstel des Gesamtwertes der Kohle- und Stahlproduktion in der Gemeinschaft umfaßte.

3 Bei Beschlüssen, die nicht auf Vorschlag der Kommission zu fassen sind, war/ist zusätzlich die Zustimmung von zwei Dritteln der Mitgliedstaaten erforderlich.

4 Auf Antrag eines Mitgliedstaates muß darüber hinaus überprüft werden, ob die qualifizierte Mehrheit mindestens 62% der Gesamtbevölkerung der Union repräsentiert.

Anmerkungen

Rom, 25. März 1957

1 Darstellung des Tagesberichts vor allem nach Europäischer Kommission, Die Römischen Verträge beherrschen die Schlagzeilen. Brüssel 1997; Pierre Gerbet, La naissance du marché commun. Paris 1987, S. 7f.

2 Bulletin des Presse-und Informationsamtes der Bundesregierung, 27. 3. 1957, S. 505.

3 Hanns Jürgen Küsters, Die Gründung der Europäischen Wirtschaftsgemeinschaft. Baden-Baden 1982, S. 432.

4 Die Römischen Verträge beherrschen die Schlagzeilen, passim.

5 Wilfried Loth, Vor 40 Jahren: Die Verhandlungen über die Römischen Verträge. In: Integration 20 (1997), S. 1; Pierre Gerbet, La construction de l'Europe. 3. Aufl. Paris 1999, S. 175.

6 Hans von der Groeben, Deutschland und Europa in einem unruhigen Jahrhundert. Erlebnisse und Betrachtungen. Baden-Baden 1995, S. 19.

7 The European Union in a Changing World, Third ECSA-World Conference, Bruxelles 19.–20. September 1996. Luxemburg 1998, S. 16.

8 Ebd. Übersetzungen des Vf.

Kapitel 1

1 Jean-Baptiste Duroselle, L'idée d'Europe dans l'Histoire. Paris 1965; Michael Salewski, Geschichte Europas. Staaten und Nationen von der Antike bis zur Gegenwart. München 2000.

2 Robert Bartlett, The Making of Europe. Conquest, Colonization and Cultural Change 950–1350. London 1994; Peter Brown, Die Entstehung des christlichen Europa. München 1996.

3 Jean Baptiste Duroselle, Europa. Eine Geschichte seiner Völker. Gütersloh 1996, S. 165ff.; Heinz Gollwitzer, Europabild und Europagedanke. Beiträge zur deutschen Geistesgeschichte des 18. und 19. Jahrhunderts. 2. Aufl. München 1964.

4 Federico Chabod, Der Europagedanke. Von Alexander dem Großen bis Zar Alexander I. Stuttgart 1963, S. 40–74. Zitat in Gollwitzer, S. 39.

5 Franz Bosbach, Monarchia Universalis. Ein politischer Leitbegriff der Frühen Neuzeit. Göttingen 1988; Klaus Müller, Die Idee des Gleichgewichts in der Frühen Neuzeit. In: Hans Hecker (Hg.), Europa. Begriff und Idee. Historische Streiflichter. Bonn 1991, S. 61–74.

6 Uwe Ziegler, Die Hanse. Aufstieg, Blütezeit und Niedergang der ersten europäischen Wirtschaftsgemeinschaft. Bern 1994; Charles P. Kindleberger, The Rise of Free Trade in Western Europe 1820–1872. In: Journal of

Economic History 35 (1975), S. 20–55; Sidney Pollard, European Economic Integration 1815–1870. London 1974.

7 Stuart J. Woolf, Napoleon's Integration of Europe. London 1991.

8 Andreas Hillgruber, »Nation und Europa« seit dem 19. Jahrhundert. In: Michael Salewski (Hg.), Nationale Identität und Europäische Einigung. Göttingen u. Zürich 1991, S. 1–17; R.N. Berki, Marxism and European Unity. In: Peter M. R. Stirk (Hg.), European Unity in Context. The Interwar Period. London u. New York 1989, S. 41–64.

9 Zitate aus: Gerbet, Construction, S. 13; Franz Marc, Das geheime Europa. In: Forum 12/1915, S. 632–638.

10 Rolf Hellmut Foerster (Hg.), Die Idee Europa 1300–1946. Quellen zur Geschichte der politischen Einigung. München 1963; ders., Europa. Geschichte einer politischen Idee. Mit einer Bibliographie von 182 Einigungsplänen aus den Jahren 1306 bis 1945. München 1967.

11 Ders., Quellen, S. 25–37.

12 Zit. ebd., S. 40.

13 Ebd., S. 43–50; ders., Geschichte einer politischen Idee, S. 88–108.

14 Derek Heater, The Idea of European Unity. Leicester 1992, S. 22–38.

15 Foerster, Geschichte einer politischen Idee, S. 120–173.

16 Ebd., S. 173–186; Klaus Malettke, Europabewußtsein und europäische Friedenspläne im 17. und 18. Jahrhundert. In: Francia 2 (1994), S. 63–93.

17 Volker Gerhardt, Immanuel Kants Entwurf »Zum ewigen Frieden«. Eine Theorie der Politik. Darmstadt 1995.

18 Foerster, Quellen, S. 125–140; ders., Geschichte einer politischen Idee, S. 228–234, 248–251.

19 Hartmut Kaelble, Europäer über Europa. Die Entstehung des europäischen Selbstverständnisses im 19. und 20. Jahrhundert. Frankfurt/M. 2001; Jean Nurdin, Le rêve européen des penseurs allemands (1700–1950). Lille 2003.

20 Richard B. Elrod, The Concert of Europe. A Fresh Look at an International System. In: World Politics 28 (1975/76), S. 159–174; Paul W. Schroeder, The 19thCentury International System. Changes in Structure. Ebd. 39 (1986/87), S. 1–26.

21 Carl H. Pegg, Evolution of the European Idea 1914–1932, Chapel Hill u. London 1983; David Arter, The Politics of European Integration in the Twentieth Century. Aldershot u. a. 1993, S. 31–73; Stirk (Hg.), European Unity.

22 Richard N. Coudenhove-Kalergi, Pan-Europa. Wien u. Leipzig 1923; ders., Eine Idee erobert Europa. Meine Lebenserinnerungen. Wien u. a. 1958.

23 Reinhard Frommelt, Paneuropa oder Mitteleuropa. Einigungsbestrebungen im Kalkül deutscher Wirtschaft und Politik 1925–1933. Stuttgart 1977.

[24] Werner Tussing, Internationale Eisen- und Stahlkartelle. Entstehung, Entwicklung und Bedeutung zwischen den beiden Weltkriegen. Diss. Köln 1970; Clemens A. Wurm (Hg.), Internationale Kartelle und Außenpolitik. Beiträge zur Zwischenkriegszeit. Stuttgart 1989.

[25] Carl H. Pegg in: Europa-Archiv (EA) 17 (1962), S. 749–758, 783–790, 865–874; Michel Dumoulin u. Yves Stelandre (Hg.), L'idée européenne dans l'entre-deux-guerres. Louvain-la-Neuve 1992.

[26] Antoine Fleury (Hg.), Le Plan Briand d'Union fédérale européenne. Bern u. a. 1998; Walter Lipgens, Europäische Einigungsidee im Urteil der deutschen Akten. In: Historische Zeitschrift (HZ) 202 (1966), S. 46–89, 316–363.

[27] Text in: Europa. Dokumente zur Frage der europäischen Einigung. Hg. im Auftrag des Auswärtigen Amts. 3 Bde. (fortan: Europa. Dokumente). Bd. 1, S. 29–40.

[28] Ebd. S. 40–63; Franz Knipping, Deutschland, Frankreich und das Ende der Locarno-Ära 1928–1931. München 1987, S. 84–89, 155–161, 205–214; Gerbet, Construction, S. 35–40.

[29] Henry Cord Meyer, Mitteleuropa in German Thought and Action 1815–1945. Den Haag 1955; Richard Plaschka u. a. (Hg.), Mitteleuropa-Konzeptionen in der ersten Hälfte des 20. Jahrhunderts. Wien 1995; Jürgen Elvert, Mitteleuropa! Deutsche Pläne zur europäischen Neuordnung (1918–1945). Stuttgart 1999.

Kapitel 2

[1] Umfassende Belege in: Documents on the History of European Integration(DHEI), 4 Bde. (1 u. 2 hg. v. Walter Lipgens, 3 u. 4 hg. v. Walter Lipgens u. Wilfried Loth). Berlin u. New York 1985–1991.

[2] Ebd., Bd. 1, S. 37–178; Hans Werner Neulen, Europa und das 3. Reich. Einigungsbestrebungen im deutschen Machtbereich 1939–1945. München 1987; Paul Kluke, Nationalsozialistische Europaideologie. In: Vierteljahrshefte für Zeitgeschichte (VfZ), 3 (1955), S. 240–275.

[3] DHEI, Bd. 1, S. 179–199; Neulen, S. 179–241; Dino Confrancesco, Il mito europeo del fascismo (1939–1945). In: Storia contemporanea 1983, S. 5–45.

[4] Walter Lipgens (Hg.), Europa-Föderationspläne der Widerstandsbewegungen 1940–1945. München 1968; DHEI, Bd. 1, S. 203–697.

[5] Ebd., passim; Deklaration in: Lipgens, Europa-Föderationspläne, S. 388–401.

[6] DHEI, Bd. 2, S. 279–352, 414–650; René Massigli, Une comédie des erreurs 1943–1956. Paris 1978, S. 29–55; Wilfried Loth, Der Weg nach Europa. Geschichte der europäischen Integration 1939–1957. Göttingen 1990, S. 17 ff.; Eric Roussel, Jean Monnet 1888–1979, S. 377–399; Thierry

Grosbois, Les projets des petites nations de Benelux pour l'après-guerre. In: Michel Dumoulin (Hg.), Plans des temps de guerre pour l'Europe d'après-guerre 1940–1947. Brüssel 1995, S. 95–125; Zitat: Charles de Gaulle, Discours et messages (Bde. I-V, Paris 1970). Bd. I, S. 388.

7 DHEI, Bd. 1, S. 609–658; Bd. 2, S. 353–413, 754–785; Lipgens, Europa-Föderationspläne, S. 445 ff.; Detlef Brandes, Confederation Plans in Eastern Europe During World War II. In: Dumoulin, Plans des temps de guerre, S. 83–94.

8 Andrea Bosco, Federal Union and the Origins of the »Churchill Proposal«. London u. New York 1992.

9 Lipgens, Europa-Föderationspläne, S. 474–477.

10 Walter Lipgens, Die Anfänge der europäischen Einigungspolitik 1945–1950. Erster Teil: 1945–1947. Stuttgart 1977, S. 61–80.

11 Ebd., S. 80 ff., 156 ff., 639 f.; Josef Becker u. Franz Knipping (Hg.), Power in Europe? Great Britain, France, Germany and Italy in a Postwar World 1945–1950. Berlin u. New York 1986.

12 Das »Movimento Federalista Europeo« Spinellis, das »Comité français pour la fédération européenne«, die niederländische »Europeesche Actie«, die schweizerische »Europa-Union« und die britische »Federal Union«.

13 Lipgens, Anfänge, S. 640.

14 Ebd., S. 292 ff.

15 Europa. Dokumente, Bd. 1, S. 113 ff.

16 Lipgens, Anfänge, S. 313 ff.; Gerbet, Construction, S. 51–55.

17 DHEI, Bd. 4, S. 8–111, 277–318, 477–540; Lipgens, Anfänge, S. 343 ff.; Wilfried Loth (Hg.), Die Anfänge der europäischen Integration 1945–1950. Bonn 1990, S. 189–236.

18 Lipgens, Anfänge, S. 319–339, 570–576.

19 Ebd., S. 386–433, 554–561; DHEI, Bd. 4, S. 112–185; Europa. Dokumente, Bd. 1, S. 136–144.

20 Lipgens, Anfänge, S. 610–638; DHEI, Bd. 4, S. 319–333; Loth, Weg nach Europa, S. 52–60.

21 Europarat (Hg.), Congress of Europe. The Hague, 7–11 May 1948. Straßburg 1999.

22 Ebd.; DHEI, Bd. 4, S. 333–353; Europa. Dokumente, Bd. 1, S. 145–159.

23 DHEI, Bd. 4, S. 353–435; Europa. Dokumente, Bd. 1, S. 161–200; Die Europäische Bewegung. Ziele, Aufgaben, Organisation, hg. v. Europäische Bewegung, Deutscher Rat. 4. Aufl. Bonn 1969; Alan Hick, The European Movement and the Campaign for a European Assembly 1947–1950, Diss. EHI Florenz 1981.

24 Lipgens, Anfänge, S. 641 f.

25 Georges-Henri Soutou, La guerre de Cinquante Ans. Les relations Est-Ouest 1943–1990. Paris 2001, S. 161 ff.; Gerbet, Construction, S. 59–88.

[26] Beate Neuss, Geburtshelfer Europas? Die Rolle der Vereinigten Staaten im europäischen Integrationsprozeß 1945–1958. Baden-Baden 2000, S. 30–37; Pierre Melandri, Les Etats-Unis face à l'unification de l'Europe, 1945–1954. Paris 1980, S. 67 ff.

[27] Sean Greenwood, The Third Force Policy of Ernest Bevin. In: Dumoulin (Hg.), Plans des temps de guerre, S. 419–436; John W. Young, Britain and European Unity, 1945–1992. London 1993, S. 14–18.

[28] René Girault, The French Decision-Makers and Their Perception of French Power in 1948. In: Becker/Knipping, Power in Europe?, S. 27–46; John W. Young, France's European Policy in the Aftermath of War, 1945–1947. In: Dumoulin, Plans des temps de guerre, S. 437–458; Jacques Dalloz, Georges Bidault. Biographie politique. Paris 1992, S. 198 ff.

[29] Michel Dumoulin (Hg.), La Belgique et les débuts de la construction européenne. Louvain-la-Neuve 1987; Jac Bosmans (Hg.), Europagedanke, Europabewegung und Europapolitik in den Niederlanden und Deutschland seit dem Ersten Weltkrieg. Münster 1996; Gilbert Trausch, Joseph Bech, un homme dans son siècle. Luxemburg 1978.

[30] Hans-Peter Schwarz, Vom Reich zur Bundesrepublik. Deutschland im Widerstreit der außenpolitischen Konzeptionen in den Jahren der Besatzungsherrschaft 1945–1949. 2. erw. Aufl. Stuttgart 1980, S. 295 ff; Brunello Vigezzi, Italy: The End of a »Great Power« and the Birth of a »Democratic Power«. In: Becker/Knipping, Power in Europe? S. 67–87.

[31] John Gimbel, The Origins of the Marshall Plan. Stanford 1976; Michael J. Hogan, The Marshall Plan. America, Britain, and the Reconstruction of Western Europe, 1947–1952. New York 1987; Text: EA, 2/1947, S. 321.

[32] Klaus Schwabe, Der Marshall-Plan und Europa. In: Raymond Poidevin (Hg.), Histoire des débuts de la construction européenne. Brüssel u. a. 1986, S. 47–69; Robert Marjolin, Le travail d'une vie. Mémoires 1911–1986. Paris 1986, S. 177- 191; Werner Bührer, Westdeutschland in der OEEC. München 1997.

[33] Europa. Dokumente, Bd. 1, S. 214–229; Marjolin, S. 192–205.

[34] Jacob J. Kaplan u. Günther Schleiminger, The European Payments Union. Financial Diplomacy in the 1950s. Oxford 1989.

[35] Richard T. Griffiths (Hg.), Explorations in OEEC History. Paris 1997; Pierre Guillen, Le projet d'union économique entre la France, l'Italie et le Benelux. In: Poidevin (Hg.), Histoire des débuts, S. 143–164.

[36] John W. Young, Britain, France and the Unity of Europe 1945–1951. Leicester 1984, S. 77–85.

[37] Europa. Dokumente, Bd. 1, S. 351–361; Soutou, La guerre, S. 197 ff., 247.

[38] Lawrence S. Kaplan, The Long Entanglement. Nato's First Fifty Years. Westport Ct. 1999, S. 1–64.

39 Marie-Thérèse Bitsch (Hg.), Jalons pour une Histoire du Conseil de l'Europe. Bern 1997; Paul-Henri Spaak, Memoiren eines Europäers. Hamburg 1969, S. 263ff.

40 A. H. Robertson, The Council of Europe. Its Structure, Functions and Achievements. 2. Aufl. London 1961; Otto Schmuck (Hg.), Vierzig Jahre Europarat. Renaissance in gesamteuropäischer Perspektive? Bonn 1990.

41 Europa. Dokumente, Bd. 1, S. 362–535.

42 Franz Karasek, Der Europarat, die Europäischen Gemeinschaften und die gesamteuropäische Zusammenarbeit. In: EA 1/1980, S. 2 ff.; The Council of Europe (Hg.), The Challenges of a Greater Europe. The Council of Europe and Democratic Security. Straßburg 1996.

Kapitel 3

1 Text u. a. in Jürgen Schwarz (Hg.), Der Aufbau Europas. Pläne und Dokumente 1945–1980. Bonn 1980, Nr. 16; Europa. Dokumente, Bd. 2, S. 680 ff.

2 Siehe u. a. William Diebold, The Schuman Plan. A Study in Economic Cooperation. New York 1959; Matthias Kipping, Zwischen Kartell und Konkurrenz. Der Schuman-Plan und die Ursprünge der europäischen Einigung 1944–1952. Berlin 1996.

3 Raymond Poidevin, Robert Schuman homme d'Etat 1886–1963. Paris 1986, S. 244–260; zu Arnold siehe DHEI, Bd. 3, S. 519 ff.

4 Vgl. Franz Knipping, Jean Monnet, Robert Schuman und der Durchbruch zur europäischen Einigung. In: Heinz Duchhardt (Hg.), Europäer des 20. Jahrhunderts. Mainz 2002, S. 69–90.

5 Poidevin, Schuman, S. 271–274; Neuss, S. 54–58.

6 Kipping, S. 86–118; Ulrich Lappenküper, Die deutsch-französischen Beziehungen 1949–1963. 2 Bde. München 2001. Bd. 1, S. 316–334.

7 François Duchêne, Jean Monnet. The First Statesman of Interdependence. New York u. London 1994; Roussel, Monnet.

8 Jean Monnet, Erinnerungen eines Europäers. München 1980, S. 369–374; Soutou, La guerre, S. 200 ff.; Duchêne, S. 186–189.

9 Monnet, S. 368–382; Etienne Hirsch, Ainsi va la vie. Lausanne 1988, S. 101–104.

10 Monnet, S. 381.

11 Poidevin, Schuman; Christian Pennera, Robert Schuman. La jeunesse et les débuts politiques d'un grand européen de 1886 à 1924. Sarreguemines 1985.

12 Robert Schuman, Pour l'Europe. Paris 1963.

13 Monnet, S. 382–388; Poidevin, Schuman, S. 258–263; Adenauer an Schuman, 8. 5. 1950. In: Akten zur Auswärtigen Politik der Bundesrepublik Deutschland 1949/50. München 1997, S. 145 ff.; Dean Acheson, Present at the Creation. New York 1969, S. 498 f.

14 Poidevin, Schuman, S. 263–277; Monnet, S. 388–401.

15 Edmund Dell, The Schuman Plan and the British Abdication of Leadership in Europe. Oxford 1995, S. 138–160.

16 Duchêne, S. 207 ff.; Monnet, S. 405, 420.

17 Hanns Jürgen Küsters, Die Verhandlungen über das institutionelle System zur Gründung der Europäischen Gemeinschaft für Kohle und Stahl. In: Klaus Schwabe (Hg.), Die Anfänge des Schuman-Plans 1950/51. Baden-Baden u. a. 1988, S. 73–102.

18 Monnet, S. 403–424, 443 ff.; Duchêne, S. 212–220; Kipping, S. 165 ff.; Werner Bührer, Ruhrstahl und Europa. München 1986, S. 185 ff.; Ruggero Ranieri, The Italian Steel Industry and the Schuman Plan Negotiations. In: Schwabe (Hg.), Die Anfänge, S. 345–356.

19 Monnet an Schuman, 8. 5. 1951. In: Henri Rieben (Hg.), La correspondance entre Jean Monnet et Robert Schuman de 1947 à 1953. Lausanne 1986, S. 112 ff.; Monnet, S. 447 ff.

20 Poidevin, Schuman, S. 288 f.; Horst Möller u. Klaus Hildebrand (Hg.), Die Bundesrepublik Deutschland und Frankreich. Dokumente 1949–1963. 4 Bde. 1997–1999. Bd. 1: Außenpolitik und Diplomatie, S. 246–251.

21 Text: Europa. Dokumente, Bd. 2, S. 702–791.

22 Holger Schröder, Jean Monnet und die amerikanische Unterstützung für die europäische Integration 1950–1957. Frankfurt/M. u. a. 1994, S. 123–129, 181–198; Neuss, S. 68–81.

23 Diebold, S. 78–112; Kipping, S. 258 ff.; Poidevin, Schuman, S. 289–292; Kurt Klotzbach, Die deutsche Sozialdemokratie und der Schuman-Plan. In: Schwabe, Die Anfänge, S. 333–344.

24 Poidevin, Schuman, S. 292–294.

25 Diebold, S. 110 ff., 139 ff.; Dirk Spierenburg u. Raymond Poidevin, Histoire de la Haute Autorité de la Communauté Européenne du Charbon et de l'Acier. Brüssel 1993, S. 44 ff.; Yves Conrad, Jean Monnet et les débuts de la fonction publique européenne. La haute autorité de la CECA (1952–1953). Louvain-la-Neuve 1989.

26 Ebd., S. 55–496; John Gillingham, Coal, Steel, and the Rebirth of Europe, 1945–1955. The Germans and French from Ruhr Conflict to Economic Community. Cambridge, S. 299–363.

27 Jan Brabers, The Failure of European Transport Integration (1945–1955). In: Gilbert Trausch (Hg.), Die europäische Integration vom Schuman-Plan bis zu den Verträgen von Rom. Baden-Baden u. a. 1993, S. 57 ff.

28 Guido Thiemeyer, Vom »Pool Vert« zur Europäischen Wirtschaftsgemeinschaft. München 1999.

29 EA, 20. 10. 1952, S. 5226.

30 Neuss, S. 84–111; Poidevin, Schuman, S. 299–313.

31 Monnet, S. 425–443; Duchêne, S. 226–229; Text des Pleven-Plans: Europa. Dokumente, Bd. 2, S. 812–817.

32 Edward Fursdon, The European Defence Community: A History. London u.a. 1980, S. 90–106; Hans-Erich Volkmann u. Walter Schwengler (Hg.), Die Europäische Verteidigungsgemeinschaft. Stand und Probleme der Forschung. Boppard 1985.

33 Gerbet, Construction, S. 131–137; Hans-Peter Schwarz, Die Ära Adenauer. Gründerjahre der Republik 1949–1957. Stuttgart u. Wiesbaden 1981, S. 119 ff.; Fursdon, S. 108–149; Neuss, S. 125 ff.

34 Text in: Europa. Dokumente, Bd. 2, S. 836–890.

35 Paul Noack, Das Ende der Europäischen Verteidigungsgemeinschaft. Düsseldorf 1977; Fursdon, S. 191–299; Pascaline Winand, Eisenhower, Kennedy and the United States of Europe. Houndmills u. London 1993, S. 25–63.

36 Hanns Jürgen Küsters, Zwischen Vormarsch und Schlaganfall. Das Projekt der Europäischen Politischen Gemeinschaft und die Haltung der Bundesrepublik Deutschland. In: Trausch (Hg.), Die europäische Integration, S. 259–284.

37 Text in: Walter Lipgens (Hg.), 45 Jahre Ringen um die europäische Verfassung. Dokumente 1939–1984. Bonn 1986, S. 335–360.

38 Küsters, in: Trausch (Hg.), Die europäische Integration, S. 284–293; Gerbet, Construction, S. 137–142.

39 H.-P. Schwarz, Gründerjahre, S. 246–264; Anne Deighton, Britain and the Creation of Western European Union, 1954. In: dies. (Hg.), Western European Union 1945–1997. Oxford 1997, S. 11–27.

40 Monnet, S. 504–507; Roussel, Monnet, S. 675–681; Duchêne, S. 258 ff.

41 Monnet, S. 507–509; Küsters, Gründung, S. 64–77; Michel Dumoulin u. a., L'énergie nucléaire en Europe. Des origines à Euratom. Bern u. a. 1994.

42 Spaak, S. 298; Duchêne, S. 262, 268 f.; Michel Dumoulin, Spaak. Brüssel 1999, S. 497–504; Küsters, Gründung, S. 95 ff. ; Pierre Gerbet, La relance européenne jusqu'à la conférence de Messine. In: Enrico Serra (Hg.), Il rilancio dell'Europa e i trattati di Roma. Brüssel u. a. 1989, S. 61–91.

43 Spaak, S. 299 ff.; Richard T. Griffiths, The Beyen Plan. In: ders. (Hg.), The Economic Development of the EEC. Cheltenham u. Lyme 1997, S. 123–140; Beate Schneider u. Rolf Ullner (Hg.), Europäer aus Tradition. Jan Willlem Beyen und Joseph Luns. In: Thomas Jansen u. Dieter Mahncke (Hg.), Persönlichkeiten der Europäischen Integration. Bonn 1981, S. 379–410.

44 Küsters, Gründung, S. 79–88, 112–119; H.-P. Schwarz, Gründerjahre, S. 336–339; von der Groeben, Erlebnisse, S. 268–275. Adenauers Europa-Konzeption: Hans-Peter Schwarz, Adenauer und Europa. In: VfZ 4/1979, S. 471–523.

45 Duchêne, S. 269 f.

46 Anjo G. Harryvan u. Albert E. Kersten, The Netherlands, Benelux and

the Relance Européenne 1945–1955. In: Serra, Il rilancio, S. 125–157; Lappenküper, S. 981–985.

47 Duchêne, S. 278–283; Küsters, Gründung, S. 119–127.

48 Text in: Europa. Dokumente, Bd. 3, S. 1240 ff.

49 Dumoulin, Spaak, S. 507–511; Spaak, S. 302–305.

50 Pierre Melandri, Les Etats-Unis et le »défi« américain 1955–1958. Paris 1975; Winand, S. 64–114; Neuss, S. 286–326.

51 Monnet, S. 513–523.

52 Ebd., S. 523 ff.; Maria Grazia Melchionni, Le Comité d'Action pour les Etats-Unis d'Europe: un réseau au service de l'union européenne. In: Gérard Bossuat u. Andreas Wilkens (Hg.), Jean Monnet, l'Europe et les chemins de la paix. Paris 1999, S. 221–251.

53 Küsters, Gründung, S. 135–150; Pierre Gerbet, La naissance, S. 83 ff.

54 Spaak, S. 302–316; Küsters, Gründung, S. 150–218; Michael Charlton, The Price of Victory. London 1983, S. 166–196.

55 Küsters, Gründung, S. 218–268; von der Groeben, Erlebnisse, S. 275–278.

56 Text in: J. Schwarz, Aufbau, Nr. 33.

57 Spaak, S. 317–329; Küsters, Gründung, S. 271–438; Gerbet, Construction, S. 179–187; Peter Weilemann, Die Anfänge der Europäischen Atomgemeinschaft. Baden-Baden 1983, S. 99–143.

58 Pierre Guillen, La France et la négociation des traités de Rome: Euratom. In: Serra, Il rilancio, S. 513–545; Dumoulin, Spaak, S. 520–526; Georges-Henri Soutou, L'alliance incertaine. Les rapports politico-stratégiques franco-allemands, 1954–1996. Paris 1996, S. 55–95, bes. S. 61 ff.

59 Küsters, Gründung, S. 335 ff.; Serra, Il rilancio, S. 211–509; Konrad Adenauer, Erinnerungen 1955–1959. Stuttgart 1967, S. 269–272; Karl Carstens, Erinnerungen und Erfahrungen. Boppard 1993, S. 194–222.

60 Text in: Europa. Dokumente, Bd. 3, S. 1153–1235.

61 Text ebd., S. 1248–1371.

Kapitel 4

1 Küsters, Gründung, S. 472–483; Gerbet, Construction, S. 187 ff.

2 Küsters, Gründung, S. 495 ff.; Reiner Pommerin, Die europäische Hauptstadt. In: Salewski, Nationale Identität, S. 18–31.

3 Küsters, Gründung, S. 497–503; Hirsch, S. 147–177; Wilfried Loth u. a. (Hg.), Walter Hallstein. Der vergessene Europäer? Bonn 1995, S. 119–169; Spierenburg/Poidevin, S. 492 ff., 629 ff., 753 ff.

4 Küsters, Gründung, S. 492–495; Hans von der Groeben, Aufbaujahre der Europäischen Gemeinschaft. Das Ringen um den Gemeinsamen Markt und die Politische Union (1958–1966). Baden-Baden 1982, S. 33–37, 57–61; ders., Erlebnisse, S. 295–309; Eric Volkmar Heyen (Hg.), Die Anfänge der Verwaltung der Europäischen Gemeinschaft. Baden-Baden 1992.

5 Miriam Camps, Britain and the European Community 1955–1963. Oxford 1964, S. 51–182; Wolfram Kaiser, Großbritannien und die Europäische Wirtschaftsgemeinschaft 1955–1961. Von Messina nach Canossa. Berlin 1996, S. 68–103.

6 Gerbet, Construction, S. 195–205; Monnet, S. 567–575.

7 Pierre Maillard, De Gaulle et l'Allemagne. Paris 1990, S. 145–168; Adenauer, Erinnerungen 1955–1959. Stuttgart 1967, S. 424–436; Hans-Peter Schwarz, Adenauer. Der Staatsmann, 1952–1967. Stuttgart 1991, S. 439–467; Soutou, L'alliance, S. 136–139.

8 Maurice Couve de Murville, Une politique étrangère 1958–1969. Paris 1971, S. 385 ff.; de Gaulle, Discours III, S. 64–67; Sylvia M. Schwaag, Currency Convertibility and European Integration: France, Germany and Britain. In: Anne Deighton u. Alan S. Milward (Hg.), Widening, Deepening and Acceleration: The European Economic Community 1957–1963. Baden-Baden 1999, S. 89–106.

9 Herman van der Wee, Der gebremste Wohlstand. Wiederaufbau, Wachstum, Strukturwandel 1945–1980. München 1984, S. 42–63.

10 Amtsblatt der Europäischen Gemeinschaften (ABl.) 1960, S. 1217–1220; ebd., 1962, S. 1284 ff.; Erklärung der Kommission zum 1. Juli 1968. In: Bulletin der Europäischen Gemeinschaften (Bulletin EG), 7/1968, S. 5–8.

11 Ebd.; vgl. Dietrich Ehle, Die Zollunion der Europäischen Gemeinschaften. In: Neue Juristische Wochenschrift (NJW) 1969, S. 1509–1514; Winand, S. 112 ff.

12 Von der Groeben, Aufbaujahre, S. 97–110; Robert Lemaignen, L'Europe au berceau. Souvenirs d'un technocrate. Paris 1964, S. 161–177; B.E. Hill, The Common Agricultural Policy, Past, Present and Future. London 1984; Horst Rodemer, Die EG-Agrarpolitik. Tübingen 1980.

13 Alan S. Milward, The European Rescue of the Nation-State. 2. Aufl. London u. New York 2000, S. 224–317, bes. S. 265–284, 313–317; Johan Molegraf u. Ralph Dingemans, The Netherlands and the Common Agricultural Policy, 1958–1963. In: Deighton/Milward, Widening, S. 151–165.

14 Von der Groeben, Aufbaujahre, S. 146–156, 222 ff., 233–237, 300–305; Marjolin, S. 318–321; Ann-Christina Lauring Knudsen, Creating the Common Agricultural Policy. Story of Cereals Prices. In: Wilfried Loth (Hg.), Crises and Compromises. The European Project 1963–1969. Baden-Baden u. Brüssel 2001, S. 131–154; Bulletin EG, 7/1970, S. 22–33.

15 Der Außenhandel der Gemeinschaft 1958–1970. In: Bulletin EG 6/1972, S. 42–54; Gerold Ambrosius, Wirtschaftsraum Europa. Vom Ende der Nationalökonomien. Frankfurt/M. 1996, S. 95 ff.

16 Von der Groeben, Aufbaujahre, S. 287–300; Gerbet, Construction, S. 218 f.

17 Ebd., S. 220 f.

[18] Ebd., S. 222 ff.; von der Groeben, Aufbaujahre, S. 290–293, 322–326, 330–334; Wolfgang Kowalsky, Europäische Sozialpolitik. Opladen 1999, S. 61–68; Heinz-Jürgen Axt, EU-Strukturpolitik. Opladen 2000, S. 37–57.

[19] Régine Perron, Le discret projet de l'intégration monétaire européenne (1963–1969). In: Loth, Crises and Compromises, S. 345–367.

[20] I. Macleod u. a., The External Relations of the European Communities. Oxford 1996, bes. S. 29 ff., 165 ff., 208 ff.; Peter van Ham, The EC, Eastern Europe and European Unity. London u. New York 1993, S. 52 ff.

[21] Enzo R. Grilli, The European Community and the Developing Countries. Cambridge 1993, S. 14 ff., 225 ff.

[22] Ebd., S. 180–185.

[23] Van der Wee, S. 138–149; Gerbet, Construction, S. 226 f.

[24] Spierenburg/Poidevin, S. 529–559, 651 ff., 797 ff.; Uwe Röndigs, Globalisierung und europäische Integration. Der Strukturwandel des Energiesektors und die Politik der Montanunion, 1952–1962. Baden-Baden 2000, S. 340 ff.

[25] Spierenburg/Poidevin, S. 702–707, 783–796; Christian A. Conrad, Europäische Stahlpolitik zwischen politischen Zielen und ökonomischen Zwängen. Baden-Baden 1997, S. 74 ff.

[26] Olivier Pirotte u. a., Trente ans d'expérience Euratom. Brüssel 1988, S. 24–32 et passim; Laurence Hubert, La politique nucléaire de la Communauté européenne (1956–1968). In: Journal of European Integration History (JEIH), 6/2000, S. 129 ff.

[27] Bertrand Goldschmidt, Les rivalités atomiques 1939–1966. Paris 1967, S. 210–219 et passim; Gerbet, Construction, S. 228–232.

[28] Heinz Kramer, Nuklearpolitik in Westeuropa und die Forschungspolitik der Euratom. Köln u. a. 1976, S. 65 ff. et passim.

[29] Ebd., S. 69–73; Pirotte, S. 163 ff.; Paul Bähr, Was wird aus Euratom? In: EA 3/1970, S. 81–90; EG-Kommission, Künftige Aufgaben für Euratom. Sonderbeilage zu Bulletin EG 6/1969.

[30] Von der Groeben, Aufbaujahre, S. 112–115, 326–329; Spierenburg/Poidevin, S. 672–679, 799–802.

[31] Monnet, S. 547–566.

[32] Gerbet, Construction, S. 232.

[33] Ernst Weisenfeld, Charles de Gaulle. Der Magier im Elysée. München 1990, S. 26 ff.; Edmond Jouve, Le général de Gaulle et la construction de l'Europe (1940–1966). 2 Bde. Paris 1967; Maurice Vaïsse, La Grandeur. Politique étrangère du général de Gaulle 1958–1969. Paris 1999; Ernst Albrecht, Erinnerungen, Erkenntnisse, Entscheidungen. Göttingen 1999, S. 22.

[34] Heinrich Siegler (Hg.), Europäische politische Einigung. Bde. I (1949–1968), II (1968–1973), III (1973–1976). Bonn u. a. 1968/74/77 (fortan: Siegler, Einigung). Bd. I, Nr. 50–53; Robert Bloes, Le »Plan Fouchet« et le problème de L'Europe politique. Brügge 1970, S. 113–116.

35 De Gaulle, Discours III, S. 216–221, 234–251; ders., Lettres, Notes et Carnets 1958–1960. Paris 1985, S. 382 ff., 398 f.; J. Schwarz, Aufbau, Nr. 37; Konrad Adenauer, Erinnerungen 1959–1963. Stuttgart 1968, S. 62–67.

36 Monnet, S. 552 f.; Jouve, Bd. 1, S. 286 ff.; Yves Stelandre, Les pays du Benelux, l'Europe politique et les négociations Fouchet. In: Deighton/Milward, Widening, S. 73–88.

37 Europa. Dokumente, Bd. 3, S. 1762–1767; Möller/Hildebrand, Dokumente, S. 844–850, 860–863; Jouve, Bd. 1, S. 280–293.

38 Siegler, Einigung I, Nr. 70; J. Schwarz, Aufbau, Nr. 39; Jouve, Bd. 1, S. 316–344, Bd. 2, S. 441–458; Christian Fouchet, Mémoires d'hier et de demain. Paris 1971, S. 195–203.

39 Georges Soutou, Le général de Gaulle et le Plan Fouchet d'union politique européenne. Un projet stratégique. In: Deighton/Milward, Widening, S. 55–71.

40 Ders., L'alliance, S. 188–198; Lappenküper, Bd. 2, S. 1543–1602. Text in: Siegler, Einigung I, Nr. 114.

41 Ebd., Nr. 91; Gerbet, Construction, S. 244–249.

42 Siegler, Einigung I, Nr. 139; Monnet, S. 605 f.

43 De Gaulle, Discours IV, S. 225–231; Siegler, Einigung I, Nr. 146.

44 Gerbet, Construction, S. 273 ff.

45 Miriam Camps, European Unification in the Sixties. From the Veto to the Crisis. New York u. a. 1966, S. 38 ff.; von der Groeben, Aufbaujahre, S. 268 ff.; EA 16/1965, S. D 404–417.

46 Walter Hallstein, Europäische Reden. Hg. v. Thomas Oppermann. Stuttgart 1979, S. 560–569; Marjolin, S. 343–347; Monnet, S. 608 ff.; Siegler, Einigung I, Nr. 182; Matthias Schönwald, Walter Hallstein and the »Empty Chair« Crisis 1965/66. In: Loth, Crises and Compromises, S. 157–171.

47 Couve de Murville, S. 329–334; Camps, From the Veto, S. 58–70; Beiträge von Harryvan / van der Haarst, Vaïsse, Varsori und Oppelland in: Loth, Crises and Compromises, S. 173–243.

48 Couve de Murville, S. 334 ff.; Camps, From the Veto, S. 75–80; Bulletin EG 9–10/1965, S. 26–34, 56.

49 De Gaulle, Discours IV, S. 377–387; Camps, From the Veto, S. 86–91.

50 Ebd., S. 92–95; Gerbet, Construction, S. 280 ff.

51 EA 4/1966, S. D 85–86; Camps, From the Veto, S. 104 ff.; Rolf Lahr, Die Legende vom »Luxemburger Kompromiß«. In: EA 8/1983, S. 223–232. N. Piers Ludlow, The Eclipse of the Extremes. Demythologising the Luxembourg Compromise. In: Loth, Crises and Compromises, S. 247–264.

52 Gerbet, Construction, S. 283.

53 Marie-Thérèse Bitsch, La création de la Commission unique. In: dies. (Hg.), Institutions européennes et identités européennes. Brüssel 1998,

S. 327–347; von der Groeben, Aufbaujahre, S. 261 ff.; Thomas Oppermann, Europarecht. 2. Aufl. München 1999, S. 124. Fusionsvertrag: ABl. L 152 v. 13.7.1967.

54 Gerbet, Construction, S. 271 f.

55 Philipp Gassert, Personalities and the Politics of European Integration: Kurt Georg Kiesinger and the Departure of Walter Hallstein, 1966/67. In: Loth, Crises and Compromises, S. 265–284.

56 Entschließung des EP vom 13. 3. 1978 (ABl. C 63/36); zustimmendes Schreiben des Ratspräsidenten an den Präsidenten des EP vom 26. 7. 1976. Siehe Oppermann, Europarecht. 1. Aufl. München 1991, S. 69.

57 Miriam Camps, Britain and the European Community 1955–1963. Oxford 1964, S. 210–231; Thomas Pedersen, EC-EFTA Relations. An Historical Outline. In: Helen Wallace (Hg.), The Wider Western Europe. London u. New York 1991, S. 13–27; EFTA-Sekretariat (Hg.), Aufbau der EFTA. Eine Freihandelszone in Europa. 2. Aufl. Genf 1968.

58 Camps, Britain, S. 274 ff.; Charlton, S. 229 ff.; Kaiser, Von Messina, S. 104 ff.

59 N. Piers Ludlow, Dealing with Britain. The Six and the First UK Application to the EEC. Cambridge 1997, S. 30–42, 253 ff.; Richard Lamb, The Macmillan Years 1957–1963. The Emerging Truth. London 1995, S. 126–157.

60 Gerbet, Construction, S. 253 ff.

61 N.P. Ludlow, Dealing, S. 43–48; Monnet, S. 571 ff.

62 N.P. Ludlow, Dealing, S. 51–73.

63 Ebd., S. 74–205; Richard Griffiths u. Stuart Ward (Hg.), Courting the Common Market. The First Attempt to Enlarge the European Community 1961–1963. London 1996; Edward Heath, The Course of My Life. My Autobiography. London 1998, S. 201–240.

64 Winand, S. 161 ff.; Geir Lundestad, »Empire« by Integration. The United States and European Integration, 1945–1997. Oxford 1998, S. 58 ff.; Heinrich Siegler (Hg.), Dokumentation der Europäischen Integration. Bde. I (1946–1961) u. II (1961–1963). Bonn 1961, 1964 (fortan: Siegler, Dokumentation). Bd. II, Nr. 55.

65 Ebd., Nr. 106: Eckart Conze, Die gaullistische Herausforderung. Die deutsch-französischen Beziehungen in der amerikanischen Europapolitik 1958–1963. München 1995, S. 163 ff.

66 Ian Clark, Nuclear Diplomacy and the Special Relationship. Britain's Deterrent and America 1957–1962. Oxford 1994, S. 374–421; Winand, S. 203–243; Burkard Schmitt, Frankreich und die Nukleardebatte der Atlantischen Allianz 1956–1966. München 1998, S. 145 ff.

67 Siegler, Dokumentation II, Nr. 99.

68 Ebd., Nr. 173; Frédéric Bozo, Deux stratégies pour l'Europe. De Gaulle, les Etats-Unis et l'Alliance atlantique 1958–1969. Paris 1996, S. 103 ff.

69 N.P. Ludlow, Dealing, S. 195–230; Winand, S. 331–350, 365 f.; Hans-Peter Schwarz, Die Ära Adenauer. Epochenwechsel 1957–1963. Stuttgart u. Wiesbaden 1983, S. 288–296; Klaus Hildebrand, Von Erhard zur Großen Koalition 1963–1969. Stuttgart u. Wiesbaden 1984, S. 99–111.

70 Winand, S. 358 ff.; Ernest H. Preeg, Traders and Diplomats. Washington D.C. 1970.

71 Anne Deighton, The Second British Application for Membership of the EEC. In: Loth, Crises and Compromises, S. 391–405; Oliver J. Daddow (Hg.), Harold Wilson and European Integration. Britain's Second Application to Join the EEC. London u. Portland 2003; de Gaulle, Discours V, S. 168–174, 241–245; Couve de Murville, S. 419–430.

72 Gerbet, Construction, S. 284–297.

Kapitel 5

1 Eric Roussel, Georges Pompidou 1911–1974. Paris 1994, S. 17–22, 334, 361 f., 436, 494–497, 522–534.

2 Ebd., S. 296 ff.; Siegler, Einigung II, Nr. 58; Marie-Thérèse Bitsch, Le sommet de La Haye. La mise en route de la relance de 1969. In: Loth, Crises and Compromises, S. 539 ff.

3 Ebd., S. 544–549.

4 Claudia Hiepel, Willy Brandt, Georges Pompidou und Europa. In: Franz Knipping u. Matthias Schönwald (Hg.), Aufbruch zum Europa der zweiten Generation. Die europäische Einigung 1969–1984. Trier 2004; Peter Merseburger, Willy Brandt 1913–1992. Visionär und Realist. Stuttgart u. München 2002, S. 627 ff.

5 Bitsch, Le sommet, S. 550 f.; Siegler, Einigung II, Nr. 66.

6 Ebd., Nr. 73; Gerbet, Construction, S. 300–308.

7 Kommuniqué der Haager Konferenz, in J. Schwarz, Aufbau, Nr. 47.

8 Hubert Zimmermann, Der unschlüssige Hegemon. Deutschland und die Anfänge der europäischen Währungsintegration. In: Knipping / Schönwald, Aufbruch; Barre-Plan in: Dieter Gehrmann u. Sabine Harmsen (Hg.), Monetäre Integration in der EWG. Hamburg 1972, S. 59 ff.

9 Krämer, S. 137 et passim; Jean-Marie Palayret, Eine Universität für Europa. Die Vorgeschichte des Europäischen Hochschulinstituts in Florenz (1948–1976). Florenz 1996, S. 175 ff.

10 Roussel, Pompidou, S. 334–340.

11 Katharina Focke, Europa-Politik nach Den Haag. Neubeginn in der europäischen Integration? In: EA 8/1970, S. 267–280.

12 Bulletin EG, 2/1970, S. 24 ff.; Siegler, Einigung II, Nr. 77, 80; Gerbet, Construction, S. 308 ff.

13 Bulletin EG, 6/1970, S. 59 ff; Beschluß des Rats vom 21. 4. 1970. In: ABl. 94/19–22 v. 28. 4. 1970.

[14] Vertragstext in: ABl. L 2 v. 2. 1. 1971 S. 1–12; Siegler, Einigung II, Nr. 80, 91.

[15] Gerbet, Construction, S. 388 f.; Bulletin EG, 7–8/1975, S. 90–93, 126 f.

[16] Herbert Müller-Roschach, Die deutsche Europapolitik 1949–1977. Bonn 1980, S. 228–232; Gerbet, Construction, S. 313 f.

[17] Ebd., S. 362–367; Thomas Läufer, Haushaltspolitik. In: Werner Weidenfeld u. Wolfgang Wessels (Hg.), Jahrbuch der Europäischen Integration (JEI) 1980. Bonn 1981, S. 153–162.

[18] Gehrmann/Harmsen, S. 84 ff., 187 ff.; Andreas Wilkens, Der Werner-Plan. Währung, Politik und Europa 1968–1971. In: Knipping/Schönwald, Aufbruch; Horst Ungerer, A Concise History of European Monetary Integration. Westport Ct. u. London 1997, S. 97–117.

[19] Text in: J. Schwarz, Aufbau, Nr. 49.

[20] Müller-Roschach, S. 248–254; Gerbet, Construction, S. 344 ff.

[21] Van der Wee, S. 534–541.

[22] Ungerer, S. 119 ff.; Müller-Roschach, S. 255 ff.

[23] Kenneth Dyson, Elusive Union. The Process of Economic and Monetary Union in Europe. London u. New York 1994, S. 84–90; Loukas Tsoukalis, The Politics and Economics of European Monetary Integration. London 1976, S. 113 ff.

[24] Ebd., S. 169 ff. et passim.

[25] Text in: J. Schwarz, Aufbau, Nr. 70; EA 1/1978, S. D 1–11.

[26] Guido Thiemeyer, Helmut Schmidt und die Gründung des Europäischen Währungssystems 1973–1979. In: Knipping/Schönwald, Aufbruch; Peter Ludlow, The Making of the European Monetary System. London u. a. 1982.

[27] Ungerer, S. 157–164.

[28] Dyson, S. 177 ff.

[29] Wilfried von Urff, Agrar- und Fischereipolitik. In: JEI 1980–1984.

[30] Verordnungen des Rats der EWG Nr. 2141 u. 2142 v. 20. 10. 1970. In: ABl. L 236/1 v. 27. 10. 1970; Bulletin EG 12/1970, S. 26–29; Hartmut Schneider, Die gemeinsame Fischereipolitik der EG. Köln u. a. 1988.

[31] Hans-Armin Geister, Wettbewerbs- und Industriepolitik der Europäischen Gemeinschaft. Berlin 1991; ders., Wettbewerbs- und Industriepolitik. In: JEI 1981–1984.

[32] Kurt-Jürgen Maass, Die Forschungspolitik der Europäischen Gemeinschaft, hg. von der Kommission der EG. Brüssel u. Luxemburg 1980; Christian Fischer-Dieskau, Forschungspolitik. In: JEI 1980–1983.

[33] Arbeitskreis Europäische Integration (Hg.), Industrie- und Strukturpolitik in der Europäischen Gemeinschaft. Baden-Baden 1981.

[34] N. J. D. Lucas, Energy and the European Community. London 1977; Karlheinz Reichert, Energiepolitik. In: JEI 1980–1984.

[35] Jürgen Erdmenger, EG unterwegs. Wege zur Gemeinsamen Verkehrs-

politik. Baden-Baden 1981; ders., Verkehrspolitik. In: JEI 1980–1985; Urteil des EuGH: Ebd. 1985, S. 422 f.

36 Ingeborg Tömmel, Die EG in den Jahren 1970–1984. Neue Politikmuster als Katalysator der Integration. In: Knipping/Schönwald, Aufbruch; Rudolf Morawitz, Regional- und Sozialpolitik. In: JEI 1980–1982; Fritz Franzmeyer u. Bernhard Seidel, Regional- und Sozialpolitik. Ebd. 1983, 1984.

37 EG-Kommission (Hg.), Ten Years of Community Environment Policy. Brüssel 1983; Konrad von Moltke, Umweltschutzpolitik. In: JEI 1980–1983.

38 EG-Kommission (Hg.), Die Sozialpolitik der Europäischen Gemeinschaft. 3. Ausg. Luxemburg 1983; vgl. Anm. 36.

39 Martin Seidel, Binnenmarkt-, Wettbewerbs- und Industriepolitik. In: JEI 1980; Heinrich von Moltke, Binnenmarktpolitik. Ebd. 1981–1983. Zitat ebd. 1982, S. 157.

40 Müller-Rorschach, S. 232 ff.; Christopher Lord, British Entry to the European Community and the Heath Government of 1970-4. Aldershot 1993, S. 54 ff.

41 Gabriele Clemens, Der Beitritt Großbritanniens zu den Europäischen Gemeinschaften. In: Knipping/Schönwald, Aufbruch; Simon Z. Young, Terms of Entry. Britain's Negotiations with the European Community, 1970–1972. London 1973; Roussel, Pompidou, S. 436–449, 652–656; Heath, S. 354 ff.; Zitat in: ABl. L 073 v. 27. 3. 1972, S. 3.

42 Vertragstext ebd., S. 5 ff; s. auch ABl. L 2 v. 1. 1. 1973.

43 Gerbet, Construction, S. 324 ff. Siehe auch Jim Dooge u. Ruth Barrington (Hg.), A Vital Rational Interest. Ireland in Europe 1973–1998. Dublin 1999; Hans Branner u. Morton Kelstrup (Hg.), Danemark's Policy Towards Europe After 1945. Odense 2000; Hilary Allen, Norway and Europe in the 1970s. Oslo 1979.

44 Axt, Strukturpolitik, S. 57 ff.

45 Young, Britain and European Unity, S. 119–129.

46 Klaus Friedrich, Die Freihandelsabkommen der Europäischen Gemeinschaften mit den EFTA-Staaten. In: NJW 1983, S. 1237–1242; Hans-Peter Durić, Die Freihandelsabkommen EG/EFTA. Baden-Baden 1991.

47 Grilli, S. 21–35, 191 ff.; Kurt Düwell, Die Entwicklungspolitik der Europäischen Gemeinschaft zwischen Jaunde und Lomé (1963–1984). In: Knipping/Schönwald, Aufbruch.

48 R.C. Hine, The Political Economy of European Trade. An Introduction to the Trade Policies of the EEC. Sussex u. New York 1985, S. 221–232; Waldemar Hummer u. Friedl Weiss (Hg.), Vom GATT '47 zur WTO '94. Baden-Baden u. a. 1997, S. 173 f. et passim.

49 Young, Britain and European Unity, S. 136–149; JEI 1980, S. 155 f., 352 ff.; 1981, S. 194–197, 459 f.; 1982, S. 145, 364 ff.; 1983, S. 137 f., 386 ff.

[50] Zum folgenden Heinz-Jürgen Axt, Überwindung der »doppelten nationalen Spaltung«. Griechenlands EG-Beitritt, seine Voraussetzungen und Folgen. In: Knipping/Schönwald, Aufbruch; Daniela Kreidler-Pleus, Der EG-Beitritt Portugals. Frankfurt/M. u. a. 1990; Julio Crespo MacLennan, Spain and the Process of European Integration, 1957–1985. Houndmills u. New York 2000.

[51] Bulletin EG, 5/1979, S. 7–16; Vertragstext: ABl. L 291 v. 19. 11. 1979.

[52] Bulletin EG, 3/1985, S. 7–10; 6/1985, S. 7–13; Vertragstexte: ABl. L 302 v. 15. 11. 1985.

[53] Auswärtiges Amt (Hg.), Gemeinsame Außen- und Sicherheitspolitik der Europäischen Union (GASP). Dokumentation. 11. Aufl. Berlin 1998 (fortan: GASP-Dokumentation), Nr. 2.

[54] Ebd., Nr. 3, 6, 7; J. Schwarz, Aufbau, Nr. 59, 66.

[55] David J. Allen u. William Wallace, Die europäische politische Zusammenarbeit. Modell für eine europäische Außenpolitik? Bonn 1976; Detlev Gröne, Die Europäische Politische Zusammenarbeit (EPZ) 1970–1991. Rheinfelden u. Berlin 1993.

[56] Gerbet, Construction, S. 369 f.; Macleod u. a., S. 165–225, 411 ff.

[57] Auswärtiges Amt (Hg.), Europäische Politische Zusammenarbeit (EPZ). Dokumentation. 8. Aufl. Bonn 1987 (fortan: EPZ-Dokumentation), S. 87 ff.; Allen/Wallace, S. 15, 62 ff.

[58] Siegler, Einigung II, Nr. 211, 212, 216, 218, 222; III, Nr. 5; GASP-Dokumentation, Nr. 4; Henry A. Kissinger, Memoiren 1973–1974. München 1982, S. 153–231, 820–862; Roussel, Pompidou, S. 547 ff.

[59] Gerbet, Construction, S. 373 ff.; Beate Kohler, Die europäisch-amerikanischen Beziehungen. Die EPZ als Vehikel der Emanzipation? In: Reinhard Rummel u. Wolfgang Wessels, Die Europäische Politische Zusammenarbeit. Bonn 1978, S. 167–187.

[60] Otto von Schwerin, Die Solidarität der EG-Staaten in der KSZE. In: EA 15/1975, S. 483–492; Hanns Jürgen Küsters, Die außenpolitische Kooperation der Neun und die KSZE. In: Helga Haftendorn u. a. (Hg.), Verwaltete Außenpolitik. Sicherheits- und entspannungspolitische Entscheidungsprozesse in Bonn. Köln 1978, S. 85–98.

[61] Gerbet, Construction, S. 375–379; Günther van Well, Die Entwicklung einer gemeinsamen Nahostpolitik der Neun. In: EA 4/1976, S. 119–128; David Allen, Der Euro-arabische Dialog. In: Rummel/Wessels, Europäische Politische Zusammenarbeit, S. 139–166.

[62] Siegler, Einigung II, Nr. 122, 170, 171, 177, 182; Müller-Roschach, S. 277 ff.; Pierre Gerbet, Le président Pompidou et les institutions européennes. In: Marie-Thérèse Bitsch (Hg.), Le couple France-Allemagne et les institutions européennes. Brüssel 2001, S. 355–375.

[63] Siegler, Einigung II, Nr. 194; Roussel, Pompidou, S. 523.

64 Christian Lutz, Das unmündige Europa. Bilanz eines Krisenjahres. In: EA 1/1974, S. 1–8; Monnet, S. 633–644.

65 Siegler, Einigung II, Nr. 230, 232; III, Nr. 5.

66 Monnet, S. 644–650.

67 Frédéric Abadie et Jean-Pierre Corcelette, Valéry Giscard d'Estaing. Paris 1997, S. 334 f.; Gerbet, Construction, S. 385 ff.; Wilfried Loth, Deutsche Europapolitik von Helmut Schmidt bis Helmut Kohl. In: Knipping/Schönwald, Aufbruch.

68 Siegler, Einigung III, Nr. 65.

69 Wolfgang Wessels, Der Europäische Rat. Bonn 1980, S. 429 f. et passim.

70 Ebd., S. 301–332.

71 Ebd., S. 332–335.

72 J. Schwarz, Aufbau, Nr. 66; JEI 1981, S. 72 f., 484–495, 519–524; Gerbet, Construction, S. 405 f.

73 Wessels, Der Europäische Rat, S. 133 ff.; GASP-Dokumentation, Nr. 8; Heinz Stadlmann, Der Europäische Rat. In: JEI 1983, S. 37–45.

74 Desmond Dinan, Ever Closer Union? An Introduction to the European Community. London 1994, S. 257 ff.

75 Siegler, Einigung III, Nr. 65, 137, 141; Eberhard Grabitz u. Thomas U. Meyer, Europawahlgesetz. Kommentar. Bonn 1979, S. 8 ff.

76 Rudolf Hrbek, Die europäischen Parteienzusammenschlüsse. In: JEI 1980 ff.; Eva-Rose Karnovsky, Parteienbünde vor der Europa-Wahl 1979. Bonn 1982.

77 Emanuel Richter, Die erste Direktwahl des Europäischen Parlaments. Bonn 1981.

78 Martin Bangemann u. a., Die Abgeordneten Europas. Möglichkeiten und Leistungen. Baden-Baden 1984, S. 332 f.

79 Claus Schöndube, Das Europäische Parlament. In: JEI 1980–1983.

80 Ebd. 1980, S. 74; Bangemann, S. 207–211.

81 John Pinder, European Community. The Building of a Union. 2. Aufl. Oxford, S. 40–47.

82 Bangemann, S. 185 ff., 267 ff.; Schöndube in: JEI 1980–1983.

83 Text in: Lipgens, 45 Jahre, S. 711–736.

84 Gerbet, Construction, S. 413.

85 Claus Schöndube u. a., Das Europäische Parlament. In: JEI 1984 ff.; Otto Schmuck u. Wolfgang Wessels (Hg.), Das Europäische Parlament im dynamischen Integrationsprozeß. Bonn 1989; Bengt Beutler u. a., Die Europäische Union. Rechtsordnung und Politik, 5. Aufl. Baden-Baden 2001, S. 139–151.

Kapitel 6

[1] Loth, Von Schmidt bis Kohl. In: Knipping/Schönwald, Aufbruch.

[2] Hubert Védrine, Les mondes de François Mitterrand. A l'Élysée 1981–1995. Paris 1996, S. 273 ff.; Tilo Schabert, Wie Weltgeschichte gemacht wird. Frankreich und die deutsche Einheit. Stuttgart 2002, S. 91–95, 178–197 et passim.

[3] Helmut Kohl, Leitlinien und Grundüberzeugungen deutscher Außenpolitik. In: EA 14/1986, S. 434–442.

[4] Védrine, S. 290 ff.; Schabert, S. 81–86; Georges Saunier, Prélude à la relance de l'Europe. Le couple franco-allemand et les projets de relance communautaire vus de l'hexagone 1981–1985. In: Bitsch, Le couple, S. 463–485.

[5] Gerbet, Construction, S. 416; JEI 1984, S. 425–429.

[6] Saunier, Prélude, S. 481 ff.

[7] Védrine, S. 296 f.; JEI 1984, S. 435 f.; Geoffrey Denton, Re-Structuring the EC Budget. Implications of the Fontainebleau Agreements. In: Journal of Common Market Studies (JCMS), 2/1984, S. 117–140.

[8] JEI, 1984, S. 436 f.

[9] Jörg Thalmann, Die Kommission. In: JEI 1984, S. 52–61; Charles Grant, Delors. Inside the House that Jacques Built. London 1994.

[10] JEI 1985, S. 404–417; Adonnino-Bericht ebd., S. 423 ff.

[11] Ebd., S. 421, 425–429; Heinz Stadlmann, Der Europäische Rat. Ebd., S. 51–58.

[12] Richard Corbett, The 1985 Intergovernmental Conference and the Single European Act. In: Roy Price (Hg.), The Dynamics of European Union. London 1987, S. 238–272.

[13] Gerbet, Construction, S. 420 ff.; Eckart Gaddum, Die deutsche Europapolitik in den 80er Jahren. Paderborn 1994, S. 269 ff.

[14] Text der EEA in: JEI 1985, S. 432–452.

[15] Kowalsky, S. 106 ff.; Axt, Strukturpolitik, S. 59 ff.

[16] Klaus W. Grewlich, Forschungs- und Technologiepolitik. In: JEI 1985, S. 205–210.

[17] Volker Prittwitz, Umweltpolitik. Ebd., S. 183–191.

[18] Horst G. Krenzler, Die Einheitliche Europäische Akte als Schritt auf dem Weg zu einer gemeinsamen europäischen Außenpolitik. In: Europarecht 4/1986, S. 384–391.

[19] Reimund Seidelmann (Hg.), Auf dem Weg zu einer westeuropäischen Sicherheitspolitik. Baden-Baden 1989.

[20] Wie Note 5/39.

[21] Jacques Delors, Das neue Europa. München u. Wien 1993, S. 23–48; Kommisson der Europäischen Gemeinschaften, Vollendung des Binnenmarkts. Weißbuch. Brüssel 1985 (KOM (85) 310 endg.); JEI 1985, S. 427 f.

22 Paolo Cecchini u. a., Europa'92. Der Vorteil des Binnenmarktes. Baden-Baden 1988; Hugo Dicke, Der Europäische Binnenmarkt. In: Werner Weidenfeld (Hg.), Europa-Handbuch. Bonn 2002, S. 439–453.

23 Gerbet, Construction, S. 428 ff.; Hans-Eckart Scharrer, Binnenmarktpolitik. In: JEI 1992/93, S. 139–150; s. ebd. S. 441.

24 Jacques Pelkmans u. Rita Beuter, Binnenmarktpolitik. In: JEI 1985, S. 149–162, bes. S. 150 f.

25 Klaus-Peter Nanz, Das Schengener Übereinkommen. Personenfreizügigkeit in integrationspolitischer Perspektive. In: Integration 2/1994, S. 97–108; Hans Claudius Taschner, Schengen. Die Übereinkommen zum Abbau der Personenkontrollen an den Binnenmarktgrenzen von EU-Staaten. Baden-Baden 1997.

26 Betreffende Passagen in: JEI 1985–1992/93, Binnenmarktpolitik.

27 Ebd.; Oppermann, Europarecht, 2. Aufl., S. 475 ff., 522 ff.; K.J. Alter u. S. Meunier-Aitsahalia, Judicial Politics in the European Community. European Integration and the Pathbreaking Cassis-de-Dijon Decision. In: Comparative Political Studies 1994, S. 535–561.

28 EG-Kommission, 7. Bericht über die Durchführung des Weißbuches der Kommission zur Vollendung des Binnenmarkts (KOM (92) 383 endg.). Brüssel 1992.

29 Bernd Janssen, Bildungspolitik. In: JEI 1985–1992/93; Richtlinie des Rats v. 21. 12. 1988 über eine allgemeine Regelung zur Anerkennung der Hochschuldiplome (89/48/EWG). In: ABl. L 19 v. 24. 1. 1989, S. 16–23.

30 JEI 1987/88, S. 438–458; Claus-Dieter Ehlermann, Die Beschlüsse des Brüsseler Sondergipfels: Erfolg einer Gesamtstrategie der Delors-Kommission. In: Integration 2/1988, S. 56–63; George Ross, Jacques Delors and European Integration. Cambridge 1995, S. 40 ff.; Zitat: Delors, Das neue Europa, S. 26.

31 Ungerer, S. 169 ff.; Henry Krägenau u. Wolfgang Wetter, Europäische Wirtschafts- und Währungsunion. Vom Werner-Plan zum Vertrag von Maastricht. Baden-Baden 1993, S. 18–32.

32 Schabert, S. 178 ff.; Gerbet, Construction, S. 436 ff.

33 Kenneth Dyson u. Kevin Featherstone, The Road to Maastricht. Negotiating Economic and Monetary Union. Oxford 1999, S. 306 ff.; Deutsche Einheit, Sonderedition aus den Akten des Bundeskanzleramtes 1989/90, bearb. v. Hanns Jürgen Küsters u. Daniel Hofmann. München 1998, Nr. 120; Stenographische Berichte des Deutschen Bundestages, 12. Wahlperiode, 64. Sitzung v. 5. 12. 1991, S. 5426–5455.

34 Peter-W. Schlüter, Währungspolitik. In: JEI 1987/88, S. 135–147; s. auch ebd. 1988/89, S. 410; Ungerer, S. 187–198; Schabert, S. 355.

35 Bericht zur Wirtschafts- und Währungsunion in der EG. In: EA 10/1989, S. D 283–304; Ungerer, S. 199–208; Krägenau/Wetter, S. 33–40.

[36] JEI 1989/90, S. 408 f.

[37] Dyson/Featherstone, S. 190–199, 354–366; Schabert, S. 401–430; Deutsche Einheit, Nr. 117.

[38] Dyson/Featherstone, S. 375–378; Deutsche Einheit, Nr. 181, 215.

[39] Ungerer, S. 209–218; Dyson/Featherstone, S. 202–224, 370–402; JEI 1990/91, S. 410, 433 ff., 443 f.

[40] Ungerer, S. 219–228; Dyson/Featherstone, S. 224–253, 402–451, 644–690; Detlev W. Rahmsdorf, Währungspolitik. In: JEI 1990/91, S. 119 ff.; 1991/92, S. 125 ff.

[41] Krägenau/Wetter, S. 76–86, 232–303 (Vertragstext); Ungerer, S. 229–242; Gerbet, Construction, S. 473–476.

[42] Deutsche Einheit, Nr. 100, 108, 135, 138, 160; Jacques Attali, Verbatim. Bd. 3: Chronique des années 1988–1991. Paris 1995, S. 326, 330, 349; Védrine, S. 433; Schabert, S. 407.

[43] Deutsche Einheit, Nr. 187, 188, 215, 241, 243; Attali, S. 289 f., 427 f., 448 f.; EA 11/1990, S. D 283; Joachim Bitterlich, Anfangs frostig, später europäisch. In: Die Zeit, 7. 5. 1998, S. 4; Hanns Jürgen Küsters, La controverse entre le chancelier Helmut Kohl et le président François Mitterrand à propos de la réforme institutionnelle de la Communauté Européenne. In: Bitsch (Hg.), Le couple, S. 487–516.

[44] JEI 1990/91, S. 402–407, 410 f., 417–420; Deutsche Einheit, Nr. 324.

[45] Gerbet, Construction, S. 450 ff.; Europäischer Rat (ER) Rom I: JEI 1990/91, S. 432 f.

[46] EA 1/1991, S. D 25 ff.

[47] JEI 1990/91, S. 56 ff., 440–444.

[48] Yves Dutriaux, Le traité sur l'Union européenne. Paris 1992; EA 22/1991, S. D 571–574.

[49] Dinan, S. 168–183; JEI 1991/92, S. 57–62, 418 f., 427 f.

[50] Ebd., S. 437–443; Gerbet, Construction, S. 454 ff.; Dyson/Featherstone, S. 442 ff.

[51] Thomas Läufer (Hg.), Europäische Gemeinschaft – Europäische Union. Die Vertragstexte von Maastricht mit den deutschen Begleitgesetzen. Bonn 1992; Werner Weidenfeld, Maastricht in der Analyse. Gütersloh 1994.

[52] Hierzu Rudolf Hrbek (Hg.), Das Subsidiaritätsprinzip in der Europäischen Union. Baden-Baden 1995.

[53] Hierzu Elisabeth du Réau, La France, l'Allemagne, l'identité européenne de défense et la rénovation de l'UEO. In: Bitsch, Le couple, S. 517–535; Ross, S. 93 ff., 137, 144.

[54] Finn Laursen u. Sophie Vanhoonacker (Hg.), The Ratification of the Maastricht Treaty. Issues, Debates and Future Implications. Dordrecht u. a. 1994.

55 Holger Rust (Hg.), Europa-Kampagnen. Dynamik öffentlicher Meinungsbildung in Dänemark, Frankreich und der Schweiz. Wien 1993.
56 Höhlscheidt/Schotten, Von Maastricht nach Karlsruhe. Der lange Weg des Vertrages über die Europäische Union. Darmstadt 1993.
57 Christian Thune, Dänemark. In: JEI 1992/93, S. 308–313; dänische Sonderregelung ebd. S. 457–460; insgesamt Gerbet, S. 478–488.
58 Gerhard Brunn, Die Ratifikation des Vertrages von Maastricht. In: Ders. (Hg.), Neoliberalismus, die Entstehung des Maastrichter Vertrages und die Auswirkungen der Währungsunion auf Nordrhein-Westfalen. Baden-Baden 1999, S. 57–80.

Kapitel 7
1 Helen Wallace (Hg.), The Wider Western Europe. Reshaping the EC/EFTA Relationship. London u. New York 1991; Thomas Pedersen, European Union and the EFTA Countries. Enlargement and Integration. London 1994, S. 33–78; EWR-Vertrag: ABl. L 001 v. 3. 1. 1994, S. 3–36.
2 Pedersen, S. 79 ff.; John Redmond (Hg.), The 1995 Enlargement of the European Union. Aldershot 1995.
3 Francisco Granelli, The European Union's Enlargement Negotiations with Austria, Finland, Norway and Sweden. In: JCMS 1/1995, S. 117–141; Gerbet, Construction, S. 490–498; Erklärung von Ioannina: ABl. C 105 v. 14. 4. 1994, S. 1; Vertragstext: ABl. C 241 v. 29. 8. 1994; s. auch ABl. L 1 v. 1. 1. 1995.
4 Pascal Sciarini u. Ola Listhaug, Single Cases or a Unique Pair? The Swiss and Norwegian »No« to Europe. In: JCMS 3/1997, S. 407–438; Peter-Christian Müller- Graff u. Erling Selvig (Hg.), EEA-EU Relations. Berlin 1999.
5 JEI 1994/95, S. 437; Generalsekretariat des Rates, Bericht der Reflexionsgruppe (2.5.–5. 12. 1995, Dok. SN 520/1/95/REV 1 (Reflex 21)); Michael Hennes, Die Reflexionsgruppe der Europäischen Union. In: Außenpolitik 1/1996, S. 33–42.
6 Christian Engel, Der Europäische Rat. In: JEI 1995/96, S. 45 f.; Mathias Jopp u. Otto Schmuck (Hg.), Die Reform der Europäischen Union. Analysen, Positionen, Dokumente zur Regierungskonferenz 1996/97. Bonn 1996.
7 Thomas Läufer (Hg.), Vertrag von Amsterdam. Bonn 1998; Werner Weidenfeld (Hg.), Amsterdam in der Analyse. Gütersloh 1998.
8 Protokoll Nr. 7 zum EUV; von der Konferenz zur Kenntnis genommene Erklärung Nr. 6.
9 Claus Dieter Ehlermann (Hg.), Der rechtliche Rahmen eines Europas in mehreren Geschwindigkeiten und unterschiedlichen Gruppierungen. Köln 1999.
10 Claus Giering, Der Europäische Rat. In: JEI 2000/01, S. 47 ff.

[11] Die Zeit, 14. 12. 2000, S. 1–6; Waldemar Hummer u. Walter Obwexer, Irlands »Nein zu Nizza«. In: Integration 3/2001, S. 237–249.

[12] Thomas Läufer (Hg.), Vertrag von Nizza. Bonn 2002; Werner Weidenfeld, Nizza in der Analyse. 2. Aufl. Gütersloh 2001.

[13] Andreas Maurer, Entscheidungseffizienz und Handlungsfähigkeit nach Nizza: die neuen Anwendungsfelder für Mehrheitsentscheidungen. In: Integration 2/2001, S. 133–145.

[14] Claus Giering u. Josef Janning, Flexibilität als Katalysator der Finalität? Die Gestaltungskraft der »Verstärkten Zusammenarbeit« nach Nizza. In: Integration 2/2001, S. 146–155.

[15] Michael Gehler, Präventivschlag als Fehlschlag. Intentionen und Konsequenzen der EU. 14-Sanktionsmaßnahmen gegen Österreich im Jahre 2000. In: Wilfried Loth (Hg.), Das europäische Projekt zu Beginn des 21. Jahrhunderts. Opladen 2001, S. 352–382.

[16] ABl. C 80/67 v. 10. 3. 2001.

[17] Jürgen Meyer u. Markus Engels, Die Charta der Grundrechte der Europäischen Union. In: JEI 2000/2001, S. 37–44; Text: Internationale Politik (IP), 2/2001, S. 60–68.

[18] Läufer, Vertrag von Nizza, S. 364 f., 367–377; Peter-Christian Müller-Graff, Der Post-Nizza-Prozeß. Auf dem Weg zu einer neuen europäischen Verfassung? In: Integration 2/2001, S. 208–221; Andreas Maurer, Die Methode des Konvents – ein Modell deliberativer Demokratie? Ebd. 2/2003, S. 130–140; Entwurf eines Vertrages über eine Verfassung für Europa (CONV 820/03); Schlußfolgerungen des Vorsitzes (SdV) des Europäischen Rates (ER) in Thessaloniki am 19./20. Juni 2003, S. 1 f.

[19] ER Sevilla, 21./22. 6. 2002, SdV, S. 1–3.

[20] Hugo Dicke bzw. Volker Nienhaus, Arnd Busche, Binnenmarktpolitik. In: JEI 1993/94 – 2001/2002; Binnenmarktanzeiger, regelmäßig aktualisiert, unter *http://europa.eu.int/comm/internal_market/de/update/score/index.htm*.

[21] EG-Kommission, Der Binnenmarkt – zehn Jahre ohne Grenzen. Abrufbar unter *http://europa.eu.int/comm/10years*.

[22] Jürgen Erdmenger bzw. Rolf Dieter, Verkehrspolitik. In: JEI 1993/94–2001/2002; EG-Kommission, Die europäische Verkehrspolitik bis 2010. Weißbuch. Luxemburg 2001 (COM(2001)370).

[23] Erwin Häckel bzw. Peter Palinka, Energiepolitik. In: JEI 1993/94–2001/2002; Kepa Sodupe u. Eduardo Benito, Pan-European Energy Cooperation. Opportunities, Limitations and Security of Supply to the EU. In: JCMS 1/2001, S. 165–177.

[24] S. die betreffenden Artikel in JEI, 1993/94–2001/2002.

[25] Beutler u. a., Die Europäische Union, S. 533–545; Abgeltungssteuer auf Zinsen kommt 2005. In: Frankfurter Allgemeine Zeitung (FAZ), 5. 6. 2003.

26 Winfried von Urff bzw. Christian Lippert, Agrar- und Fischereipolitik. In: JEI 1990/91–2001/2002; EG-Kommission, Agenda 2000. Eine stärkere und erweiterte Union. Luxemburg 1997 (Beilage 5/1997 Bulletin EU); Elmar Rieger, Agenda 2000. Reform der gemeinsamen Agrarpolitik. Gütersloh 1999; Die EU ordnet ihre Agrarpolitik neu. In: FAZ, 27. 6. 2003.

27 Jörg Monar, Außenwirtschaftsbeziehungen. In: JEI 1992/93–2001/2002.

28 EU-Minister einigen sich auf neue Fischereipolitik. In: FAZ, 23. 12. 2002.

29 Christian Weise bzw. Kathleen Toepel, Regionalpolitik und Infrastruktur. In: JEI 1993/94–2001/2002; Erich Hödl u. Andreas Weida, Die Strukturpolitik der Europäischen Union. Frankfurt/M. u. a. 1997; Heinz-Jürgen Axt, Solidarität und Wettbewerb. Die Reform der EU-Strukturpolitik. Gütersloh 2000.

30 Beiträge »Haushaltspolitik«. In: JEI 1992/93–2001/2002; Brigid Laffan, The Finances of the European Union. Basingstoke u. London 1997.

31 Ungerer, S. 273–292.

32 Gerbet, Construction, S. 513–530; Detlev Rahmsdorf, Währungspolitik. In: JEI, 1992/93–1994/95.

33 ER Madrid: IP 6/1996, S. 81–86; Christian Engel, Der Europäische Rat. In: JEI 1995/96, S. 39 ff.; Detlev Rahmsdorf, Währungspolitik. Ebd., S. 117 ff.

34 ER Dublin: IP 3/1997, S. 88–105; Christian Engel, Der Europäische Rat. In: JEI 1996/97, S. 41 ff.; Ulrich Schröder, Währungspolitik. Ebd. S. 111 ff.; 1997/98, S. 197 ff.

35 Christian Engel bzw. Claus Giering, Der Europäische Rat. In: JEI 1997/98, S. 53 ff.; 1998/99, S. 51 ff.; ER Köln, SdV, Pkte. 7–17 u. Anhang I.

36 Ulrich Schröder, Währungspolitik. In: JEI 1997/98, S. 202 f.; Wolfgang Glomb, Die Euro-11-Gruppe, eine europäische Wirtschaftsregierung? In: Rolf Caesar u. Hans-Eckart Scharrer (Hg.), Ökonomische und politische Dimensionen der Europäischen Wirtschafts- und Währungsunion. Baden-Baden 1999, S. 57–64.

37 IP 5/1998, S. 106; 6/1998, S. 93 ff.; Michael Artis, The UK and EMU. In: David Cobham u. George Zis (Hg.), From EMS to EMU. 1979 to 1999 and Beyond. Houndmills u. a. 1999, S. 161–180.

38 Ulrich Schröder, Währungspolitik. In: JEI 1997/98, S. 197 ff.; Chiara Zilioli u. Martin Selmayr, The Law of the European Central Bank. Oxford 2001.

39 Schröder, Währungspolitik. In: JEI 1998/99–2000/2001.

40 Ders. ebd. 2001/2002, S. 191–196; European Commission, The Euro Area in the World Economy. Development in the First Three Years. Brüssel 2002 (COM(2002)332 final); Kenneth Dyson, The Politics of the Euro-Zone. Stability or Breakdown? Oxford 2000; Stefan Collignon, Nach der Euro-Einführung. Der europäische Bürger braucht eine europäische Republik. In: IP 2/2002, S. 39–44.

[41] Vanessa Elisabeth Schaub, Grenzüberschreitende Gesundheitsvorsorge in der Europäischen Union. Baden-Baden 2001.

[42] Rainer Schulze u. Hans Schulte-Nölke (Hg.), Casebook Europäisches Verbraucherrecht. Baden-Baden 1999.

[43] Beiträge »Umweltpolitik« in: JEI 1992/93–2001/2002; John McCormick, Environmental Policy in the European Union. Houndmills u.a. 2001; Sechstes Umweltaktionsprogramm: ABl. L 242 v. 10. 9. 2002, S. 1–15.

[44] Beiträge zur Sozialpolitik in: JEI 1989/90–2001/2002; IP 6/2000, S. 104–111; ER Nizza, 7.-9. 12. 2000, SdV, Anl. I.

[45] Beiträge »Bildungspolitik« in: JEI 1993/94–2001/2002: Burkard Thiel, Die Bildungspolitik der Europäischen Gemeinschaft. Münster 2000.

[46] Verena Lehmann-Spalleck, Kulturpolitik. In: Werner Weidenfeld u. Wolfgang Wessels (Hg.), Europa von A bis Z. 8. Aufl. Bonn 2002, S. 274–277; Bernard Esmein, Les politiques de l'Union européenne dans le domaine de la culture, de l'éducation et des langues. In: JEI 5/1999, S. 75–108.

[47] Jörg Monar, Die Entwicklung des »Raumes der Freiheit, der Sicherheit und des Rechts«. Perspektiven. In: Integration 1/2000, S. 18–33; vgl. ders. ebd. 3/2002, S. 171–186.

[48] ER Tampere: IP 11/1999, S. 102–111.

[49] S. Beiträge zu »Justiz und Inneres« bzw. »Asyl-, Einwanderungs- und Visapolitik« in: JEI 1991/92–2001/2002; Steffen Angenendt (Hg.), Asylum and Migration Policies in the European Union. Bonn 1999; ER Thessaloniki, 19./20. 6. 2003, SdV, Pkte. 8–35; Fortschrittsanzeiger, regelmäßig aktualisiert, unter *http://europa.eu.int/eur-lex/de/com/greffe_index.html.*

[50] S. Beiträge »Polizeiliche und justizielle Zusammenarbeit« in: JEI 1997/98–2001/02; Manfred Baldus, Transnationales Polizeirecht, Baden–Baden 2001.

[51] Jörg Monar, Außenwirtschaftsbeziehungen. In: JEI 1992/93–2001/2002; Macleod u.a., The External Relations; Thomas C. Fisher, The United States, the European Union and the Globalisation of World Trade. Westport Ct. 2000; Claudia Decker, Handelskonflikte der USA mit der EU seit 1985, Berlin 2002.

[52] Judy Dempsey, Der Balkan und die EU. Modernisierung oder Abhängigkeit? In: IP 10/2001, S. 67–72; Marc Maresceau u. Erwin Lannon (Hg.), The EU's Enlargement and Mediterranean Strategies. A Comparative Analysis. New York 2001.

[53] Karl Wolfgang Menck bzw. Isabelle Tannous, Entwicklungspolitik. In: JEI 1990/91–2001/2002; Cotonou-Abkommen: ABl. L 317 v. 15. 12. 2000, S. 3–353.

[54] Marc Gottschald, Die GASP von Maastricht bis Nizza. Baden-Baden 2001; Johannes Burkhard, Die Gemeinsame Außen- und Sicherheits-

politik und ihre Berührungspunkte mit der Europäischen Gemeinschaft. Berlin 2001.

55 Mathias Jopp, Westeuropäische Union. In: JEI 1992/93–1997/98.

56 Elfriede Regelsberger, Gemeinsame Außen-und Sicherheitspolitik. In: JEI 1992/93–1997/98.

57 Elfriede Regelsberger u. Mathias Jopp, Die Stärkung der Handlungsfähigkeit in der GASP. In: Andreas Maurer u. a. (Hg.), Die Europäische Union nach Amsterdam. Bonn 1998, S. 155–170.

58 IP 2–3/1999, S. 127–131; Charles G. Coban, The Third Option. The Emancipation of European Defense, 1989–2000. Westport Ct. u. London 2001, S. 97–115; Dieter Mahncke (Hg.), Old Frontiers – New Frontiers. The Challenge of Kosovo and Its Implications for the European Union. Bern u. a. 2001.

59 Mathias Jopp, Europäische Sicherheits- und Verteidigungspolitik. In: JEI 1998/99–2000/01; Uwe Schmalz, Aufbruch zu neuer Handlungsfähigkeit. Die Gemeinsame Außen-, Sicherheits- und Verteidigungspolitik unter deutscher Ratspräsidentschaft. In: Integration 3/1999, S. 191–204.

60 IP 2/2000, S. 84 f.; 8/2000, S. 116 f.; Reimund Seidelmann, Das ESVP-Projekt und die EU-Krisenreaktionskräfte. Konstruktionsdefizite und politische Perspektiven. In: Integration 2/2000, S. 111–124.

61 ER Nizza, 7.-9. 12. 2000, SdV, Anl. VI. In: IP 5/2001, S. 62–98; ER Laeken, 14./15. 12. 2001, SdV, Anl. II. Ebd. 1/2002, S. 130 ff.

62 Javier Solana, Die Gemeinsame Europäische Sicherheits- und Verteidigungspolitik. Das Integrationsprojekt der nächsten Dekade. In: Integration 1/2000, S. 1–6; Christopher Patten, Die Zukunft der Europäischen Sicherheits- und Verteidigungspolitik und die Rolle der Europäischen Kommission. Ebd., S. 7–17.

63 IP 10/1999, S. 95–107; ER Brüssel, 24./25. 10. 2002, SdV, Anl. II; Robert E. Hunter, The European Security and Defense Policy: NATO's Companion or Competitor? Santa Monica 2002.

64 ER Brüssel, 21. 9. 2001, SdV und Aktionsplan, Anl. I; ER Laeken, SdV, Pkt. 6; EU übernimmt Polizeimission. In: FAZ, 2. 1. 2003; ER Thessaloniki, 19./20. 6. 2003, SdV.

65 Gerbet, Construction, S. 440–448, 551–554; van Ham, S. 165 ff.; Peter-Christian Müller-Graff (Hg.), East Central Europe and the European Union. From Europe Agreements to a Member Status. Baden-Baden 1997; Arne Niemann, The PHARE Programme and the Concept of Spillover. Neofunctionalism in the Making. In: Journal of European Public Policy 3/1998, S. 428–446.

66 ER Kopenhagen: EA 13–14/1993, S. D 263 ff., 270 ff.; ER Essen: IP 1/1995, S. 88 ff., 98–107; ER Madrid: JEI 1995/96, S. 43, 46, 228; Barbara

Lippert, Die EU-Erweiterungspolitik nach 1989. In: Heinrich Schneider u. a. (Hg.), Eine neue deutsche Europapolitik? Berlin 2001, S. 349–392.

67 ER Luxemburg: IP 1/1998, S. 119 ff.; vgl. 6/1998, S. 77 ff.; Frank Wiehler (Hg.), Die Erweiterung der Europäischen Union. Baden-Baden 1998; Barbara Lippert, Der Gipfel von Luxemburg. Startschuß für das Abenteuer Erweiterung. In: Integration 1/1998, S. 12–31.

68 Dies., Die Erweiterungspolitik der Europäischen Union. In: JEI 1997/98, S. 37–50; dies., Erweiterung und Agenda 2000. Ebd. 1998/99, S. 37- 48.

69 Dies., Erweiterungspolitik der Europäischen Union. Ebd. 1999/2000, S. 35–46; ER Helsinki: IP 2/2000, S. 80–85; Neill Nugent, EU Enlargement and »the Cyprus Problem«. In: JCMS 1/2000, S. 131–150.

70 Barbara Lippert, Erweiterungspolitik der Europäischen Union. In: JEI 2000/01, S. 409–422; dies. (Hg.), Osterweiterung der Europäischen Union. Die doppelte Reifeprüfung. Bonn 2000; ER Nizza: IP 2/2001, S. 86 f.; ER Göteborg, SdV, Pkte. 5–13 u. Anl. III/2. In: IP 9/2001, S. 117 ff.

71 ER Brüssel: IP 1/2003, S. 79–82.

72 Barbara Lippert, Erweiterungspolitik der Europäischen Union. In: JEI 2001/02, S. 395–406; Helena Tang (Hg.), Winners and Losers of EU Integration. Policy Issues for Central and Eastern Europe. Washington D.C. 2000; Katarzyna Morawska u. Karolina Stawicka (Hg.), The Half-Open Door. The Eastern Border of the Enlarged European Union. Warschau 2001.

73 ER Kopenhagen: IP 1/2003, S. 123–127. Dazu SdV, Anl. I; Axt, EU-Strukturpolitik, S. 183–196.

74 Ebd.; Beitrittsvertrag abrufbar unter *www.europarl.eu.int/enlargement_new/treaty/default_en.htm*.

75 European Integration Commission (DIW, CEPR, FIEF, IAS, IGIER), The Impact of Eastern Enlargement on Employment and Labour Markets in the EU Member States. Final Report. Berlin u. Mailand 2000, abrufbar unter *http://europa.eu.int/comm./dgs/employment_social/key_de.htm*.

76 ER Thessaloniki, 19./20. 6. 2003, SdV, Pkte. 40–44; Rafael Biermann, Die europäische Perspektive für den westlichen Balkan. In: Osteuropa 2001, S. 922–937.

77 Heinrich August Winkler, Grenzen der Erweiterung. Die Türkei ist kein Teil des »Projekts Europa«. In: IP 2/2003, S. 59–66; Dietrich von Kyaw, Grenzen der Erweiterung. Die Türkei ist ein Teil des »Projekts Europa«. Ebd. 3/2003, S. 47–54.

Ausblick

1 Leo Tindemans u. Jacqueline Lastenouse (Hg.), 40 ans des Traités de Rome, ou la capacité des Traités d'assurer les avancées de la construction européenne. Brüssel 1999, S. 208.

Abkürzungsverzeichnis

AKP-Staaten	Staaten im afrikanischen, karibischen und pazifischen Raum
AStV	Ausschuß der Ständigen Vertreter (vgl. COREPER)
BIP	Bruttoinlandsprodukt
BSP	Bruttosozialprodukt
COREPER	Comité des Représentants Permanents (vgl. AStV)
EAG, Euratom	Europäische Atomgemeinschaft
EAGFL	Europäischer Ausrichtungs- und Garantiefonds für die Landwirtschaft (Agrarfonds)
Ecofin-Rat	Rat der Wirtschafts- und Finanzminister
ECU	European Currency Unit (Europäische Währungseinheit)
EEA	Einheitliche Europäische Akte
EEF	Europäischer Entwicklungsfonds
EFRE	Europäischer Fonds für regionale Entwicklung
EFTA	European Free Trade Association
EFWZ	Europäischer Fonds für währungspolitische Zusammenarbeit (Währungsfonds)
EG, EGV	Europäische Gemeinschaft, EG-Vertrag
EGKS	Europäische Gemeinschaft für Kohle und Stahl
EIB	Europäische Investitionsbank
ELD	Europäische Liberale Demokraten (EP)
EP	Europäisches Parlament
EPG	Europäische Politische Gemeinschaft
EPU	Europäische Parlamentarier-Union
EPZ	Europäische Politische Zusammenarbeit
ERE	Europäische Rechnungseinheit
ESA	European Space Agency (Europäische Weltraumbehörde)
ESF	Europäischer Sozialfonds
ESPRIT	European Strategic Program for Research in Information Technologies
ESVI	Europäische Sicherheits- und Verteidigungsidentität
ESVP	Europäische Sicherheits- und Verteidigungspolitik
ESZB	Europäisches System der Zentralbanken
EU, EUV	Europäische Union, EU-Vertrag
EuGH	Europäischer Gerichtshof
Europol	Europäische Polizeibehörde
EVG	Europäische Verteidigungsgemeinschaft
EVP	Europäische Volkspartei (EP)
EWG	Europäische Wirtschaftsgemeinschaft

EWI	Europäisches Währungsinstitut
EWR	Europäischer Wirtschaftsraum
EWS	Europäisches Währungssystem
EZB	Europäische Zentralbank
EZU	Europäische Zahlungsunion
GAP	Gemeinsame Agrarpolitik
GASP	Gemeinsame Außen- und Sicherheitspolitik
GATT	General Agreement on Tariffs and Trade (Allgemeines Zoll- und Handelsabkommen 1947–1994)
GFS	Gemeinsame Forschungsstelle (Euratom)
IEA	Internationale Energieagentur
IMP	Integrierte Mittelmeerprogramme
ISPA	Instrument for Structural Policies for Pre-Accession (Strukturpolitisches Instrument zur Vorbereitung auf den Beitritt)
IWF	Internationaler Währungsfonds
KMU	Kleine und mittlere Unternehmen
KSZE	Konferenz für Sicherheit und Zusammenarbeit in Europa
LECE	Ligue Européenne de Coopération Economique
MOE-Staaten	Mittel- und Osteuropäische Staaten
MLF	Multilateral Nuclear Force
MRP	Mouvement Républicaine Populaire
MSEUE	Mouvement Socialiste pour les Etats-Unis d'Europe
NATO	North Atlantic Treaty Organisation
NEI	Nouvelles Equipes Internationales
OECD	Organisation for Economic Cooperation und Development
OEEC	Organisation for European Economic Cooperation
OPEC	Organisation of the Petroleum Exporting Countries
SACEUR	Supreme Allied Commander Europe
SAPARD	Special Accession Programme for Agriculture and Rural Development (Vorbeitrittshilfen für Landwirtschaft und ländliche Entwicklung)
SPE	Sozialdemokratische Partei Europas (EP)
UDE	Union Douanière Européenne
UDF	Union pour la Démocratie Française
UEF	Union Europäischer Föderalisten
UEM	United Europe Movement
WEU	Westeuropäische Union
WTO	World Trade Organisation (seit 1995)
WWU	Wirtschafts- und Währungsunion

Literatur (Auswahl)

Quellen

Amtsblatt der Europäischen Gemeinschaften. Brüssel 1958 ff.

Auswärtiges Amt (Hg.), Europa. Dokumente zur Frage der europäischen Einigung. 3 Bde. Bonn 1962.

Auswärtiges Amt (Hg.), Europäische Politische Zusammenarbeit (EPZ). Dokumentation. (8. Aufl. Bonn 1987.

Auswärtiges Amt (Hg.), Gemeinsame Außen- und Sicherheitspolitik der Europäischen Union (GASP). Dokumentation. 11. Aufl. Berlin 1998.

Beutler/Bieber/Pipkorn/Streit (Hg.), Das Recht der Europäischen Union (Loseblattsammlung). Baden-Baden 1982 ff.

Bulletin der Europäischen Gemeinschaften. Luxemburg 1968–1993.

Bulletin der Europäischen Union. Luxemburg 1993 ff.

Documents on the History of European Integration. 4 Bde., hg. v. W. Lipgens (1, 2) bzw. W. Lipgens u. W. Loth (3, 4). Berlin u. New York 1985–1991 (DHEI).

Europa-Archiv. Bonn 1946–1994 (EA). Seit 1995: Internationale Politik (IP).

R. H. Foerster (Hg.), Die Idee Europa, 1300–1946. Quellen zur Geschichte der politischen Einigung. München 1963.

C. Gasteyger, Europa von der Spaltung zur Einigung. Bonn 2001.

T. Läufer (Hg.), EWG-Vertrag. Grundlage der Europäischen Gemeinschaft. 5. Aufl. Bonn 1990.

T. Läufer (Hg.), Europäische Union – Europäische Gemeinschaft. Die Vertragstexte von Maastricht mit den deutschen Begleitgesetzen. Bonn 8. Aufl. 1998.

T. Läufer (Hg.), Vertrag von Amsterdam. Bonn 1998.

T. Läufer (Hg.), Vertrag von Nizza. Bonn 2002.

W. Lipgens (Hg.), 45 Jahre Ringen um die europäische Verfassung. Dokumente 1939–1984. Bonn 1986.

W. Lipgens (Hg.), Europa-Föderationspläne der Widerstandsbewegungen 1940–1945. Eine Dokumentation. München 1968.

H. Möller u. K. Hildebrand (Hg.), Die Bundesrepublik Deutschland und Frankreich. Dokumente 1949–1963. 4 Bde. München 1997–99.

J. Schwarz (Hg.), Der Aufbau Europas. Pläne und Dokumente 1945–1980. Bonn 1980.

H. Siegler (Hg.), Dokumentation der Europäischen Integration. 2 Bde. Bd. 1: 1946–1961; Bd. 2: 1961–1963. Bonn u. a. 1961 u. 1964 (Dokumentation).

H. Siegler (Hg.), Europäische politische Einigung. Dokumentation von Vorschlägen und Stellungnahmen. 3 Bde. Bd. 1: 1949–1968; Bd. 2: 1968–1973; Bd. 3: 1973–1976. Bonn u. a. 1968/74/77 (Einigung).
W. Weidenfeld u. W. Wessels (Hg.), Jahrbuch der Europäischen Integration. Bonn 1980–2001/2002 (JEI).

Biographien und Selbstzeugnisse

F. Abadie u. J.-P. Corcelette, Valéry Giscard d'Estaing. Paris 1997.
G. Bossuat u. A. Wilkens (Hg.), Jean Monnet, l'Europe et les chemins de la paix. Paris 1999.
H. Brugmans, L'idée européenne 1918–1970. Brügge 1970.
R. N. Coudenhove-Kalergi, Eine Idee erobert Europa. Meine Lebenserinnerungen. Wien u. a. 1958.
J. Delors, Das neue Europa. München u. Wien 1993.
F. Duchêne, Jean Monnet. The First Statesman of Interdependence. New York u. London 1994.
M. Dumoulin, Spaak. Brüssel 1999.
C. Grant, Delors. Inside the House that Jacques Built. London 1994.
H. v. d. Groeben, Deutschland und Europa in einem unruhigen Jahrhundert. Erlebnisse und Betrachtungen. Baden-Baden 1995.
W. Hallstein, Der unvollendete Bundesstaat. Düsseldorf und Wien 1969 (5. überarb. u. erw. Aufl. ebd. u. d. T. Die Europäische Gemeinschaft).
E. Heath, The Course of My Life. My Autobiography. London 1998.
T. Jansen u. D. Mahncke (Hg.), Persönlichkeiten der europäischen Integration. Bonn 1981.
R. Jenkins, European Diary, 1977–1981. London 1989.
E. Jouve, Le général de Gaulle et la construction de l'Europe (1940–1966). 2 Bde. Paris 1967.
A. Kohler, Alcide De Gasperi 1881–1954. Christ, Staatsmann, Europäer. Bonn 1979.
W. Loth u. a. (Hg.), Walter Hallstein. Der vergessene Europäer? Bonn 1995.
R. Marjolin, Le travail d'une vie. Mémoires 1911–1986. Paris 1986.
J. Monnet, Erinnerungen eines Europäers. München 1978.
R. Poidevin, Robert Schuman homme d'Etat 1886–1963. Paris 1988.
H. Rieben (Hg.), La correspondance entre Jean Monnet et Robert Schuman de 1947 à 1953. Lausanne 1986.
G. Ross, Jacques Delors and European Integration. Cambridge 1995.
E. Roussel, Georges Pompidou 1911–1974. Paris 1994.
E. Roussel, Jean Monnet 1888–1979. Paris 1996.
R. Schuman, Pour l'Europe. Paris 1963.
H.-P. Schwarz, Adenauer. 2 Bde. Stuttgart 1986, 1991.

P.-F. Smets u. M. Ryckewaert (Hg.), Les Pères de l'Europe. Cinquante ans après. Perspectives sur l'engagement européen. Brüssel 2001.
P.-H. Spaak, Memoiren eines Europäers. Hamburg 1969.
H. Védrine, Les mondes de François Mitterrand. A l'Elysée 1981–1995. Paris 1996.
A. Wilkens (Hg.), Interessen verbinden. Jean Monnet und die europäische Integration der Bundesrepublik Deutschland. Bonn 1999.

Darstellungen
J. Bariéty, Aristide Briand et la sécurité de la France en Europe 1919–1932. In: St. A. Schuker (Hg.), Deutschland und Frankreich vom Konflikt zur Aussöhnung. München 2000.
J. Becker u. F. Knipping (Hg.), Power in Europe? Great Britain, France, Germany and Italy in a Postwar World, 1945–1950. Berlin u. New York 1986.
Beutler / Bieber / Pipkorn / Streil, Die Europäische Union. Rechtsordnung und Politik. 5. Aufl. Baden-Baden 2001.
M.-T. Bitsch, Histoire de la construction européenne de 1945 à nos jours. Brüssel 1996.
M.-T. Bitsch (Hg.), Le couple France-Allemagne et les institutions européennes. Brüssel 2001.
M.-T. Bitsch u. a. (Hg.), Institutions européennes et identités européennes. Brüssel 1998.
G. Bossuat, La France, l'aide américaine et la construction européenne, 1944–1954. 2 Bde. Paris 1992.
G. Brunn, Die europäische Einigung von 1945 bis heute. Stuttgart 2002.
M. Charlton, The Price of Victory. London 1983.
C. G. Cogan, The Third Option. The Emancipation of European Defense, 1989–2000. Westport Ct. u. London 2001.
A. Deighton (Hg.), Western European Union 1954–1997. Oxford 1997.
A. Deighton u. A. S. Milward (Hg.), Widening, Deepening and Acceleration. The European Economic Community, 1957–1963. Baden-Baden 1999.
D. Dinan, Ever Closer Union? An Introduction to the European Community. Basingstoke u. London 1994 (2. Aufl. 1999).
E. Di Nolfo (Hg.), Power in Europe? Bd. 2: Great Britan, France, Germany and Italy and the Origins of the EEC, 1952–1957. Berlin u. New York 1992.
M. Dumoulin (Hg.), Plans des temps de guerre pour l'Europe d'après-guerre (1940–1947). Brüssel u. a. 1995.
K. Dyson u. K. Featherstone, The Road to Maastricht. Negotiating Economic and Monetary Union. Oxford 1999.
R. H. Foerster, Europa. Geschichte einer politischen Idee. München 1967.

E. Fursdon, The European Defense Community. A History. London 1980.
E. Gaddum, Die deutsche Europapolitik in den 80er Jahren. Paderborn 1994.
P. Gerbet, La construction de l'Europe. 3. Aufl. Paris 1999.
J. Gillingham, Coal, Steel and the Rebirth of Europe, 1945–1955. Cambridge 1991.
J. Gillingham, European Integration 1950–2003. Cambridge 2003.
R. Girault u. G. Bossuat, Europe brisée, Europe retrouvée. Nouvelles réflexions sur l'unité européenne au XXe siècle. Paris 1994.
E. R. Grilli, The European Community and the Developing Countries. Cambridge 1993.
H. v. d. Groeben, Aufbaujahre der Europäischen Gemeinschaft. Das Ringen um den Gemeinsamen Markt und die Politische Union (1959–1966). Baden-Baden 1982.
P. v. Ham, The EC, Eastern Europe and European Unity. London 1993.
K. Held u. F. Knipping (Hg.), Europa von innen und außen. Universalität und Partikularität. Trier 2001.
R. Hudemann u. a. (Hg.), Europa im Blick der Historiker. München 1995.
W. Kaiser, Großbritannien und die Europäische Wirtschaftsgemeinschaft 1955–1961. Von Messina nach Canossa. Berlin 1996.
F. Knipping (Hg.), Federal Conceptions in EU Member States. Baden-Baden 1994.
F. Knipping u. M. Schönwald (Hg.), Aufbruch zum Europa der zweiten Generation. Die europäische Einigung 1969–1984. Trier 2004.
H. J. Küsters, Die Gründung der Europäischen Wirtschaftsgemeinschaft. Baden-Baden 1982.
B. Laffan u. a., Europe's Experimental Union. London u. New York 2000.
U. Lappenküper, Die deutsch-französischen Beziehungen 1949–1963. 2 Bde. München 2001.
D. W. P. Lewis, The Road to Europe. History, Institutions and Prospects of European Integration, 1945–1993. New York 1993.
W. Lipgens, Die Anfänge der europäischen Einigungspolitik. Erster Teil: 1945–1950. Stuttgart 1977.
W. Loth, Der Weg nach Europa. Geschichte der europäischen Integration 1939–1957. Göttingen 1996.
W. Loth (Hg.), Crises and Compromises. The European Project 1963–1969. Baden-Baden u. Brüssel 2001.
N. P. Ludlow, Dealing with Britain. The Six and the First UK Application to the EEC. Cambridge 1997.
P. Ludlow, The Making of the European Monetary System. London 1982.
G. Lundestad, »Empire« by Integration. The United States and European Integration, 1945–1997. Oxford 1998.

I. Macleod u.a., The External Relations of the European Communities. Oxford 1998.
P. Melandri, Les Etats-Unis face à l'unification de l'Europe 1945–1954. Paris 1980.
A. S. Milward, The European Rescue of the Nation-State. 2. Aufl. London u. New York 2000.
B. Neuss, Geburtshelfer Europas? Die Rolle der Vereinigten Staaten im europäischen Integrationsprozeß 1945–1958. Baden-Baden 2000.
S. J. Nuttall, European Political Co-Operation. Oxford 1992.
T. Oppermann, Europarecht. München 1991 (2. Aufl. München 1999).
C. H. Pegg, Evolution of the European Idea, 1914–1932. Chapel Hill u. London 1983.
J. Pinder, European Community. The Building of a Union. Oxford 1991.
R. Poidevin (Hg.), Histoire des débuts de la construction européenne (mars 1948 – mai 1950). Brüssel u. a. 1986.
T. Schabert, Wie Weltgeschichte gemacht wird. Frankreich und die deutsche Einheit. Stuttgart 2002.
K. Schwabe (Hg.), Die Anfänge des Schuman-Plans 1950–1951. Baden-Baden u. a.1988.
E. Serra (Hg.), Il rilancio dell'Europa e i trattati di Roma. Brüssel u. a. 1989.
D. Spierenburg u. R. Poidevin, Histoire de la Haute Autorité de la Communauté Européenne du Charbon et de l'Acier. Brüssel 1993.
P. M. R. Stirk, A History of European Integration since 1914. London u. New York 1996.
L. Tindemans u. J. Lastenouse (Hg.), 40 ans des Traités de Rome. Brüssel 1999.
I. Tömmel, Das politische System der EU. München und Wien 2003.
G. Trausch (Hg.), Die europäische Integration vom Schuman-Plan bis zu den Verträgen von Rom. Baden-Baden u. a. 1993.
D. W. Urwin, The Community of Europe. 2. Aufl. London 1995.
H.-E. Volkmann u. W. Schwengler (Hg.), Die Europäische Verteidigungsgemeinschaft. Boppard 1985.
H. u. W. Wallace (Hg.), Policy-Making in the European Union. 4. Aufl. Oxford 2000.
W. Weidenfeld (Hg.), Europa-Handbuch. 2. Aufl. Gütersloh 2002.
W. Weidenfeld u. W. Wessels (Hg.), Europa von A bis Z. 8. Aufl. Bonn 2002.
P. R. Weilemann, Die Anfänge der Europäischen Atomgemeinschaft. Zur Gründungsgeschichte von Euratom 1955–1957. Baden-Baden 1983.
W. Wessels, Der Europäische Rat. Bonn 1980.
K. Wilson u. a. (Hg.), What Is Europe? 4 Bde. 2. Aufl. London 1995.
C. Zorgbibe, Histoire de la construction européenne. 2. Aufl. Paris 1997.

Dank

Das Buch ist die Frucht langjähriger Beschäftigung mit der Europäischen Integration und ihrer Geschichte in Forschung, Lehre und auch Praxis. Die Zahl derer, denen es auf die eine oder andere Art Dank schuldet, ist groß. Wichtige Anregungen verdankt es dem Kreis der Kollegen im Jean-Monnet-Projekt der Europäischen Kommission und seinen guten Geistern Jacqueline Lastenouse und Emile Noël (†). Und ebenso René Girault (†), dem die Schaffung des »Europas der Historiker« Herzenssache war. Den für die Forschung günstigen Rahmen bot die Universität Wuppertal, unschätzbar war die Hilfestellung der Universitätsbibliothek. Das Bemühen, die weit verzweigte, kaum überschaubare Fülle von Fakten und Interpretationen zur Geschichte der europäischen Einigung auf bemessenem Raum zu einer kraftvollen Synthese zu bündeln, profitierte von der konkreten und vielfältigen Unterstützung durch die Mitarbeiter an meinem Lehrstuhl. Herausheben möchte ich Dr. Matthias Schönwald und Oliver Fallak. Ebenfalls großen Dank schulde ich Marion Kiel, Marcus Sigismund, Jörg Femers und Arno Hadasch. Ohne das Engagement meiner Sekretärin Monika Miche wäre, vor allem in der Phase der Manuskripterstellung, vieles schwieriger geworden. Dem Herausgeber Dr. Hans Woller und dem Verlag in Gestalt von Dr. Andrea Wörle und Beatrice Heiber danke ich für ihre Geduld und Hilfe.

Wuppertal, im Oktober 2003
Franz Knipping

Personenregister

Der Autor

Franz Knipping ist seit 1994 ordentlicher Professor für Neuere und Neueste Geschichte an der Bergischen Universität Wuppertal und lehrte zuvor an der Eberhard-Karls-Universität Tübingen. Gastdozenturen am Europäischen Hochschulinstitut Florenz und an den Universitäten Paris IV (Sorbonne), Straßburg (Robert Schuman), Berlin (Humboldt), Augsburg und Rostock. 1992 bis 1999 Leitung eines EU-Projekts zum Aufbau eines Europäischen Studienzentrums an der Chulalongkorn-Universität in Bangkok.

Veröffentlichungen zur deutschen, französischen und westeuropäischen Geschichte und zur Geschichte der internationalen Beziehungen im 19. und 20. Jahrhundert, insbesondere ›Die amerikanische Rußlandpolitik in der Zeit des Hitler-Stalin-Pakts‹ (1974), ›Deutschland, Frankreich und das Ende der Locarno-Ära 1928–1931‹ (1987), sowie zahlreiche Aufsätze.

Herausgeber bzw. Mitherausgeber einer größeren Zahl von Sammel- und Reihenwerken, u. a. ›Handbuch der Geschichte der Internationalen Beziehungen‹ (seit 1997), ›The United Nations System and Its Predecessors / Das System der Vereinten Nationen und seine Vorläufer‹ (1995–1997) und ›Akten zur deutschen auswärtigen Politik 1918–1945. Aus dem Archiv des Auswärtigen Amts‹ (1970–1975).

20 Tage im 20. Jahrhundert

Herausgegeben von Norbert Frei, Klaus-Dietmar Henke und Hans Woller

20 Tagesereignisse aus den letzten hundert Jahren bilden den Ausgangspunkt für eine umfassende Darstellung der historischen, gesellschaftlichen und kulturellen Entwicklung vom Beginn des Jahrhunderts bis zum Ende des Jahrtausends. Als Ergebnis liegt damit eine Bilanz des 20. Jahrhunderts vor.

Volker R. Berghahn
Sarajewo, 28. Juni 1914
Der Untergang des alten Europa
dtv 30601

Dietrich Beyrau
Petrograd, 25. Oktober 1917
Die russische Revolution und der Aufstieg des Kommunismus
dtv 30602

Hans Woller
Rom, 28. Oktober 1922
Die faschistische Herausforderung
dtv 30603

Jürgen Osterhammel
Shanghai, 30. Mai 1925
Die chinesische Revolution
dtv 30604

Hans Mommsen
Auschwitz, 17. Juli 1942
Genozid und Ausrottungspolitik
dtv 30605

Jost Dülffer
Jalta, 4. Februar 1945
Der Zweite Weltkrieg und die Entstehung der bipolaren Welt
dtv 30606

Detlef Bald
Hiroshima, 6. August 1945
Die nukleare Bedrohung
dtv 30607

Dietmar Rothermund
Delhi, 15. August 1947
Das Ende kolonialer Herrschaft
dtv 30608

Franz Knipping
Rom, 25. März 1957
Die Einigung Europas
dtv 30609

Robert D. Johnson
Washington, 20. Januar 1961
Der amerikanische Traum
dtv 30610

Helmut Mejcher
Sinai, 5. Juni 1967
Krisenherd Naher und Mittlerer Osten
dtv 30611

Norbert Frei
Paris, 13. Mai 1968
Kulturprotest und Gesellschaftsreform
dtv 30612

Brigitte Röthlein
Mare Tranquillitatis, 20. Juli 1969
Die wissenschaftlich-technische
Revolution
dtv 30613

Wilfried Loth
Helsinki, 1. August 1975
Entspannung und Abrüstung
dtv 30614

Harold James
Rambouillet, 15. November 1975
Die Globalisierung der Wirtschaft
dtv 30615

Mária Huber
Moskau, 11. März 1985
Die Auflösung des sowjetischen
Imperiums
dtv 30616

Franz J. Brüggemeier
Tschernobyl, 26. April 1986
Die ökologische Herausforderung
dtv 30617

Klaus-Dietmar Henke
Berlin, 9. November 1989
Die deutsche Frage
dtv 30618

Walther L. Bernecker
Port Harcourt, 10. November 1995
Aufbruch und Elend
in der Dritten Welt
dtv 30619

Michael Jeismann
Boston, 26. Dezember 2000
Schöne neue Welt: Erwartung
und Erfahrung
dtv 30620